ERNST ULRICH VON WEIZSÄCKER
UND ANDERS WIJKMAN U. A.

WIR SIND DRAN
Was wir ändern müssen, wenn wir bleiben wollen

Club of Rome: Der große Bericht

 erstellt für das 50-jährige Bestehen des Club of Rome 2018

Pantheon

Autoren: *Ernst von Weizsäcker* und *Anders Wijkman*
(Ko-Präsidenten des Club of Rome)
Beiträge von (alphabetisch): *Carlos Alvarez Pereira,
Nora Bateson, Mariana Bozesan, Susana Chacón, Yi Heng
Cheng, Robert Costanza, Herman Daly,* Holly Dressel,
Lars Engelhard, *Herbie Girardet, Maja Göpel, Heitor
Gurgulino de Souza, Karlson »Charlie« Hargroves,
Yoshitsugu Hayashi, Hans Herren, Kerryn Higgs, Garry
Jacobs,* Volker Jäger, *Ashok Khosla,* Gerhard Knies (†),
*David Korten, David Krieger, Ida Kubiszewski, Petra
Künkel, Alexander Likhotal,* Ulrich Loening, *Hunter
Lovins, Graeme Maxton, Gunter Pauli, Roberto Peccei,
Mamphela Ramphele, Jørgen Randers, Kate Raworth,
Alfred Ritter, Joan Rosas Xicota, Peter Victor, Agni
Vlavianos Arvanitis (†) and Mathis Wackernagel*
(Club of Rome Mitglieder *kursiv*)

INHALT

Vorwort des Vorstands des Club of Rome ... 11
Danksagung ... 14
Zusammenfassung ... 17

Teil 1
Die heutigen Trends sind überhaupt nicht nachhaltig

1.1 Verwirrte Welt ... 20
    1.1.1 Unterschiedliche Krisentypen und ein Gefühl der Hilflosigkeit ... 21
    1.1.2 Finanzialisierung schafft auch Verwirrung ... 29
    1.1.3 Die Aufklärung kam zu einer Zeit der *leeren Welt* ... 34
1.2 Wie relevant ist heute die Grenzen-Botschaft? ... 39
1.3 Planetare Grenzen ... 44
1.4 Das Anthropozän ... 46
1.5 Die Klima-Herausforderung ... 49
    1.5.1 Wir brauchen einen »Crash-Plan« ... 50
    1.5.2 Geo-Engineering? ... 52
    1.5.3 Vielleicht ein Marshall-Plan? ... 53
    1.5.4 Haben wir die Chance zur Einhaltung unserer Ziele schon verpasst? ... 54
1.6 Es gibt noch viele andere Bedrohungen ... 58
    1.6.1 Gefährliche Technologien und vertraute Bedrohungen ... 58
    1.6.2 Atomwaffen – die verdrängte Bedrohung ... 64
1.7 Bevölkerungswachstum und Urbanisierung ... 68
    1.7.1 Populationsdynamik ... 68
    1.7.2 Urbanisierung ... 73
1.8 Landwirtschaft und Ernährung ... 77
1.9 Handel gegen Umwelt ... 83

1.10	Die Agenda 2030 der Vereinten Nationen	89
1.11	Mögen wir »Disruption«? Die digitale Revolution	99
	1.11.1 Disruption – der neue Hype aus Kalifornien	99
	1.11.2 Digitalisierung wird zum Modewort unserer Zeit	101
	1.11.3 Beängstigende »Singularität« und »exponentielle Technologien«	103
	1.11.4 Arbeitsplätze	107
1.12	Von der *leeren Welt* zur *vollen Welt*	110
	1.12.1 Die Auswirkungen des physischen Wachstums	110
	1.12.2 Der BIP-Irrtum: Physische Auswirkungen ignoriert	115
	1.12.3 Noch ein BIP-Irrtum: Kosten sind nicht Nutzen	117
Verknüpfung von Teil 1 und Teil 2		119

Teil 2
Auf dem Weg zu einer neuen Aufklärung

2.1	Laudato Sí: Papst Franziskus spricht	124
2.2	Andere Erzählung, andere Zukunft	131
2.3	1991: »Die Erste Globale Revolution«	133
2.4	Wie der Kapitalismus frech wurde	135
2.5	Das Scheitern der reinen Marktlehre	140
2.6	Philosophische Fehler des Marktdogmas	148
	2.6.1 Adam Smith, Prophet, Moralist, Aufklärer	149
	2.6.2 David Ricardo: Das Kapital bleibt ortsfest	151
	2.6.3 Charles Darwin meinte lokale Konkurrenz, nicht globalen Handel	155
2.7	Die reduktionistische Philosophie ist flach und unzulänglich	163
	2.7.1 Reduktionismus	163
	BOX: Bestäuber als Opfer des Reduktionismus	166
	2.7.2 Technologiemissbrauch und »Homo Deus«	170
2.8	Lücken zwischen Theorie, Bildung und Gesellschaft	173
2.9	Toleranz und langfristige Perspektiven	176

2.10 Wir brauchen eine neue Aufklärung	179
2.10.1 Neue Aufklärung, nicht erneuerter Rationalismus	179
2.10.2 Yin und Yang	182
2.10.3 Philosophie der Balance, nicht des Ausschlusses	185
Verknüpfung von Teil 2 und Teil 3	191

Teil 3
Eine spannende Reise zur Nachhaltigkeit

3.1 Eine regenerative Wirtschaft	194
3.1.1 Eine neue Stoßrichtung	194
3.1.2 Natürlicher Kapitalismus: Bogen des Übergangs	198
3.1.3 Alles umgestalten	199
3.1.4 Regeneratives Management	200
3.2 Sensation im ländlichen Indien	207
BOX: Industriearbeitsplätze? Gern, aber zu wenig!	210
3.3 Gunter Paulis »Blue Economy«	216
BOX: 21 Prinzipien der Blue Economy (2016 Edition)	217
3.3.1 Kernprinzipien	219
3.3.2 Kaffeechemie und essbare Pilze	219
3.3.3 Das Design der Bio-Raffinerien und Disteln in Sardinien	221
3.3.4 3D-Farmen im Meer und Fischen mit Luftblasen	221
3.4 Dezentralisierte Energie	224
3.5 Einige landwirtschaftliche Erfolgsgeschichten	235
3.5.1 Nachhaltige Agrarpolitik	235
3.5.2 Nachhaltige Landwirtschaft in Entwicklungsländern	237
3.5.3 Beiträge der reicheren Länder	241
3.6 Regenerative Urbanisierung: Ecopolis	243

	3.6.1	Ecopolis: Zirkuläre Ressourcenströme	243
	3.6.2	Regenerative Urbanisierung	245
	3.6.3	Städte und Naturkatastrophen	247
	3.6.4	Adelaide	249
	3.6.5	Kopenhagen	251

3.7 **Klima: Gute Neuigkeiten, aber noch größere Aufgaben** — 252
- 3.7.1 Gute Neuigkeiten — 252
- 3.7.2 Historische Klima-Schulden und der »CO_2-Budget«-Ansatz — 255
- 3.7.3 Ein Preis für CO_2 — 258
- 3.7.4 Bekämpfung der globalen Erwärmung mit einer »Nachkriegsökonomie« — 259

3.8 **Kreislaufwirtschaft** — 265
- 3.8.1 Eine neue Wirtschaftsphilosophie — 266
- 3.8.2 Auch gesellschaftliche Vorteile — 267
- 3.8.3 Neue Geschäftsmodelle — 269

3.9 **Fünffache Ressourcenproduktivität** — 271
- 3.9.1 Verkehr — 271
- 3.9.2 Ressourceneffiziente Gebäude — 274
- 3.9.3 Wassereffizienz für die Landwirtschaft — 277

3.10 **Positive Disruption** — 279
- 3.10.1 Die Umwelt hofft erwartungsvoll auf IT — 279
- 3.10.2 Eine positive Disruption — 280
- 3.10.3 Und nun ein schockierender Vorschlag: die Bit-Steuer — 283

3.11 **Reform des Finanzsektors** — 286
- 3.11.1 Trennung des Geschäftsbankwesens vom Investment-Banking — 288
- 3.11.2 Mit Schulden umgehen — 289
- 3.11.3 Kontrolle der Geldschöpfung: der Chicago-Plan — 290
- 3.11.4 Besteuerung des Finanzhandels — 292
- 3.11.5 Verbesserung der Transparenz — 292
- 3.11.6 Unabhängige Regulatoren — 293

- 3.11.7 Besteuerung der Reichen und Eintreiben der Steuer — 293
- 3.11.8 Die »Großen Vier« Buchhaltungsunternehmen zähmen — 296

3.12 Reform des Wirtschaftssystems — 298
- 3.12.1 »Donut-Ökonomie« — 299
- 3.12.2 Reformen, die demokratisch mehrheitsfähig sind — 302
- 3.12.3 Die ökologische Wende immer rentabler machen — 305
- 3.12.4 Gemeinwohlwirtschaft — 310

3.13 Nachhaltig investieren — 315
- 3.13.1 Von der Wall-Street zur Philanthropie — 316
- 3.13.2 Aktuelle strukturelle Veränderungen — 318
- 3.13.3 Impact-Investment — 320
- 3.13.4 Vom Idealismus zur Hauptströmung — 322
- 3.13.5 Grüne Anleihen, Crowdfunding und Fintech — 324

3.14 Messung des Wohlergehens statt des BIP — 328
- 3.14.1 Aktuelle Arbeiten zu alternativen Indikatoren — 328
- 3.14.2 Wachsender Abstand zwischen BIP und GPI — 333
- 3.14.3 Auf dem Weg zu einem Hybrid-Ansatz — 335
- 3.14.4 Schlussfolgerung — 337

3.15 Zivilgesellschaft, Sozialkapital und Collective Leadership — 338
- 3.15.1 Öffentliches Gespräch: Das Konzept der Bürgerversammlungen — 340
- 3.15.2 Aufbau des sozialen Kapitals: Multi-Stakeholder-Kollaboration — 342
- 3.15.3 Ein Fall von Collective Leadership: Der Common Code of the Coffee Community — 344

3.16 Weltweite Regeln — 348
- 3.16.1 Einführung: Das VN-System und danach — 348
- 3.16.2 Spezifische Aufgaben — 352
- 3.16.3 COHAB – Zusammenlebensmodell der Nationalstaaten — 354

3.17 Handeln auf nationaler Ebene: China und Bhutan	359
3.17.1 China und sein 13. »5-Jahres-Plan«	359
3.17.2 Bhutan: Der Gross National Happiness Index	366
3.18 Bildung für eine nachhaltige Zivilisation	369
BOX: UNESCO: Bildung für eine nachhaltige Entwicklung	370
BOX: Eine Fallstudie aus Napa, Kalifornien	372
Fazit: Einladung an die Leserinnen und Leser	378
Register	382

VORWORT DES VORSTANDS
DES CLUB OF ROME

Seit seiner Gründung im Jahr 1968 hat der Club of Rome mehr als 40 Berichte angenommen. Der erste war *Die Grenzen des Wachstums* von 1972. Er katapultierte den Club ins Scheinwerferlicht der Weltöffentlichkeit. Das Buch war ein Schock. Niemand hatte an die Langfristfolgen des Dauerwachstums gedacht. Heute spricht man vom *ökologischen Fußabdruck* der Menschheit. Der Gründer und erste Präsident des Clubs, Aurelio Peccei, sah es als seine Verantwortung an, die Kette der auf die Welt zukommenden Probleme zu untersuchen, die er als das Menschheits-Dilemma (predicament of mankind) bezeichnete. Er erschrak über die Erkenntnis des »Grenzen«-Berichts, dass all die Probleme mit dem Menschheitswunsch endlosen Wachstums auf einem endlichen Planeten zusammenhängen. Das war ja die Botschaft des jungen Forscherteams am Massachusetts Institute of Technology: Wenn das Wachstum im gleichen Tempo immer weiterginge, würden schwindende Rohstoffe und massive Verschmutzung zu einem Kollaps der globalen Systeme führen.

Gewiss sind heutige Computermodelle viel raffinierter als das damals benutzte World3-Modell. Manche ökologisch günstige Wachstumsformen in den letzten 50 Jahren hatte man damals nicht erwartet. Gleichwohl bleibt die Grundaussage von 1972 richtig. Und Gefahren, die man damals kaum auf dem Schirm hatte, sind heute brennend aktuell, so die Klimaänderung, die Knappheit an fruchtbaren Böden und das Artensterben. Ferner leben rund vier Milliarden Menschen in unterschiedlichen Notlagen, einschließlich Kriegsbedingungen, Dürre,

Fluten, Hunger und nackter Armut. Jährlich wollen geschätzte 50 Millionen fliehen – aber wohin? 2017 waren schon 60 Millionen als Flüchtlinge unterwegs.

Zugleich hat sich in der modernen Welt ein solcher Reichtum eingestellt, dass man unter Nutzung von Wissenschaft und Technik all die Veränderungen durchführen können sollte, von denen die Autoren der *Grenzen des Wachstums* die Schaffung einer auch ökologisch nachhaltigen Welt erwarteten.

Der Vorstand (*Executive Committee*) des Club of Rome erinnert dankbar an das Verdienst der *Grenzen des Wachstums* sowie der anderen wertvollen Berichte an den Club of Rome. Wir erinnern auch an den mutigen Schritt des Nachfolgers von Aurelio Peccei, Alexander King, der mit seinem damaligen Generalsekretär Bertrand Schneider *Die erste Globale Revolution* schrieb. Das war nicht ein Bericht an den Club of Rome, sondern ein Bericht des »Rates« (Council) des Clubs, so der Name des damaligen Vorstands. King und Schneider erkannten, dass das Ende des Kalten Krieges riesige neue Chancen für eine friedliche und prosperierende Welt eröffnete. Dieses optimistische Buch brachte den Club wieder ins Scheinwerferlicht, wenn auch nicht ganz so wie der *Grenzen-* Bericht.

Heute ist die Welt wieder in einer kritischen Lage. Wir brauchen einen echten Neuanfang. Aber diesmal halten wir es für notwendig, sich auch mit den philosophischen Wurzeln der schlimmen Weltlage auseinanderzusetzen. Wir müssen die Legitimität des materialistischen Egoismus infrage stellen, welcher ja als wirksamster Antrieb unserer Welt dargestellt wird. Wir sind dankbar für Papst Franziskus' Enzyklika *Laudato Sí*, in der er eine tiefer liegende Krise der Werte anspricht – wie es der Club of Rome seit langem tut. Die Zeit ist reif für eine *neue Aufklärung,* finden wir, oder für andere

Wege, die heutigen kurzfristigen Denkgewohnheiten und Handlungen abzulösen. Wir sehen mit Freude, wie die Vereinten Nationen ihre Agenda 2030 und die 17 Entwicklungsziele der Nachhaltigkeit für die kommenden 15 Jahre verabschiedet haben. Jedoch können wir die Sorge nicht von der Hand weisen, dass die Welt in 15 Jahren ökologisch noch viel schlechter aussieht, wenn man die zerstörerische Wirkung eines rein materialistischen Wachstums nicht bändigt.

Wir begrüßen daher ausdrücklich die Initiative unserer derzeitigen Ko-Präsidenten, einen neuen und ehrgeizigen Bericht auf den Weg zu bringen, der das Menschheits-Dilemma aus der heutigen Sicht angeht.

Im englischen Original heißt der Buchtitel »Come On!«, ein bewusst zweideutiger Ausdruck. Er kann einmal heißen »Mach mir doch nichts vor«. Das ist die Bedeutung der Teile 1 und 2 des Buches: Mach uns doch nicht vor, die heutigen Trends seien nachhaltig! Und: Komm mir doch nicht mit verstaubten Philosophien. Die andere Bedeutung heißt »Komm mit!« Das ist Teil 3: Komm mit auf eine tolle gemeinsame Reise. Die Architektur des Buches will ausdrücklich beide Bedeutungen. Der deutsche Titel »Wir sind dran« ist ebenfalls schillernd. Er ist näher an der Bedeutung »Komm mit!«.

Juni 2017   *Der Vorstand des Club of Rome im Jahr 2017*
Susana Chacón, Enrico Giovannini,
Alexander Likhotal, Hunter L. Lovins, Graeme Maxton,
Sheila Murray, Roberto Peccei, Jørgen Randers,
Reto Ringger, Joan Rosàs Xicota,
Ernst von Weizsäcker, Anders Wijkman
und Ricardo Díez-Hochleitner (Ehrenmitglied)

DANKSAGUNG

38 Personen haben uns entscheidend geholfen, dieses Buch zu schreiben. Wir als Koordinatoren danken für die wunderbaren Beitragsentwürfe von Nora Bateson (*Teile von Kapitel 2.7*), Mariana Bozesan (*Kap. 3.13*), Yi Heng Cheng (*Kap. 3.17*), Herman Daly (*Kap. 1.12 und 2.6.2*), Lars Engelhard (*Teile von Kap. 3.13*), Herbie Girardet (*Kap. 1.7.2 und 3.6*), Maja Göpel (*Kap. 1.1 und die Verbindungstexte zwischen den drei Teilen*), Garry Jacobs und Heitor Gurgulino de Souza (*Kap. 2.8 und 3.18*), Volker Jäger und Christian Felber (*Kap. 3.12.4*), Karlson »Charlie« Hargroves (*Kap. 3.9*), Yoshitsugu Hayashi (*Kap. 3.6.3*), Hans Herren (*Kap 1.8 und 3.5*), Kerryn Higgs (*Kap. 1.9, 3.11 und andere Passagen*), Ashok Khosla (*Kap. 3.2*), Gerhard Knies (*Kap. 3.16.3*), David Korten (*Kap. 2.2*), David Krieger (*Kap. 1.6.2*), Ida Kubiszewski und Robert Costanza (*Kap. 3.14 und Teile von Kap. 1.12*), Petra Künkel (*Kap. 3.15*), Ulrich Loening (*wichtige Kommentare zu Kap. 2.6 und 2.7*), Hunter Lovins (*Kap. 3.1 und Teile von Kap. 1.6 und 3.4*), Graeme Maxton (*Kap. 2.5 und 3.12.2*), Gunter Pauli (*Kap. 3.3*), Roberto Peccei (*Vorwort, Teil 1, und Struktur*), Jørgen Randers (*Kap. 2.5 und 3.12.2*), Kate Raworth (*Kap. 3.12.1*), Alfred Ritter (*Teil von Kap. 3.5*), Joan Rosàs Xicota (*Kommentare zu Kap. 3.11 und 1.1.2*), Agni Vlavianos Arvanitis (*Teil von Kap. 3.6*) und Mathis Wackernagel (*Teil von Kap. 1.10*). In allen Fällen haben wir als Autoren stilistisch und inhaltlich eingegriffen, um das Buch kohärent zu machen. Aber ohne die wertvollen Entwürfe der genannten Autoren wären wir verloren gewesen.

Kerryn Higgs, Mamphela Ramphele, Jørgen Randers, Alexander Likhotal, Ulrich Loening, David Korten, Irene Schöne, Mathis Wackernagel und Jakob von Weizsäcker haben sich die Mühe gemacht, das ganze Manuskript oder große Teile davon kritisch durchzusehen und haben uns sehr geholfen, Schwächen und Fehlstellen zu entdecken. Susana Chacón und Peter Victor haben bei einer Autorenkonferenz im Mai 2016 sehr wichtige mündliche Beiträge geliefert. Verena Hermelingmeier begleitete uns bei der Suche nach Fundstellen und half uns bei Formatierung und Formulierung. Hans Kretschmer hat sich sehr professionell um die Abbildungen und die zugehörigen Bildrechte gekümmert; die Eindeutschung der Grafiken besorgte Anna Murphy, London. Daniel Benedikt Schmidt hat eine sehr gute Rohübersetzung des englischen Originals für die deutsche Ausgabe erstellt, und Helge Bork hat die deutschsprachigen Bücher herausgesucht, die den englischen im Original entsprechen. Wir danken der Udo Keller Stiftung Forum Humanum für die Honorierung dieser Arbeiten.

Gegen Ende der (*englischen*) Schreibarbeiten haben wir Holly Dressel aus Kanada als stilistische Editorin angeheuert. Sie tat dann aber viel mehr und mauserte sich zu einer echten Koautorin. Durch ihr Talent wurde der englische Text gut lesbar und ansprechend.

Als Hauptautoren danken wir den Vorstandsmitgliedern des Club of Rome für ständige Begleitung und Ermutigung beim Schreiben des Buches.

Sehr dankbar sind wir unserem Club-Mitglied Alfred Ritter, der das Buchprojekt finanziell großzügig unterstützt hat. Einen zusätzlichen Sponsor fanden wir in der Robert-Bosch-Stiftung, der wir ebenfalls herzlich danken. Der Volkswagenstiftung danken wir für die Ausrichtung einer internationalen Tagung im August 2014, die sehr zur Sortierung der Gedanken beigetragen hat, woraus schließlich die Konzepte für das vorliegende Buch entstanden. Wir legen Wert auf die Feststellung, dass praktisch alle Buchbeiträge, insbesondere die der Club-of-Rome-Mitglieder, honorarfrei geliefert wurden.

Mitte Oktober 2018 fand die Feier des 50jährigen Bestehens des Club of Rome statt, in Rom. Davor wurde die jährliche Vollversammlung abgehalten. Hierbei wurden Frau Dr. Mamphela Ramphele aus Südafrika und Frau Sandrine Dixson-Declève aus Belgien als unsere Nachfolgerinnen zu neuen Ko-Präsidentinnen des Club of Rome gewählt. Uns beiden wurde der Titel Ehrenpräsident verliehen. Das Wichtigste aber waren Beschlüsse, in drei inhaltlichen Bereichen neue Schwerpunkte für den Club of Rome zu setzen, - die alle in engem Zusammenhang mit dem hier vorliegenden Buch stehen: (1) Eine Climate Emergency Initiative, die sich an Kapitel 3.7. und 3.4 dieses Buches anlehnt, (2) New Economy. Hier geht es in Anlehnung an die weltweite Wellbeing Economy Alliance (»WEAll«) um die Fortentwicklung der Ökonomie in eine Richtung, die deutlich mehr Wohlergehen und deutlich weniger Naturzerstörung mit sich bringt. Anknüpfungspunkte in diesem Buch sind in den Kapiteln 2.5-2.6, 3.1, 3.3, 3.11-3.14 zu finden. (3) New Civilization. Dies ist eine Konkretisierung der Gedanken von Teil 2 dieses Buches, insbesondere der Forderung nach einer Neuen Aufklärung. – Wir als Hauptautoren dieses Buches sind all denen im Club of Rome sehr dankbar, die sich so rasch an die Arbeit gemacht haben, um die Inhalte von »Wir sind dran« fortzuentwickeln und hoffentlich zu einer realen Umsetzung zu führen.

Emmendingen (Breisgau) und Stockholm, November 2018
Ernst von Weizsäcker und Anders Wijkman,
Ehrenpräsidenten des Club of Rome

ZUSAMMENFASSUNG

Die vom Menschen beherrschte Welt bietet immer noch die Chance einer prosperierenden Zukunft für alle. Das wird aber nur möglich sein, wenn wir aufhören, den Planeten zu ruinieren. Wir sind sicher, dass dies geht, aber es wird von Jahr zu Jahr schwieriger, wenn wir mit den Kurskorrekturen zuwarten. Denn die heutigen Trends sind überhaupt nicht nachhaltig. Die Fortsetzung des herkömmlichen Wachstums führt zu einem gewaltigen Zusammenprall mit den *planetaren Grenzen*. Unser Wirtschaftssystem hat unter dem Diktat der Finanzmärkte mit ihren spekulativen Eskapaden die Tendenz, den Abstand zwischen Arm und Reich weiter aufzureißen.

Die Weltbevölkerung muss endlich stabilisiert werden, nicht bloß aus ökologischen, sondern auch aus zwingenden sozialen und ökonomischen Gründen. Sehr viele Menschen sehen die Welt im Zustand einer Verwirrung und Unsicherheit. Ungerechtigkeit, Staatsversagen, Kriege und Bürgerkriege, Arbeitslosigkeit und Flüchtlingswellen haben Hunderte Millionen von Menschen in einen Zustand der Angst und Verzweiflung versetzt.

Die Vereinten Nationen haben einstimmig die *Agenda 2030* verabschiedet, die all diese Nöte überwinden soll. Aber eine erfolgreiche Umsetzung ihrer elf *sozio-ökonomischen Ziele* könnte den raschen weiteren Ruin für Klima, Ozeane und Artenvielfalt bedeuten, also die ökologischen Ziele zertrampeln. Will man diese Tragödie verhindern, muss man die Agenda als integrales Ganzes sehen, also die »Silo«-Struktur von Wirtschaft, Gesellschaft und Umwelt überwinden.

Teil 1 des Buches ist eine Diagnose der nicht nachhaltigen Zeittrends – was man heute das »Anthropozän« nennt, das Zeitalter, in dem der Mensch das ganze Geschehen dominiert, bis hin zur bio-geochemischen Zusammensetzung der Erde. Eine prosperierende Zukunft für alle ist nur machbar, wenn der Wohlstand massiv vom Naturverbrauch abgekoppelt wird, auch in der Landwirtschaft und bei den Treibhausgasen. Volle nationale Souveränität auch über Handlungen, die die ganze Erde beeinflussen, ist nicht mehr legitim.

Teil 2 geht tiefer in die »philosophische Krise« unserer Zivilisation. Ein Markstein ist die päpstliche Enzyklika *Laudato Sí*. Die heutigen Religionen und Denkmuster stammen alle aus der Zeit der *leeren Welt* (Herman Daly) und eignen sich nicht für die *volle Welt*. Daraus resultiert die Anregung, dass wir auf eine *neue Aufklärung* zusteuern sollten. Sie sollte statt Doktrinen die Tugend der Balance betonen, z.B. die Balance zwischen Mensch und Natur, Kurzfrist und Langfrist oder öffentlichen und privaten Gütern. Teil 2 kann als der revolutionärste Teil des Berichts angesehen werden.

Aber kann unser gequälter Planet warten, bis die menschliche Zivilisation durch die Mühen einer neuen Aufklärung gegangen ist? Nein, heißt es in Teil 3. Wir müssen jetzt schon handeln. Das ist machbar. Es werden – etwas willkürlich – lauter Erfolgsgeschichten dargestellt, von der Energiewende über nachhaltige Jobs bis zu einem Entkoppeln von Wohlstand und Naturverbrauch. Es folgen Politik-Vorschläge, wie man dahin kommt, dass solch gute Beispiele Schule machen und richtig profitabel werden.

Zum Schluss lädt das Buch Leser und Kritiker ein, sich selbst für die Transformation zu einer nachhaltigen Welt einzusetzen.

Teil 1

**Die heutigen Trends sind
überhaupt nicht nachhaltig**

1.1 VERWIRRTE WELT

Gerne fangen wir erst einmal optimistisch an. In Teil 3 werden wir konkreter. Aber mit einer optimistischen Perspektive fällt es jedem leichter, den entsetzlichen Problemen ins Auge zu schauen und brauchbare Strategien zur ihrer Überwindung zu finden.

Zunächst zur ökologischen Krise. Fast die Hälfte der fruchtbaren Böden der Erde ist in den letzten 150 Jahren[1] verschwunden; fast 90% der Fischbestände sind entweder überfischt oder einfach weg[2]. Die Klimastabilität ist in echter Gefahr (Kapitel 1.5 und 3.7); und die Erde erlebt gerade das sechste große Artensterben ihrer Geschichte[3].

Vielleicht die beste Darstellung ist der »Imperativ zum Handeln«[4] von 2012, der von allen achtzehn Empfängern des *Blue Planet Prize* (bis 2012), darunter Gro Harlem Brundtland, James E. Hansen, Amory Lovins, James Lovelock und Susan Solomon, unterschrieben wurde. Die zentrale Botschaft lautet: »Die menschliche Fähigkeit, zu handeln, hat die Fähigkeit, zu verstehen, weit übertroffen. Daraus erwächst für die Zivilisation ein Orkan von Problemen, ausgelöst durch Überbevölkerung, Überkonsum der Reichen, Einsatz umweltschädlicher Technologien und schlimme Ungleichheiten.« Und weiter: »Die sich rasch verschlechternde biophysikalische Situation ... wird von der Weltgesellschaft kaum erkannt, die dem irrationalen Glauben verfallen ist, dass die Wirtschaft physisch endlos wachsen könne.«

---

1 Chris Arsenault. 2014. »Top Soil Could Be Gone In 60 Years If Degradation Continues, UN Official Warns.« GREEN, Reuters, 5. Dez, 2014.
2 FAO. 2016. The State of World Fisheries and Aquaculture 2016. Rom.
3 Elizabeth Kolbert. 2014. The Sixth Extinction: An Unnatural History. New York: Henry Holt & Co.
4 Blue Planet Prize Laureates. 2012. »Environment and Development Challenges: The Imperative to Act.« Vorgestellt bei UNEP, Nairobi, Februar 2012. Tokyo: Asahi Glass Foundation.

1.1.1 Unterschiedliche Krisentypen und ein Gefühl der Hilflosigkeit

Die Krisen nehmen zu. Neben der ökologischen Krise gibt es eine soziale und politische, eine kulturelle und moralische Krise. Politisch haben wir eine Krise der Demokratie, der Ideologien und des Kapitalismus. Sozial geht es um die bittere Armut und hoffnungslose Arbeitslosigkeit. Milliarden Menschen haben das Zutrauen in ihre Regierungen verloren.[5]

Geografisch sehen wir Krisenerscheinungen fast überall. Dem »Arabischen Frühling« folgten lauter Kriege und Bürgerkriege, Menschenrechtsverletzungen und viele Millionen Flüchtlinge. Nicht besser ist die Lage in Eritrea, Nigeria, Somalia, Afghanistan, im Südsudan, im Yemen oder in Honduras. Venezuela und Argentinien, einst reiche Länder, haben große ökonomische Probleme und Konflikte, was abgeschwächt auch für Brasilien gilt. Russland und osteuropäische Länder kämpfen mit großen wirtschaftlichen und politischen Schwierigkeiten. Japan tut sich schwer, eine jahrzehntelange Stagnation zu überwinden und mit den Folgen der Atomkatastrophe von 2011 umzugehen. Der Aufschwung rohstoffreicher afrikanischer Länder erlahmte, als die Rohstoffpreise wieder absackten und als ungewöhnliche Dürren auftraten. Landraub plagt große Teile Afrikas, aber auch andere Teile der Welt, was zu Massenvertreibungen und damit zur weiteren Zunahme von Flüchtlingsströmen führt.

Das Regierungshandeln beschränkt sich im schlimmsten Fall auf das eigene politische Image und bestenfalls auf die Milderung der Krisensymptome. Zugleich sieht sich die Politik dem hässlichen Druck der

---

5 The Edelman Trust Barometer (2017) sagt, dass 53% der Bevölkerung von 28 Ländern glauben, dass das sie regierende System versagt; nur 15% gehen davon aus, dass das System funktioniert.

kurzfristig gepolten Privatwirtschaft, speziell der Investoren, ausgesetzt.

Hier offenbart sich, dass es auch eine Krise des globalen Kapitalismus gibt. Seit den 1980er Jahren hat sich die Marktwirtschaft von der wirtschaftlichen Entwicklung der Länder und Regionen in Richtung Gewinnmaximierung und Spekulation verschoben. Das Wirtschaftsgeschehen wird seit etwa 1980 in der angelsächsischen Welt und seit 1990 weltweit von einem neuartigen und kurzfristig operierenden Finanzkapitalismus dominiert (Kapitel 1.1.2). Unterstützt wurde dieser Trend durch übertriebene Deregulierung und Liberalisierung (Kapitel 2.4). Makaber entlarvt wird der Mythos vom *Shareholder-Value* in einem aktuellen Buch von Lynn Stout.[6]

Ein anderes, wohl verwandtes Merkmal der Verwirrung ist der Aufstieg von aggressiven, meist rechtsgerichteten »populistischen« Bewegungen gegen die Globalisierung in OECD-Ländern, sichtbar beim Brexit und beim Sieg Donald Trumps. Fareed Zacharia nennt Trump »Teil eines breiten populistischen Aufschwungs, der durch die westliche Welt läuft ... In den meisten Ländern bleibt der Populismus eine Oppositionsbewegung, obwohl an Kraft gewinnend; in anderen, etwa Ungarn, ist er jetzt die herrschende Ideologie.«[7]

Dieses Phänomen des Rechtspopulismus lässt sich in gewissem Maße durch das »Rüsseltal der Elefantenkurve« erklären, die den Abstieg der Mittelschicht *der entwickelten Welt* innerhalb von etwa zwanzig Jahren zeigt (Abbildung 1.1)[8]. Während mehr als die Hälfte der Weltbevölkerung

---

6   Lynn Stout. 2012.The Shareholder Value Myth. San Francisco: Berrett Koehler.
7   Fareed Zacharia. 2016. »Populism on the March: Why the West Is in Trouble.« Foreign Affairs, Nov-Dez 16.
8   Branko Milanovic. 2016. https://milescorak.com/2016/05/18/the-winners-and-losers-of-globalization-branko-milanovics-new-book-on-inequality-answers-two-important-questions/.

einen Einkommensanstieg von über 60% genoss (Anlass zu großem Optimismus!), erlitt die OECD-Mittelschicht Verluste, vor allem durch Deindustrialisierung und Arbeitsplatzverlusten in den USA, Großbritannien und anderen Ländern. In den USA stieg das mittlere Einkommen seit 1979 nur um magere 1,2% an.

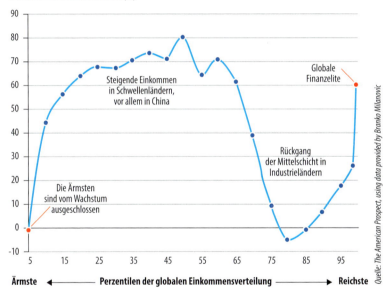

Abbildung 1.1: *Globales Einkommenswachstum von 1988-2008 für 21 Einkommensgruppen von arm bis reich. Die Kurve ähnelt der Silhouette eines Elefanten und wird als »Elefantenkurve« bezeichnet. Quelle: http://prospect.org/article/worlds-inequality*

Das erstaunliche Einkommenswachstum auf der linken Seite, dem »Rücken des Elefanten«, das zwei Milliarden Menschen aus der Armut hob, wurde vor allem durch den wirtschaftlichen Erfolg Chinas und einiger anderer Länder verursacht. Was auf dem Bild unsichtbar bleibt, ist das rechte Ende des »Elefantenrüssels«: Das reichste eine Prozent der Welt und, noch abscheulicher, die reichsten acht Menschen der Welt haben jetzt so viel Reichtum wie die gesamte ärmste Hälfte der Weltbevölkerung, wie Oxfam während des Weltwirtschaftsforums 2017 berichtete.[9]

Die Elefantenkurve ist auch aus einem anderen Grund unvollständig. Die *Oxford Poverty and Human Development Initiative* (OPHI) hat einen mehrdimensionalen Armutsindex (MPI) mit zehn Parametern von Bildung, Gesundheit und Lebensstandard vorgeschlagen. Nach diesem MPI leben etwa 1,6 Milliarden Menschen in Armut, fast doppelt so viele wie nach dem bloßen Einkommenswert.

Drittens sieht man der Kurve nicht an, dass die Menschen innerhalb der 19 Einkommensgruppen nicht immer die gleichen waren. So sind viele Millionen Menschen aus dem ehemaligen Ostblock von rechts nach links gerutscht und etliche Chinesen und Inder nach rechts. Und schließlich zeigt das Bild viertens auch nicht die massive Verschiebung von Werten aus der Industrie und dem Handel hin zum Finanzsektor.[10] Bruce Bartlett, hoher Politikberater für die Reagan- und Bush-Regierung in den USA, sagt, dass diese »Finanzialisierung« der Wirtschaft eine Ursache für Einkommensschere, fallende Löhne und geringe Wertschöpfung ist. Dem stimmt auch David Stockman zu, Reagans Direktor des Office of Management and Budget, und nennt die aktuelle Situation »korrosive Finanzialisierung«, die die Wirtschaft in ein riesiges »Kasino« verwandelt hat.«[11]

---

9 Nur 8 Männer besitzen die Hälfte der Welt: Oxfam. 2017. »An economy for the 99 percent.« https://www.oxfam.org/sites/www.oxfam.org/files/file_attachments/bp-economy-for-99-percent-160117-en.pdf. Die Daten basieren auf dem Credit Suisse Global Wealth Datenbuch 2016. Siehe auch: M. Jamaldeen. 2016. The Hidden Billions. Melbourne: Oxfam.
10 Robin Greenwood, und David Scharfstein. 2013. »The growth of finance.« Economic Perspectives 27: 3-28. Autoren sagen, dass 1980 die im Finanzsektor tätigen Personen etwa so viel verdient haben, wie jene in anderen Industrien; 2006 verdienten sie 70% mehr.
11 Bruce Bartlett. 2013. »»Financialization as a source of economic malaise.« NY Times, June 11. https://economix.blogs.nytimes.com/2013/06/11/financialization-as-a-cause-of-eco-

Populisten in den OECD-Ländern treten gern als Anwälte des vergessenen, »einfachen Volkes« und als echte Patrioten auf. Gleichzeitig bekämpfen sie die politischen Vertreter der *demokratischen* Institutionen – was für eine Ironie!

In der EU waren die Millionen von Flüchtlingen aus dem Nahen Osten, aus Afghanistan und aus Afrika der stärkste Auslöser für den Populismus. Selbst die großzügigsten europäischen Länder finden, sie hätten ihre Aufnahmegrenze erreicht. Die EU-Institutionen waren zu schwach (nicht zu mächtig, wie sie die neuen Nationalisten gerne darstellen), um mit der »Flüchtlingskrise« umzugehen, was schließlich zu einer Identitätskrise in der EU geführt hat. Die EU war doch früher Inbegriff der Erfolgsgeschichte einer Versöhnung, die Frieden und Wohlstand mit sich brachte. Und plötzlich wird sie als bürokratische Machtanmaßung verteufelt. Tragische Tatsache ist, dass die Fortsetzung der Erfolgsgeschichte mehr und nicht weniger Macht in den Händen der Union erfordern würde, für den Schutz der Grenzen und für eine kohärente und vernünftig finanzierte gemeinsame Asyl- und Flüchtlingspolitik, auch um die Vorteile von Schengen aufrechtzuerhalten. Für die Neustabilisierung des Euro benötigt die Eurozone eine gemeinsame Fiskalpolitik, wie sie der französische Präsident Emmanuel Macron fordert. Aber genau das macht den Neopopulisten am meisten Angst.

Gewiss ist die EU in ihrer jetzigen Form nicht ohne Mängel! Aber diese bestehen im Kern darin, dass die Binnenmarktprinzipien alle anderen segensreichen Politiken unterdrückt oder beherrscht haben – übrigens

---

nomic-malaise/. David Stockman. 2013. »We're Blind to the Debt Bubble.« Interview mit Paul Solman. PBS Newshour, May 30.

hauptsächlich auf Drängen der Briten, die die EU immer schon als reine Handelsunion sehen wollten. Und die eher von Deutschland ausgehende restriktive Ausgabenpolitik hat nützliche Investitionen geschwächt und zu unnötigen Leiden von vielen Millionen Europäern geführt. Solche Mängel dürfen aber nicht zu einer Absage an die Grundidee der EU führen, einer Union des Friedens, der Rechtsstaatlichkeit, der Menschenrechte, des kulturellen Miteinanders, der Nachhaltigkeit und natürlich *auch* des Binnenmarktes.

Zum Zustand der Demokratie veröffentlicht die Bertelsmann Stiftung regelmäßig den »Bertelsmann-Transformationsindex« (BTI), ursprünglich als Fortschrittsindex für Freiheit und Demokratie. Seit Jahren aber vermittelt der BTI eher Rückschritte. Im jüngsten Zeitraum 2016-2017 haben 40 Regierungen, darunter auch solche aus fortgeschrittenen Demokratien, den Rechtsstaat beschnitten, und in 50 Ländern wurden politische Freiheiten eingeschränkt. Nur Burkina Faso und Sri Lanka haben größere Fortschritte in Richtung Demokratie gemacht. In 13 Staaten, darunter der Türkei, hat sich die Demokratie-Situation deutlich verschlechtert.[12][13]

Kurz noch zu einer anderen Art von Krise, vielleicht nicht einer echten Krise, aber einer hässlichen Entwicklung in einem sonst sinnvollen Kommunikationsmedium, den *sozialen Medien*. Diese sind für den Alltag, den Austausch von Nachrichten und vernünftigen Meinungen sehr wertvoll. Aber sie sind auch zum Vehikel des Hasses, der Beschimpfung von Personen geworden und dienen oft genug der Verbreitung von

---

12 Bertelsmann Stiftung 2018. Demokratie unter Druck. Kurzfassung Transformationsindex, Gütersloh.
13 Timothy Snyder. 2017. On Tyranny. Twenty Lessons from the Twentieth Century. New York: Tim Duggan Books.

»postfaktischen« Dummheiten. Eine Studie aus China zeigt, dass sich Wut und Empörung systematisch viel rascher verbreiten als positive Emotionen.[14] Die sozialen Medien transportieren vielfach politischen Müll und dienen als »Echokammern« für Netzwerke frustrierter Bürger.[15] Nachdem bekannt wurde, dass »Cambridge Analytica« der Trump-Kampagne von 2016 zig Millionen von Facebook-Daten für die gezielte Verbreitung von Fake News lieferte, entstand Anfang 2018 hieraus eine *Facebook-Krise*, eine Empörung über die politische Macht »sozialer« Medien. »Das soziale Netzwerk Facebook ist zu einer Gefahr für die Demokratie geworden«, schreibt der SPIEGEL am 23. März 2018.

Das Internet und die sozialen Medien dienen auch als Vehikel für elektronische Räuber, sogenannte »Bots« (Kurzform von *robots*), die Nachrichten verstümmeln, E-Mail-Adressen oder Website-Inhalte klauen und versilbern, Viren und Trojaner in Umlauf bringen, begehrte Eintrittskarten für Konzerte aufkaufen oder mit getürkten Zuschauerzahlen Werbetarife nach oben drücken.

Eine besonders üble Form der Erzeugung von Verwirrung ist der Terrorismus. In früheren Zeiten traten Gewaltkonflikte meist zwischen Nationen oder ethnischen oder sozialen Gruppen auf. Neuerdings dominieren religiöse und ideologische Konflikte mit Terrorangriffen, immer auch mit der Absicht, Angst zu verbreiten. Während des 20. Jahrhunderts blieben die Religionen weitgehend ruhig und geografisch beschränkt. Das ist vorbei, teils wegen religiöser Radikalisierung, teils wegen Massenwanderungen. Und radikale Gruppen hassen

---

14 Rui Fan, et al. 2014. »Anger Is More Influential than Joy: Sentiment Correlation in Weibo.« https://doi.org/10.1371/journal.pone.0110184.
15 Walter Quattrociocchi, Antonio Scal, und Cass R. Sunstein. 2016. »Echo Chambers on Facebook.« 13. Juni. Verfügbar unter SSRN: https://ssrn.com/abstract=2795110.

den laizistischen Staat, der Religion und Staat voneinander trennt, wie etwa in Frankreich.

Was noch nicht gut verstanden wird und von den Medien kaum transportiert wird, ist die *positive* Rolle von Religionen. In Europa wurde die *liberale und tolerante* Religion zu einem Teil der europäischen Identität, nachdem die Aufklärung die früheren, autoritären und kolonialistisch-missionarischen Religionsformen weitgehend diskreditiert hatte. Während des Kalten Krieges wurden die aus der katholischen Soziallehre stammenden Gedanken der sozialen Gerechtigkeit zum tragenden Pfeiler der »westlichen Werte« und der »sozialen Marktwirtschaft«.

Auch der Islam kann eine kooperative soziale Rolle spielen. So sehen es islamische Gelehrte wie der aus Syrien stammende Göttinger Professor Bassam Tibi, der seine Glaubensbrüder auffordert, sich in die demokratische Gesellschaft zu integrieren und deren Werte zu respektieren.[16] Tibi ist allerdings bei radikalen Muslimen nicht beliebt, um es vorsichtig auszudrücken. Wenn wir andererseits die Radikalisierung des Islam verstehen wollen, dürfen wir die gewaltsamen Eingriffe des Westens, insbesondere der USA, in die Nahost-Staaten, nicht kleinreden.

Die »Verwirrung«, die sich in den politischen Schlagzeilen ständig wiederfindet, ist vielleicht nur die Oberfläche derselben. Tiefere und systematischere Probleme und Angstgefühle hängen wohl auch mit der atemberaubenden Geschwindigkeit der technologischen Entwicklung zusammen. Dazu gehört die Digitalisierung, die möglicherweise Millionen von Arbeitsplätzen bedroht (Kapitel 1.11.4). Ein weiterer Trend kann in den Bio-

---

16 Bassam Tibi. 2012. Islamism and Islam. New Haven: Yale University Press. Er sieht »Islamismus« als mit der Demokratie inkompatibel, während der Islam tiefe Wurzeln in die demokratischen Beratungsmethoden schlägt und offen für eine sehr frühe Aufklärung im 12. Jahrhundert war, hauptsächlich durch Ibn Rushd – lateinisch als Averroes bekannt.

wissenschaften und -technologien beobachtet werden. Die enorme Beschleunigung der Gentechnik durch die CRISPR-Cas9-Technologie[17] verursacht Ängste vor der Erschaffung von Monstern oder vor dem Aussterben von Arten oder Sorten, die unter menschlichen Nützlichkeitskriterien nicht als wertvoll angesehen werden. Im Allgemeinen verbreitet sich ein unspezifisches Gefühl, dass »Fortschritt« beängstigende Seiten hat und dass des Zauberlehrlings Geist die Flasche längst verlassen hat (Kapitel 1.6.1 und 1.11.3).

Im Club of Rome sehen wir die Notwendigkeit, die Symptome und Wurzeln der Vielzahl von politischen, wirtschaftlichen, sozialen, technologischen und ökologischen Krisen zu analysieren und zu verstehen. Wir müssen verstehen, inwieweit die Menschen die verschiedenen Phänomene der Unordnung wahrnehmen und sich desorientiert fühlen. Wir erkennen auch, dass die Realität und die Empfindung von Unordnung eine moralische und sogar religiöse Dimension haben.

1.1.2 Finanzialisierung schafft auch Verwirrung

Große Unsicherheit resultiert aus der Undurchsichtigkeit der Finanzmärkte. Spätere Historiker werden die letzten 30 Jahre als die Phase der Aufblähung der Bankbilanzen und Kredite vor dem Hintergrund gänzlich unzureichender Rücklagen betrachten. Diese Phase brachte zwar einen zeitweiligen Aufschwung, der aber eher eine Blase war. Und sie brachte eine bleibende, massive Vergrößerung des Finanzsektors (Banken, Versicherungen, Immobilienwerte), also das, was man heute oft als *Finan-*

---

17 Z.B. P. D. Hsu, E. S. Lander, und F. Zhang. 2014. »Development and Applications of CRISPR-Cas9 for Genome Engineering.« Cell Vol 157, No 6, Juni: 1262–1278.

zialisierung bezeichnet. Und die mündete in die Finanzkrise von 2008/2009, die beinahe zum Zusammenbruch des gesamten Finanzsystems geführt hätte. Als die Blase platzte, mussten die Regierungen eingreifen und mit Steuergeldern retten, was zu retten war.

Die Regierungen, erfüllt vom neuen Zeitgeist, den Märkten volle Entfaltung zu schenken, waren die Hauptakteure der Deregulierung, immer getrieben von der Hoffnung auf einen permanenten Aufschwung. Ohne die Deregulierung hätten sich die privaten Banken an die vormals üblichen Regeln halten müssen und von sich selbst und den Kunden hinreichende Sicherungen verlangt.

Ohne die scharfe Deregulierung wären überbordende Kredite, exotische Finanzprodukte wie die auf meist nachrangigen Hypotheken fußenden Credit-Default-Swaps sowie die reinblütig spekulativen Geschäfte von der Finanzaufsicht und den Zentralbanken überhaupt nicht genehmigt worden. Die exotischen Produkte waren bezüglich des inhärenten Risikos weitgehend intransparent, und sie standen bekanntlich im Zentrum der Insolvenzlawine, die von den USA ausging. Die Rating-Agenturen taten ein Übriges und gaben noch den verwegensten Produkten die höchste Absicherungsnote AAA, worauf dann viele europäische Finanzinstitute hereinfielen und in der Krise hohe Milliardenverluste erlitten.

Hinzu kamen die undurchsichtigen Steueroasen, wo fern jeder staatlichen Aufsicht große Gewinne geparkt und vermehrt werden konnten.

Eine tiefer reichende Analyse der Krisenursachen haben die Ökonomen Frau Anat Admati und der Bonner Max-Planck-Direktor Martin Hellwig vorgelegt.[18] Auch sie

---

18 Anat Admati, und Martin Hellwig. 2013. The Bankers New Clothes. Princeton: Princeton University Press.

verweisen auf die viel zu hohe Kreditvergabe mit geringen Sicherheiten und die Derivate in Billionenhöhe mit unsinnig hoher Beleihung von Grundstückswerten. Sie erwähnen, dass während Banken in der Nachkriegszeit mit Rücklagen von 20-30% der ausgegebenen Kredite operierten, diese Quote 2008 auf 3% absackte. Die Banken waren der Meinung, dass sie Instrumente erfunden hatten, die die Risiken stark vermindern, so dass sie mit einem Zehntel des Sicherheitspuffers auskommen könnten. Das war eine reine Illusion, aber dafür rechneten sie dann mit staatlicher Rettung.

Zugleich haben sich viele Banker auf unglaubliche Weise selbst bereichert. Sie machten ihre Institute zu groß für den Untergang und sich selbst zu unangreifbar fürs Gefängnis. Die Krise von 2008 war hauptsächlich die Folge unverantwortlicher Habgier. Selbst 2009, nachdem Staaten Hunderte von Milliarden in die Bankenrettung gepumpt hatten, entzogen sich die verantwortlichen Banker dem Strafvollzug und genehmigten sich sogar noch Rekordbonuszahlungen. Gleichzeitig mussten fast 9 Millionen Familien in den USA ihre Häuser verlassen, weil deren Wert abstürzte und sie ihre Hypothekenzahlungen nicht mehr leisten konnten.[19]

Die Finanzialisierung bedeutet die Unterwerfung der Weltökonomie durch den Finanzsektor und die Tendenz, erzielte Gewinne in Grundstücke und andere spekulative Anlagen zu stecken. Schuldenaufnahme ist ein Wesensmerkmal dieses Prozesses. In den USA und anderen OECD-Ländern hat sich der staatliche und private Schuldenstand von 1980 bis 2007 glatt verdoppelt.[20]

---

19 NCPA. 2015. »The 2008 Housing Crisis Displaced More Americans than the 1930s Dust Bowl.« National Center for Policy Analysis. 11. Mai 2015.
20 James Crotty schreibt, dass in den USA die Staatsverschuldung bei 48% des BIP lag, und 2007 bei 100%; bei Privathaushalten stieg der Schuldenstand in dieser Zeit von 123% auf 290% des BIP: James Crotty. 2009. »Structural causes of the global financial crisis: a critical assessment of the ›new financial architecture‹«. Cambridge Journal of Economics 33: 563–580, 576.

Gleichzeitig stieg der Wert der Finanzprodukte vom Vierfachen des Bruttoinlandsprodukts (BIP) 1980 auf das Zehnfache des BIP 2007, und stieg der Anteil des Finanzsektors an den gesamten Unternehmensprofiten von 10% in den frühen 1980er Jahren auf 40% 2006.[21]

Adair Turner, in den Jahren nach der Finanzkrise Leiter der britischen Finanzaufsichtsbehörde, nennt die unkontrollierte Geldvermehrung durch private Kredite (von 50% des BIP 1950 auf 170% 2006) als wichtigsten Systemfehler mit großen Zerstörungskräften.[22] Daraus folgt, dass der Finanzsektor einen bedeutenden und wachsenden Risikofaktor der Wirtschaft darstellt.

Der Grad der Finanzialisierung ist von Land zu Land unterschiedlich, aber seine Zunahme sehen wir überall. Der heutige Finanzsektor wuchs im Rahmen der Deregulierung, die schon Ende der 1970er Jahre begann und ab 1999 durch die Aufhebung der Trennung zwischen normalem Bankengeschäft und Investment-Geschäften in den USA gewaltig zunahm.[23] Diese Trennung war ursprünglich von der Regierung Roosevelt als Antwort auf den Wall-Street-Absturz 1929 eingeführt worden, der ja auch eine Folge von Spekulation und rasender Schuldenvermehrung war. Auch der Krise von 2008 waren gigantische Spekulationen vorausgegangen: Der Nennwert der Finanzprodukte hatte im September 2008 640 Billionen (!) USD erreicht, das Vierzehnfache des BIP aller Länder der Welt zusammen.[24]

Bernard Litaer u.a. haben spekulative Finanzbewe-

---

21 Crotty, ebd.
22 Adair Turner. 2016. Between Debt and the Devil: Money, credit and fixing global finance. Princeton: Princeton University Press.
23 In Großbritannien geschah die Aufhebung der Trennung schon 1986.
24 Saskia Sassen. 2009. Too big to save: The end of financial capitalism. Open Democracy, 1 April. http://www.opendemocracy.net/article/too-big-to-save-the-end-of-financial-capitalism-0.

gungen mit den Bezahlungen für Güter und Dienstleistungen verglichen und konnten zeigen, dass 2010 der Umsatz internationaler Finanztransfers die Höhe von 4 Billionen USD pro Tag erreichte, Derivate noch nicht einmal mitgezählt.[25] Der Gesamtwert von grenzüberschreitenden Gütern und Dienstleistungen betrug hingegen nur 2% dieses Umsatzes. Transaktionen, die nicht der Bezahlung von Gütern und Dienstleistungen dienen, sind meistens spekulativ. Diese Finanztransaktionen führen nach der Analyse der Autoren laufend zu Kollapserscheinungen in zehn oder mehr Ländern pro Jahr.

Eine Folge dieser Entwicklung war, dass ein großer Teil des Wirtschaftswachstums bei den Reichen angekommen ist, wie die erschütternden Zahlen von Oxfam aus dem vorherigen Unterkapitel gezeigt haben.

Das Verhalten im Finanzsektor offenbart eine Missachtung all dessen, was er für Mensch und Natur anrichtet. Das geht mit der Kurzfristigkeit zusammen sowie mit dem geringen Anteil der Rücklagen im Vergleich zu den Krediten und dem geringen Anteil der Kredite, die der Realwirtschaft zugutekommen – gegenüber dem, was in Spekulationen, Grundstücke oder Derivate fließt. Und die Schäden an Natur und Klima gehen überhaupt nicht in die Rechnungen ein. Otto Scharmer vom MIT drückt es so aus: »Wir haben ein System, das eine Übermenge an Geld erzeugt, das hohe Finanzgewinne und niedrige Sozial- und Umweltgewinne produziert, und zugleich einen Mangel an Geld für ebendiese sozialen Investitionen.[26]

---

25 Bernard Lietaer, Christian Arnsperger, Sally Goerner, und Stefan Brunnhuber. 2013. »Geld und Nachhaltigkeit. Von einem überholten Finanzsystem zu einem monetären Ökosystem.« Ein Bericht des Club of Rome, EU-Kapitel. Wien, Berlin, München: Europa Verlag.

26 Otto Scharmer. 2009. »Seven Acupuncture Points for Shifting Capitalism to Create a Regenerative Ecosystem Economy.« Präsentationspaper Roundtable on Transforming Capitalism to Create a Regenerative Economy, MIT, 8-9. Juni; 21. Sept. www.presencing.com.

Dass Umweltschäden nicht eingerechnet werden, heißt, dass sich der Druck auf jetzt schon knappe natürliche Ressourcen beschleunigt: Bäume werden gefällt, Gewässer verschmutzt, Feuchtgebiete trockenlegt und die Ausbeutung von Kohle, Öl und Gas forciert, wenn es dafür Käufer gibt. Und große Vermögen, etwa Pensionsfonds, sind gefangen in Fossilwerten, die man zunehmend als Hochrisiko einstufen muss (Kapitel 3.4 und 3.7).

1.1.3 Die Aufklärung kam zu einer Zeit der *leeren Welt*

Der Club of Rome war sich stets der philosophischen Wurzeln der menschlichen Entwicklungsgeschichte bewusst. Wichtig waren hierfür etwa das Buch von Kenneth Boulding *The Meaning of the Twentieth Century*[27], das (kurz gesagt) die Verantwortung für das Raumschiff Erde betont. Sein Buch gilt als einer der fünf prophetischen Klassiker, die erstmals die Nachhaltigkeit zu einem öffentlichen Thema machten.[28]

Doch dann sahen viele Denker, dass das nachhaltige Management der Erde in einer Zeit der *vollen Welt*[29] immer wichtiger und zugleich immer schwieriger wurde. Dies war die Hauptbotschaft des Club of Rome in seinen frühen Jahren, die in *Die Grenzen des Wachstums*[30] niedergeschrieben worden war. Menschen können nicht mit Entwicklungsidealen, wissenschaftlichen Modellen und Werten erfolgreiche Sachwalter des Raumschiff Erde werden, die zu einer Zeit der *leeren Welt* entwickelt wurden,

---

27 Kenneth E. Boulding. 1988. The meaning of the 20th century: the great transition. London: University Press of America.
28 Adam Rome. 2015. »Sustainability: The launch of Spaceship Earth.« Nature 527: 443-445.
29 Herman Daly. 2005. »Economics in a Full World.« Scientific American September: 100-107; siehe auch Kapitel 1.12.
30 Donella Meadows, Dennis Meadows, Jørgen Randers, und William Behrens III. 1972. Die Grenzen des Wachstums. Stuttgart: DVA; [englisch: The Limits to Growth. Universe Books].

1.1 Verwirrte Welt

als die Fülle an natürlichen Ressourcen auf dieser Erde endlos schien, d.h. während der Zeit, als sich die europäische Aufklärung entfaltete, und als weite Teile Amerikas und Afrikas wie endlose Siedlungsgebiete erschienen.

Heute, eigentlich erst seit der Mitte des 20. Jahrhunderts, leben wir in einer *vollen Welt*. Die Grenzen sind greifbar, fühlbar in allem, was wir tun. Und doch, 45 Jahre nach den *Grenzen des Wachstums,* verfolgt die Welt immer noch eine Wachstumspolitik, als ob wir in der *leeren Welt* lebten. Jüngste Studien[31] bestätigen, dass das *Grenzen*-Buch leider ziemlich richtig lag. Ein neuer Begriff für das Grenzenphänomen sind die *planetaren Grenzen.*[32] (Kapitel 1.3)

Als *Grenzen des Wachstums* veröffentlicht wurde, dachten viele Menschen, vor allem in der Politik, die Botschaft sei, dass die Menschheit auf Wohlstand und angenehme Lebensstile verzichten müsse. Aber das war nie die Idee des Club of Rome. Seine Hauptsorge galt dem immer größeren Fußabdruck der Menschheit, und zugleich hegte er die Hoffnung auf gänzlich andere, schonende Wirtschaftsformen.

Was macht es so schwer, die alten Trends zu verändern? Nun, es muss sich in der Denkweise etwas ändern. Daher kommt unser Interesse an dem Phänomen der Aufklärung. Dieser mutige Prozess dauerte etwa zwei Jahrhunderte, über das 17. und 18. Jahrhundert hinweg, und wirkte als eine große Befreiung von autoritären Regeln, die von Fürstenhöfen oder der Kirche definiert wurden. Die Aufklärung war erfolgreich, weil sie auf Rationalität und wissenschaftlichen Methoden aufbaute. Sie begrün-

---

31 Graham Turner, und Cathy Alexander. 2014. »Limits to Growth was right. New research shows we're nearing collapse.« The Guardian, 2. Sept. Mehr Quellen: Siehe Tim Jackson und Robin Webster. 2016. Limits Revisited. A review of the limits to growth debate. London: Creative Commons, CC BY-NC-ND 4.0 (ein Kürzel für Anstand bei der Weitergabe der Inhalte).
32 Johan Rockström und Mattias Klum. 2012. The Human Quest: Prospering Within Planetary Boundaries. Princeton: Princeton University Press.

dete zugleich die Ideale der individuellen Freiheit, des technischen Fortschritts und besserer Lebensbedingungen. Die Konzepte der Demokratie, des Rechtsstaates und der Gewaltenteilung gaben vielen Männern (noch kaum Frauen) oder ihren gewählten Vertretern politischen Einfluss. Erfinder, Unternehmer, Wissenschaftler und Kaufleute konnten sich entfalten und bildeten bald eine neue ›Aristokratie‹, die diesmal durch ihre eigene Arbeit, nicht durch Abstammung legitimiert wurde. Die Aufklärung wurde von den meisten Menschen in Europa als äußerst willkommene Entwicklung empfunden.

Gewiss gab es auch dunkle Seiten. Der europäische Kolonialismus mit all seiner Arroganz und Grausamkeit stieß auf wenig Kritik unter den Intellektuellen der Aufklärung. Das Elend der Arbeiter und verarmten Bauern, von den kolonisierten indigenen Völkern ganz zu schweigen, wurde in bürgerlichen Kreisen kaum beachtet. Für die Gleichstellung von Frauen gab es fast kein Verständnis. Und das hemmungslose Wachstum wurde als völlig legitim angesehen; es war eben eine *leere Welt*.

Die Geschichte geht weiter. Die Weltbevölkerung stieg von einer Milliarde im 18. Jahrhundert auf die heutigen ca. 7,6 Milliarden an. Parallel dazu wuchs der Pro-Kopf-Verbrauch von Energie, Wasser, Mineralien und Fläche. Das katapultierte uns in die *volle Welt*. Die Realitäten der *vollen Welt* zwingen uns, so sehen wir das, zum Nachdenken über eine *neue Aufklärung*. Diesmal nicht auf Europa beschränkt, sondern weltweit. Wachstum bedeutet nicht mehr automatisch ein besseres Leben, sondern kann tatsächlich schädlich sein. Dieser entscheidende Unterschied zwischen dem 18. und dem 21. Jahrhundert muss die Bewertung von Technologien, Regeln und Anreizen, Gewohnheiten und Institutionen ändern.

Auch die ökonomische Theorie muss an die Bedingungen der *vollen Welt* angepasst werden. Es genügt nicht, ökologische und soziale Belange zu integrieren, indem man sie in Ausdrücke des monetären Kapitals übersetzt. Es genügt auch nicht, sich auf die verschiedenen Formen der Verschmutzung und des Rückgangs an Ökosystemen als »Externalitäten« zu beziehen – der Vorstellung, dass das, was auf dem Spiel steht, nur eine gewisse Randstörung sei. Der Übergang der Menschheit in eine *volle Welt* muss auch die Einstellungen, Prioritäten und Anreizsysteme aller Zivilisationen auf diesem kleinen Planeten verändern.

Zum Glück bestätigen einige (seltene) historische Beispiele, dass in reifen Entwicklungsstadien das menschliche Glück verbessert und beibehalten werden kann, während der Verbrauch von Energie, Wasser oder Mineralien stabil bleibt oder sogar reduziert wird (siehe Kapitel 3.1-3.9). Wachstum und technischer Fortschritt können mit einer Minderung des Ressourcenverbrauchs einhergehen.[33] Ein schlagendes Beispiel ist die Lichtausbeute pro Energieaufwand von den Tranfunzeln des 18. Jahrhunderts bis zur heutigen LED: Das war eine hundert millionenfache Effizienzsteigerung.[34] Also mehr Licht mit erheblich weniger Energie.

Gleichwohl zeigen die Trends des Ressourcenverbrauchs, des Klimawandels, des Artensterbens und der Bodendegradation gnadenlos nach oben. Kein Wunder: die Zahl der Menschen nimmt ebenso gnadenlos zu, und Politik und Geschäftsstrategien zielen gnadenlos auf mehr Wachstum. Auch das Bildungssystem hat noch kei-

---

33 Michael Braungart und William McDonough. 2002 [2014]. Cradle to Cradle: Einfach intelligent produzieren. München: Piper. William McDonough und Michael Braungart. 2014. Intelligente Verschwendung: The Upcycle. Auf dem Weg in eine neue Überflussgesellschaft. München: Oekom.

34 Jeff Tsao, H D Saunders, et al . 2010. »Solid-state lighting: an energy-economics perspective.« Journal of Physics D: Applied Physics 43, 354001.

nen Richtungswandel vollzogen. Eine beachtliche Ausnahme ist da die Enzyklika *Laudato Sí* von Papst Franziskus (Kapitel 2.1). Hier wird ebenfalls ein grundsätzlich neues Denken gefordert.

Der Club of Rome will diejenigen ansprechen, die eine *neue Aufklärung* suchen, die sich von Fortschritt und guten Visionen ermuntert fühlen und die einen Humanismus vertreten, der nicht primitiv anthropozentrisch ist, sondern auch die natürliche Mitwelt einschließt, und die sich trauen, langfristig zu denken.

Dennoch ist *Wir sind dran* harter Tobak und nicht leicht zu verdauen. Politisch ist Langfristigkeit sehr unbequem. Das Buch verlangt frische und originelle Ideen und Handlungsansätze. Voller Einsatz wird nötig sein, um die *volle Welt* zu einer nachhaltigen und blühenden zu machen.

WIE RELEVANT IST HEUTE DIE *GRENZEN*-BOTSCHAFT?

Eine der Hauptsorgen dieses Buches ist die Unfähigkeit der Gesellschaft, zu verstehen, was es heißt, in einer *vollen Welt* zu leben. Daher schauen wir noch einmal auf den großen Meilenstein des Club of Rome von 1972, *Die Grenzen des Wachstums* (GdW), geschrieben von Donella Meadows, Dennis Meadows, Jørgen Randers und William Behrens III.[35] Dieses Buch machte den Club of Rome zu einer der ersten Stimmen, die sich mit dem nicht-nachhaltigen Wachstum befassten.

Ausgangspunkt dieses Berichts war das Business-as-usual-Szenario (Abbildung 1.2). Die simple Annahme fester mathematischer Beziehungen zwischen natürlichen Ressourcen, Bevölkerung, Industrieproduktion, Verschmutzung und Nahrung pro Person führte im Modell zu einer Welt, die schon in der ersten Hälfte des 21. Jahrhunderts in eine Katastrophe stürzen würde. Manche lasen den Bericht so, als käme die Welt in den nächsten zehn Jahren zu einem Stillstand; das war jedoch nie die Aussage. Der Bericht hatte eine mehr als hundertjährige Perspektive dargestellt sowie die physischen Auswirkungen des Wachstums: über den ökologischen Fußabdruck der Menschheit – nicht jedoch das Wachstum selbst.

Das Buch wurde zum Weltbestseller mit vielen Millionen verkaufter Exemplare. Alsbald folgte heftigste Kritik, nicht zuletzt von traditionellen Ökonomen. Ein Kritikpunkt war, dass der Erfindungsreichtum des Men-

---
35 Donella Meadows, et al. 1972. Die Grenzen des Wachstums. Bericht des Club of Rome zur Lage der Menschheit. Stuttgart: DVA [Taschenbuch 1973. Reinbek: Rowohlt].

schen nicht berücksichtigt sei. Viele Ökonomen sagten, dass Ressourcenverfügbarkeit eine Frage der Preise sei, womit die Kritiker durchaus Recht hatten. Generell war das in der *Grenzen*-Studie verwendete World3-Computermodell mit seinen festen Beziehungen der fünf Parameter zu statisch. So ließ es keine Abkopplung der Verschmutzung von der Industrieproduktion zu, und die ist ja bezüglich lokaler Schadstoffe regional glanzvoll gelungen. Andererseits stehen diese in der heutigen ökologischen Diskussion nicht mehr überall im Vordergrund.[36]

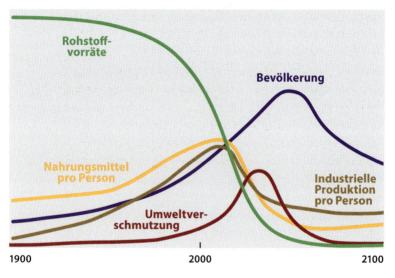

Abbildung 1.2: *Der Standardverlauf in »Die Grenzen des Wachstums«. Die Erschöpfung von Ressourcen und die starke Verschmutzung würden zum Zusammenbruch um etwa 2025 führen. Quelle: Donella Meadows et al., 1972 (Fußnote in Kapitel 1.1.3).*

Bei der Ressourcenknappheit ist das Bild gemischt. Nachwachsende Rohstoffe wachsen nicht beliebig nach,

---

36 Kerryn Higgs. 2014. Collision Course: Endless growth on a finite planet. Cambridge, MA: MIT Press: 51-62; 257-268.

wie die Überfischung, die Entwaldung, die Grundwasserauszehrung zeigen. Bei nicht erneuerbaren Ressourcen ist das Bild komplexer. Einige Rohstoffe wie Eisenerz bleiben reichlich vorhanden, andere wie Indium, Gallium, einige Seltene Erden sowie Phosphor haben zweifellos ein Knappheitsrisiko. Ein Problem ist, dass Energieaufwand und Abraummengen zunehmen, je mehr man die hoch konzentrierten Erze schon ausgebeutet hat.[37]

Trotz einiger Mängel im World3-Computermodell bleibt es dabei, dass viele Ökonomen die Warnungen des GdW-Berichts viel zu leichtsinnig verworfen haben. Sie denken viel zu schnell an die Substituierbarkeit von natürlichem Kapital durch Finanzkapital. Aber wir können Geld nicht essen, und Geld kann keine Orang-Utans, kein sauberes Grundwasser oder ein stabiles Klima erzeugen, wenn die Überbeanspruchung oder Verschmutzung zu weit gegangen ist.

Darüber hinaus sind konventionelle ökonomische Modelle, die meist linear sind, nicht in der Lage, sprunghafte Änderungen oder kulturell-politische Reaktionen abzubilden. Die Wissenschaft erinnert uns immer wieder an »Kipppunkte« in Bezug auf das Klimasystem oder bestimmte Ökosysteme wie Regenwälder, Böden oder Seen. Nach dem Überschreiten eines Kipppunktes kann der Schaden unumkehrbar sein. Besondere Sorgen macht die Erwärmung der Tundra, was zu einem rasch steigenden Ausstoß von Treibhausgasen, also einer Kettenreaktion führen kann. Auch bei Korallenriffen und dem Amazonas-Wald sind Kipppunkte zu befürchten.

Kurz nach der Veröffentlichung von GdW nutzten die Ölexportländer (OPEC) ihr Quasi-Monopol in Öl und

---

37 Ugo Bardi. 2013. Der geplünderte Planet. Die Zukunft des Menschen im Zeitalter schwindender Ressourcen. München: Econ.

Gas und konnten 1973 den Verkaufspreis für Öl vervierfachen. Dieser Ölschock löste jedoch eine intensivere Suche nach weiteren Ölressourcen aus, und nach weniger als zehn Jahren überstieg das Angebot die Nachfrage, so dass die Ölpreise wieder purzelten. Konventionelle Ökonomen und amerikanische sowie russische Umweltoptimisten sahen dies als Beweis für ihre Kritik an GdW an. Während der 1980er und 1990er Jahre fand der Club of Rome mit seiner *Grenzen*-Warnung kaum mehr Gehör.[38]

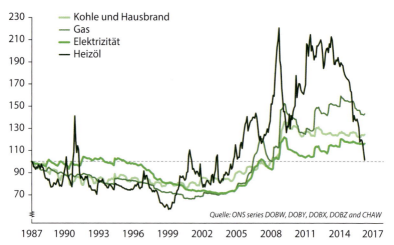

Abbildung 1.3: *Die Indizes von vier Energiepreisen (Komponenten des Welt-Ressourcenpreis-Index RPI) stiegen von 2004 bis Ende 2008 und erneut bis 2014, doch brachen sie später zusammen.[39]*

---

38 Kerryn Higgs. 2014. Collision Course: Endless growth on a finite planet. Cambridge, MA: MIT Press: 91-93.

39 Quelle: Noel Dempsey, et al. 2016. Energy Prices. London: House of Commons Briefing Paper 04153.

1.2 Wie relevant ist heute die Grenzen-Botschaft?

Trotzdem blieb der Kern der Botschaft gültig. Als die neuen Industriegiganten China und Indien massiv in die Weltrohstoffmärkte eintraten und große Mengen an fossilen Brennstoffen und Metallerzen kauften, begannen die Rohstoffpreise wieder zu steigen und eine neue Ära der Knappheit schien anzubrechen. Doch im Zuge der Wirtschaftskrise von 2008 brachen die Preise erneut zusammen. (Abbildung 1.3).

Eine neuere Studie von Graham Turner stellte fest, dass historische Daten aus der Zeit von 1970 bis 2000 den Vohersagewert von GdW bestätigten.[40] Trotzdem gilt es als populär, die Aussagen von GdW als Schwarzmalerei zu bezeichnen. Das darf aber die seriöse Wissenschaft nicht daran hindern, die Grundaussage der *Grenzen des Wachstums* ernst zu nehmen.

---

40 G. Turner. 2008. »A comparison of Limits to Growth with thirty years of reality.« CSIRO Working Papers, Series 2008-09.

1.3 PLANETARE GRENZEN

Der Begriff der *planetaren Grenzen* hat sich als wirksame Methode eingebürgert, um den Zustand des Planeten zu messen. Das Konzept wurde 2009 von einer Gruppe von 28 international renommierten Wissenschaftlern unter der Leitung von Johan Rockström und Will Steffen eingeführt und kürzlich aktualisiert.[41] Das Konzept zeigt auf wissenschaftlicher Basis, dass seit der industriellen Revolution menschliche Tätigkeit immer mehr zum Hauptantrieb der globalen Umweltveränderung geworden ist. Sobald die menschliche Aktivität bestimmte Schwellenwerte oder Kipppunkte überschreitet (eben die *planetaren Grenzen*), besteht die Gefahr einer »irreversiblen und abrupten Umweltveränderung«. Rockström u.a. identifizierten neun »planetarische Lebenserhaltungssysteme«, die für das menschliche Überleben wesentlich sind und versuchten zu quantifizieren, wie weit sie bereits belastet wurden.

Die neun *planetaren Grenzen* sind in Abbildung 1.4 (siehe rechte Seite) und der folgenden Liste dargestellt:

- Stratosphärischer Ozonabbau
- Verlust der Biodiversität und Artensterben
- Chemische Verschmutzung und Freisetzung neuartiger Verbindungen
- Klimawandel

---

[41] Johan Rockström, Will Steffen, Kevin Noone, et al. 2009. »Planetary boundaries: Exploring the safe operating space for humanity.« Ecology and Society 14 (2): 1–32; sowie dieselben Autoren: 2015. »A Safe Operating Space for Humanity.« Nature 461: 472-475. Vgl. auch: Will Steffen, Katherine Richardson, Johan Rockström, et al. 2015. »Planetary boundaries: Guiding human development on a changing planet.« Science 347(6223).

- Ozeanversauerung
- Landnutzung
- Süßwasserverbrauch und der globale hydrologische Kreislauf
- Stickstoff und Phosphor fließen in die Biosphäre und Ozeane
- Atmosphärische Aerosolbelastung

Details kommen hier nur für den Klimawandel zur Sprache (siehe Kapitel 1.5).

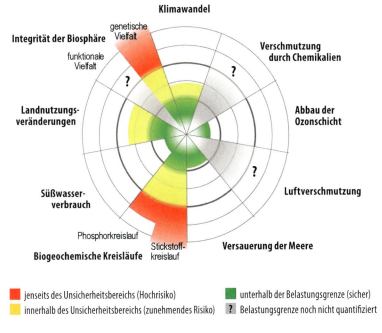

Abbildung 1.4: *Schätzungen, wie sich die verschiedenen Kontrollvariablen für sieben planetare Grenzen von 1950 bis heute verändert haben. Die grün schattierte Kreisscheibe stellt den sicheren Arbeitsraum dar. Quelle: http://science.sciencemag.org/content/347/6223/1259855.*

1.4 DAS ANTHROPOZÄN

Eine Form, die gegenwärtige, von Menschen dominierte Ära zu beschreiben, ist die Berechnung, dass Menschen und Nutztiere (Abbildung 1.5) kombiniert 97% des Körpergewichts aller lebenden Landwirbeltiere auf der Erde ausmachen! Dies bedeutet, dass Elefanten und Kängurus, Elche und Ratten, Vögel, Reptilien und Amphibien zusammen nur 3% des Wirbeltierkörpergewichts der ganzen Welt ausmachen.[42]

Der Mainzer Nobelpreisträger Paul Crutzen bietet eine wissenschaftlich ergiebigere Beschreibung des Anthropozäns an. Das sind die Kurven, die die Veränderungen von vielen physikalischen und sozialen Parametern darstellen, gemessen für die letzten 250 Jahre. Abbildung 1.6 zeigt eine Auswahl solcher Parameter und deren zeitliche Entwicklung.

Es ist klar, dass die steil ansteigenden Verbrauchsraten der Menschheit, vor allem in den vergangenen fünfzig Jahren, massive Veränderungen in der Atmosphäre und der Biosphäre verursacht haben. Die Auswirkungen auf die menschliche Gesundheit sind noch zu quantifizieren, obwohl es reichlich anekdotische Hinweise für sehr schädliche Wirkungen gibt.

Man braucht nicht viel Phantasie, um zu dem Schluss zu kommen, dass solche massiven Veränderungen gewaltige Konflikte auslösen können, von einer bislang kaum gesehenen Heftigkeit. Offensichtlich würde unter

---

42 World Society for the Protection of Animals (WSPA) [Autor: Michael Appleby]. 2008. »Eating our Future. The environmental impact of industrial animal agriculture.« London: WSPA International: 4. Das Zitat lautet: »The farm animals (including poultry but excluding fish and invertebrates) already make up two-thirds of terrestrial vertebrates by weight, with most of the rest being humans and only three per cent wildlife.«

Kriegsbedingungen die Erreichung fast jedes der zwölf sozioökonomischen SDGs (Kapitel 1.10) unmöglich werden. Demnach wäre es für das ökonomische Wohlbefinden der Menschheit absolut zwingend, der Welt Umweltkatastrophen zu ersparen.

Abbildung 1.5: *Massentierhaltung ist der Hauptgrund für die beunruhigende Tatsache, dass 97% der lebenden Wirbeltier-Biomasse auf dem Land Nutztiere und Menschen selbst sind. 3% bleibt für Wildtiere. Bild: © Getty Images/iStockphoto/agnormark*

Teil 1 Die heutigen Trends sind überhaupt nicht nachhaltig

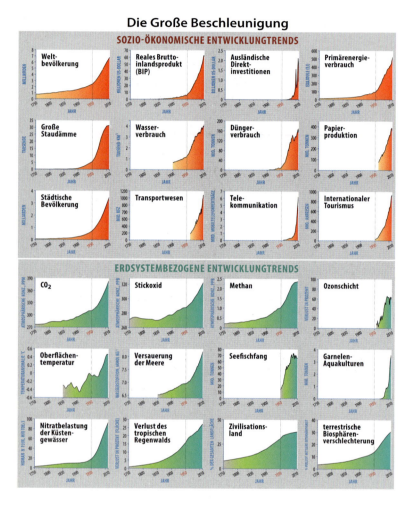

Abbildung 1.6: *Das Anthropozän: 24 Kurven zeigen die Veränderungen der menschlichen Bevölkerung, der chemischen Zusammensetzung der Atmosphäre und der menschlichen Bebauung und Verbrauchsmuster. Die dramatischen Veränderungen traten erst in den vergangenen fünfzig Jahren auf. Angepasst nach Steffen et al., 2007[43], mit freundlicher Genehmigung von Globaïa (www.globaia.org).*

---

43 Will Steffen, Paul. J. Crutzen, John R. McNeill. 2007. »The Anthropocene: Are Humans Now Overwhelming the Great Forces of Nature?« Ambio 36: 614-621.

1.5 DIE KLIMA-HERAUSFORDERUNG

Die 21. Vertragsstaatenkonferenz (COP 21) der UN-Klimakonvention in Paris im Dezember 2015 wurde als großer Erfolg gefeiert. Alle 195 Länder, die in Paris anwesend waren, haben sich geeinigt, »so bald wie möglich den weltweiten Scheitelpunkt der Emissionen von Treibhausgasen zu erreichen« und »danach eine rasche Reduktion zu betreiben«. Der Aufruf, den Anstieg der globalen Durchschnittstemperatur »weit unter 2°C (gegenüber vorindustrieller Zeit) zu halten und Bemühungen zu unternehmen, die Zunahme auf 1,5°C zu begrenzen«, ist zweifellos sehr ehrgeizig.

Es gab auch viele kritische Kommentare. Der führende Klimaforscher James E. Hansen nannte die Vereinbarung einen Betrug. »Es sind nur wertlose Worte. Es gibt keine Aktion, nur Versprechen ... Solange fossile Brennstoffe die billigsten Kraftstoffe sind, werden sie weiter verbrannt ... Die Entscheidung ist bedeutungslos ohne eine Verpflichtung zur Besteuerung von Treibhausemissionen«, sagte er gegenüber *The Guardian*[44]; Hansen glaubt, dass ein starkes Preissignal die einzige Möglichkeit ist, die Emissionen schnell genügend zu reduzieren.

George Monbiot fasste es anders zusammen, ebenfalls im *Guardian*: »Der Deal ist ein Wunder im Vergleich zu dem, was er hätte sein können – und eine Katastrophe im Vergleich zu dem, was er hätte sein müssen.« Er fügte hinzu: »Die wirklichen Ergebnisse werden vermutlich lediglich die Verpflichtung zu Grenzwerten im Klimaschutz sein, die für alle gefährlich und einige tödlich sein werden.«[45]

---

44 The Guardian. 13. Dez., 2015.
45 George Monbiot. 2015. »Grand promises of Paris climate deal undermined by squalid retrenchments.« The Guardian, 13. Dez. https://www.theguardian.com/environment/georgemonbiot/2015/dec/12/paris-climate-deal-governments-fossil-fuels.

Monbiots Bemerkungen müssen ernst genommen werden. Es war in der Tat eine Leistung, sich darauf zu einigen, die Temperaturerhöhung nicht nur »weit unter 2°C« zu halten, sondern auch zu versuchen, »den Anstieg auf 1,5°C zu begrenzen«. Allerdings wird kaum etwas darüber gesagt, welche Maßnahmen zu ergreifen sind, um diese Ziele zu erreichen. Es wurde keine Einigung über die Notwendigkeit einer globalen Kohlendioxidsteuer und über den Ausstieg aus fossilen Brennstoffen erzielt. Darüber hinaus ist das Tempo in Bezug auf die Emissionsreduktionen in den Jahren bis 2030 – eine kritische Periode, um eine übermäßige Anhäufung von CO_2 in der Atmosphäre zu vermeiden – bestenfalls bescheiden. Es scheint ein tiefer Graben zwischen dem zu existieren, was getan werden muss und geplant ist, und dem, was erforderlich ist.

Wenn die Länder nur an ihren Pariser Verpflichtungen festhalten – den so genannten INDCs (beabsichtigte national festgelegte Beiträge) – gibt es kaum Chancen, die globale Durchschnittstemperatur bis zur zweiten Hälfte dieses Jahrhunderts unterhalb von 3°C über dem vorindustriellen Niveau zu halten; und 3°C könnten katastrophal sein. Das Klimasystem in der Natur ist nicht-linear, und schon bei einer Erwärmung von 1,5° oder 2°C kann es unangenehme Kipppunkte geben. Das zwingt zu raschem Handeln.

1.5.1 Wir brauchen einen »Crash-Plan«

Seien wir ehrlich. Um eine Chance zu haben, die Pariser Ziele zu erreichen, müssen die Produktions- und Verbrauchssysteme der ganzen Welt einen raschen und gründlichen Wandel durchlaufen. Um ein Überschreiten des 2°C-Ziels zu vermeiden, muss die Kohlenstoffintensität der Weltwirtschaft um mindestens 6,2% pro Jahr reduziert werden. Um das 1,5°C-Ziel zu erreichen, müsste die Reduktion nahezu 10% jährlich betragen. Im Vergleich hierzu sank die globale Kohlenstoffintensität zwischen 2000 und 2013 um durchschnittlich 0,9%.

Erfreulich ist, dass viele kleinere, aber immer noch wichtige Akteure – Staaten, Städte, Unternehmen, Finanzinstitute, Nichtregierungsorganisationen (NGOs), Glaubensrichtungen und Gemeinschaften – sich zur Unterstützung des Pariser Abkommens bekannt haben. Mehr als 1.000 Städte auf der ganzen Welt verpflichten sich zu 100% erneuerbaren Energien und das Gleiche gilt für fast 100 der weltgrößten Unternehmen.

Aber die Herausforderung ist kolossal – nicht zuletzt in einer freien Marktwirtschaft. Weil der Markt allein das Problem nicht löst, brauchen wir einen »Crash-Plan«. Die Vermeidung des Klimawandels erfordert eine so groß angelegte schnelle Aktion, dass keine Einzeltechnologie die Lösung sein kann. Die Herausforderung besteht in einer schnellen, konzertierten Umsetzung mehrerer ausgereifter und neuer Energie- und Nicht-Energie-Technologien. Da müssen auch Regierungen handeln – nicht nur kurzfristig gepolte Märkte.

Man kann natürlich sagen, dass die Gesellschaft das Wissen, das Geld und die Technologien hat, um sich rechtzeitig in Richtung einer CO_2-armen Gesellschaft zu bewegen und eine Katastrophe abzuwenden. Mit den äußerst raschen Lernkurven bei Solar- und Windenergie – und in jüngster Zeit in der Speichertechnik – gibt es keine Entschuldigung mehr, nicht massiv zu handeln.

Billigere Solar- und Windenergie allein werden es nicht schaffen. All das Geld, das in Kraftwerken, Autos und Fabriken steckt, die auf fossile Brennstoffe ausgelegt sind, wehrt sich gegen seine Entwertung, die der erforderliche Strukturwandel bedeutet. Ohne eine möglichst globale CO_2-Steuer und einen Ölpreis von wenigstens 50 USD pro Fass gibt es keine echte Veränderung.

Man spricht nicht gern darüber, aber die Wahrheit ist, dass, wenn es keinen »Crash-Plan« gibt oder er nicht umgesetzt wird, uns nur zwei Alternativen bleiben, die beide bezüglich der Wirksamkeit und der höchst ungewissen Ökosystemeffekte sehr fragwürdig sind: Geo-Engineering und ein groß angelegter Einsatz von »negativen Emissionstechnologien«.

1.5.2 Geo-Engineering?

Kohlendioxid ist in der Atmosphäre langlebig und das verbleibende CO_2-Budget ist extrem eng. Es ist daher realistisch anzunehmen, dass die »erlaubten« CO_2-Emissionen überschritten werden. Die Frage ist, um wie viel?

Das Pariser Abkommen enthält die Verpflichtung zur Treibhausgasneutralität bis 2050. Wenn der Ausstieg aus Kohle und Öl zu schleppend verläuft, ist das eine Einladung zum »Geo-Engineering«! Das reicht vom eher harmlosen, aber teuren CCS (Carbon Capture and Sequestration) und biogenen CCS (BECCS) bis hin zu wilden Phantasien eines Eingriffs in die Atmosphäre oder Stratosphäre oder in die Meeresoberflächen mit dem Ziel, die globalen Strahlungsmuster in Richtung Kühlung zu manipulieren.

Selbst innerhalb des Club of Rome gibt es starke (verzweifelte) Stimmen zugunsten von CCS, weil das die einzige Chance sei, den Klimawandel noch zu stoppen. Aber sowohl das technische Abfangen und Vergraben von CO_2 als auch großflächige Pflanzen- und Bodenveränderungen, also BECCS, verlangen enorme Größenordnungen, wenn sie klimawirksam werden sollen. Zu BECCS sagt

Prof. Kevin Andersson, zeitweiliger Direktor des Tyndall Center für Klimaforschung, dass die schiere Größenordnung von BECCS im Sinne des Pariser Abkommens atemberaubend sei. Da gehe es um Jahrzehnte des Pflanzens und Erntens von Energiepflanzen auf einer Fläche so groß wie Indien oder auch dreimal so groß. Und der Biokraftstoff wandert in die Tanks von Flugzeugen, Schiffen und Autos oder als Rohstoff in die Chemieindustrie. Und die Umwidmung der Fläche geht dann von der Lebensmittelerzeugung für bald 9 Milliarden Menschen ab. Das muss schon einmal kritisch hinterfragt werden.[46]

Dazu kommen die großen Fragezeichen der Logistik, der rechtlichen Genehmigung und der öffentlichen Akzeptanz. Die Mengen an CO_2, die gespeichert werden sollen, um die Emissionen zu kompensieren, müssten riesig sein. Das haben sich die Befürworter nicht so klargemacht. Gewiss soll man auch die CCS-Technologie weiterentwickeln, weil sie vielleicht als Notfallmaßnahme gebraucht wird, wo doch in vielen Teilen der Welt noch nicht auf die Kohlenutzung zur Erzeugung von Strom, Stahl und Zement verzichtet wird.

1.5.3 Vielleicht ein Marshall-Plan?

Gewiss müssen wir die Option negativer Emissionen, also CCS und BECCS, aufrechterhalten. Aber wir müssen alles dafür tun, das Ausmaß derselben zu begrenzen, weil es ganz einfach gefährlich ist, sich auf die negativen Emissionen zu verlassen. Sie vermitteln auch ein falsches Sicherheitsgefühl.

Das Pariser Abkommen geht davon aus, dass die

---

46 Vgl. Kevin Andersson. 2015. »The hidden agenda: how veiled techno-utopias shore up the Paris Agreement.« Nature's World View (Dez. 2015).

CO_2-Minderungsmaßnahmen bis 2030 nur zu einer Minderung von etwa 2% pro Jahr führen. Wenn wir den Klimawandel als ernsthafte Bedrohung ansehen – und Paris sagt genau das –, dann müsste uns schon unsere Klugheit veranlassen, sehr rasch viel stärkere Maßnahmen zu ergreifen, statt sie zu vertagen. Solche Maßnahmen laufen auf so etwas wie einen Marshall-Plan für CO_2-arme Technologien hinaus. Und technisch und wirtschaftlich ist das zum Glück machbar.

Die wichtigste Hoffnung für die Umsetzung von »Paris« ruht auf ganz verschiedenen Akteuren: Regierungen, Städten, Firmen und NGOs. Wenn Tausende die Herausforderung ernst nehmen und alles Mögliche tun, um das Klima zu schützen, dann werden sie zu Vorbildern in einer breiten Bewegung.

1.5.4 Haben wir die Chance zur Einhaltung unserer Ziele schon verpasst?

Zwei Jahre sind seit Paris vergangen. Schon das Jahr 2016 brachte haufenweise Ereignisse zum Thema Klima. Viel Gutes, einiges Schlechte und auch manches Abscheuliche.

Positiv war, dass das Pariser Abkommen viel schneller ratifiziert wurde, als man dachte. Die Vertragsparteien der Klimakonvention trafen sich im November 2016 in Marrakesch. Viele befürchteten, dass nun nach dem Trump-Sieg (der während der Konferenz geschah) lauter Regierungen Trump als Vorwand für die Rücknahme ihres Ehrgeizes bei der Emissionsminderung nutzen würden. Doch das Gegenteil trat ein. Die großen Länder, einschließlich der USA (noch mit Barack Obama als Präsident) und China, bekräftigten ihre Verpflichtungen von COP 21 und forderten die Weltgemeinschaft auf, ihre Bemühungen zur Erfüllung der Ziele zu verstärken.

1.5 Die Klima-Herausforderung

Bei einem Treffen in Kigali (Ruanda), etwa einen Monat vor Marrakesch, handelten fast 200 Länder einen bahnbrechenden Deal aus, um die Emissionen eines der stärksten Treibhausgase, der Hydrofluorkohlenwasserstoffe (HFCs), zu reduzieren, was bis zu einem halben Grad Celsius verminderter globaler Erwärmung bis zum Ende des 21. Jahrhunderts »wert« sein dürfte.

Die beste Nachricht überhaupt ist die schnelle Kostensenkung der CO_2-freien Energien (Kapitel 3.4). Von einem Wendepunkt sprach Bloomberg Ende 2016. Erstmals wurde die Solarenergie zur billigsten Stromquelle hieß es da.[47]

Negativ ist trotz allem die Tatsache, dass die globale Erwärmung einfach weitergeht. 2014, 2015 und 2016 waren hintereinander jeweils die heißesten Jahre der Geschichte. Joe Romm von Climate Progress sagt: »So eine dreijährige Sequenz hat es in den 136 Jahren der Temperaturaufzeichnung noch nie gegeben. Es ist nur der letzte in einer Lawine von Beweisen ..., dass die globale Erwärmung entweder so schlimm wird, wie Klimawissenschaftler seit Jahrzehnten warnen – oder noch viel schlimmer.«[48]

Wenn die Temperaturrekorde die Menschen nicht von einer Zunahme der Erderwärmung überzeugen, dann vielleicht neue Studien über die massive Erwärmung der Ozeane.[49] Die in den Ozeanen gespeicherte Überschussenergie ist riesig und bedeutet, dass sie uns über Jahrhunderte erhalten bleiben wird.

2016 war ein verrücktes Jahr in Bezug auf klimabedingte Wetterereignisse. Es gab schwere Dürren in vielen

---

47 Bloomberg New Energy Finance, [Autor: Tom Randall]. 2016. World Energy Hits a Turning Point. 15. Dez.
48 Joe Romm. 2017. »2016 has crushed the record for hottest year.« Think Progress, 15. Apr.
49 Z.B. Gongjie Wang u.a. 2017. »Consensuses and discrepancies of basin-scale ocean heat content changes in different ocean analyses.« Climate Dynamics, online, Juni 2017.

Teilen der Welt und große Überschwemmungen in anderen. Es gab eine unglaubliche Hitzewelle in der Arktis, die zu dem historisch geringsten Wintereis führte. Wirbelstürme werden mit der globalen Erwärmung stärker. Dem Experten Jeff Masters[50] zufolge traten die stärksten Stürme, die jemals gemessen wurden, in zwei Regionen im Jahr 2016 auf, zusammen mit sieben Stürmen der Kategorie 5, extrem für ein einziges Jahr.

In der Kategorie ›abscheulich‹ muss die Wahl von Donald Trump zuerst genannt werden. Natürlich hofft jeder, dass Präsident Trump bald doch noch anfängt, den Wissenschaftlern zuzuhören und den Klimawandel ernst zu nehmen. Aber spätestens seine wüste Rede beim US-Energieministerium im Juni 2017, in der er die USA zum Weltmeister bei Kohle, Öl und Gas ausrief, machte erst einmal jede Hoffnung zunichte. Vorausgegangen war der offizielle Rückzug aus dem Pariser Klimaabkommen.

Klimapolitik muss natürlich international gestaltet werden. 23 Jahre vergingen vom Erdgipfel 1992 in Rio mit der Unterzeichnung der Klimakonvention bis zum Abkommen von Paris. Die Regierung Obama war sehr konstruktiv dabei. Trumps Handlungen sind eine Tragödie für die Klimakonvention und die Bemühungen von Regierungen, Städten, Unternehmen und NGOs weltweit, den Klimawandel zu bremsen. Andere Regierungen sagen, Klima zuerst, Trump sagt, USA zuerst. Ironischerweise werden die USA dabei auch weltpolitisch und technologisch als große Verlierer dastehen. Andere Länder, allen voran China, profitieren davon.

Wie schon erwähnt, muss das Tempo der Emissionsreduktionen in den kommenden Jahren weit über

---

50 Jeff Masters. 2016. »The 360 Degree rainbow.« Jeff Masters Blog, 29. Dezember.

das hinausgehen, was in Paris vereinbart wurde. Ohne Mitwirkung der USA wird die Herausforderung nun kolossal sein.

Präsident Trump kann das Pariser Abkommen nicht zerstören oder den Vormarsch der erneuerbaren Energien stoppen. In den USA ist Sonnenenergie heute in der Mehrheit der Staaten die billigste Form der alternativen Stromerzeugung und kaum ein Stromkonzern sieht die Kohle noch als sinnvollen Energieträger. Die Finanzmärkte sehen Kohlestrom als verlorene Anlagewerte.

Dennoch ist unsere Bewertung der Möglichkeiten, die Temperaturerhöhung »weit unter 2°C« zu halten, heute deutlich pessimistischer als vor einem Jahr. Die Wahl von Trump ist der wichtigste Faktor, aber auch andere Regierungen sind viel zu passiv in der Verfolgung der Ziele von Paris, und diese reichen bekanntlich nicht aus. Die Welt ist auf dem Weg zu mindestens 3°C-Erwärmung.

Die wichtigste Staatengruppe, die hier aktiver werden muss, ist die Europäische Union. Die EU hatte in den letzten zwei Jahrzehnten, zumindest während der Präsidentschaft von George W. Bush, die Führungsrolle beim Klimaschutz inne. Für die Fortsetzung dieser Rolle sind aber die EU-Klimaziele für 2030 – eine Verringerung der Treibhausgasemissionen um 40% gegenüber 1990 – unzureichend. Auch China und Indien müssen ihre älteren Ziele überarbeiten. Man muss auch über Zölle nachdenken, die verhindern, dass Waren aus Ländern mit einer CO_2-Steuer oder teuren CO_2-Lizenzen gegenüber den USA gravierende Nachteile erleiden. Im Kapitel 3.7 wird der Faden wieder aufgenommen.

1.6 ES GIBT NOCH VIELE ANDERE BEDROHUNGEN

1.6.1 Gefährliche Technologien und vertraute Bedrohungen

In Cambridge, England, gibt es seit ein paar Jahren das Centre for the study of existential risks (CSER). Dort untersucht man Gefahren für die schiere Existenz der Menschheit. Gewiss gibt es die Gefahr von astronomischen Katastrophen, etwa wenn ein sehr schwerer Meteorit auf die Erde stürzt. Dann aber gibt es große Gefahren, die aus neuen Technologien oder dem sorglosen Umgang mit Krankheitskeimen erwachsen. Das CSER kümmert sich unter der Leitung seines Direktors Seán Ó hÉigeartaigh (Aussprache ähnlich wie O Heggerty) vor allem um die letzteren, als technologische »Wildcards« bezeichnet.[51] Das sind z.B.:

- Synthetische Biologie, die Viren oder Bakterien mit hoher Infektiosität und Mortalität erzeugen kann. Besonders suspekt erscheint die Forschungsrichtung, bei der man neue biologische Funktionen erzeugt (»gain of function«), was zu Mikroorganismen mit bislang völlig unbekannten Fähigkeiten führen kann. Spürbar konventioneller ist die Gefahr der unbeabsichtigten Verbreitung multi-resistenter Krankheitskeime, die durch die sorglose Massenverabreichung von Antibiotika an Nutztiere entstehen kann, oder auch durch eine völlig

---

[51] Sean Ó hÉigeartaigh. 2017. »Technological Wild Cards: Existential Risk and a Changing Humanity.« https://www.bbvaopenmind.com/en/article/technological-wild-cards-existential-risk-and-a-changing-humanity/.

1.6 Es gibt noch viele andere Bedrohungen

unzureichende Abwasserreinigung der Pharmaindustrie[52]
- Geoengineering, also großräumige technische Eingriffe mit der Absicht, die globale Erwärmung zu bremsen, aber mit fast unmöglichem experimentellem Austesten der unerwünschten Nebeneffekte. Es scheint, dass Donald Trump die zugehörige Forschung mit großen Geldmengen fördern will.[53]
- Rasende Fortschritte bei künstlicher Intelligenz in Richtung der von Ray Kurzweil postulierten »Singularity«, bei welcher die Computer die Menschen schlicht überholen und niemand weiß, wie diese sich dann verselbständigen und eine Art Krieg gegen die Menschheit führen (siehe Kapitel 1.11.3).
- Kombinationen der genannten Gefahren.

Natürlich muss die Menschheit auf solche Gefahren antworten, mindestens aber eine solide Technikfolgenabschätzung in Gang setzen, wie sie eben beim CSER begonnen hat.

Neben diesen in die Nähe von Science Fiction reichenden Gefahren gibt es viel vertrautere Gefahren zuhauf. Das hängt mit der in den Medien ständig diskutierten Gefahr eines Zusammenbruchs der Weltwirtschaft zusammen. Wenn man den Begriff »Economic Collapse« googelt, bekommt man 35 Millionen Ergebnisse.[54] Dazu gehören *The Moron's Guide to Global Collapse*[55] und Anlei-

---

[52] So etwa aktuell im indischen Hyderabad, - vgl. Christoph Lübbert, et al . 2017. »Environmental pollution with antimicrobial agents from bulk drug manufacturing industries in Hyderabad, South India.« Infection, Mai 2017, doi:10.1007/s15010-017-1007-2.
[53] The Guardian. 2017. https://www.theguardian.com/environment/true-north/2017/mar/27/trump-presidency-opens-door-to-planet-hacking-geoengineer-experiments.
[54] »Economic Collapse«, Google, Zugriff im September, 2016.
[55] Jenna Orkin. »The Moron's Guide To Collapse.« http://www.amazon.com/The-Morons-Guide-Global-Collapse/dp/1469965399.

tungen zum *Überleben des Zusammenbruchs*.[56] Jedenfalls sind die Gefahren, denen sich die Menschheit gegenübersieht, nicht auf Klimawandel oder ansteckende Bakterien beschränkt. Vielmehr sind auch selbstgemachte ökonomische und soziale Gefahren zu bedenken. Wir wenden uns jedoch zunächst wie schon im vorstehenden Klimakapitel den aus der zerstörten Natur stammenden Gefahren zu.

Der British Geological Survey 2016 stellte fest, dass menschlich bedingte Veränderungen an der Erde größer sind als die Veränderungen, die das Ende der letzten Eiszeit markierten[57], dass also das Anthropozän mehr Verschiebungen mit sich bringt als damals das Holozän. Ein Beispiel aus der Chemie: Die Perfluoractinsäure, ein durchaus problematischer Stoff, findet sich heute in den Geweben von Eisbären und allen Menschen auf der Erde. Kunststoffe findet man in den Eingeweiden von 90% aller Seevögel[58] und Mikropartikel, die Zersetzungsprodukte der Millionen von Tonnen an Kunststoffabfällen sind, die jedes Jahr erzeugt werden, sind auf einmal allgegenwärtig[59]. 90% des gesamten menschlichen Ölverbrauchs geschahen seit 1958, 50% davon seit 1984[60]. Und das hat eine permanente Spur von schwarzem Kohlenstoff im Gletschereis hinterlassen.

---

56 James Wesley Rawles. 2009. Patriots: Surviving the Coming Collapse. 4. Erweiterte Auflage. Berkeley, CA: Ulysses Press.
57 Colin N. Waters, et al. 2016. »The Anthropocene is functionally and stratigraphically distinct from the Holocene.« Science, 8. Jan. http://science.sciencemag.org/content/351/6269/aad2622.
58 The Guardian. 2015. http://www.theguardian.com/environment/2015/sep/01/up-to-90-of-seabirds-have-plastic-in-their-guts-study-finds Associated Press.
59 Lynn Hasselverger. 2014. »22 Facts About Plastic Pollution (And 10 Things You Can Do About It).« EcoWatch, 7. Aug 2014. http://ecowatch.com/2014/04/07/22-facts-plastic-pollution-10-things-can-do-about-it.
60 BP. 2007. »Statistical Review of World Energy2006.« http://www.bp.com/content/dam/bp-country/en_ru/documents/publications_PDF_eng/Statistical_review_2007.pdf.

1.6 Es gibt noch viele andere Bedrohungen

In einer ziemlich extremen Projektion beschreiben Walter und Weitzman[61] die wirtschaftlichen Schocks, die sich wahrscheinlich aus dem Klimawandel ergeben. Sie erwarten massive Störungen für die Landwirtschaft und damit für die Ernährung, die möglicherweise einen Großteil der im SDG 2 enthaltenen Hoffnungen zerstören (siehe Kapitel 1.10).

Viel weniger konkret beschrieben, aber potenziell ebenso katastrophal, sind die massiven Verluste an Biodiversität. Schon heute befinden wir uns inmitten der »sechsten Aussterbewelle«[62]. Die ersten fünf wurden wohl durch tektonische und vulkanische Ereignisse auf einer geologischen Zeitskala verursacht; im Falle der Dinosaurier wird auch einer astronomischen Katastrophe eine Schlüsselrolle zugerechnet. Doch die sechste Aussterbewelle seit dem letzten Jahrhundert wird ausschließlich von Menschen verursacht. Während dieser Periode hat eine explosive Zunahme der menschlichen Bevölkerung und eine immer größer werdende Landnutzung (Bevölkerungswachstum und Urbanisierung, Kapitel 1.7) die Lebensräume von Wildpflanzen und Tierarten dezimiert oder vollständig verändert. Es verwundert kaum, dass jeden Tag etwa hundert Tier- und Pflanzenarten aussterben, von denen die meisten noch nicht einmal vor ihrem Verschwinden wissenschaftlich identifiziert wurden. Die Auswirkungen dieser Tragödie auf die Menschen werden höchstwahrscheinlich sehr gefährlich sein, aber Details sind schwer vorherzusagen. In seinem letzten Buch schlägt E.O. Wilson vor, dass wir die Hälfte der Erdoberfläche für den Schutz der Natur

---

61 Gernot Walter, und Martin L. Weitzman. 2015. Climate Shock: The Economic Consequences of a Hotter Planet. Princeton: Princeton University Press.
62 Elizabeth Kolbert. 2014. The Sixth Extinction: An Unnatural History. New York: Henry Holt &Co.

reservieren,[63] angesichts des Bevölkerungswachstums nicht sehr realistisch.

Bodenerosion, Bodendegradation, Dürren, Überschwemmungen und invasive Arten können massiv zu den Gefahren beitragen, die wir künftigen Generationen aufladen. Die industrielle Landwirtschaft mit systemischen Pestiziden wie den Neonicotinoiden stellt eine tödliche Bedrohung für Honigbienen und andere Bestäuber dar.[64] Es gibt auch zunehmend Hinweise auf Pestizidrückstände in verschiedenen Nahrungsmittelprodukten. Die Frage drängt sich auf: Wie lange können wir biologische Systeme so traktieren? Über die langfristigen Auswirkungen von Pestiziden auf die Böden wissen wir kaum Bescheid. Man beobachtet aber schon längst einen bedrohlichen Rückgang von nützlichen Bodenmikroorganismen. Die Bodenwissenschaftlerin Elaine Ingham sagt: »Jedes Mal, wenn der Boden gestört wird oder künstliche Düngemittel und Pestizide eingebracht werden, wird Bodenleben abgetötet und die Bodenstruktur verändert.«[65.]

Auch Biokraftstoffe werden zum Problem. Solange sie aus land- und forstwirtschaftlichen Abfällen gewonnen werden, sind sie in Ordnung. Wenn jedoch fruchtbare Böden wie in den USA oder Rumänien oder Urwälder wie in Indonesien oder Brasilien in große Monokulturen von Mais oder Palmöl verwandelt werden, überwiegen die negativen ökologischen einschließlich der sozialen Folgen die positiven.

---

63 Eward O. Wilson 2016. Half Earth: Our Planet's Fight for Life. London, New York: Liveright.
64 Z. B. J.P. van der Sluijs, et al. 2015. »Conclusions of the Worldwide Integrated Assessment on the risks of neonicotinoids and fipronil to biodiversity and ecosystem functioning.« Environmental Science and Pollution Research 22 (1): 148-154.
65 Elaine Ingham. 2015. The Roots of Your Profits [Video].

1.6 Es gibt noch viele andere Bedrohungen

In der Nähe der von CSER genannten biologischen Gefahren liegt ein neues und beunruhigendes technisches Projekt, als »Gene Drives«[66] bezeichnet. Damit kann der Mensch absichtlich oder versehentlich eine Art genetisch verändern oder auslöschen. Bisher werden diese künstlichen Gene Drives mit dem neuen »Gen-Editing«-System namens CRISPR-Cas9 entwickelt. Gene Drives können bewusst in invasive Arten eingeführt werden, um sie aus der Wildnis für deren Erhaltung auszurotten, oder in Unkrautarten, um sie von den Feldern der Landwirte zu entfernen. Das sind auf den ersten Blick wünschenswerte Pläne. Aber mit der gleichen Technik kann man auch Biowaffen erzeugen oder die Ernten eines militärischen Gegners vernichten. Es gibt auch unbeabsichtigte Wirkungen. »Da sich so veränderte Organismen in der Umwelt ausbreiten sollen, ... könnten sie auch schädliche Auswirkungen auf andere Arten oder Ökosysteme haben.«[67] Es gibt bislang keine internationalen Regeln zur Steuerung oder Begrenzung von grenzüberschreitenden Effekten der Freisetzung eines Gene Drive. Hier klafft eine enorme Regelungslücke. Daher forderten während der 13. Vertragsstaatenkonferenz der UN-CBD (Convention on Biological Diversity) in Cancún im Dezember 2016 mehr als 160 NGOs, vor allem aus Entwicklungsländern, ein striktes Moratorium für angewandte Forschung, Entwicklung und Freisetzung von gentechnisch veränderten Gene Drives[68].

Zu den akuten Gefahren gehören natürlich auch Kriege und Bürgerkiege, heute vor allem im Nahen Os-

---

66 National Academies of Sciences, Engineering, and Medicine. 2016. Gene Drives on the Horizon: Advancing Science, Navigating Uncertainty, and Aligning Research with Public Values. Washington, DC: The National Academies Press.
67 Ebd.
68 Civil Society Working Group on Gene Drives. 2016. »The Case for a Global Moratorium on Genetically-engineered Gene Drives.« www.synbiowatch.org/gene-drives.

ten, einigen afrikanischen Ländern und Afghanistan. Sie haben zu beispiellosen Flüchtlingswanderungen geführt, sowohl innerhalb wie außerhalb der kriegszerrissenen Regionen.

Diese politischen Katastrophen hängen jedoch häufig auch mit der Natur zusammen. Der Klimawandel beeinflusst den Streit um Wasser und fruchtbare Böden. Im Übrigen sind die Regionen der heutigen Kriege auch die Regionen mit dem höchsten Bevölkerungswachstum. Das war schon in der *leeren Welt* so, aber in der *vollen Welt* potenzieren sich die Konflikte um Ressourcen. Und in früheren Zeiten lebten auch die Armen auf einer grundsätzlich robusten und fruchtbaren Erde. Das ist heute nicht mehr gegeben.

1.6.2 Atomwaffen – die verdrängte Bedrohung[69]

Eine weitgehend verdrängte Bedrohung sind die Atomwaffen, die tödlichsten aller Massenvernichtungswaffen. Sie sind für die menschliche Zukunft, ja die Zukunft des Lebens auf der Erde, eine sehr ernste Gefahr. Sie sind illegal und unmoralisch, aber sie sind immer noch vorhanden, und es findet immer noch ein Wettrennen um ihre »Modernisierung« statt. Während des Kalten Krieges war ihr Einsatz in einem heißen Krieg die tägliche Sorge. Aber das Ende des Kalten Krieges hat die Befürchtung natürlich in keiner Weise beseitigt. Und sie verschwindet auch nicht, wenn es (gegen alle Erwartung) in Nordkorea zu einem Regierungswechsel kommt.

Verdrängt ist auch die physikalische Erkenntnis, dass ein Atomkrieg zu einem *nuklearen Winter* führen

---

[69] Wir danken der Nuclear Age Peace Foundation und ihrem Präsidenten, Dr. David Krieger, Mitglied des Club of Rome für den Entwurf zu diesem Unterkapitel. Die homepage: https://www.wagingpeace.org/.

könnte, der die Temperaturen auf den niedrigsten Wert seit der letzten Eiszeit abstürzen ließe und weite Teile des Lebens auf der Erde auslöschen würde.

Der Atomwaffensperrvertrag (NPT) von 1970 teilte die Welt in nukleare »Haves« und »Have-nots« ein. Die »Haves« waren die Länder, die bis zum 1. Januar 1967 Atommacht waren und eine Atomwaffe gezündet hatten. Frankreich und China wurden den nuklearen »Haves« hinzugefügt, als sie dem Vertrag später beitraten. Drei Länder traten dem Vertrag nie bei – Israel, Indien und Pakistan – und entwickelten eigene nukleare Arsenale; und Nordkorea zog sich 2003 aus dem Vertrag zurück und hat nun ein kleines Atom-Arsenal entwickelt. Abbildung 1.7 zeigt die heutigen Größenverhältnisse.

Das nukleare Waffenarsenal der Welt
Geschätzte globale Bestände nuklearer Sprengköpfe, 2017

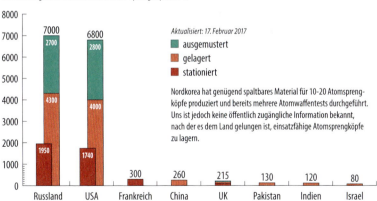

Abbildung 1.7: *Das nukleare Waffenarsenal der Welt 2017[70].*

---

70 Hans M. Kristensen, und Robert S. Norris. 2017. Status of World Nuclear Forces. Washington: Federation of American Scientists, https://fas.org/issues/nuclear-weapons/status-world-nuclear-forces.

Alle neun Atomwaffenländer investieren in die Modernisierung ihrer Arsenale. Die USA plante noch zur Zeit von Präsident Obama Investitionen von einer Billion USD in drei Jahrzehnten. Analogen Ehrgeiz haben die anderen Kernwaffenstaaten. Ziel der Modernisierung ist es hauptsächlich, kleinere, genauere und effizientere Waffen zu entwickeln – um sie für die Militärführung nutzbarer zu machen –, also die Einsatzschwelle zu senken. Die Modernisierung ist übrigens eine klare Verletzung des NPT.

Jonathan Granoff vom Global Security Institute fügt hinzu: Wenn weniger als 1% der 14.000 Atomwaffen in den Arsenalen der Welt explodieren würden, träten bereits Folgen von der Art des *nuklearen Winters* ein, mit katastrophalen Folgen für die Landwirtschaft, grausigen Strahlenkrankheiten und der Unbewohnbarkeit weiter Landstriche. Schon ein Atombomben-Schlagabtausch zwischen zwei Atommächten, z.B. Indien und Pakistan, könnte zum Ende der menschlichen Zivilisation führen. Wie viel rascher und schrecklicher käme das Ende im Falle eines großen Erstschlags seitens Russlands oder der USA![71]

Ein gutes Vierteljahrhundert nach dem Ende des Kalten Krieges bleiben immer noch etwa 2.000 Atomwaffen ständig einsatzbereit, um innerhalb weniger Minuten durch einen Befehl gestartet zu werden, wodurch die Zivilisation an einem einzigen Nachmittag des atomaren Schlagabtausches zerstört werden könnte. Diese fürchterliche Tatsache und der brisante Modernisierungswettlauf waren denn auch der Hauptvorwurf eines Völkertribunals im Juli 2016 in Sydney, Australien[72], geleitet hauptsächlich vom Club-of-Rome-Mitglied Keith Suter.

---

71 Weitverbreitete E-Mail von granoff@gsinstitute.org, datiert auf den 16. Dez. 2016.
72 Eine pdf-Version des 46-seitigen Dokuments ist hier abrufbar: International Peoples' Tribunal on Nuclear Weapons and the Destruction of Human Civilisation. http://sydney.edu.au/arts/peace_conflict/downloads/ipt.pdf.

1.6 Es gibt noch viele andere Bedrohungen

Die Bedrohung ist global und die Lösung muss auch global sein. Sie erfordert Verhandlungen mit dem Ziel, Atomwaffen tatsächlich zu verbieten und zu zerstören. Es bedarf eines neuen Rechtsinstruments für die stufenweise, nachprüfbare, irreversible Beseitigung von Atomwaffen. Es muss auf einen Vertrag hinauslaufen, der die Beseitigung von Atomwaffen zuwege bringt, ohne die Welt der Herrschaft konventioneller Mächte zu überlassen. Am Ende muss ein Vertragswerk stehen, das den Wahnsinn (Madness) der Mutually Assured Destruction (MAD) in ein Überlebensgesetz der Planetary Assured Security and Survival (PASS) umwandelt.

BEVÖLKERUNGSWACHSTUM UND URBANISIERUNG

Die Abbildung 1.14 auf Seite 97 hat zwei horizontale punktierte Linien. Die obere ist die »Weltbiokapazität von 1961«, d.h. der erlaubte ökologische Fußabdruck pro Kopf in einer Welt, die von 3,1 Milliarden Menschen bevölkert war. Die untere Linie ist die Biokapazität von 2012 mit einer Bevölkerung von 7 Milliarden. Die Lage wäre viel angenehmer, wenn sich die Bevölkerung vor 50 Jahren bei etwa 3,5 Milliarden stabilisiert hätte. Aber die meisten Demografen glauben, dass die Stabilisierung nicht vor 2050 eintreten wird, und dann bei einer Zahl von über 10 Milliarden. Redet man über nachhaltige Entwicklung, dann kommt man um das Thema Weltbevölkerung nicht herum. Es ist natürlich politisch äußerst heikel.

1.7.1 Populationsdynamik

Die alten Industrieländer hatten ihre steilen Bevölkerungszunahmen im 19. Jahrhundert und lösten ihre Überbevölkerungsprobleme durch die Eroberung anderer Teile der Welt, vor allem in Amerika, Afrika und Australien, und ließen eine große Anzahl von Menschen dorthin emigrieren. Daher dürfen die Industrieländer die Entwicklungsländer nicht plump ermahnen, ihr Wachstum einzuschränken.

Es ist aber sowohl legitim als auch rational für die Entwicklungsländer selbst, endlich die Chancen einer nachhaltigen Bevölkerungspolitik zu ergreifen.

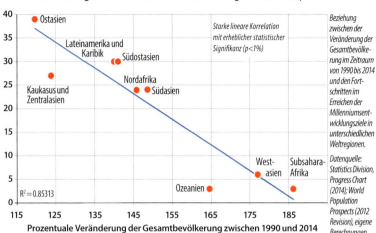

Abbildung 1.8: *Das starke Bevölkerungswachstum ist mit einer schwachen Entwicklung korreliert. Nach UNFPA, 2015 (vgl. Fußnote 72).*

Das Berlin-Institut für Bevölkerung und Entwicklung hat für den Bevölkerungsfonds der Vereinten Nationen (UNFPA) eine Studie erarbeitet,[73] in der eine klare Korrelation zwischen wirtschaftlichem Erfolg und geringem Bevölkerungswachstum bestätigt wird (Abbildung 1.8). Regionen mit rascher Bevölkerungszunahme hatten eine sehr schwache Entwicklung. Allerdings geht die Kausalität der Korrelation in beide Richtungen. Sicher ist, dass ein hohes Wohlstandsniveau sowie gute Ausbildung und Selbstbestimmung von Frauen der Bevölkerungsstabilisierung hilft. Politische und religiöse Führer müssen wissen, dass ein starkes Bevölkerungswachstum dazu

---

73 UNFPA. 2015. »Consequential omissions. How demography shapes development – Lessons from the MDGs for the SDGs.« Abb. 1.8: Michael Herrmann (editor). 2015. Consequential Omissions. How demography shapes development – Lessons from the MDGs for the SDGs. New York and Berlin: United Nations Population Fund and the Berlin Institute for Population and Development.

tendiert, die wirtschaftliche Entwicklung ihrer Länder zu schwächen, jedenfalls in der *vollen Welt*.

Der Club of Rome ist von den Ländern beeindruckt, die eine rasche Stabilisierung der Bevölkerung erreicht haben. Sehr hilfreich sind neben der Selbstbestimmung von Frauen eine gute Gesundheitsversorgung für Säuglinge und Kleinkinder sowie eine verlässliche Altersversorgung. Das überwindet die Tradition, Kinderreichtum als Altersvorsorge anzusehen und bei hoher Kindersterblichkeit viele Kinder »auf Vorrat« zu zeugen.

Eine aktuelle Studie von KC und Lutz[74] schätzt, dass eine bessere Bildung zu einer Milliarde weniger Menschen im Jahr 2050 führen kann, als dies derzeit erwartet wird (Abbildung 1.9). Für die Entwicklungszusammenarbeit ist es wichtig, auf das Erreichen solcher Ziele zu achten.

In der Kairoer UN-Konferenz von 1994 zu Bevölkerungsfragen haben sich die Teilnehmerländer im Kairo-Aktionsplan verpflichtet, Gelder für reproduktive Gesundheit und Familienplanung bereitzustellen. Das ist aber kaum geschehen. Etwa eine halbe Million Frauen sterben jährlich immer noch während der Geburt. Hunderte von Millionen von Paaren haben keinen Zugang zur Empfängnisverhütung. Zwar gehen heute viel mehr Kinder zur Schule als noch vor 10 Jahren, aber die Mädchen sind vielerorts noch krass im Nachteil. In Ländern wie Indien, Nepal, Togo, Jemen und in Teilen der Türkei gibt es 20% mehr Jungen als Mädchen in der Schule. In armen Landkreisen in Pakistan liegt der Jahrgangsanteil von Mädchen mit Schulbildung unter einem Viertel.

In Entwicklungsländern liegt die Zahl der Geburten

---

74 Guttmacher Institute. [Autoren: Jacqueline E. Darroch, Vanessa Woog, Akinrinola Bankole und Lori S. Ashford]. 2016. »Adding It Up: Costs and Benefits of Meeting the Contraceptive Needs of Adolescents.« https://www.guttmacher.org/sites/default/files/report_pdf/adding-it-up-adolescents-report.pdf.

1.7 Bevölkerungswachstum und Urbanisierung

Bevölkerungsprognosen

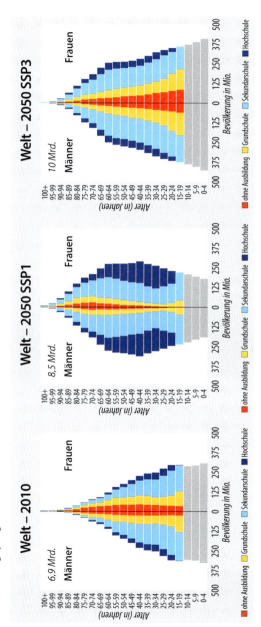

Abbildung 1.9: *Verschiedene Bevölkerungsprojektionen im Jahr 2050 – je nach Bildungsprofil der Bevölkerung. Die mittlere Projektion »SSP1« bezieht sich auf ein hohes Bildungsszenario mit 8,5 Milliarden Menschen im Jahr 2050, während die »SSP3«-Projektion mit niedrigem Bildungsniveau mit 10 Milliarden Menschen im Jahr 2050 endet. Nach: KC S, and Lutz W 2014. Demographic scenarios by age, sex and education corresponding to the SSP narratives. Population and Environment 35 (3): pp. 243–260. DOI: 10.1007/s11111-014-0205-4.*

pro Frau oft noch zwischen vier und acht. Hauptgründe sind Armut, niedriger Status der Frauen und andere Formen der Diskriminierung. Indien hat TalentNomics ins Leben gerufen, um die wirtschaftlichen Kosten/Nutzen von Diskriminierung zu messen und die Chancen der Frauen zu fördern.[75]

Hohes Bevölkerungswachstum hat auch negative Umweltauswirkungen. Aber die Zahl allein ist nur ein Teil der Wahrheit. Die von Paul Ehrlich und John Holdren ausgearbeitete »I=PAT-Gleichung«[76] nennt drei Faktoren für die Umweltauswirkungen (I): Bevölkerungszahl (P), Wohlstand (A) und Technologie (T). Dabei stellt T die Hoffnung dar, den Ressourcenverbrauch pro Mehrwert, zu reduzieren (vgl. Kapitel 3.8, 3.9 und 3.4).

Die Zeit der ›Großen Beschleunigung‹ (Abbildung 1.6) zeigt klar, dass die massive Zunahme der Umweltbelastung nicht allein der Menschenzahl anzulasten ist. Diese nahm nur um das Fünffache zu, während die weltweite Wirtschaftsleistung 40-fach zunahm, der fossile Brennstoffverbrauch 16-fach und der Wasserverbrauch 9-fach. China ist ein Spezialfall. Die 1979 eingeführte Ein-Kind-Politik hat die Zunahme stark verlangsamt und die Bevölkerung inzwischen stabilisiert. Gleichzeitig ist das chinesische BIP pro Kopf um das 67-Fache angestiegen, von 153 USD auf 10.240 USD. Dies hat den Lebensstandard von Hunderten von Millionen Menschen stark erhöht, aber es hat auch die Umweltauswirkungen rasant vergrößert. In Afrika sieht man noch kein Anzeichen einer Stabilisierung, und die Armut grassiert noch.

---

75 Vgl. die breite Studie zum Nutzen der Gleichstellung: McKinsey Global Institute (Jonathan Woetzel u.a.). 2015. »The Power of Parity. How advancing women's equality can add $12 trillion to global growth.«

76 Paul R. Ehrlich, und John P. Holdren. 1971. »Impact of Population Growth.« Science 171 (3977): 1212–1217.

1.7.2 Urbanisierung

Die Menschheit verwandelt sich von einer ländlichen zu einer städtischen Art. Die Urbanisierung kommt weltweit unaufhaltsam voran (Abbildung 1.10). In allen Ländern bieten die Städte einen viel leichteren Zugang zu Jobs, Bildung, Unterhaltung und Medizin als das Land. Als Zentren der ökonomischen und politischen Macht und der sozialen Interaktion sowie der Produktion und des Konsums üben sie eine magnetische Anziehung aus.

1800 gab es nur eine Stadt mit einer Million Menschen – London. Seither wurde eine globale Urbanisierung losgetreten, die mit den technologischen Innovationen der industriellen Revolution verbunden ist. Von 1900 bis 2017 wuchs die Weltbevölkerung um das 5-Fache, von 1,5 auf 7,5 Milliarden. In dieser Zeit stieg die urbane Bevölkerung um das 18-Fache auf etwa 55% der Weltbevölkerung. Bis 2030 könnten 60% der Weltbevölkerung oder 5 Milliarden Menschen in Städten und Vororten leben, mehr als die 3-fache Weltbevölkerung von 1900.[77]

Heute gibt es mehr als 300 Städte mit über einer Million Menschen und 29 Megacitys von über zehn Millionen Menschen, davon 22 in Entwicklungsländern.[78]

---

77 United Nations. 2011. World Urbanization Prospects. New York: UN.
78 UN Habitat. 2016. World Cities Report 2016. Nairobi: UN Habitat.

Entstehung des urbanen Zeitalters

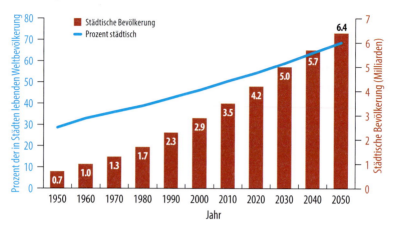

Abbildung 1.10: *Entstehung des städtischen Zeitalters: In 100 Jahren werden die städtischen Bevölkerungsgruppen fast zehnfach wachsen, was 70% der globalen menschlichen Bevölkerung ausmacht. Quelle: UN-DESA.*

Moderne Großstädte sind eine erstaunliche Errungenschaft. Hier spielen sich die meisten sozialen, wirtschaftlichen und kulturellen Leistungen ab. Sie sind die Drehkreuze der globalen Kommunikations- und Transportsysteme. Sie ziehen Investoren an, weil sie all die nötigen Dienstleistungen anbieten können. Bezüglich der Nachhaltigkeit ist es wichtig zu wissen, dass die Städte auch dazu beitragen, die Bevölkerung zu stabilisieren.[79]

Daneben gibt es auch ökologische Nachteile: Der Pro-Kopf-Verbrauch an Energie und Rohstoffen und entsprechend der Abfall ist in der Stadt höher als auf dem Land, in China und Indien etwa vierfach höher.[80] Die Umwelt-

---

79 George Martine, Jose Eustaquio Alves, und Suzana Cavenaghi. 2013. Urbanisation and Fertility Decline: Cashing in on structural change. London: IIED.

80 Shirish Sankhe, Ireena Vittal, Richard Dobbs, et al. 2010. India's Urban Awakening. Boston and Bangalore: McKinsey. Vgl. auch: Jeb Brugmann. 2009. Welcome to the Urban Revolution. London and New York: Penguin Books.

auswirkungen der Menschheit übersteigen bereits die Tragekapazität der Erde (Kapitel 1.10). Die Urbanisierung in ihrer heutigen Form verschärft das Problem.

Mit dem Wohlstand wächst auch der Wunsch nach mehr Wohnraum und das möglichst weit weg von Lärm, Verschmutzung und Verbrechen. Dies verstärkt die Zersiedelung und das zugehörige Pendeln. Städtewachstum und Verkehrszunahme verschlingen immer mehr Ackerland und den Raum für die Natur.

Die ökologischen Fußabdrücke der Städte sind riesig, auch wenn die Städte selbst nur einen bescheidenen Teil der Landschaftsfläche ausmachen. Unser Koautor Herbie Girardet stellte fest, dass der ökologische Fußabdruck Londons das 125-Fache der Fläche der Stadt selbst beträgt, was ungefähr das Äquivalent des gesamten produktiven Landes Englands ist.[81] Eine typisch nordamerikanische Stadt mit einer Bevölkerung von 650.000 würde 30.000 Quadratkilometer Land benötigen, ein Gebiet ungefähr von der Größe Belgiens, rein um ihre materiellen Bedürfnisse zu erfüllen. Eine ähnlich große Stadt in Indien (mit niedrigeren Lebensstandards und einer überwiegend vegetarischen Ernährung) braucht nur ein Zehntel dieser Fläche.[82]

Die Lage von China, dem bevölkerungsreichsten Land der Erde, ist besonders relevant: China hat das weltweit schnellste städtische Wachstum, die städtische Bevölkerung nimmt voraussichtlich von 54% im Jahr 2016 auf 60% bis 2020 zu. Hunderte Millionen Menschen sind vom Land in die Stadt gezogen und oft in die Megacitys. Nun hat China die Absicht, eine ökologische Zivilisation zu schaffen (Kapitel 3.17.1). Zugleich ist die

---

81 Herbert Girardet. 1999. »Creating Sustainable Cities.« Schumacher Briefing 2. Totnes: Green Books.
82 Int. Institute for Sustainable Development (IISD). Vgl. www.gdrc.org.uem/e-footprints.html

weitere Urbanisierung offizielle Politik der Steigerung des Lebensstandards. Ein neuer Urbanisierungsplan 2014-2020[83] will die Inlandsnachfrage steigern, was auch helfen soll, die ungesund überhöhte positive Handelsbilanz zu reduzieren. Wird sich das mit den ökologischen Nachhaltigkeitszielen des Landes beißen?

Ist eine Welt, die von ausufernden Städten und Megacitys mit ihren großen ökologischen Fußabdrücken dominiert wird, unvermeidlich oder gibt es Alternativen? Können Städte hauptsächlich von regionalen anstatt globalen Ressourcen leben? Könnten sie so entworfen werden, dass sich die benötigten Ressourcen kontinuierlich regenerieren? Kapitel 3.6 bietet optimistische Antworten an.

---

83 Chinese government. 2016. »China to promote new type of urbanization.« 6. Feb. http://english.gov.cn/policies/latest_releases/2016/02/06/content_281475285253766.htm.

LANDWIRTSCHAFT UND ERNÄHRUNG

Die Ernährungssicherheit steht im Zentrum, seitdem die Menschen sesshaft geworden sind, um ihre Nahrung selbst anzubauen. Früher rettete man sich von einer Ernte zur nächsten, immer in der bangen Hoffnung, dass das Wetter mitspielt und Schädlinge nicht große Teile wegfressen. Und heute, mit über 7 Milliarden Menschen, haben wir ein skandalöses Niveau von Überschüssen, die vielfach weggeworfen werden.

Zwar leiden immer noch etwa 800 Millionen Menschen unter Hunger, aber etwa doppelt so viele sind fettleibig, und weitere 300 Millionen leiden unter Typ-2-Diabetes, was mit mangelnder Lebensmittel*qualität* und Vielfalt zusammenhängt. Das aktuelle Agrarsystem erzeugt Überschüsse, schädigt aber auch Böden, Grundwasser, nützliche Insekten, generell die Biodiversität und viele Ökosysteme und ihre Leistungen sowie das Klima.

Wie ist die Menschheit in diese Lage gekommen, und was müssen wir tun, um sie zu beheben? Diesen Fragen widmen sich viele Studien, einschließlich des Welt-Agrarberichts (IAASTD) mit dem Titel *Agriculture at the Crossroads*[84]. Das war ein bahnbrechender Bericht im Auftrag von sechs UNO-Agenturen und der Weltbank. Er wurde geleitet durch ein Multi-Stakeholder-Büro, das je zur Hälfte aus Regierungs- und zivilgesellschaftlichen Vertretern sowie zwei Direktoren, Hans Herren und Judy Wakhungu bestand. In einem

---

84 Agriculture at the Crossroads. 2009. Washington: Island Press. Eine deutsche Zusammenfassung erschien 2010 als: »Wege aus der Hungerkrise.« Hamm/Westf.: Abl Bauernblatt Verlag. Ferner gibt es ein neues Buch von Hans Herren. 2016. So ernähren wir die Welt. Zürich: Rüffer & Rub.

Zeitraum von gut 4 Jahren wurden etwa 400 Personen aus allen Kontinenten beschäftigt, von Landwirten bis hin zu Wissenschaftlern und Fachleuten aus allen relevanten Disziplinen. Die Agrarchemie-Konzerne zogen sich in letzter Minute aus der Arbeit zurück, weil ihnen die ganze Linie nicht passte.

Dieser Bericht wurde im März 2008 von 59 Ländern unterstützt, leider ohne Deutschland. Die wichtigsten Erkenntnisse waren absolut klar bezüglich der Notwendigkeit eines Paradigmenwechsels in der Landwirtschaft und in den Lebensmittelsystemen. Kritisch sah man die Agrosprit-Entwicklung, die grüne Gentechnik, viele Monokulturen, die Umweltschäden und das Zurückdrängen von Kleinbauern. Diese Erkenntnisse wurden durch zahlreiche weitere Berichte bestätigt, darunter einer von UNEP und dem International Resource Panel[85], einer von UNCTAD[86] und einer von IFAD[87].

Die Landwirtschaft spielt in allen wichtigen Dimensionen ökologischer Schäden eine Rolle. Die Zerstörung der Artenvielfalt und das Verschwinden der Arten ist eng mit der fortlaufenden Beseitigung von Wäldern und der Entwässerung von Feuchtgebieten verbunden, oft infolge der Erschließung neuen Ackerlands; Landwirtschaftlicher Düngerabfluss stört die Stickstoff- und Phosphor-Zyklen und verursacht tote Zonen in Wasserstraßen, toxische Pestizide und Herbizide töten absichtlich oder unbeabsichtigt Milliarden von Tieren und Pflanzen, und Landwirtschaft und Forstwirtschaft produzieren etwa 25% der Treibhausgasemissionen. Damit

---

[85] UNEP and International Resource Panel. 2014. Assessing Global Land Use: Balancing Consumption with Sustainable Supply. Nairobi: UNEP.
[86] UNCTAD. 2013. Trade and Environment Review 2013. Wake up before it is too late: Make agriculture truly sustainable now for food security in a changing climate. Genf: UNCTAD.
[87] IFAD. 2013. Smallholders, food security, and the environment. Rom: IFAD.

ist die Landwirtschaft einer der wichtigsten Sektoren, die sich ändern müssen, wenn wir aus der aktuellen Umwelt- und Klimakrise herauskommen wollen.

Die industrielle Landwirtschaft verdrängt auch Kleinbauern und indigene Landwirte von ihrem Land. Kleinbauern bilden noch fast ein Drittel der Weltbevölkerung und die Hälfte der Armen der Welt; sie produzieren dennoch etwa 70% ihrer Nahrung auf einem Viertel des Ackerlandes[88] und zwar weitgehend ohne die oben aufgeführten ökologischen Schäden. Die Anfälligkeit der Kleinbauern wird dadurch verstärkt, dass sie oft keine grundbuchliche Absicherung ihres Landbesitzes haben, so dass sie leicht von internationalen Investoren und nationalen Regierungen vertrieben werden können. Seit 2006 hat sich der »Landraub« beschleunigt, wo Konzerne und Regierungen, vor allem in Afrika, große Landstriche übernehmen.[89]

Generell erweist sich die heute vorherrschende Landwirtschaft als der Wirtschaftszweig, der eigentlich nur noch riesige Verluste einfährt, sobald man die »externen Kosten« zu den Produktionskosten addiert. Abbildung 1.11 (siehe Seite 80) zeigt zehn verschiedene Wirtschaftszweige. Die ersten beiden, Viehzucht und Weizenanbau, zeigen nach der Einbeziehung der Kosten der Naturzerstörung bei weitem die größten Verluste (rote Balken).

---

[88] GRAIN and La Via Campesina. 2014. »Hungry for Land: small farmers feed the world with less than a quarter of all farmland.« https://www.grain.org/article/entries/4929. Große Staudprojekte, Industriezonen und Minenprojekte vertreiben ebenfalls Kleinbauern.
[89] Stefano Liberti. 2012. Landraub: »Reise ins Reich des neuen Kolonialismus.« Berlin: Rotbuch.

Teil 1 Die heutigen Trends sind überhaupt nicht nachhaltig

Negative Gewinnmargen in der Mehrzahl der globalen Rohstoffindustrien, wenn man die Naturkapitalkosten miteinbezieht

Gewinnspanne (EBIT) vor und nach dem Einbezug von Naturkapitalkosten, basierend auf den zwei Topunternehmen in jeder der Morgan Stanley Composite Index-Kategorien, in Prozent, 2012

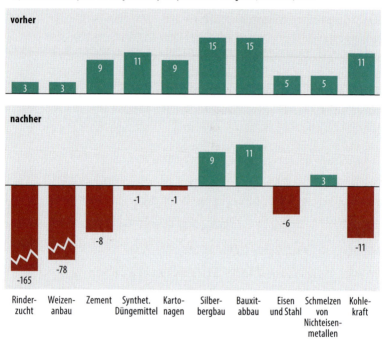

Abbildung 1.11: *Wenn man die Externkosten zu den Betriebskosten hinzufügt, produzieren viele Branchen nur noch Verluste. Die Landwirtschaft steht am schlechtesten da. Datenquelle: Trucost und TEEB 2013. Das Bild verdanken wir Pavan Sukhdev.*

Die Berechnung erfolgt nach den Vorgaben TEEB (The Economics of Eco-systems and Biodiversity), einer von Genf aus operierenden Arbeitsgruppe von UNEP. Trucost ist eine Arbeitsgruppe von Standard & Poor's, die verdeckte Risiken von Investitionen aufzudecken versucht.

Die eingehenden Analysen der IAASTD über die letzten 50 Jahre folgerten, dass es zwar kurzfristig einige

Vorteile gab, doch der Grünen Revolution der 1960er Jahre gelang es nicht, die zentrale Frage des Hungers zu lösen, weil die Hungrigen zu wenig Geld für Einkäufe und zu wenig Land für Eigenbau haben. Gleichzeitig wurden Monokulturen bevorzugt, um die Arbeitsproduktivität der Landwirte und die Rendite der Saatgutanbieter zu erhöhen, und es wurden toxische Chemikalien notwendig, um Hochleistungskulturen zu »schützen«, während viele traditionelle Pflanzen weniger anfällig sind. Die neuen Supersorten sind auch oft sehr »durstig«, was zur Übernutzung von Grund- und Flusswasser führt. Und dann hat man das Problem, dass Schädlinge und Unkräuter oft ziemlich rasch Resistenzen entwickeln.

Ein weiteres, nicht nachhaltiges Merkmal der heutigen Ernährung ist der steigende Fleischanteil. Wie Brian Machovina u.a. argumentieren, ist die Fleischproduktion der größte Verursacher für den Verlust an Wäldern und anderen natürlichen Lebensräumen, speziell in tropischen Entwicklungsländern, wo die größte biologische Vielfalt besteht.[90]

Die Widersprüchlichkeit und die zerstörerischen Folgen »moderner« Landwirtschaft finden eigenartigerweise in den Medien wenig Widerhall. Der Grund ist vermutlich, dass wir Menschen gerne essen und uns dabei gut fühlen wollen. Und die Landwirte wollen ihre Produkte verkaufen und sich dabei gut fühlen. Wer liest dann gerne Schreckensnachrichten über Schäden, die die Lebensmittelindustrie anrichtet?

Was in den Medien viel besser ankommt, ist die Dauerfrage, ob genug Nahrung für eine immer weiter zunehmende Menschheit da ist. Nun ja, wenn zu wenig

---

90 Brian Machovina, Kenneth J. Feeley, und William J. Ripple. 2015. »Biodiversity conservation: The key is reducing meat consumption.« Science of the Total Environment 536. 419–431.

da wäre, würde doch wohl nicht so viel weggeworfen! Raoul Weiler vom Club of Rome in Belgien und sein Team haben sich die klimatischen, geografischen und demografischen Fakten vorgenommen.[91] Sie kommen zu dem etwas bestürzenden Ergebnis, dass es zwar insgesamt kaum eine Knappheit zu befürchten gibt, dass aber Afrika auf dem Weg in eine Hungerkatastrophe sei, wegen der rasanten Bevölkerungsvermehrung und den heute schon sichtbaren großräumigen Trockenheitsphasen und der Wüstenausdehnung. Das belgische Team gibt dann Empfehlungen agrartechnischer Art, die von der IAASTD-Philosophie abweichen, aber natürlich ernsthaft erwogen werden müssen.

Der IAASTD-Bericht von 2009 wird von Vertretern der Agrochemie und ihren politischen und wissenschaftlichen Vertretern heftig bekämpft und kritisiert. Es lohnt sich aber eindeutig, seine Grundideen (vgl. Kapitel 3.5) mindestens dort umzusetzen, wo die Politik weniger von der Agrarlobby beherrscht ist.

---

91 Raoul A. Weiler, und K. Demuynck. 2017. »Food Scarcity Unavoidable by 2100? Impact of Demography & Climate Change.« Globethics.net. www.amazon.com/dp/1544617550/ref=sr_1_1.

HANDEL GEGEN UMWELT

Einer der heißesten internationalen Konflikte unserer Zeit ist die Debatte um den internationalen Handel. Die Doha-Runde, die im Jahr 2001 auf der Ministerkonferenz der Welthandelsorganisation (WTO) in Doha, Katar, ins Leben gerufen wurde, hat zu keinem spürbaren Ergebnis geführt. Man wollte die Handelsaussichten der Entwicklungsländer verbessern, die sich durch den fast schrankenlosen Freihandel, der in der Uruguay-Runde des GATT, dem Vorgänger der WTO, durchgesetzt wurde, benachteiligt sehen. Aber weder der Norden noch der Süden schien bereit zu sein, die Doha-Agenda umzusetzen. Der Norden wollte seine (unsinnigen) landwirtschaftlichen Exportsubventionen nicht aufgeben und der Süden blieb skeptisch gegenüber den behaupteten Vorteilen.

Die Umwelt spielt in diesen Handelsgesprächen eine erschreckend geringe Rolle. Die meisten nationalen Vorschriften für den Umweltschutz gelten bei der WTO grundsätzlich als »Handelshemmnisse« und werden in dieser Funktion abgelehnt. Für die WTO und bilateralen Handelsabkommen hat der billigste Anbieter immer erst einmal Recht, egal was das für die Umwelt bedeutet. Im Jahr 1991 gab es ein berühmtes GATT-Streitverfahren gegen die USA, die die Einfuhr von Thunfisch verboten hatte, der mit Methoden gefangen wurde, denen massenweise Delfine zum Opfer fielen. Das GATT Panel entschied gegen die USA, weil: »wenn die US-Argumente akzeptiert worden wären, könnte ja jeder kommen und Einfuhren verbieten, die nach Ansicht des Empfängerlandes irgendwo ökologische Schäden angerichtet haben. Und dann würde das ganze Gebäude des freien

Handels zusammenstürzen.«[92] Die WTO-Staaten und das Sekretariat sagen unverblümt, dass der Handel Vorrang vor Umwelt-, Gesundheits- und Sozial-Gesichtspunkten hat, unabhängig von den Wünschen einer Regierung und den Menschen, die sie vertreten. Wenn der Thunfischfang Delfine tötet, ist das wirklich schade, aber irrelevant für den Handel.

Der Handel folgt einfach einer anderen Logik als Umwelt- und Verbraucherschutz. Die Handelsagenda, die in erster Linie von den transnationalen Konzernen vorangetrieben wird, richtet sich auf die Expansion von Produktion und Konsum und dient dem Umsatzwachstum. Sie hat kein Interesse an Fragen öffentlicher Güter (wenn man nicht billige Konsumgüter als öffentliches Gut versteht). Sie ersetzt »Regeln für Unternehmen durch Regeln für Regierungen; und Regeln zum Schutz von Verbrauchern und der Umwelt durch Regeln zum Schutz von Händlern und Investoren«.[93]

Wenn ein WTO-Panel gegen ein Land entscheidet, hat dieses keine guten Optionen mehr. Es muss entweder seine eigenen Gesetze ändern und Strafen in der Höhe der »verlorenen Gewinne« geschädigter Konkurrenten zahlen oder einseitige Handelssanktionen erdulden. Die USA schwächten ihre Luftreinhaltungsgesetze ab, als die WTO entschied, dass die USA Erdöl aus Mexiko und Venezuela nicht ausschließen darf. Japan musste mehr Pestizidrückstände in Lebensmitteln akzeptieren als dies seine eigenen Vorschriften erlaubten. Im Streit zwischen Europa und den USA über wachstumsfördernde Hor-

---

92 Vgl. Kerryn Higgs. 2014. Collision Course: Endless growth on a finite planet. Cambridge MA: MIT Press. WTO. 2010. »Mexico etc. versus US: ›Tuna-dolphin‹.« http://www.wto.org/english/tratop_e/envir_e/edis04_e.htm.
93 Sharon Beder. 2006. Suiting Themselves: How Corporations Drive the Global Agenda. London: Earthscan: 42.

mone in Rindfleisch entschied das WTO-Panel gegen die EU, und die USA konnten Vergeltungszölle auf andere EU-Produkte durchsetzen.

Für die WTO müssen Kläger einen Schaden beweisen, anstatt von der Industrie zu verlangen, die Unschädlichkeit nachzuweisen. In Europa gilt hingegen das »Vorsorgeprinzip«, bei dem neuartige Stoffe nicht zugelassen sind, bis das Produkt nach zuverlässiger wissenschaftlicher Risikobewertung als sicher gelten kann.[94] In der geplanten Transatlantischen Handels- und Investitionspartnerschaft (TTIP) sollte eben dieser Vorsorgeansatz kassiert werden, wie Greenpeace im Mai 2016 herausgefunden hatte.[95] Zwar ist der Widerstand gegen TTIP auch in den USA gewachsen – aber kaum aus ökologischen, vielmehr aus ökonomischen Gründen.

Man muss sich überhaupt hüten, sich billig dem Chor der Handelskritiker anzuschließen, die in Wirklichkeit einen völlig veralteten Souveränitätsbegriff vertreten, wie etwa Donald Trump. Heutzutage sind ja Umweltschäden häufig global, und da braucht es auch globale Regeln. Beim Club of Rome unterstützt man Gesetze, die das Recht von Staaten einschränken, weltweite Schäden anzurichten, wie etwa beim Klima. Es ist eine Ironie, dass die WTO-Regeln als einzige internationale Regeln wirklich Zähne haben, leider auch zu Lasten der Umwelt. Solche »Zähne« wären nur dann gerechtfertigt, wenn die WTO verpflichtet wäre, die Vor- und Nachteile des Freihandels fair gegeneinander abzuwägen, was heute absolut nicht der Fall ist. In Kapitel 3.16 kommen wir auf dieses Problem zurück.

---

94 Kerryn Higgs. 2014. Collision Course: Endless growth on a finite planet. Cambridge, MA: MIT Press. Zitat: 249-250. Dort weitere Quellen.
95 Neslen, Arthur. 2016. »Leaked TTIP documents cast doubt on EU-US trade deal.« The Guardian, 2. Mai 2016.

Teil 1 Die heutigen Trends sind überhaupt nicht nachhaltig

Weil jedoch der Fortschritt bei der Doha-Runde stagniert, sind viele Länder zu bilateralen oder multilateralen Handelsabkommen übergegangen, was die so genannte »Spaghettischüssel« von Handelsabkommen füllt. Die größten geplanten Abkommen waren die transpazifische und die transatlantische Partnerschaft TPP und TTIP, die von den USA während der Obama-Regierung initiiert wurden. Die TPP wurde zwar 2016 unterzeichnet, aber der US-Kongress wird sie nicht ratifizieren. Ebenso ist TTIP unwahrscheinlich geworden.

US-Präsident Donald Trump stellt sich auf einen offen protektionistischen Standpunkt und sagt, dass der Verlust von Industrieproduktion in den USA das Ergebnis offener Grenzen gewesen sei, was es Unternehmen ermöglicht habe, billigere menschliche Arbeit, niedrigere Steuern und schwächere Regulierung (einschließlich der Umwelt) im Ausland zu finden. Das ähnelt der Argumentation von Anti-Freihandels-Bewegungen weltweit. Diese sagen, dass der Freihandel zwar theoretisch allen zugute kommt, in Wirklichkeit aber als Einladung an Firmen dient, Umwelt, Menschenrechte und das Wohl künftiger Generationen zu ignorieren. Hier könnte der Ansatz zu einer internationalen Allianz für ein ausgewogenes Verhältnis zwischen Welthandel und öffentlichen Gütern liegen.

Fast per Definition hilft der Freihandel den Starken und schadet den Schwachen. Wie der verstorbene uruguayische Journalist Eduardo Galeano es ausdrückte: »Die internationale Arbeitsteilung besteht darin: Einige Länder spezialisieren sich auf das Gewinnen und einige andere auf das Verlieren.«[96] Während die offizielle Wirtschaftslehre sagt, dass der Handel immer beiden Seiten

---

96 Eduardo Galeano. 1973. [Original spanisch 1971] »Die offenen Adern Lateinamerikas. Die Geschichte eines Kontinents.« Wuppertal: Hammer Verlag.

dient, ist die Realität weniger eindeutig und nicht nur zwischen den Ländern. Es gibt immer Verlierer in gewinnenden Ländern und Gewinner in verlierenden Ländern. Das Vereinigte Königreich als Nation hat stets auf mehr Freihandel gedrängt, und die City of London hat sehr davon profitiert. Aber die Verlierer in den alten britischen Industrierevieren hatten die Oberhand beim Brexit und machten die EU (und die Freizügigkeit von Migranten) für alles verantwortlich, nicht aber ihre eigene Regierung oder die WTO oder die globalen Finanzmärkte.

Im globalen Süden haben viele Länder, vor allem in Afrika und in der Karibik, erlebt, wie Industrien und lokale Bauern durch eine Flut von Billigimporten in den Bankrott getrieben wurden. Bei der Industrie war es vor allem die Übermacht Chinas, die zur Deindustrialisierung vieler Entwicklungsländer beitrug. Bei der Landwirtschaft waren es die USA und Europa, die ihre Agrarexporte weiter subventionierten. Aber Trumps neuer Protektionismus beunruhigt die Entwicklungsländer noch mehr. Wie Martin Khor schreibt, hat Trump die Entwicklungsländer schockiert, indem er Einfuhrzölle auf Waren aus Entwicklungsländern vorschlug, mit denen die USA ein Handelsbilanzdefizit haben,[97] und auch durch die Kürzung von US-Beiträgen zu Sozial- und Umweltprogrammen der UNO in Entwicklungsländern. Khor erwähnt auch Trumps eklatante Respektlosigkeit für die Umwelt und seinen Rückzug aus internationalen Umweltverträgen und Konventionen.

Ein weiteres Handelsthema ist der sich rasant verstärkende globale Kapitalfluss, den die WTO beförderte, indem sie Regierungen darin beschränkte, das Verhal-

---

97 Martin Khor. 2017. »Shocks for developing countries from President Trump's first days.« TWN News Service, 2. Feb. twnis@twnnews.net.

ten ausländischer Unternehmen zu regulieren. Nach der globalen Finanzkrise von 2008 wies ein UN-Panel unter Vorsitz von Joseph Stiglitz auf zahlreiche Probleme der Finanzliberalisierung hin. Das Panel empfahl, die Beschränkungen der Fähigkeit eines Landes zur Kapitalkontrolle weitgehend aufzuheben.[98] Bei der WTO stießen die Empfehlungen natürlich auf taube Ohren

Der indische Ökonom Prabhat Patnaik kritisiert, dass der lokale Finanzsektor von seinem Ankerplatz in der heimischen Wirtschaft abgelöst worden sei, um ihn zum internationalen Finanzsektor zu machen; und ihn aus der Zuständigkeit der Rechenschaft gegenüber den betroffenen Menschen zu entfernen.[99] Das gibt den internationalen Finanzmärkten eine gefährliche Macht über Investitionen weltweit. Die Berücksichtigung lokaler Interessen, öffentlicher Güter und demokratischer Kontrolle geht verloren.

Internationaler Handel ist natürlich eine gute Sache und kommt eigentlich nur in Gang, wenn beide Seiten davon profitieren. Aber er führt auch zur rascheren Niederlage schwächerer Mitspieler und hat auch negative Auswirkungen auf Gesellschaft, Umwelt und öffentliche Güter im Allgemeinen. In Kapitel 2.6.2 gehen wir auf die Überzeugung des Freihandelspropheten David Ricardo ein, dass das Kapital ortsfest bleiben muss, wenn man generelle Niederlagen von Staaten vermeiden will. In Kapitel 2.10 fordern wir eine Aufwertung der Balance, und in Kapitel 3.11 behandeln wir die nötige Reform der Finanzmärkte.

---

98 UN. 2009. »Report of the Commission of Experts of the President of the United Nations General Assembly on Reforms of the International Monetary and Financial System.« http://www.un.org/ga/econcrisissummit/docs/FinalReport_CoE.pdf.
99 Prabhat Patnaik. 1999. »The real face of financial liberalisation.« Frontline Magazine 16 (4): 13–26. http://www.frontline.in/static/html/fl1604/16041010.htm.

DIE AGENDA 2030 DER VEREINTEN NATIONEN

Drei Monate vor dem Pariser Klimaabkommen gab es bei der UNO ein weiteres einstimmiges Abkommen: Die *2030 Agenda*[100] (auf Deutsch sagt man eher Agenda 2030), bestehend aus siebzehn *Nachhaltigkeitsentwicklungszielen* (Sustainable Development Goals, SDGs) sowie 169 Unterzielen zur Präzisierung der SDGs. Abbildung 1.12 zeigt die Piktogramme der 17 Ziele.

Die Erklärung zur Agenda 2030 enthält die Aussage: »Wir sehen eine Welt voraus, ... in der die Entwicklung und die Anwendung von Technologien den Klimawandel berücksichtigen, die biologische Vielfalt achten und resilient sind. Eine Welt, in der die Menschheit in Harmonie mit der Natur lebt und in der wildlebende Tiere und Pflanzen und andere Lebewesen geschützt sind.«[101]

Natürlich soll man diese Vision unterstützen. Man muss aber auch sehen, ob die SDGs miteinander harmonieren. Wir müssen also die Bedeutung der zitierten Aussagen verstehen. Gemeint sind die drei Umwelt-SDGs: die Bekämpfung des Klimawandels (Ziel 13); die Erhaltung und nachhaltige Nutzung der Ozeane (Ziel 14) sowie der Schutz und die nachhaltige Nutzung der Ökosysteme an Land, die Bekämpfung der Wüstenbildung, der Landdegradierung und des Biodiversitätsverlustes (Ziel 15).

---

100 Vereinte Nationen. 2015 Transformation unserer Welt: Die Agenda 2030 für nachhaltige Entwicklung. A/69/L.85a
101 Ebd.: 3.

Abbildung 1.12: *Die siebzehn Nachhaltigkeitsziele der Agenda 2030. SDGs 1-11 können als sozioökonomische Ziele bezeichnet werden. SDG12 sind nachhaltiger Konsum und Produktion, SDGs 13-15 sind Umweltziele. SDG 16 handelt von Frieden, Gerechtigkeit und starken Institutionen, SDG 17 von Partnerschaften im Prozess.*

Nirgendwo wird aber in der Agenda 2030 zugegeben, dass die Erfolge bei der Verwirklichung der elf sozialen und wirtschaftlichen Ziele (1 – 11), *wenn sie auf der Grundlage konventioneller Wachstumsstrategien geschehen würden*, es praktisch unmöglich machten, auch nur die Geschwindigkeit der globalen Erwärmung zu reduzieren, die Überfischung der Ozeane oder die Landverschlechterung zu stoppen, geschweige denn den Verlust der Biodiversität. Anders gesagt: Unter der Annahme, dass es keine größeren Veränderungen in der Art und Weise gibt, wie Wirtschaft definiert ist und verfolgt wird, kommt es zu *massiven Widersprüchen* zwischen den sozioökonomischen und den ökologischen SDGs.

1.10 Die Agenda 2030 der Vereinten Nationen

Die Welt hat das schon einmal gesehen, bei der Agenda 21[102] des Erdgipfels von 1992. Das war ein wirtschaftliches Entwicklungsprogramm. Rasantes Wachstum folgte (wobei die Agenda 21 kaum die eigentliche Triebkraft war). Und die Destabilisierung des Klimas und Zerstörung von Ozeanen und Biodiversität beschleunigten sich unheimlich. Eine radikale, neue Versöhnung muss kommen.

Diese Versöhnung muss natürlich anerkennen, dass die Entwicklungsländer den Konflikt zwischen sozialen und ökologischen Zielen kaum wahrnehmen. Sie zitieren gerne den machtvollen Slogan, der während des ersten UN-Umweltgipfels in Stockholm 1972 von der damaligen indischen Premierministerin Indira Gandhi geprägt wurde, nämlich »Armut ist der größte Verschmutzer«. Damals war das gar nicht verkehrt: Es ging vor allem um lokale Verschmutzung von Luft und Wasser, und den teuren Umweltschutz konnten sich wiederum nur die Reichen leisten.

Das Problem ist, dass der heutige Slogan lauten müsste: »Wohlstand ist der größte Verschmutzer«. Das liegt daran, dass die Treibhausgasemissionen, der Ressourcenverbrauch, die Landnutzung mit Verschlechterung der Böden und die Biodiversitätsverluste ausgesprochene Begleiter des *Wohlstands* sind. Das liest man auch in dem jüngsten Bericht von Chancel und Piketty[103], die für die Zeit von 1998-2013 die Ungleichheiten bei den CO_2-Emissionen untersuchten. Sie sahen, dass die reichsten drei durchschnittlich 318 Tonnen CO_2-Emissionen pro Kopf und Jahr haben, während der Weltdurchschnitt pro Person etwa 6 Tonnen beträgt!

---

102 United Nations Conference on Environment and Development. 1992. »Agenda 21.« New York: UNCED. https://sustainabledevelopment.un.org/content/documents/Agenda21.pdf.
103 Lucas Chancel and Thomas. Piketty. 2015. »Carbon and inequality: from Kyoto to Paris.« Paris School of Economics.

Oft wird gesagt, es bringe nichts, sich über die Reichen aufzuregen, weil sie so wenige sind. Das sieht Piketty anders: Das eine Prozent der reichsten Amerikaner produziert etwa 2,5%(!) der *weltweiten* Treibhausgase. Und die top 10% der reichsten Haushalte der Welt tragen 45% der Gesamt-Treibhausgasemissionen bei. Man sollte also, sagen Piketty und die meisten Vertreter der Entwicklungsländer, die Gewohnheiten der Reichen ändern, nicht so sehr die der Armen.

Die Entwicklungsländer setzen die Priorität bei den sozioökonomischen SDGs: Armutsüberwindung (Ziel 1), Ernährungssicherheit (Ziel 2), Gesundheit (Ziel 3), Bildung (Ziel 4) und Beschäftigung (Ziel 8). Nun multiplizieren wir einmal das Erreichen dieser Ziele mit der Zahl der 7,6 Milliarden Menschen aktuell, 9 Milliarden in weniger als zwanzig Jahren und vielleicht 11,2 Milliarden gegen Ende des Jahrhunderts.[104] Ein Albtraum für Klima und Biodiversität!

Solange Wohlstand der größte Verschmutzer bleibt, sind die Widersprüche zwischen den sozioökonomischen und den ökologischen SDGs massiv, und wird langfristig auch der Erfolg der sozioökonomischen Ziele zerstört. Gewiss ist der UN-Erklärung zuzustimmen, dass die 17 SDGs als unteilbare Einheit angesehen werden müssen. Aber schon innerhalb der Ziele 1-11 gibt es massive Widersprüche. Arjen Hoekstra[105] zeigt, dass die Erreichung der Ernährungssicherheit (Ziel 2) mit der Verfügbarkeit von ausreichend Wasser für alle (Ziel 6) im Konflikt liegt. Die Auswirkungen auf die Biodiversität (Ziel 15) sind noch viel krasser und zerstörerischer. Das International Re-

---

104 UNDESA Population Division. 2017 Revision of World Population Prospects. New York: United Nations.
105 Arjen Y. Hoekstra. 2013. The Water Footprint of Modern Consumer Society. London: Routledge.

source Panel hat eine vorläufige Bewertung der Synergien und Widersprüche zwischen den SDGs durchgeführt und festgestellt, dass die Ziele für das menschliche Wohlergehen »von der sehr schonenden Nutzung der natürlichen Ressourcen abhängig sind«.[106] Dies ist eine diplomatische Art, darauf hinzuweisen, dass das Erreichen der ökologischen Ziele bei der heutigen brutalen Nutzung der natürlichen Ressourcen schlicht unmöglich ist. Parallel dazu haben Michael Obersteiner u.a.[107] massive Zielkonflikte zwischen der Politik der Senkung der Lebensmittelpreise und der Erreichung der SDGs 13,14 und 15 ermittelt.

Natürlich wäre es unfair und einseitig, die sozioökonomischen Ziele mit ihren Formulierungen, die meist aus Entwicklungsländern stammen, zu kritisieren, ohne zugleich den Überkonsum der Reichen dieser Welt zu kritisieren. Zwar findet die ökologische Zerstörung oft in den Entwicklungsländern statt, aber die Verursacher sitzen im Norden, der seine ökologischen Fußabdrücke gern in den Süden exportiert. Etwa 30% aller Gefährdungen von biologischen Arten sind auf den internationalen Handel zurückzuführen.[108] Der Club of Rome stand immer für die Prinzipien der Gerechtigkeit und der gerechten Verteilung. Dies bedeutet, dass wir bei Kompromissen zwischen ökonomischen und ökologischen SDGs immer nach Lösungen suchen, die Nord-Süd-Gerechtigkeit einschließen.

---

106 International Resource Panel and Development Alternatives. [Hauptautor: Ashok Khosla]. 2015. Addressing Resource Inter-linkages and Trade-offs in the Sustainable Development Goals. Nairobi.
107 Michael Obersteiner, Brian Walsh, Stefan Frank, Petr Havlik, Matthew Cantele, Junguo Liu, Amanda Palazzo, Mario Herrero, Yonglong Lu, Aline Mosnier, et al. 2016. »Assessing the land resource-food price nexus of the Sustainable Development Goals.« Science Advances DOI 10.1126/sciadv.1501499.
108 M. Lenzen, D. Moran, K. Kanemoto, B. Foran, L. Lobefaro, und A. Geschke. 2012. »International trade drives biodiversity threats in developing nations.« Nature 486: 109-112.

In einer aktuellen Studie führen Jeffrey Sachs u.a.[109] eine quantitative Bewertung der Erreichung der SDGs vor. Mit den vorhandenen Indikatoren von Weltbank und anderen Institutionen wurden die Länder für jedes Ziel bewertet und nach ihrer Gesamtleistung über alle 17 SDGs eingestuft. Abbildung 1.13 zeigt die Spitzenreiter und einige andere große Länder.

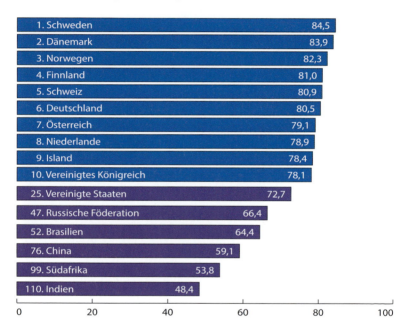

Abbildung 1.13: *Länderrangliste nach aktueller SDG-Leistung (zusammengesetzter Index, maximale Punktzahl als 100 definiert). Die ersten zehn Länder sind europäische Länder. Die USA liegen wegen hoher Ungleichheit und übermäßigem Ressourcenverbrauch weiter hinten. Die Entwicklungsländer sind wegen hoher Armut, Hunger, Analphabetenzahl und Arbeitslosigkeit abgehängt. Quelle des (englischsprachigen) Originalbilds: https://www.bertelsmann-stiftung.de/en/topics/aktuelle-meldungen/2016/juli/countries-need-to-act-urgently-to-achieve-the-un-sustainable-development-goals/.*

---

109 Jeffrey Sachs, Guido Schmidt-Traub, Christian Kroll, David Durand-Delacre, und Katerina Teksoz. 2016. SDG Index and Dashboards. Global Report.

1.10 Die Agenda 2030 der Vereinten Nationen

Auffällig ist, dass die ersten zehn Länder alle wohlhabend und europäisch, die letzten zehn Länder alle arm und meist afrikanisch sind (siehe Tabelle unten).

Die untersten zehn der 149 Länder sind

Rang	Land	Leistung
139	Afghanistan	36.5
140	Madagaskar	36.2
141	Nigeria	36.1
142	Guinea	35.9
143	Burkina Faso	35.6
144	Haiti	34.4
145	Tschad	31.8
146	Niger	31.4
147	Kongo, Dem. Republik	31.3
148	Liberia	30.5
149	Zentralafrikanische Republik	26

Die Rangfolge ist nicht überraschend. Die Agenda 2030 soll vor allem die armen Länder nach oben bringen. Beunruhigend bleibt jedoch die Tatsache, dass hohe SDG-Ränge eng mit dem konventionellen Wachstum verknüpft sind, einschließlich viel zu großer ökologischer Fußabdrücke.

Der ökologische Fußabdruck eines Landes, der jährlich vom Global Footprint Network geschätzt wird, misst die Fläche, die für die Erzeugung der von der Bevölkerung verbrauchten Waren und Dienstleistungen benötigt wird. Kein Wunder, dass dieser Wert für Länder mit hohem Wohlstand viel größer ist.

Abbildung 1.14 zeigt den ökologischen Fußabdruck pro Kopf in den Ländern (vertikale Achse) und den durchschnittlichen Human Development Index (HDI) der Personen in den jeweiligen Ländern (horizontale Achse). Der HDI ist ein Wohlergehensindikator für Bildung, Gesundheit und Pro-Kopf-Einkommen. In der unteren rechten Ecke der Abbildung sehen wir das »Viereck der nachhaltigen Entwicklung«, wo der HDI über 0,8 liegt und der Pro-Kopf-Fußabdruck unter 1,8 Hektar.

Die Tatsache, dass das Viereck der nachhaltigen Entwicklung praktisch leer ist, bedeutet, dass es fast kein Land gibt, das eine hohe sozioökonomische Leistung (HDI über 0,8) aufweist und gleichzeitig einen kleinen Fußabdruck (unter 1,8 Hektar) hat. Es gibt also kein einziges Land mit hohen Werten in allen drei »Säulen« der Nachhaltigkeit (wirtschaftliche, soziale, ökologische).

Sachs u.a. zeigen somit ein verborgenes Paradox: Wenn alle elf oder zwölf sozioökonomischen SDGs in allen Ländern erreicht würden, würde man erwarten, dass durchschnittliche Fußabdrücke Größen von 4 bis 10 Hektar pro Person erreichen. Für 7,6 Milliarden Menschen würde das bedeuten, dass wir zwischen zwei und fünf Planeten von der Größe der Erde bräuchten!

1.10 Die Agenda 2030 der Vereinten Nationen

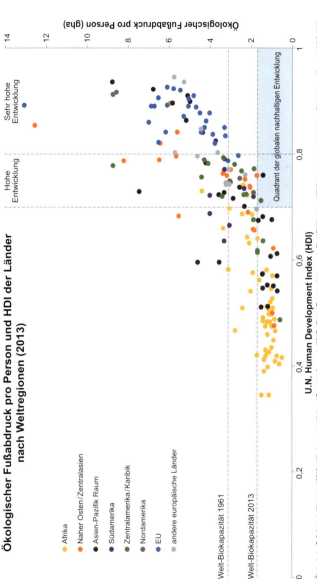

Abbildung 1.14: *Fußabdrücke und Nachhaltigkeit. Ökologische Fußabdrücke pro Kopf von unten nach oben und Human Development Index (HDI) von links nach rechts. Arme Länder (links) haben niedrige HDI, reiche Länder haben viel zu große Fußabdrücke. So bleibt das Viereck der nachhaltigen Entwicklung praktisch völlig leer. Die obere gepunktete Linie zeigt die Welt-Biokapazität pro Kopf im Jahr 1961 bei einer Weltbevölkerung von 3,1 Milliarden.*

Eine weitere leicht beängstigende Zahl ist der »Überschreitungstag«, der Tag, an dem die Welt beginnt, Ressourcen zu konsumieren, die im Laufe des Jahres nicht aufgefüllt werden können. Im Jahr 1970 lag dieser Tag noch Ende Dezember, im Jahre 2017 war er bereits am 2. August und bis 2030 wird er voraussichtlich schon im Juni liegen (Abb. 1.15).

Sachs u.a. betonen, dass selbst die Spitzenreiter-SDG-Länder weit davon entfernt sind, ökologisch nachhaltig zu sein.

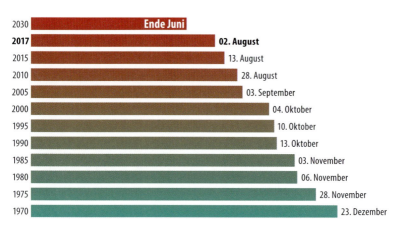

Abbildung 1.15: *Der »Überschreitungstag« bewegt sich im Kalender hinauf. Quelle: www.overshootday.org*

Zusammenfassend ergibt sich aus der Diskussion der Agenda 2030, dass die Welt es sich nicht leisten kann, diese siebzehn Ziele getrennt zu verfolgen. Eine *kohärente* Politik wird erforderlich sein, um sozioökonomische und umweltpolitische Ziele als Ganzes anzusprechen. *Dies wird jedoch die Welt dazu zwingen, den technologischen, wirtschaftlichen und politischen Entwicklungsansatz grundlegend zu überarbeiten.*

MÖGEN WIR »DISRUPTION«? DIE DIGITALE REVOLUTION

1.11.1 Disruption – der neue Hype aus Kalifornien

Wir haben gelernt, dass wir uns radikal umstellen müssen. Warner rufen eine neue Revolution aus oder reden von der *Großen Transformation*[110]. Und es muss schnell gehen, will man z.B. die Klimaerwärmung noch unter Kontrolle halten.

Ohnehin beschleunigen sich technologische Innovationen und Entwicklungen. Wie schön, wenn es in die richtige Richtung geht. In Amerika wird Innovation regelrecht angebetet. Der neue Begriff, der so richtig ankommt, heißt jedoch *disruptiv*. Er bezieht sich auf Innovationen, die vorhandene Technologien in den Mülleimer der Geschichte schieben. Standardbeispiel: die klassische Fotografie, der große Geldbringer der Firma Kodak. Plötzlich taucht die digitale Kamera auf, anschließend das Smartphone und Kodak ist weg vom Fenster. Oder die klassische CD. Nun gibt es Musik-Streaming und die CD wird nicht mehr gekauft.

Der Begriff *disruptive technologies* wurde von Clayton Christensen geprägt und 1995 von Bower und Christensen[111] veröffentlicht. Das Konzept ist in Abbildung 1.16 (siehe Seite 100) dargestellt.

Disruption ist eigentlich eine üble Störung. Bis 1995 waren die Konnotationen von *disruptiv* negativ. Werden Sie gerne gestört, wenn Sie schlafen, Liebe machen oder mit Freunden im Konzert oder beim Essen

---

110 WBGU (Wiss. Beirat f. Globale Umweltveränderungen). 2011. Welt im Wandel – Gesellschaftsvertrag für eine Große Transformation. 2. veränderte Auflage. Berlin: WBGU.
111 Joseph L. Bower, und Clayton M. Christensen. 1995. »Disruptive Technologies: Catching the Wave.« Harvard Business Review, Januar-Februar.

Teil 1 Die heutigen Trends sind überhaupt nicht nachhaltig

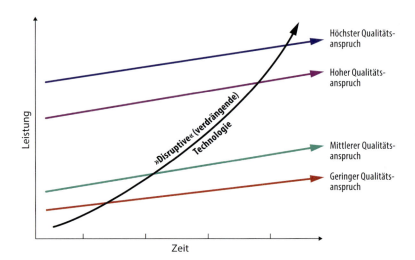

Abbildung 1.16: *Die »disruptive«, revolutionäre Technologie kann unterhalb von schlechter Qualität beginnen, überholt aber schließlich selbst die allerbesten Konkurrenten und schafft sich auch neue, eigene Märkte. Schematische Darstellung nach dem englischsprachigen Wikipedia-Eintrag über »disruptive innovation« (abgerufen am 24. Juli 2016).*

sitzen? Kaum! Aber für Innovationsanbeter ist es der Bringer. Die Autoren der *Disruptive Technology* beziehen sich auf Joseph Schumpeters Wort der *schöpferischen Zerstörung, creative destruction*. Schumpeter schockierte im Jahr 1942[112] seine Leser, indem er (mitten im Krieg!) der Zerstörung eine positive Bedeutung gab: Die »gute« Innovation schlägt und zerstört alte Strukturen und Technologien. Er nannte es das zentrale Merkmal des Kapitalismus. Trotz der Ursprünge in Schumpeters Gedanken wollten Bower und Christensen es natürlich nicht *zerstörerische* Technologie nennen. Doch da war noch das unbescholtene Adjektiv *disruptive* vorhanden, auf Deutsch vielleicht *umwälzend*, und das kaperten sie.

---

112 Joseph A. Schumpeter. 2005 [1942]. Kapltalismus, Sozialismus und Demokratie. Stuttgart: UTB.

Aber bei aller Bewunderung für geniale und erfolgreiche technologische Innovationen müssen wir auch die bösen Seiten der Umwälzung anschauen.

1.11.2 Digitalisierung wird zum Modewort unserer Zeit

In unseren Tagen beobachten wir eine enorme Beschleunigung der technologischen Innovation. Digitalisierung ist das Schlagwort der Zeit. Die Jungen sehen sich als »Digital Natives« und schauen auf die »digitalen Einwanderer« herab, die älteren Menschen, die mit Büchern, Stiften und Papier aufwuchsen. Das Verhalten der digitalen Eingeborenen ändert sich jedes Jahr schnell, im Einklang mit Tausenden von neuen Apps, und in der Tat mit der Digitalisierung unserer Gesellschaft. Sie finden *Disruption* eigentlich schick!

Große Teile unserer Zeit, unserer Aufmerksamkeit, unseres Geldes schenken wir den immer neuen digitalen Gadgets. Digital ist zum Sinnbild für Fortschritt und Technologie geworden. Die Digitalisierung beschleunigt alles, führt neue Produkte und Dienstleistungen ein, verändert Prozesse, erschüttert Märkte und verändert unser ganzes Leben.

In den Informations- und Kommunikationstechnologien (IKT) erleben wir seit den 1980er Jahren ein explosionsartiges Wachstum. Sie sind überall präsent. Die meisten Start-up-Unternehmen sind digital. Man redet auch kaum mehr von IKT, sondern von Digitalisierung. Gleichzeitig mit der digitalen Explosion fängt die Menschheit aber an, die Entwicklung irgendwie unheimlich zu finden und sieht Chancen und Risiken in ähnlicher Größenordnung.

Eine überraschende Koinzidenz war, dass das Aufkommen der Nachhaltigkeitsdiskussion durch die

Brundtland-Kommission 1984-1987 fast zeitgleich mit dem Aufstieg der IKT kam. Die ersten Personalcomputer waren 1981 der IBM PC, 1982 der Commodore 64 und 1984 der Macintosh. Und man beeilte sich in der Brundtland-Kommission, die möglichen segensreichen Wirkungen der IKT für die Umwelt zu betonen. Aber fast niemand war auf deren exponentielle Entwicklung vorbereitet.

Was kommt als Nächstes? Kann man noch mit weiteren Durchbrüchen, Disruptionen rechnen? Man hat den Eindruck, dass der Erfindereifer sich teilweise auf elektronische Fähigkeiten verlagert, wie man Steuern minimieren und Mitarbeiter einsparen kann. Der bei Betriebswirten beliebte Slogan »Null-Grenzkosten« ist oft ein Tarnwort für das Jonglieren mit Steuerhinterziehung. Steuerpflichtige Taxifahrer sind in der Gefahr, wegen Uber ihren Job zu verlieren, weil sie selber Steuern zahlen und echte Grenzkosten haben. Das Konzept der »Share-Economy« ist auf den ersten Blick sehr ansprechend, aber es enthält die Versuchung, das Bezahlen der Infrastruktur »den anderen« oder dem Staat zu überlassen. Man braucht schon einen festen Rechtsrahmen, damit alles »mit rechten Dingen« zugeht.

Ein neues Dauerthema ist der 3D-Drucker. Dem Konsumenten und Heimwerker wird vorgegaukelt, er könne fortan alles zu Hause selbst produzieren. Ebenfalls werden angebliche ökologische Vorteile ins Spiel gebracht.[113] Da fehlt aber noch eine echter Realitäts-Check. Welche Folgen hat es denn logistisch und ökologisch, wenn Millionen von dezentralen 3D-Druckern eine permanente Versorgung von zehn bis sechzig verschiedenen

---

113 Graham Vickery. 2012. »Smarter and Greener? Information Technology and the Environment: Positive or negative impacts?« International Institute for Sustainable Development (IISD), Oktober.

chemischen Elementen oder komplexeren Einsatzstoffen benötigen? Und wie sieht es mit der Wiederverwendung oder Entsorgung dieser einer massiven Dissipation (Zerstreuung) ausgesetzten Chemikalien aus?

1.11.3 Beängstigende »Singularität« und »exponentielle Technologien«

Jeremy Rifkin ist einer der frühen Befürworter einer neuen Wirtschaft – in seiner Zählung eine *dritte industrielle Revolution*[114] –, die als Folge einer Reihe von neuen und disruptiven digitalen Technologien entsteht. Seine Vision ist etwas eng auf erneuerbare Energien und ihr Dezentralisierungspotenzial fokussiert. Aber seine Grundüberlegungen sind durchaus mit dem verwandt, was heute als vierte industrielle Revolution oder als Industrie 4.0 bezeichnet wird. In Kapitel 3.10 werden wir einige der tollen und auch ökologisch wünschenswerten Optionen untersuchen, die sich mit der digitalen Revolution eröffnen.

Jetzt aber schauen wir erst einmal auf die erschreckendere Seite dieser Revolution. Viele der großen technologischen Träume könnten sich in Albträume verwandeln.

Auf der technischen Seite sehen wir zwei Hauptdynamiken der Digitalisierung. Die erste ist das Moore'sche Gesetz (benannt nach dem Gründer von Intel), das jetzt seit mehr als 40 Jahren gilt und besagt, dass der technische Fortschritt in der Miniaturisierung es möglich macht, dass sich die Anzahl der Transistoren in einem integrierten Schaltkreis etwa alle zwei Jahre verdoppelt. Damit konnte die Rechenleistung der Mikroprozessoren extrem schnell erhöht werden, ohne ihre Kosten zu erhöhen.

---

114 Jeremy Rifkin. 2011. Die Dritte Industrielle Revolution. Die Zukunft der Wirtschaft nach dem Atomzeitalter. Frankfurt: Campus.

Die zweite ist das Metcalfe'sche Gesetz, demzufolge der Wert eines Netzwerks proportional zum Quadrat der Anzahl der verbundenen Benutzer ist. Dies bedeutet, dass ein wettbewerbsfähiger Diffusionsprozess über ein Netzwerk sehr schnell ablaufen kann, weil der Vorteil des führenden Spielers mehr als linear ist; er ist quadratisch. Software-Geschäfte, Telekommunikation und das Internet zeigen so starke positive Netzwerk-Feedbacks.

Diese Dynamiken dienen als Ausgangspunkt für einen neuen Glauben an »exponentielle Technologien«, an Prozesse, die alle Bereiche menschlichen Handelns zu unserem Vorteil umwälzen können. Ray Kurzweil und Peter Diamandis sind die bekanntesten Vertreter dieser Vision von unendlichen Verbesserungen, die sie als den Weg zu einer neuen Welt des *Überflusses*[115] interpretieren, in der alle Bedürfnisse der bald zehn Milliarden Einwohner des Planeten erfüllt werden – durch den Einsatz neuer und faszinierender Technologien der Nahrungsmittelproduktion, der Wasserreinigung, der Solarenergie, der Medizin, der Bildung und der Wiederverwendung oder des Recyclings von seltenen Mineralien. In krassem Kontrast zu den meist »linear denkenden Führungskräften« mächtiger Großkonzerne auf der ganzen Welt[116] wird erwartet, dass eine kleine Gruppe von »exponentiellen Unternehmern« Lösungen für die großen Probleme findet, indem sie die Zyklen der »6 Ds« ausnutzt: Digitalisierung, Täuschung (Deception), Disruption, Demonstration, Dematerialisierung, Demokratisierung.

---

115 Peter Diamandis, und Steven Kotler. 2012. Überfluss: Die Zukunft ist besser als Sie denken. Kulmbach: Plassen.
116 Peter Diamandis, und Steven Kotler. 2015. »Bold«: Groß denken, Wohlstand schaffen und die Welt verändern. Kulmbach: Plassen.

1.11 Mögen wir »Disruption«? Die digitale Revolution

Doch hier liegt auch ein Denkfehler vor. Peter Diamandis und Steven Kotler scheinen nicht mit dem »Rebound-Effekt« vertraut zu sein, der im Wesentlichen besagt, dass in der Vergangenheit alle Effizienzsteigerungen zu einer höheren Verfügbarkeit der gewünschten Produkte geführt haben, was dann zu einem höheren Verbrauch und zu steigenden ökologischen Schäden bei Klima, Ressourcen und Biodiversität führt, oft verursacht durch die rasend beschleunigte Mobilität.

Und es gibt gesellschaftliche Albträume. Einer wurde in dem Roman *The Circle* von Dave Eggers dargestellt: eine Art Diktatur der weltweit größten Internetfirma. Die Szenarien ähneln denen von George Orwells 1984, wenn auch in einer heiteren Sprache und näher an der heutigen Realität.[117] Auch wenn diese Ängste im Moment abwegig wirken, sollten wir nicht naiv sein. Die digitale Welt – wie auch andere Teile der Wirtschaft – begünstigt die Entstehung von Monopolen einschließlich im Gangstermilieu.

Was noch erschreckender ist, ist Ray Kurzweils Vision der »Singularität«[118], dem Punkt in der Zukunft, wo »künstliche Intelligenz« den Menschen übertreffen wird; dem Punkt von dem ab eine beschleunigte Geschwindigkeit der »Innovation« auftritt. Wir laden unsere Leser ein, für einen Moment zu reflektieren, wie die Dynamik von selbstbeschleunigenden Innovationen, die von Supercomputern ausgehen, überhaupt noch kontrolliert werden kann. Der Geist hat die Flasche des Zauberlehrlings verlassen. Kombiniert man diese Unkontrollierbarkeit mit den Möglichkeiten neuer Hightech-Waffen, mit hysterischen oder falsch informierten Führern und der

---

117 Dave Eggers. 2014. Der Circle. Köln: Kiepenheuer & Witsch.
118 Raymond Kurzweil. 2014 [2006]. Menschheit 2.0. Die Singularität naht. Berlin: Lola Books.

Ignoranz gegenüber den Gesetzen der Physik, muss man fragen: Ist das die Welt, in der wir leben wollen (und noch können)?

Noch einmal zu den *exponentiellen Technologien*, die an der »Singularity University« in Sunnyvale, Kalifornien, kultiviert werden. Peter Diamandis ist Präsident dieses Hightech-Think-Tanks, der die Idee eines kontinuierlichen, exponentiellen Wachstums von Technologie und Innovation vorantreibt. Gute Wissenschaft weiß, dass ressourcenbezogene exponentielle Phänomene nur für begrenzte Zeiträume lebensfähig sind. Bei geschlossenen Systemen wie Bakterien auf einer Petrischale kommt nach der langsamen »Lag-Phase« die exponentielle »Log-Phase«, gefolgt von der stationären Phase. Und dies tendiert dazu, in die »Todesphase« zu führen, wenn die Bakterien ihre eigene Ressourcenbasis erschöpfen.

Natürlich gibt es Unterschiede zwischen Biologie und Elektronik. Aber der arrogante Optimismus der *Singularity Vision* findet auch scharfe Kritik im eigenen Lager. So erkennt die International Technology Roadmap for Semiconductors (ITRS), dass das Moore'sche Gesetz nicht für immer gelten wird und seine Dynamik sich etwa um 2020 oder 2025 verändern wird, wegen der physikalischen Grenzen und des Problems, die Wärmeentwicklung auf mikroskopischer Ebene zu kontrollieren.[119] So scheint die Miniaturisierung von Transistoren zu einem natürlichen Ende zu kommen. Ein Grund für etwas Bescheidenheit bei den Aussichten der exponentiellen Innovation.

Trotz all der guten Dinge, die wir der Digitalisierung zuschreiben, unter Berücksichtigung ihrer direkten

---

119 Suhas Kumar. 2015. »Fundamental Limits to Moore´s Law.« Cornell University. https://arXiv:1511.05956v1.

Auswirkungen auf die Nachhaltigkeit, besteht kein Zweifel daran, dass der ökologische Effekt negativ ist. Der IKT-Sektor selbst hat zu einer schnellen, in vielen Fällen exponentiellen Zunahme der Nutzung von Energie, Wasser und einigen kritischen Ressourcen wie Spezialmetallen geführt. Dies ist nicht der Ort, um tief in Details zu einzutauchen, aber die Beweisliteratur schwillt an und hat bereits viele Gesichter. Leser können einige der Referenzen nachschlagen.[120][121][122][123][124]

1.11.4 Arbeitsplätze

Eine der größten Sorgen in Bezug auf die Digitalisierung ist der Wegfall von Arbeitsplätzen. Politisch sind Arbeitsplätze immer oberste Priorität. Digitalanbieter versprechen ihren Kunden oft den Ersatz von Mitarbeitern durch Roboter. Eine häufig zitierte Studie von Carl Benedikt Frey und Michael Osborne geht davon aus, dass in den USA 47% aller Arbeitsplätze in Gefahr sind, zu verschwinden, wie in Abbildung 1.17 gezeigt.[125] Ein neuerer Bericht des Weltwirtschaftsforums[126] von 2016

---

120 European Union. 2014. »Critical Raw Materials.« http://ec.europa.eu/growth/sectors/raw-materials/specific-interest/critical_en.
121 E.D. Williams, R.U. Ayres, und M. Heller. 2002. »The 1.7 Kilogram Microchip: Energy and Material Use in the Production of Semiconductor Devices.« Environmental Science & Technology 36 (24):5504–5510.
122 Silicon Valley Toxics Coalition. 2006. »Toxic Sweatshops.« http://svtc.org/our-work/e-waste/.
123 Ralph Hintemann, und Jens Clausen. 2016. »Green Cloud? Current and future developments of energy consumption by data centers, networks and end-user devices.« 4th International Conference on ICT for Sustainability, 29 Aug 2016. Amsterdam.
124 Climate Group for the Global eSustainability Initiative. 2008. »SMART 2020: Enabling the low-carbon economy in the information age.« http://www.smart2020.org/_assets/files/02_Smart2020Report.pdf.
125 Carl Benedikt Frey, Michael A. Osborne. 2013. »The future of employment: How susceptible are jobs to computerization?« http://www.oxfordmartin.ox.ac.uk/downloads/academic/.
126 World Economic Forum. 2016. »The Future of Jobs. Employment, Skills and Workforce Strategy for the Fourth Industrial Revolution.« WEC.

nimmt an, dass etwa 7,1 Millionen Arbeitsplätze verloren gehen und in 15 wichtigen Ländern in den nächsten fünf Jahren 2 Millionen Arbeitsplätze geschaffen werden, was einem Nettoverlust von 5,1 Millionen Arbeitsplätzen entspricht. Neu industrialisierte Länder mit einer noch unterentwickelten technologischen Infrastruktur sind wahrscheinlich negativer betroffen als einige der alten und reichen Industrieländer. Arbeitsintensive Industrien, die Zulieferer für Großhersteller in reichen Ländern sind, sind ebenfalls gefährdet.

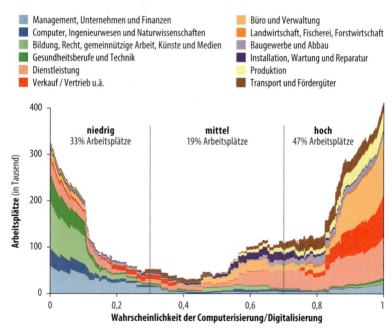

Abbildung 1.17: *Wahrscheinlichkeit, dass Arbeitsplätze durch Computerisierung oder Digitalisierung verloren gehen. 47% der Arbeitsplätze (USA) haben eine Wahrscheinlichkeit von mehr als 70%, verloren zu gehen. Quelle: Carl Benedikt Frey, Michael A. Osborne. 2016. »The future of employment: How susceptible are jobs to computerization?« http://www.sciencedirect.com/science/article/pii/S0040162516302244.*

1.11 Mögen wir »Disruption«? Die digitale Revolution

Es gibt auch dramatischere Zahlen. Um nur eine zu nennen: Eine neue Werbung verkündet, dass »die Weltwirtschaft bis 2020 ein Defizit von 85 Millionen qualifizierten Arbeitsplätzen haben wird«. Die von Chevron und der 49ERS-Stiftung finanzierte Anzeige kommt dann mit einer Abhilfestrategie unter dem Titel: »Im nächsten Jahrzehnt werden 80% aller Berufe voraussichtlich STEM-Fähigkeiten erfordern.«[127] (STEM entspricht der deutschen Abkürzung MINT = Mathematik, Informatik, Naturwissenschaft und Technik.)

Natürlich sollte der Rückgang von traditionellen Arbeitsplätzen durch Digitalisierung ein Weckruf für die Schaffung neuer Arbeitsplätze im Zusammenhang mit Bildung und Betreuung sein und vor allem die von den Tätigkeiten, die für den Übergang zur Nachhaltigkeit nötig sind. Aber viele solcher Arbeitsplätze hängen von öffentlichen Geldern ab. Wo soll das in einem Umfeld herkommen, wo Steuererhöhungen politisch tabu sind?

Zur Sorge um Arbeitsplätze kommt hinzu, dass Digitalisierung auch schlechtere Arbeitsbeziehungen, Schwächung der Gewerkschaften und Billiglöhne bedeutet, außer für die vergleichsweise kleine Elite von Technikern.

---

127 TIME. 2017. Time events and promotion ad TIME Magazine. March 27, 2017: 26. www.beyondsport.org.

VON DER *LEEREN WELT* ZUR *VOLLEN WELT*

Unter Ökonomen und Regierungsvertretern hört man oft, dass es keinen Konflikt zwischen Ökonomie und Ökologie gäbe. Die Wirtschaft soll wachsen, und die Umwelt soll geschützt werden. Geht das auf? Es ist natürlich eine tröstliche Idee, aber es ist höchstens eine Halbwahrheit.

Nach all dem Gesagten ist es sinnvoll, diesen Teil 1 mit einer ökonomischen Diskussion über den riesigen Unterschied zwischen einer *leeren* und einer *vollen Welt* enden zu lassen.

1.12.1 Die Auswirkungen des physischen Wachstums

Abbildung 1.18 zeigt die Welt (»Ökosystem«) als offenes System, das endlich, nicht wachsend und materiell geschlossen ist, auch wenn es für die Sonnenenergie und die Wärmeabstrahlung offen ist. Der Kasten darin stellt die Wirtschaft dar.

Die Wirtschaft muss nach dem Gesetz der Erhaltung von Masse und Energie (Erster Hauptsatz der Thermodynamik) der Natur Stoffe und Energie entziehen und verkleinert dadurch deren Potenzial. Mehr menschliche Wirtschaft (mehr Menschen, Rohstoffe und Mülldeponien) bedeutet weniger natürliche Umwelt. Es besteht ein offensichtlicher physischer Konflikt zwischen Wirtschaft und Umwelt.[128]

Dass die Wirtschaft ein Subsystem der Ökosphäre ist, scheint zu offensichtlich, um es extra zu betonen. Dennoch ist das exakte Gegenteil in unseren Regierun-

---

[128] Natural Capital Committee. [Dieter Helm]. 2014. The State of Natural Capital: Restoring our Natural Assets. UK. 2014.

1.12 Von der leeren Welt zur vollen Welt

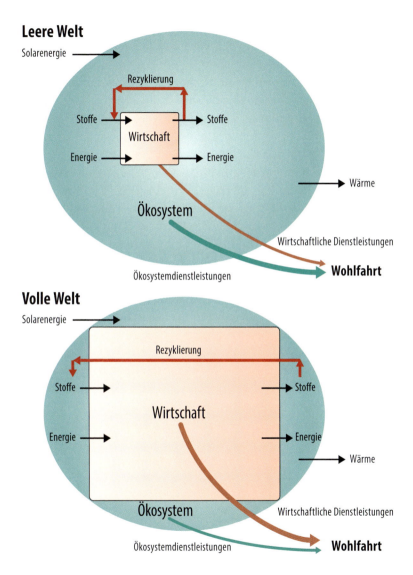

Quelle: www.greattransition.org/publication/economics-for-a-full-world

Abbildung 1.18: *Wohlfahrt in einer vollen vs. leeren Welt (Herman Daly).*

gen verbreitet. So verkündet der Vorsitzende des britischen Ausschusses für Naturkapital: »*Wie das Weißbuch zu Recht betont hat, ist die Umwelt Teil der Wirtschaft und muss in sie hinein integriert werden, damit Wachstumschancen nicht verpasst werden.*«

Aber ist dieser Konflikt zwischen dem, wie die Physiker Naturgesetze verstehen, und dem, was Ökonomen und Regierungen glauben, so wichtig? Manche denken *nein*. Andere glauben, dass wir noch in einer *leeren Welt* leben, in der die Wirtschaft im Vergleich zur Ökosphäre relativ klein ist, wo unsere Technik der Extraktion und Ernte noch schwach sind und unsere Zahl gering. Fische vermehren sich schneller, als wir sie fangen könnten, Bäume wachsen schneller, als wir sie fällen würden, Mineralien in der Erdkruste sind reichlich vorhanden, und die natürlichen Ressourcen sind nicht wirklich knapp. In der *leeren Welt* wurden die unerwünschten Nebenwirkungen unserer Produktionssysteme, die Ökonomen »negative Externalitäten« nennen, weit verteilt und wurden oft mit geringem Aufwand absorbiert.

In der *vollen Welt* jedoch gibt es keine große natürliche Senke für Abfälle. Die CO_2-Anreicherung in der Atmosphäre ist ein herausragendes Beispiel dafür.

In der *vollen Welt* sind »Externalitäten« gar nicht »draußen«, sondern schädigen Menschen und den Planeten gleichermaßen. Dennoch werden sie immer noch nicht in die Kosten der Produktion eingerechnet.

Sowohl die neoklassische als auch die keynesianische Ökonomie entwickelten sich auf der Basis der *leeren Welt* und enthalten immer noch viele Annahmen aus dieser Vergangenheit. Aber erinnern wir uns an Abbildung 1.6 mit der »großen Beschleunigung«. In einem Menschenleben hat sich die Weltbevölkerung mehr als verdreifacht, und die Populationen von Rindern, Hühnern, Schweinen, Sojabohnen und Mais sind noch viel schneller gewachsen, und erst recht die »Populationen« von Autos, Gebäuden, Kühlschränken und Handys.

Alle diese Populationen sind, was die Physik »dissipative Strukturen« nennt. Das heißt, ihre Aufrechterhaltung und Reproduktion erfordert einen metabolischen (»Stoffwechsel«-)Durchsatz, der mit der Entnahme von Ressourcen mit niedriger Entropie (hoher Struktur) aus der Ökosphäre beginnt und mit der Rückkehr von verschmutzenden hoch entropischen (hohe Unordnung) Abfällen zurück in die Ökosphäre endet. An beiden Enden verursacht dieser Durchsatz Kosten, die für die Produktion, Wartung und Reproduktion des Bestandes von Menschen und Reichtum unausweichlich sind. Bis vor kurzem fehlte das Konzept des metabolischen Durchsatzes in der üblichen Wirtschaftstheorie und auch jetzt wird seine Bedeutung immer heruntergespielt, trotz der klassischen Beiträge von Nicholas Georgescu-Roegen[129] und Kenneth Boulding[130].

Kosten und Nutzen des Übergangs von der *leeren* zur *vollen Welt* sind in Abbildung 1.18 dargestellt. Der braune Pfeil von *Wirtschaft* zu *Wohlfahrt* repräsentiert wirtschaftliche Dienstleistungen (profitiert von der Wirtschaft). Er ist klein in der *leeren Welt*, groß in der *vollen*. Er wächst, wenngleich langsamer (Gesetz des abnehmenden Grenznutzens – da wir als vernünftige Wesen unsere wichtigsten Bedürfnisse zuerst befriedigen). Die *Kosten* des Wachstums werden durch die

---

[129] Nicholas Georgescu-Roegen. 1971. The Entropy Law and the Economic Process. Cambridge, MA: Harvard University Press.
[130] Kenneth Boulding. 1966. »The Economics of the Coming Spaceship Earth.« In Environmental Quality in a Growing Economy. Hg. von H. Jarrett. Baltimore: Johns Hopkins University Press.

schrumpfenden Ökosystemleistungen (blauer Pfeil) repräsentiert, die in der *leeren Welt* groß und in der *vollen Welt* klein sind. Die Ökosystemleistungen nehmen mit zunehmender Geschwindigkeit ab, da das Ökosystem durch die Wirtschaft verdrängt wird (da wir *bestenfalls* die am wenigsten wichtigen Ökosystemleistungen zuerst opfern – Gesetz der Erhöhung der Grenzkosten).

Das gesamte Wohlergehen (die Summe der ökonomischen und ökologischen Dienstleistungen) wird maximiert, wenn der marginale Nutzen der zusätzlichen Wirtschaftsdienstleistungen den Grenzkosten der geopferten Ökosystemleistungen entspricht. Als erste Annäherung ergibt dies das optimale Größenverhältnis zwischen Wirtschaft und Ökosphäre. Jenseits dieses Punktes kostet das physische Wachstum mehr, als es wert ist und wird somit *unwirtschaftliches Wachstum*. Die empirische Schwierigkeit, die Vorteile und Kosten genau zu messen, darf die logische Klarheit einer *ökonomischen Wachstumsgrenze* nicht verdecken – oder die beeindruckenden empirischen Belege derselben aus dem Global Footprint Network und der Planetary Boundaries Studie.

Die Anerkennung des Begriffs des metabolischen Durchsatzes in der Ökonomie bringt die Gesetze der Thermodynamik ins Spiel, was für Wachstumsideologen unpraktisch ist. Der Erste Hauptsatz der Thermodynamik stellt, wie oben erwähnt, für Masse/Energie eine quantitative Konkurrenz zwischen Umwelt und Wirtschaft dar. Der Zweite Hauptsatz besagt eine qualitative Verschlechterung der Umwelt – durch die Entnahme von Ressourcen mit geringer Entropie und die Rückführung von hochentropischen Abfällen. Der Zweite Hauptsatz stellt also einen zusätzlichen Konflikt zwischen Wirtschaftswachstum und Erhaltung der Umwelt dar, nämlich die »Bezahlung« der Ordnung und Struktur der Wirtschaft durch Unordnung und Zerstörung der Ökosphäre.

1.12.2 Der BIP-Irrtum: Physische Auswirkungen ignoriert

Eine weitere übliche Leugnung des Konflikts zwischen Wachstum und Umwelt ist die Behauptung, dass das BIP in Werteinheiten gemessen wird, die keine physischen Auswirkungen auf die Umwelt hätten. Obwohl das BIP in Werteinheiten gemessen wird, muss man sich daran erinnern, dass ein Dollar Benzin *auch* eine physikalische Größe ist. Das BIP ist die Summe all dieser »Dollar-Wertemengen«, die zum Verbrauch gekauft wurden, ist also *auch* ein Index *physikalischer Größen*. Das BIP ist sicher nicht perfekt mit dem Ressourcendurchsatz korreliert, aber für Materie-abhängige Kreaturen wie uns selbst ist die positive Korrelation ziemlich hoch. Die Aussichten auf eine absolute »Entkopplung« des Ressourcen-Durchsatzes aus dem BIP scheinen begrenzt, obwohl es oft gewünscht und diskutiert wird.[131]

Natürlich sollten Chancen zur Entkopplung durch Technologie gesucht werden.[132] Aber der »Rebound-Effekt« beschreibt die menschliche Tendenz, mehr zu verbrauchen, was effizienter geworden ist. Dies frisst einen großen Teil der Ressourceneinsparungen durch Effizienz wieder auf und führt womöglich sogar zu noch höherem Ressourcenverbrauch in der Wachstumsökonomie. Dies

---

[131] Peter Victor. 2008. Managing Without Growth: Slower by Design, Not Disaster. Cheltenham, UK: Edward Elgar Publisher: 54-58; Vgl. auch: Tim Jackson. 2009. Prosperity without Growth: Economics for a Finite Planet. London: Earthscan: 67–71. Vgl.: Jørgen Randers und Graeme Maxton. 2016. Ein Prozent ist genug. München: Oekom..

[132] UNEP's International Resource Panel hat zwei umfassende Berichte zur Entkopplung veröffentlicht: UNEP. 2011. Decoupling natural resource use and environmental impacts from economic growth. [Hauptautoren: Marina Fischer-Kowalski und Mark Swilling]. Nairobi. UNEP. 2014. Decoupling 2: Technologies, Infrastructures and Policy Options. [Hauptautoren: Ernst von Weizsäcker und Jacqueline Aloisi de Larderel]. Nairobi.

ist aber kein Einwand gegen die Möglichkeit von »Grünem Wachstum«[133].

Ökologische Ökonomen haben das *Wachstum* (quantitative Zunahme der Stoffmenge) von der *Entwicklung* (qualitative Verbesserung des Designs, der Technologie oder der ethischen Prioritäten) unterschieden und die *Entwicklung ohne Wachstum* – qualitative Verbesserung ohne quantitative Erhöhung des Ressourcendurchsatzes über eine ökologisch nachhaltige Größenordnung hinaus gefordert. Im Kapitel 1.1.3 gaben wir das Beispiel der LED, die mehr Licht mit viel weniger Energie liefert. So könnte man ja sagen, dass es keinen *notwendigen* Konflikt zwischen qualitativer Entwicklung und Umwelt gibt. Aber es gibt sicherlich einen Konflikt zwischen quantitativem Wachstum und Umwelt. Das BIP vermischt Wachstum und Entwicklung sowie Kosten und Nutzen. Es ist eine Zahl, die eher mehr verwirrt, als dass sie aufklärt.

Die ökonomische Logik rät uns, in den knappen Faktor zu investieren. Ist es die Anzahl der Kettensägen, Fischernetze oder Sprinkler oder die Größe der Wälder, Fischvorkommen oder des Wassers, die die Produktion begrenzt? Die ökonomische Logik hat sich nicht verändert, wohl aber der knappe Faktor. Die alte Wirtschaftspolitik der Herstellung von Kettensägen, Fischernetzen oder Sprinklern ist heute meist unwirtschaftlich. Wir müssen in das *natürliche Kapital* investieren, das nun der knappe Faktor ist. Im Fall der Fischerei sollten wir den Fang *reduzieren*, damit sich die Bestände erholen und später wieder höhere Fänge möglich werden.

Traditionelle Ökonomen haben auf den knappen Faktor in zwei Weisen reagiert. Erstens, indem sie ihn

---

133 Z.B. OECD.2011. Green growth and sustainable development. Paris: OECD.

ignorieren und weiterhin glauben, dass wir in der *leeren Welt* leben. Zweitens, indem man behauptet, dass menschliches und natürliches Kapital ersetzbar sind. Auch wenn das Naturkapital knapper ist als vorher, behaupten neoklassische Ökonomen, das sei kein Problem, weil das menschliche Kapital ein »nahezu perfektes« Substitut für natürliche Ressourcen sei. In der realen Welt ist das, was wir »Produktion« nennen, in der Tat Transformation. Die natürlichen Ressourcen werden durch Kapital und Arbeit in nützliche Produkte und Abfälle umgewandelt (nicht erhöht).

Während bessere Technologien gewiss die Verschwendung von Ressourcen mindern und das Recycling einfacher machen können, ist es schwer vorstellbar, wie die Transformationsmittel Kapital und Arbeit den Fluss des zu Transformierenden (natürliche Ressourcen) ersetzen können. Können wir einen Zehn-Pfund-Kuchen mit nur einem Pfund Zutaten einfach durch die Verwendung von mehr Köchen und Öfen produzieren?

Während eine Investition in Sonar helfen kann, die verbleibenden Fische im Meer zu finden, ist das kein Ersatz für die Existenz von mehr Fischen im Ozean. Und der Kapitalwert der Fischerboote einschließlich Sonars bricht zusammen, sobald die Fische verschwinden. So werden viele Aktivitäten unwirtschaftlich.

1.12.3 Noch ein BIP-Irrtum: Kosten sind nicht Nutzen

Es wird endlich von vielen anerkannt, dass die Maximierung des BIP, das nie das Wohlergehen messen sollte, kein vernünftiges Ziel für die Politik ist. Kein einzelner Messwert kann alle Ziele erfüllen, aber das BIP hat sich als Leitindex der Wirtschaftspolitik etabliert, auf der Basis eines breiten Konsenses über seine Nützlichkeit. Das

BIP wertet jeden Aufwand als positiv und unterscheidet nicht zwischen wohlfahrtsverbessernden und wohlfahrtsmindernden Aktivitäten. So erhöht eine Ölpest das BIP wegen der damit verbundenen Kosten für Sanierung und Reinigung, während sie offensichtlich die Wohlfahrt vermindert. Andere Beispiele sind Naturkatastrophen, Krankheiten, Verbrechen, Unfälle und Scheidung. Das BIP ist mit dem Durchsatz (Kosten) korreliert, kaum mit Wohlergehen oder Glück.

Das BIP lässt auch viele Komponenten aus, die das Wohlergehen verbessern, aber kaum Geldtransaktionen beinhalten. Zum Beispiel tauchen das Ernten von Gemüse aus dem Garten und das Kochen für die Familie oder Freunde nicht im BIP auf, wohl aber der Kauf von Tiefkühlkost für die gleiche Mahlzeit. Ein Elternteil, der für die Familie zu Hause da ist und dort unbezahlte Arbeit leistet, ist nicht im BIP enthalten und ist doch ein wahrscheinlich entscheidender Faktor für das Wohlergehen der Familie.

Trotz all dieser Unsinnigkeit ist das BIP der am häufigsten verwendete Indikator für die Gesamtleistung eines Landes. Der Grund für diesen Umstand ist wahrscheinlich die Tatsache, dass das BIP ein ziemlich guter Indikator für zwei sehr wichtige andere Größen ist: die Zahl der bezahlten Arbeitsplätze und das Steueraufkommen. Denn auch Ölpestaufräumung, Unfallmedizin und Scheidungen bedeuten Jobs, und das Steueraufkommen steigt bei all den scheußlichen Dingen, die das Wohlergehen mindern statt steigern.

Immer wieder wurden alternative Indikatoren vorgeschlagen, die einen echten Nettofortschritt[134] wiedergeben sollen. Hierüber mehr im Kapitel 3.14.

---

134 Vgl. z.B. Stefan Bergheim u.a. 2011.»Fortschrittsindex 2011. Lebensqualität neu vermessen.« Frankfurt: www.fortschrittszentrum.de.

VERKNÜPFUNG VON TEIL 1 UND TEIL 2

Unser Buch erscheint 45 Jahre nach *Grenzen des Wachstums* und 25 Jahre nach dem *Erdgipfel* von Rio de Janeiro (1992). Eine bange Frage zum Erdgipfel wurde zum Titel einer jüngsten Analyse: *Warum sind wir nach 25 Jahren der Bemühung immer noch nicht nachhaltig?*[135] Autor Howes und sein Team haben anhand von 94 Studien untersucht, wie die Nachhaltigkeitspolitik in allen Erdteilen scheiterte, in entwickelten und Entwicklungsländern, von globalen bis zu lokalen Initiativen. Tapfere Bemühungen, aber seit 1970 ist der Biodiversitätsindex um mehr als 50% gesunken, ist der ökologische Fußabdruck so riesig geworden, dass eigentlich 1,6 Planeten für unseren täglichen Verbrauch nötig wären; die jährlichen Treibhausgasemissionen haben sich fast verdoppelt, und über 48% der tropischen und subtropischen Wälder sind in der Zeit zerstört worden. Hinzufügen muss man: Seit 1970 haben sich die Weltbevölkerung und die Pro-Kopf-Verbrauchsraten mehr als verdoppelt.

Drei Arten des Scheiterns kommen immer wieder auf: wirtschaftlich, politisch und kommunikativ. Raubbau und andere umweltschädliche Taten sind meistens rentabel; Regierungen schaffen es nicht, hiergegen Maßnahmen durchzusetzen; und die Kommunikation scheitert daran, auf lokaler Ebene zu erklären, was schutzbedürftig ist – was dann zu massiver Opposition führt.

Als Ausweg schlägt Dr. Howes öffentliche finanzielle Anreize zur Umstellung auf eine ökoeffiziente Produk-

---

135 Michael Howes. April 2017. https://goodmenproject.com/environment-2/after-25-years-of-trying-why-arent-we-environmentally-sustainable-yet-wcz/.

tion vor und das Schaffen von Übergangspfaden für umweltschädliche Industrien. Und die Entscheidungsträger müssen von der Gefährlichkeit des Umweltverlusts überzeugt werden.

O.k., ein netter Vorschlag. Aber wer hört auf ihn? Wir meinen, dass er die Sache stark verharmlost. Regierungen kommunizieren die Wahrheit nicht deshalb nicht, weil sie blöd sind, sondern weil sie die nächsten Wahlen verlieren würden. Und Firmen wären sofort abgemeldet, wenn sie nicht das tun, was rentabel ist.

Lehrreich für die politische Logik ist der Klimaschutz. Da einigen sich die relevanten Länder der Welt beim Pariser Klimagipfel 2015, dass CO_2- und andere Treibhausgasemissionen rasch und deutlich reduziert werden müssen und dass die Welt ab 2050 klimaneutral wirtschaften solle. Diese Aufgabe kommt in den Hauptstädten der Länder an und wird dort beraten. Tja, heißt es dort als Erstes, wir müssen echt was tun. Aber damit das alles ohne Verlust von Arbeitsplätzen und Wohlstand abgeht, brauchen wir dringend sehr viel mehr Geld. Das heißt, wir müssen neue Impulse für mehr Wirtschaftswachstum schaffen. Das würde, *ohne etwas anderes zu tun*, zu mehr Treibhausgasemission führen, nicht zu weniger.

Die kursiv geschriebenen Worte, *ohne etwas anderes zu tun*, können als eine Mahnung verstanden werden, etwas anderes zu tun. Wenn wir die grimmigen Fakten von Teil 1 im Auge behalten, ist es klar, dass die Menschheit auf eine wesentlich radikalere Transformations-Agenda vorbereitet werden muss, als nur in neue Technologien zu investieren (während sie eine ständige wirtschaftliche Expansion unterstützen und das weitere Bevölkerungswachstum tolerieren). Das übergeordnete Ziel, so scheint es, kann nicht mehr nur »Wachstum« sein. Es

Verknüpfung von Teil 1 und Teil 2

muss eine wirklich »nachhaltige Entwicklung« werden.

Um dies zu erreichen, muss eine ernsthafte Transformations-Agenda definiert und auf Konsistenz und wünschenswerte Zwecke und Ergebnisse hin überprüft werden. Die Menschheit steht vor nichts anderem als der Schaffung eines neuen Denkens und einer neuen Philosophie, da die alte Wachstumsphilosophie nachweislich falsch ist.

Es müssen zwei unterschiedliche *Entkopplungs*aufgaben verfolgt werden: Entkopplung der Produktion von Gütern und Dienstleistungen von nicht nachhaltigem Naturverbrauch (besser machen) und Entkopplung der Zufriedenheit der menschlichen Bedürfnisse vom Imperativ zu immer mehr Konsum (gut machen).[136] Die zweite Aufgabe bedeutet in Wirklichkeit weniger BIP, was für alle politischen Parteien ein Albtraum ist, wie wir in Kapitel 1.12.3 angedeutet haben, weil das BIP mit der bezahlten Beschäftigung einhergeht.

Wenn wir die Transformations-Agenda der *nachhaltigen* Entwicklung verfolgen wollen, brauchen wir wahrscheinlich eine neue Denkweise, die die Vorteile einer nachhaltigen Welt für künftige Generationen gegen hohe Beschäftigungszahlen in unseren Tagen positiv werten würde. Das bedeutet aber eine andere politische und zivilisatorische Philosophie für unsere Zeit der *vollen Welt*.

Teil 2 unseres Buches wird sich daher auf die Philosophie konzentrieren. Wir hoffen, einige Hinweise für eine erste Skizze eines besseren philosophischen Rahmens zu erreichen. Wir fürchten, dass diese Suche uns zu nichts weniger als der Notwendigkeit einer *neuen Aufklärung* führen wird.

Natürlich ist der Club of Rome nicht allein auf der Suche nach dem Übergang zu einer nachhaltigen Welt: Das

---

136 Maja Göpel. 2016. The Great Mindshift. Berlin: Springer: 20-21.

Umweltprogramm der Vereinten Nationen (UNEP) in seinem fünften GEO Assessment[137] schreibt: »Ein Übergang zur Nachhaltigkeit verlangt tiefgreifende Veränderungen in Verständnis, interpretativen Rahmenbedingungen und breiteren kulturellen Werten, ebenso wie es Transformationen in den Praktiken, Institutionen und sozialen Strukturen erfordert, die das individuelle Verhalten regulieren und koordinieren.« Ähnliche Absichten finden sich in der OECD-Innovationsstrategie (2015 Revision)[138] sowie im Great Transition Network (GTN), initiiert von Paul Raskin, Direktor des Tellus Institute in Boston. Er stellt sich ein globales »Land«, genannt *Erdland* vor, dem Ort für eine planetare Zivilisation.[139]

Bei der Betrachtung strategischer Optionen zur Überwindung der »Verwirrung« (Kapitel 1.1) und der vielfältigen Merkmale der Nicht-Nachhaltigkeit (Kapitel 1.2-1.9) sollten wir uns der potenziellen Gefahren und Chancen einer tiefgreifenden Transformationsänderung bewusst sein. Aber wir schlagen vor, dass einer der wichtigsten Schritte für eine Beurteilung und ein reifes Urteil ein besseres Verständnis der »philosophischen Krise« unserer Zeit ist. Über die Aufgabe des intellektuellen Verständnisses hinaus soll die philosophische Analyse klären, wo die potenziellen Partner im Hinblick auf einen Übergang zu Werten und Denkweisen für eine echte Nachhaltigkeit auf dem Raumschiff Erde stehen.

---

137 UNEP. 2012. GEO 5 Report: 447.
138 OECD. 2015. The OECD Innovation Strategy. An Agenda for Policy action [2015 Revision]: 6.
139 Paul Raskin. 2016. Journey to Earthland. The Great Transition to Planetary Civilization. Boston, MA: Tellus Institute.

Teil 2

Auf dem Weg zu einer neuen Aufklärung

2.1 LAUDATO SÍ: PAPST FRANZISKUS SPRICHT

Papst Franziskus machte Schlagzeilen, als er im Juni 2015 eine Enzyklika mit dem Titel *Laudato Sí*[140] veröffentlichte, in der er die zunehmende Zerstörung unseres »Gemeinsamen Hauses«, des Planeten Erde, zur Sprache brachte. Kritisch nannte er als Beispiele Umweltvergiftung, Verschwendung, Wegwerfkultur, globale Erwärmung und die verheerende Zerstörung der Biodiversität. Wie die Vereinten Nationen nannte er auch die wachsende wirtschaftliche Kluft zwischen Arm und Reich sowie die scheinbare Unfähigkeit fast aller Länder, diese zu reduzieren. Er bedauert, dass viele Bemühungen um konkrete Lösungen für die Umweltkrise sich nicht nur wegen der mächtigen Opposition, sondern auch wegen eines allgemeineren Mangels an Interesse als unwirksam erwiesen haben.[141]

Der Papst geht in beträchtliche Details und beschreibt die Tatsachen und die Dynamik der Umweltzerstörung, bevor er eine neue Einstellung zur Natur fordert. In Absatz 76 erklärte er: »*Die Natur wird gewöhnlich als ein System verstanden, das man analysiert, versteht und handhabt, doch die Schöpfung kann nur als ein Geschenk begriffen werden* ...« Die Botschaft ist, dass die Menschheit eine Haltung der Bescheidenheit und des Respekts annehmen müsse, anstatt Arroganz und Macht.

Laudato Sí nennt als zentrales Problem die übliche kurzfristige Wirtschaftslogik, die die wahren Kosten ihrer langfristigen Schäden für Natur und Gesellschaft

---

140 Papst Franziskus. 2015. Laudato Sí. Über die Sorge für das Gemeinsame Haus. Leipzig: St. Benno Verlag.
141 Ebd.: Absatz 20 und 14.

ignoriert. »Wenn die Produktion steigt, kümmert es wenig, dass man auf Kosten der zukünftigen Ressourcen oder der Gesundheit der Umwelt produziert; wenn die Abholzung eines Waldes die Produktion erhöht, wägt niemand in diesem Kalkül den Verlust ab, der in der Verwüstung eines Territoriums, in der Beschädigung der biologischen Vielfalt oder in der Erhöhung der Umweltverschmutzung liegt. Das bedeutet, dass die Unternehmen Gewinne machen, indem sie einen verschwindend kleinen Teil der Kosten einkalkulieren und tragen.«[142]

Zuvor heißt es: »Die Märkte, die davon unmittelbar profitieren, regen die Nachfrage immer noch mehr an. Wenn jemand die Erdenbewohner von außen beobachten würde, würde er sich über ein solches Verhalten wundern, das bisweilen selbstmörderisch erscheint.« (Absatz 55) Und später schreibt er: »Wenn der Mensch sich selbst ins Zentrum stellt, gibt er am Ende seinen durch die Umstände bedingten Vorteilen absoluten Vorrang, und alles Übrige wird relativ.« (Absatz 122) Schließlich geißelte er den Relativismus derer, die sagen: »Lassen wir die unsichtbare Hand des Marktes die Wirtschaft regulieren, da ihre Auswirkungen auf die Gesellschaft und auf die Natur ein unvermeidbarer Schaden sind.« (Absatz 123)

Die Botschaft dieser historischen Enzyklika ist klar: Die Menschheit ist auf einer selbstmörderischen Bahn, es sei denn, dass einige starke Begrenzungsregeln akzeptiert werden, die die kurzfristigen utilitaristischen Handlungen unseres ökonomischen Paradigmas einschränken. Es könnte klug sein, den spirituellen und religiösen Dimensionen aller Zivilisationen zuzuhören, die solche Beschränkungen ebenfalls beherzigen. Wie

---

[142] Ebd.: Absatz 195.

der Papst es ausdrückte: »All dies zeigt die dringende Notwendigkeit für uns, in einer *kühnen Kulturrevolution* voranzuschreiten.«[143]

Wir haben *Laudato Sí* als Einstieg in die notwendige Diskussion über Umweltethik und die Religionen der Welt ausgewählt. Allerdings hatte der Ökumenische Rat der Kirchen (ÖRK), zu dem die meisten christlichen Konfessionen (außer der römisch-katholischen) gehören, dreißig Jahre früher schon sehr ähnliche Bedenken angesprochen. Beginnend auf der sechsten Vollversammlung des ÖRK 1983 in Vancouver forderten die anwesenden Kirchen, die die Gefahr eines Dritten Weltkriegs fühlten, die Einberufung eines gesamtchristlichen »Friedenskonzils«. Die Erörterung der Ursachen bewaffneter Konflikte führte zu einer Entscheidung, Gerechtigkeit und die Bewahrung der Schöpfung zu dieser Agenda hinzuzufügen. Auf der Grundlage des allgemeinen Mandats von Vancouver setzten sich die Diskussionen fort und führten schließlich im März 1990 zu einer Konvokation über *Gerechtigkeit, Frieden und die Bewahrung der Schöpfung* in Seoul, Korea. Zehn »Affirmationen« zu den drei Themen wurden angenommen. Die siebte betonte den Zusammenhang zwischen Frieden, Gerechtigkeit und Umwelt und dem sich ständig selbst erneuernden, nachhaltigen Wesen der natürlichen Ökosysteme, also der Schöpfung. Die Sprache und ihre glaubwürdige Grundlage, sowohl in der christlichen Tradition als auch in der Bibel, zeigen eine starke Ähnlichkeit mit dem späteren *Laudato Sí*.

Weniger bekannt in westlichen Kreisen, doch von ähnlicher Klarheit in der Sprache, ist die *Islamische Erklärung zum Globalen Klimawandel* 2015, die besagt: »Die Zeit, in der wir leben wurde geologisch zunehmend als

---

143 Ebd.: Absatz 114 [Hervorhebung von uns].

2.1 Laudato Sí: Papst Franziskus spricht

Anthropozän beschrieben. Unsere Spezies ist, obwohl sie zum Verwalter (*khalifah*) auf der Erde erwählt wurde, die Ursache solcher Verwüstung, so dass wir Gefahr laufen, das Leben auf unserem Planeten, so wie wir es kennen, zu zerstören. Die gegenwärtige Geschwindigkeit des Klimawandels kann so nicht bestehen bleiben, und das empfindliche Gleichgewicht der Erde (*mīzān*) könnte bald verloren sein. Da wir Menschen mit der natürlichen Welt verwoben sind, müssen wir ihre Gaben würdigen.«[144]

Das war das Ergebnis eines einjährigen, weltweiten Konsultationsprozesses der Islamischen Stiftung für Ökologie und Umweltwissenschaften (IFEES/EcoIslam). *Die Islamische Erklärung* wurde von Islamic Relief Worldwide unterstützt, bevor sie über das Climate Action Network und das Forum für Religion und Ökologie diskutiert wurde. Obwohl sie nicht von international bekannten Führungsfiguren des Islam herausgegeben wurde, steht sie für ein breites Netzwerk von muslimisch geführten Initiativen und Denkern. Ein Zitat soll genügen, um die gewählte Tonart zu beschreiben: »Wenn wir die reichen Nationen daran erinnern, ihren Anteil an der Verantwortung für das von ihnen verursachte, größere Volumen dieses Problems zu schultern, so obliegt es jedem Einzelnen von uns, unsere Rolle bei der Rückführung der Erde in einen gleichgewichtsähnlichen Zustand wahrzunehmen.«[145]

Die Fähigkeit des Islam, den Koran in eine kreative Symbiose mit Wissenschaft und anderen säkularen Teilen der menschlichen Gesellschaft zu bringen, hat ihre Wurzeln im frühmittelalterlichen Denken. Avicenna/Ibn

---

144 http://islamicclimatedeclaration.org/islamic-declaration-on-global-climate-change/.
145 http://www.ifees.org.uk/declaration/#about.

Sina (ca. 980-1037), ein bedeutender islamischer Arzt und Wissenschaftler aus Buchara (später Persien), zitierte den Koran, um die Astrologie zu widerlegen, da sie nicht faktisch war. Sein rationaler und faktenbasierter Ansatz machte ihn zu einem der ersten guten Astronomen der Welt, und seine wissenschaftlich fundierte Medizin war noch Jahrhunderte später Pflichtlektüre für alle Ärzte der westlichen Welt. Averroës/Ibn Rušd (1126-1198), der hauptsächlich im Gebiet des heutigen Spaniens lebte und von Avicenna und Aristoteles gelernt hatte, war ebenfalls ein bedeutender Arzt und Wissenschaftler, der oft als die Symbolfigur einer frühen islamischen Aufklärung zitiert wird. Leider neigen radikale islamische Schulen heute dazu, diesen Ansatz einer Symbiose zu ignorieren oder zu bekämpfen.

Der Richter Christopher Gregory Weeramantry (1926-2017), ehemaliger Vizepräsident des Internationalen Gerichtshofes, hat ein Buch geschrieben,[146] in dem die Schlüsseltexte über die Verantwortung der Menschheit gegenüber der Natur, den anderen Lebensformen und allen künftigen Generationen zusammengefasst sind, die sich in den Schriften von fünf großen Weltreligionen finden lassen. In seiner Einleitung schrieb der sri-lankische Richter, es sei sicherlich paradox, dass die jüngste Generation der seit 150.000 Jahren bestehenden Menschheit die Weisheit der 150 Jahrtausende, wie sie in den gemeinsamen Kernlehren der großen Religionen der Welt verankert ist, ignoriert. Weeramantry befürchtet, dass die Säkularisierung des Staates wie auch das Völkerrecht als Rechtsform in der Abwendung von den Kernlehren der großen Religionen zu weit gegangen sind. Er schlug vor,

---

146 Christopher G. Weeramantry. 2009 Tread Lightly on the Earth: Religion, the Environment and the Human Future. Pannipitiya, Sri Lanka: Stamford Lake.

Grundsätze der großen Religionen ins Völkerrecht zu integrieren, um die gegenwärtigen Krisen der Menschheit angemessen zu beheben.

Und doch enthalten einige Religionen, einschließlich des Judentums und des Christentums Aussagen, die die Herrschaft des Menschen rechtfertigen und zu menschlicher Nachlässigkeit gegenüber der Natur führen können. Das berühmte *dominium terrae* (1. Mose 1,28) wird oft als Beispiel dafür angeführt. Es lautet (verkürzt): »Seid fruchtbar und mehret euch; füllt die Erde und macht sie euch untertan und herrscht über die Fische im Meer und über die Vögel unter dem Himmel und über alles Getier, das auf Erden kriecht.«

Die Ursprünge der großen Religionen liegen natürlich alle in der *leeren Welt*, als die Natur endlos schien und die Menschen von Hunger, wilden Tieren, unbekannten Krankheiten und benachbarten Stämmen bedroht wurden. Dennoch verstanden die weisen Ältesten in den Gemeinden die Notwendigkeit des langfristigen Denkens, zumal in der vorausschauenden Bevorratung von Nahrungsmitteln für den Winter oder schlechtes Wetter, in der Planung von Expeditionen oder für die Schaffung eines Rechtsrahmens für das Funktionieren der Gemeinschaft. Die Ältesten (oder Priester) konnten dabei die für die Menschen unerreichbaren Götter als Auftraggeber für die Langfristperspektive einschließlich der Ewigkeit in Anspruch nehmen.

Frühe Geschichten von Göttern waren oft mit dem Kriegsglück verbunden, wie etwa in den antiken griechischen Sagen Ilias und Odyssee. Diese Tradition der verschiedenen Götter, die ihren »auserwählten« Völkern helfen, um über deren Gegner zu triumphieren, setzt sich fort. »Heilige« Kriege einschließlich der »im Namen des Kreuzes« geführten Kolonisierungskriege wurden jahrhundertelang gefochten. In unserer Zeit wird der *Dschihad* von seinen Kriegern als gerecht wahrgenommen, wenn Ungläubige Gott und seine Anhänger beleidigen. Der Historiker Philippe Buc, und in anderer Weise Karen Armstrong sehen die Neigung zur religiösen Gewalt schon im Alten Testament (also der jüdischen Tradition) und in der frühchristlichen Zeit.[147] Doch Armstrong fügt hinzu, dass es in den Religionen *selbst* keine inhärente Gewalt gibt.

Der Club of Rome unterstützt keine kriegerischen Lehren, wo immer sie auftauchen. Viel kann aber erreicht werden, wenn man auf religiös fundierte Lehren achtet, die Sorgfalt und Pflege unseres gemeinsamen Hauses (in der Diktion von *Laudato Sî*) verlangen. Es muss auch erkannt werden, dass das Mandat, »Seid fruchtbar und mehret euch; füllet die Erde und macht sie euch untertan«, wie es allen drei abrahamischen Religionen, Judentum, Christentum und Islam gemeinsam ist, für die *volle Welt* nicht mehr gelten kann.

---

147 Philippe Buc. 2015. Holy War, Martyrdom, and Terror, Christianity, Violence, and the West. Philadelphia: University of Pennsylvania Press; Karen Armstrong. 2014. Fields of Blood: Religion and the History of Violence. Knopf, Kanada.

ANDERE ERZÄHLUNG, ANDERE ZUKUNFT

Ein neuer Ansatz für die Debatte um die Rolle der Religion in den für alle sichtbaren Umwelt- und Sozialkrisen, wurde von David Korten in einem Bericht an den Club of Rome vorgestellt.[148] Darin weist er darauf hin, dass es vor allem die drei eng verwandten monotheistischen (oder abrahamischen) Religionen des Judentums, des Christentums und des Islams waren, die über die Jahrtausende hinweg überdauerten und sich besonders stark ausdehnen konnten. Korten betont, dass alle drei die gleiche Erzählung haben, die des unerreichbar »*fernen Patriarchen*«, der über die Menschen und »seine« Schöpfung, die Natur, herrscht. Diese irgendwie tröstliche Erzählung hat leider problematische Nebenwirkungen, unter anderem den ständigen Einsatz militärischer Macht, das Entstehen politisch-religiöser Eliten, die Unterdrückung von Frauen und auch von Intellektuellen und eine lernunfähige Dogmatik. Dies führte dann immer wieder zu Gegenbewegungen in Richtung Freiheit und *Aufklärung*, im Konflikt mit der jeweiligen Kirchenhierarchie, oft aber getreu der alten religiösen Weisheit.

Die europäische Auflehnung dieser Art resultierte in der Aufklärung des 17. und 18. Jahrhunderts, dem Aufstieg von Wissenschaft, Technik und schließlich in der Technikbewunderung. Dies führte nach David Korten zu einer ganz neuen »Erzählung«, nämlich der Kosmologie der *Großen Maschine*: »Die Beiträge der Wissenschaft zum menschlichen Fortschritt und Wohlergehen, zu Wissen und Technik gaben dieser Kosmologie eine

---

148 David Korten. 2014. Change the Story, Change the Future. A Report to the Club of Rome. Oakland, CA: Berrett-Koehler.

hohe Glaubwürdigkeit.«[149] Das führte aber auch dazu, dem *Geld* einen »heiligen« Charakter zu geben, und daraus wurde schließlich die von »geldgierigen Robotern« beherrschte Welt.[150]

Um die Lernunfähigkeit des Dogmas vom fernen Patriarchen und den zerstörerischen Wahn vom »heiligen Geld« zu vermeiden, schlägt Korten eine neue Erzählung und Kosmologie vor, die er die Erzählung vom *Heiligen Leben und der Lebendigen Erde* nennt, der er den Rest seines Buches widmet. Er denkt an selbstverwaltete Gemeinden und bezieht sich auf die Cochabamba-Erklärung von 2010 über die Rechte der Mutter Erde und die weltweit aufkommenden Bewegungen zu einer *Lebenden Wirtschaft* als Beispiele dafür, wie die Erde und alles Leben auf ihr durch eine neue Erzählung bewahrt werden können.

Wir behaupten nicht, die richtigen Antworten auf all diese Fragen zu kennen. Aber man muss wissen, dass der Umgang mit heutigen Gefährdungen, wie sie der Papst, der ÖRK, die IFEES, Korten und andere Autoren nennen, unvermeidlich auch eine *spirituelle Dimension*, einen moralischen Standpunkt braucht. Im Angesicht der grausigen Gefahren ist es einfach nicht akzeptabel, dass Selbstsucht und Gier weiterhin positive soziale Wertschätzung als angebliche Triebkräfte des Fortschritts genießen. Fortschritt kann sehr wohl auch in einer Zivilisation gedeihen, die Solidarität, Demut und Respekt für Mutter Erde und künftige Generationen verlangt.

---

149 Ebd.: 40.
150 Ebd.: 25-27 und 87-97.

1991: »DIE ERSTE GLOBALE REVOLUTION«

1991 verfassten Alexander King, damals Präsident des Club of Rome, und Bertrand Schneider, sein damaliger Generalsekretär, ein starkes Buch, das sie *Die Erste Globale Revolution*[151] nannten. Darin stellten sie der »*Problematique*« der *Grenzen des Wachstums* die »*Resolutique*« gegenüber, als neuen Begriff für die englische und französische Sprache für Mittel und Wege zur Bewältigung der Probleme.

Das damalige Leitungsgremium des Club of Rome hieß *Council,* und King und Schneider erhielten die Erlaubnis desselben – wenn auch zaghaft –, das neue Buch *Ein Bericht des Council des Club of Rome* zu nennen. Bis dahin waren fünfzehn Berichte *an* den Club of Rome erschienen. *Die Erste Globale Revolution* war der erste und bislang einzige Bericht *des* Club of Rome selbst.

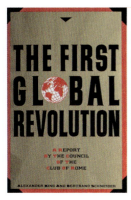 

Abbildung 2.1: *Die Erste Globale Revolution. Ein Bericht des Council des Club of Rome, und dessen Hauptautor Alexander King, Präsident des Club of Rome 1984-1990, später Ehrenpräsident. Umschlagbild: eigenes Foto; Bild A. King: mit freundlicher Genehmigung der Familie Alexander Kings.*

---

151 Alexander King und Bertrand Schneider. 1991. Die Erste Globale Revolution. Ein Bericht des Rates des Club of Rome. Stuttgart: Horizonte Verlag.

Die Erste Globale Revolution sah das Ende des Kalten Krieges als eine große Chance für die Menschheit für einen Kurswechsel an, indem sie sich einen *gemeinsamen* neuen »Feind« suchte. Dieser war eben die *Problematique* der Umweltzerstörung und Erderwärmung, der Armut, der Militärausgaben und der Ressourcenknappheit. Die Regierungen der Welt müssten zusammenarbeiten, um diese Monster zu besiegen. *Gutes Regieren* war eine der wichtigsten Formeln des Buches und der *Resolutique*. Diese würde aus internationalen Kampagnen zur Überwindung des Hungers, der Wasserknappheit, der Militarisierung usw. bestehen. Der Bericht des Club of Rome diente auch als Anstoß für die *Agenda 21*, die 1992 auf dem UN-Erdgipfel von Rio de Janeiro verabschiedet und in den Zielen für nachhaltige Entwicklung (SDGs) 2015 aktualisiert wurde.

Leider ist ja die Agenda 21 nie umgesetzt worden. Eine fundamentalistische Marktideologie setzte ein (Kapitel 2.4 und 2.5) und diskreditierte jegliche Idee, Hunderte von Milliarden von Steuergeldern in die Entwicklungsagenda zu investieren. Am Ende teilte die *Resolutique,* die viele der heutigen Krisen wohl hätte verhindern können, das Schicksal der Agenda 21 und fiel in Vergessenheit.

WIE DER KAPITALISMUS FRECH WURDE

Historiker wissen, dass die neue kapitalistische Doktrin nach dem Ende des Kalten Krieges obsiegte. Um die Kraft des neuen Denkens zu verstehen, müssen wir uns daran erinnern, was vor 1990 los war, besonders an die Entstehung des Kalten Krieges kurz nach dem Zweiten Weltkrieg.

1945 war allen klar, dass es absolut keine Wiederholung der Katastrophen eines Weltkrieges geben durfte. Die Vereinten Nationen wurden zu diesem Zweck gegründet. Am Anfang ihrer Charta heißt es, künftige Generationen vor der Geißel des Krieges zu bewahren, die zweimal zu unseren Lebzeiten unsagbares Leid über die Menschheit gebracht hat.

Bald danach entstand jedoch ein tiefer Graben zwischen den Siegermächten. Auf der einen Seite stand die Sowjetunion, wo mehr als zwanzig Millionen Menschen ihr Leben verloren hatten. Auf der anderen Seite standen die westlichen Demokratien, von den USA angeführt und von Großbritannien und Frankreich unterstützt. Die Sowjetunion eroberte oder annektierte die meisten osteuropäischen Länder und zwang ihnen den sowjetischen Kommunismus als Regierungsform auf. Als 1948 auch die Tschechoslowakei der sowjetischen Dominanz erlag und dann Mao Tse-tung eine kommunistische Regierung in China etablierte, geriet der Westen in Panik und der Kalte Krieg begann.

Das sowjetische Credo war, dass im Kapitalismus die Massen verarmen und dieser deshalb militärisch geschlagen werden müsse. Der Westen sah, dass die sowjetische Behauptung eine gefährliche Anziehungskraft ausübte und versuchte eifrig zu zeigen, dass eine freie und demokratische Marktwirtschaft, wenn sie sich auch um die Bedürfnisse der benachteiligten Menschen kümmerte, für die Massen attraktiver wäre. Das war der wichtigste Anstoß für die Einführung der *sozialen* Marktwirtschaft.

Alle westlichen Länder entwickelten Umverteilungssteuersysteme mit Höchststeuersätzen nahe der 90%-Marke für die Reichen, selbst in den USA. Der großzügige US-Marshall-Plan unterstützte nach dem Krieg eine atemberaubende Auferstehung Europas und Japans. Als geteilte Länder wurden Korea und Deutschland zu experimentellen Spielplätzen, um zu testen, ob der Kommunismus oder eine freie und soziale Marktwirtschaft auch für die Armen besser wäre. Der Westen gewann das Wettrennen, den Armen ging es tatsächlich besser als früher.

Nach vierzig Jahren war das Experiment vorbei. Der Kommunismus brach zusammen (außer seltsamerweise in Nordkorea), und Francis Fukuyama erklärte 1989 das »Ende der Geschichte«[152]. Es wurde allgemein angenommen, dass die freie, demokratische Marktwirtschaft nicht nur über einen spezifischen Gegner, den Kommunismus, siegreich gewesen war, sondern ganz einfach das bestmögliche System darstelle.

Das Problem war, dass – in Übereinstimmung mit dem Grundsatz der *Konkurrenz* in der Markttheorie – die Abwesenheit eines Rivalen die siegreiche Partei arrogant werden ließ. Mit politischen Wurzeln, die auf Pinochets Chile (1973), Thatchers Großbritannien (1979) und Reagans USA (1981) zurückgingen, wurde nach 1989 eine *radikale* Marktphilosophie zum neuen Zeitgeist der ganzen Welt. Liberalisierung, Deregulierung und Privati-

---

152 Francis Fukuyama. 1992. »Das Ende der Geschichte.« München: Kindler.

2.4 Wie der Kapitalismus frech wurde

sierung[153] wurden zur Begleitmelodie der 1990er Jahre. Zu einer regelrechten Siegesfeier geriet die Gründung der Welthandelsorganisation WTO 1994 nach der Beendigung der Uruguay-Runde des GATT, die die Muskeln der Märkte radikal verstärkte und jene der Staaten entsprechend schwächte. (Die Uruguay-Runde hatte schon 1986 begonnen, aber bis 1990 machte sie keinerlei Fortschritte. Erst nach dem Ende des Kalten Krieges kam der Durchbruch!)

Das neue, dem Sieg der Markwirtschaft geschuldete Phänomen der »Globalisierung« bedeutete im Wesentlichen, dass kleine und mittlere Staaten einen Großteil ihrer Lenkungskräfte an die Märkte abgeben mussten. Staatliches Eintreten für die öffentlichen Güter geriet ab sofort in den Verdacht, gegen den Freihandel gemünzt zu sein.

Die Schwächung der Staaten bedeutete auch, dass die armen und benachteiligten Menschen sich nicht mehr wirklich auf den Staat verlassen konnten. Die Staatseinnahmen gingen mancherorts nach unten, da die Zölle (für viele Entwicklungsländer eine der zuverlässigsten Einnahmequellen) weitgehend abgeschafft wurden. Ein scharfer Wettbewerb zwischen den Staaten setzte ein. Mit Niedrigsteuersätzen wurden Investoren angelockt. Die Staatshaushalte wurden vielfach so knapp, dass Beamte auf Bestechungseinkommen zurückgreifen mussten, um genug zum Leben zu haben (oder mehr). Am Ende tauchte ein neues Phänomen auf, nämlich *gescheiterte Staaten*, mehr oder weniger parallel mit dem Aufstieg der Globalisierung.

Wie der Ökonom Hans Werner Sinn 2003 schrieb, fand der alte Systemwettbewerb (Kapitalismus gegen

---

153 Siehe z.B. Ernst U. von Weizsäcker, Oran Young, und Matthias Finger (Hg.). 2006. Grenzen der Privatisierung. Wann ist des Guten zuviel? Bericht an den Club of Rome. Stuttgart: Hirzel.

Kommunismus) innerhalb geschlossener Grenzen statt. Die *Globalisierung* hat einen neuen Systemwettbewerb hervorgebracht, der von der grenzüberschreitenden Mobilität von Produktionsfaktoren lebt, vor allem von der Mobilität des Kapitals. Der neue Systemwettbewerb, schrieb er prophetisch, »wird wahrscheinlich eine Erosion des Wohlfahrtsstaates in Europa bedeuten und ein Abwärtskarussell in dem Sinne auslösen, dass das Kapital nicht einmal für die von ihm verwendete Infrastruktur bezahlen und nationale Regulierungssysteme erodieren wird.«[154] Auch eine Art von Marktversagen!

Eine ganz unbeabsichtigte Nebenwirkung dieser Entwicklung war, dass die durchschnittlichen Bürger, vor allem in der jungen Generation, zu zweifeln begannen, ob es immer noch lohnt, zu den Wahlurnen zu trotten. Wir sind daher auch mit einer *Demokratiekrise* konfrontiert. Wenn wir die Demokratie wieder stärken wollen, so müssen wir eine Denkweise wiederherstellen, die ein faires Gleichgewicht zwischen den Märkten (die meistens das private Wohlergehen der großen Leistungsträger repräsentieren) und dem Staat (der öffentliche Güter und die Interessen der Menschen, einschließlich der sozial Schwachen, repräsentiert) fordert. Die Märkte haben auch die Tendenz zu einer kurzfristigen Sichtweise, während die öffentlichen Interessen immer auch die langfristige Perspektive beinhalten.

Der Club of Rome ist natürlich ein Befürworter der Demokratie, des langfristigen Denkens, der Jungen, der ungeborenen Generationen und der Natur, die keine Stimme im Kapitalismus und in den politischen Debatten unter den Menschen haben.

Die Wiederherstellung eines Gleichgewichts zwi-

---

[154] Hans Werner Sinn. 2003. The New Systems Competition. Oxford: Wiley-Blackwell.

schen öffentlichen und privaten Gütern kann eine ganze Generation, also etwa dreißig Jahre dauern. Wir gehen davon aus, dass weder die puristische Marktideologie noch die puristische Staatsherrschaft akzeptabel sein werden, sondern dass große Synergien zwischen den beiden aus einer geeigneten und ausgewogenen Arbeitsteilung entstehen. Dies wird nur mit einer engagierten Bürgerschaft möglich sein, die den öffentlichen und privatwirtschaftlichen Führungskräften auf die Finger schaut.

2.5 DAS SCHEITERN DER REINEN MARKTLEHRE

Im vorigen Kapitel haben wir argumentiert, dass der Kapitalismus arrogant wurde. Dieser Zeitraum seit 1989 war auch der Zeitraum, in dem der *Finanz*sektor seine Herrschaft über die Weltwirtschaft ausdehnte. Vor dem Zusammenbruch des Kommunismus waren die mächtigsten Akteure des privaten Sektors neben den Banken und Versicherungen die großen Industrie-, Bergbau- und Dienstleistungsfirmen. 22 Jahre später, 2011, waren 45 der 50 umsatzstärksten Konzerne Banken oder Versicherungen, viele davon mit großen Aktienanteilen an den industriellen Blue-Chip-Unternehmen.[155] Allmählich wurden Finanzkonzerne zu Großaktionären und den eigentlichen Bestimmern der Industrie. *Shareholder Value* und *Returns on Investment* (RoI) wurden zu Lieblingsausdrücken in der Wirtschaft. Große Investoren konnten den CEOs der Industrie- und Dienstleistungsfirmen Anweisungen über die zu erreichenden Mindest-RoI geben, und in der Regel war das Ziel kurzfristig.

Man könnte vielleicht eine solche Umkehrung der Macht tolerieren: vom Staat an die Wirtschaft und weiter an das Kapital, wenn das ganze System wenigstens seine eigenen großen Versprechungen eingelöst hätte. Aber in Wirklichkeit macht der heutige Kapitalismus, wie Graeme Maxton und Jørgen Randers[156] schreiben,

---

155 Stephania Vitali, James Glattfelder, und Stefano Battison. 2011. »The network of global corporate control.« PLoS ONE 6 (10). http://www.plosone.org/article/info%3Adoi%2F10.1371%2Fjournal.pone.0025995.

156 Jørgen Randers und Graeme Maxton. 2016. Ein Prozent ist genug. München: Oekom. (Engl. Titel: Randers und Maxton. Reinventing Prosperity).

2.5 Das Scheitern der reinen Marktlehre

vieles schlimmer, sowohl für die Umwelt als auch für die Menschen.

Randers und Maxton nennen viele Fälle von Versagen: Klimawandel, Verschmutzung (auch der Ozeane), Biodiversitätsverlust, Ressourcenverarmung; Armut, Ungleichheit und soziale Konflikte, Arbeitslosigkeit, – besonders bei Jugendlichen –, all die in Teil 1 unseres Buches genannten Probleme. Die Autoren sehen dieses Problempaket als Ergebnis des aktuellen Wirtschaftssystems an: Der Wunsch nach endlosem Profit und Konsum ohne Rücksicht auf die Umwelt und soziale Ungleichheit. Die kapitalistische Anreizstruktur belohnt Kostensenkungen und kurzfristige Gewinne. Sie erzeugt auch eine ständig steigende Arbeitsproduktivität und erhöht damit die Langzeitarbeitslosigkeit, wenn sie nicht an anderer Stelle ausreichend neue Arbeitsplätze schafft.

Extremes, von der ungezügelten Marktwirtschaft geprägtes Denken, ist die Wurzel des Schadens, den die Menschheit dem Planeten zufügt. Das derzeitige *Wirtschaftssystem erfordert einen stetigen Anstieg des Rohstoffangebots*. Und nach diesem Denken haben die Ozeane, Wälder und das Polareis keinen ökonomischen Wert über die gelieferten Ressourcen hinaus, die verursachten Schäden werden weitgehend ignoriert.[157] Haben wir nicht ein ähnliches Verdikt vom Papst gehört?

Solche Kapitalismuskritik hört man auch von anderen Denkern. Jean Ziegler schreibt, dass unsere Probleme und Katastrophen hauptsächlich durch den ungezügelten Kapitalismus verursacht werden.[158] Auch Mainstream-Ökonomen sind zu dem Schluss gekommen, dass die Märkte nichts unternehmen, um die Ungleichheit

---

157 Ebd.
158 Jean Ziegler. 2014. Retournez les fusils! Choisir son camp. Paris: Le Seuil.

der Menschen zu reduzieren – ganz im Gegenteil. Einer der prominentesten Wirtschaftswissenschaftler, der diese Ansicht teilt, ist Joseph Stiglitz, neues Mitglied des Club of Rome.[159] Thomas Piketty hat in seiner tiefgehenden historischen Analyse des Kapitalismus gezeigt, dass die Beseitigung der Armut unter der Herrschaft des Kapitals einfach nie eingetreten ist.[160]

Anders Wijkman, Ko-Präsident des Club of Rome, und Johan Rockström haben in ihrem Bericht *Bankrupting Nature* gezeigt, dass die Zerstörung der Natur und die Entstehung von finanziellen Zusammenbrüchen im Kern der gleichen Logik von Gier, Ungeduld und Kurzfristigkeit folgen.[161]

Eine besorgniserregende Eigenschaft des heutigen Marktsystems haben wir schon in Kapitel 1.11.4 besprochen, dort im Kontext der Digitalisierung: die Tendenz, dass der Shareholder-Value zunimmt, wenn Arbeitsplätze wegfallen. Der rasche Fortschritt der digitalen Wirtschaft kann die Arbeitslosigkeit verschlimmern, sagen auch Brynjolfsson und McAfee in ihrem viel zitierten Buch *The Second Machine Age*[162]: »Je schneller das Wachstum ist, desto mehr Unternehmen neigen dazu in Automatisierung und Robotisierung zu investieren.«

Das extreme Marktmodell hat einen konkreten historischen Ausgangspunkt. 1947 trafen sich in Mont Pèlerin über Vevey, einem kleinen Ort in der Schweiz, eine Reihe von für die damalige Zeit unorthodoxen Denkern.

---

159 Joseph Stiglitz. 2012. The Price of Inequality: How Today's Divided Society Endangers Our Future. New York City: W. Norton.
160 Thomas Piketty. 2013. [Französisches Original: 2013]. Capital in the Twenty-First Century. Harvard University Press.
161 Anders Wijkman, und Johan Rockström. 2012. Bankrupting Nature: Denying Our Planetary Boundaries. A report to the Club of Rome. London: Earthscan.
162 Erik Brynjolfsson, und Andrew McAfee. 2014. The Second Machine Age: Wie die nächste digitale Revolution unser aller Leben verändern wird. Kulmbach: Plassen Verlag.

2.5 Das Scheitern der reinen Marktlehre

Die Einladung zu dem Treffen ging auf Friedrich von Hayek zurück, einem sehr bedeutenden Ökonomen, der später den Nobelpreis für Wirtschaftswissenschaften erhielt. Zu der Gruppe gehörte auch der damals junge Milton Friedman. Viele der Teilnehmer waren in Sorge vor der allgemein erkennbaren Zunahme der Staatskompetenzen, vor allem in Richtung Wohlfahrtsstaat. Sie sahen das als »gefährlich« an; auch die Gewerkschaften hielten sie für »gefährlich«. Im Kontrast dazu erschien ihnen der deregulierte Markt als etwas nahezu Göttliches. Die Gruppe gab sich den Namen Mont Pèlerin Society (MPS). Hayek behauptete, dass die Absicht war, einen Ort für den freien und unabhängigen Austausch von Gedanken zu schaffen, und nicht etwa in die Politik zu intervenieren.

Abbildung 2.2: *Schnappschuss mit Milton Friedman (Mitte) während des ersten Treffens der Mont Pèlerin Society. Quelle: www:montpelerin.org*

Ralph Harris, ein britischer Ökonom, der sich 1960 bei MPS engagierte, sah genau das anders: Es sei darum gegangen, »einen intellektuellen Kreuzzug zu starten, der darauf abzielte, die Flut des Nachkriegs-Kollektivismus umzukehren.«[163]

Erst in den späten 1970er Jahren, während der »Stagflations«-Krise, wurden die Ideen der Gruppe in konservativen akademischen und politischen Kreisen dominant, und das neoliberale Denken begann, politisch erfolgreich zu werden. Stagflation bedeutete den Anstieg der Inflation bei gleichzeitiger Stagnation. MPS-Vertreter wie Milton Friedman hatten nun die Chance den Keynesianismus als Schuldigen der Stagflation zu bezichtigen und eine radikale Reduktion der staatlichen Intervention zu empfehlen. Als Margaret Thatcher in Großbritannien und Ronald Reagan in den USA an die Macht kamen, begannen sie schnell, die Ideen von Mont Pèlerin umzusetzen. Von Reagans 76 Wirtschaftsberatern waren 22 Mitglieder der MPS.

Nach einem holprigen Start waren Reagan und Thatcher bei der Förderung des Wirtschaftswachstums und der Schaffung von Arbeitsplätzen erfolgreich. Natürlich behaupteten die Jünger der MPS alsbald, dass der wirtschaftliche Aufschwung auf die neue Politik der Steuersenkungen und die reduzierte staatliche Intervention zurückzuführen sei. In Wirklichkeit hatten die Gründe wohl wenig mit der neoliberalen Agenda zu tun. Der wichtigste Grund war die überraschende Tatsache, dass weniger als zehn Jahre nach dem »Ölschock« von 1973 die Benzin- und Gaspreise abzustürzen begannen (Abbildung 2.3), um schließlich die Niveaus (in konstanten Dollars) in der Nähe der Vorschock-Preise zu erreichen. Diese unerwartete Um-

---

[163] Ralph Harris. 1997. »The plan to end planning: The founding of the Mont Pèlerin society.« National Review, Juni 16. Siehe auch Kerryn Higgs. 2014. Collision Course: Endless growth on a finite planet. Cambridge, MA: MIT Press: Kapitel 6, 10 und 11.

kehr der hohen Preise von 1973-1981 wurde durch eine aggressive Erforschung und Ausbeutung neuer Öl- und Gasquellen verursacht, was zeigte, dass der Vorrat an billigen Ölressourcen der Welt noch nicht ausgeschöpft war.

Das billige Öl seit 1982 hat die Inflation und die Transportpreise massiv reduziert und die Investoren veranlasst, sich in der OECD und einigen Schwellenländern stark zu engagieren. Niedrige Ölpreise haben vor allem in den USA auch den Eigenheimbau verstärkt, ein starker Hebel für die Gesamtwirtschaft. Tragischerweise entwickelten sich die 1980er Jahre katastrophal für viele Entwicklungsländer, die viel Geld aufgenommen hatten, um in den Bergbau zu investieren, und auf stetig steigende Rohstoffpreise gesetzt hatten. Als dann die Ressourcenpreise absackten und die USA die Zinsen erhöhten, fanden sich diese Länder in einer unlösbaren *Schuldenkrise* wieder.

Abbildung 2.3: Die Ölpreise stiegen bis 1981 (Ölkrise) und stürzten dann wegen Überangebots ab. Quelle: isgs.illinois.edu

In den 1980er Jahren war das neoliberale Denken bereits in der akademischen Ökonomie der USA vorherrschend und wurde als frische, modernere Alternative zur europäischen sozialen Marktwirtschaft verkauft. Solange aber die Sowjetunion noch als Bedrohung existierte, bestand ein gewisser Druck, zu beweisen, dass die Marktwirtschaft den Armen besser diente als der Sozialismus, so dass die *extreme* Form des freien Marktdenkens außerhalb der englischsprachigen Welt eine Minderheitenmeinung blieb.

Heute ist der Zusammenbruch des Kommunismus Geschichte, und der Marktfundamentalismus in Verbindung mit dem stark steigenden Einfluss des Finanzsektors ist weltweit zur Realität geworden. Gleichzeitig ist die Kehrseite dieser Medaille längst spürbar geworden. Allenthalben regt sich Widerstand. Selbst vom Internationalen Währungsfond (IWF) hört man Stimmen,[164] dass der Neoliberalismus zu hoch bewertet worden ist und dass der Finanzsektor die Wirtschaft zu stark einschnürt.

Die Auswirkungen des Handels (in Verbindung mit Automatisierung und Robotisierung) auf die einst sicheren Arbeitsplätze der US-Industrie hat Donald Trump in seiner Präsidentschaftskampagne stark betont. Viele Arbeiterfamilien im »Rostgürtel«, einstmals Stammwähler der Demokraten, stimmten für Trump. In den USA waren übrigens beide großen Parteien seit rund 70 Jahren die größten Befürworter des Freihandels. Die USA gehörten eben zu den »Starken«, für die der Handel normalerweise nur Vorteile bringt.

Ob die Regierung Trump ihre angekündigte Kehrt-

---

[164] Jonathan D. Ostry, Prakash Loungani, und Davide Furceri. 2016. »Neoliberalism: Oversold?« Finance and Development, Juni. Vol. 53, No. 2: 38-41.

wende durchhält, bleibt abzuwarten. Es hängt davon ab, ob die Mehrheit der Amerikaner den Glauben verliert, dass der Freihandel in ihrem Interesse liegt.

Ein anderes Problem ist die Liberalisierung der Kapitalmärkte und damit verbunden die Möglichkeit, Gewinne und Vermögen in Steueroasen unterzubringen. 2016 war das große Thema, dass Panama es Firmen und Privatleuten massiv erleichtert hatte, ihr Geld vor ihren nationalen Steuerbehörden zu verstecken.[165] Geld lässt sich leichter verstecken als Kühlschränke oder Arbeitsstunden. Schätzungen der Geldsummen, die in Steueroasen wie den Jungferninseln oder den Cayman-Inseln geparkt sind, liegen zwischen 21 bis 32 Billionen USD. Solche skandalösen Praktiken vermehren natürlich die Macht des Finanzsektors und den Reichtum derer, die bereits wohlhabend sind.[166]

Trotz mancher protektionistischer Anwandlungen und zunehmender Kritik aus sozialer und ökologischer Sicht bleibt das Marktdogma immer noch vorherrschend. Aber seine theoretischen und praktischen Schwächen werden sichtbarer, und die Rufe nach einer Balance zwischen den drei Säulen der Nachhaltigkeit, Ökonomie, Ökologie und Soziales, werden lauter.

---

[165] Bastian Obermayer, und Frederik Obermaier. 2016. The Panama Papers: Breaking the Story of How the Rich and Powerful Hide Their Money. London: Oneworld publ.
[166] James S. Henry. 2012. »The Price of Offshore Revisited. Tax Justice Network.« http://www.taxjustice.net/cms/upload/pdf/Price_of_Offshore_Revisited_120722.pdf.

PHILOSOPHISCHE FEHLER DES MARKTDOGMAS

Wenden wir uns einmal der theoretischen Seite zu. Wir interessieren uns für die Geschichte und die Gültigkeit einiger Grundprinzipien der Ökonomie. Drei Lehren ragen in Bezug auf ihre Relevanz heraus und verdienen weitere Klärung:

- Adam Smiths Konzept der *unsichtbaren Hand* und der damit verbundenen Überzeugung, vor allem in der Chicago School of Economics, dass die Märkte *prinzipiell* dem Staat und dem Gesetzgeber beim Entdecken optimaler Antworten auf Probleme überlegen sind;
- David Ricardos Entdeckung, dass Akteure in verschiedenen Ländern ihre *komparativen Vorteile* nutzen können und dass hieraus Vorteile für beide Seiten (auch für beide Länder) erwachsen;
- Charles Darwins Gedankengut, dass die Konkurrenz zwischen verschiedenen Tier- oder Pflanzenarten der Motor der Evolution ist und zur Höherentwicklung führt. Vielfach wird die Aussage so wiedergegeben, dass schärferer Wettbewerb zu rascherem Fortschritt führt.

Alle drei Lehren, so räumen wir ein, enthalten einen richtigen Kern, aber alle muss man genauer und in einer historischen Perspektive verstehen.

2.6.1 Adam Smith, Prophet, Moralist, Aufklärer

Adam Smith ist der frühe Prophet der Märkte. Ein witziges Bild hiervon ist die Weihnachtskarte des Adam-Smith-Instituts von 2001.

Abbildung 2.4: *Bild der Weihnachtskarte 2001 des Londoner Adam Smith Institute (ASI). Es zeigt den Namensgeber des Instituts als den Retter, der nach Jahrhunderten wieder aus seiner Schachtel herausspringt, um der Welt den Segen der freien Märkte zu predigen – und die Welt lächelt dankbar. Mit freundlicher Genehmigung des ASI.*

Das Bild ist natürlich eine Karikatur. Adam Smith dachte eher an den vom Eigennutz unterschiedlicher Handwerker in England angetriebenen Austausch von Gütern und Dienstleistungen als an den Freihandel zwischen Afrika, China und Europa. Er war Moralphilosoph und vertrat die britische Form der Aufklärung, auf gleicher Höhe mit David Hume oder vielleicht John Locke. Smiths wichtigste Entdeckung war jedoch, dass die »unsichtbare

Hand« (damals eine göttliche Vorstellung) den Eigennutz in die Zunahme gemeinsamer Vorteile verwandeln würde.

Eine Voraussetzung für diese Logik ist jedoch, dass die geografische Reichweite des Gesetzes und der Moral mit der geografischen Reichweite des Marktes, der unsichtbaren Hand, identisch war. Diese Tatsache, die im 18. Jahrhundert völlig unbestritten war, stellte ein gesundes *Gleichgewicht* zwischen Märkten und dem Gesetz dar. Auch wenn die Märkte die bewundernswerte Fähigkeit der »Entdeckung« der richtigen Preise und der Innovationsmöglichkeiten hatten, wurden sie in der Welt von Adam Smith durch feste rechtliche oder moralische Regeln eingeschränkt. Zudem waren die Märkte zu Smiths Zeit klein und der Handel fand meist zwischen kleinen Partnern statt.

Im Gegensatz dazu wird der Handel heutzutage von großen globalen Konzernen und von den hinter ihnen stehenden Kapitalkräften dominiert. Die heutigen Märkte haben *die Welt* als ihre geografische Reichweite, während Gesetze und Moral in aller Regel nur national oder kulturell gelten. Das führt zu der krassen Macht-Ungleichheit zwischen den Märkten, vor allem den Kapitalmärkten, und dem staatlichen Recht. Die Finanzmärkte sind so mächtig, dass sie die Gesetzgeber auf nationaler Ebene zwingen, ja erpressen können, das Recht so weiterzuentwickeln, dass es der Maximierung der Kapitalrendite nützt. Adam Smiths stillschweigende Annahme eines gesunden Gleichgewichts zwischen den Märkten und dem Gesetz gilt überhaupt nicht mehr.

Eine aktualisierte ökonomische Theorie muss Mechanismen schaffen, um die gesunde Balance wiederherzustellen und dem Recht und der Moral einen festen Platz einzuräumen. Politisches Handeln sollte versuchen, die Reichweite des Gesetzes zu vergrößern, z.B. durch rechtlich bindende internationale Konventionen, und sollte eher die Transportpreise erhöhen, um damit wirtschaftliche Vorteile der lokalen Wertschöpfung zu schaffen. Beides bringt die Reichweite des Gesetzes näher an die Reichweite der Märkte, d.h. an die Logik von Adam Smith.

2.6.2 David Ricardo: Das Kapital bleibt ortsfest

Es wird oft gesagt, dass wir in einer globalisierten Wirtschaft leben und keine andere Wahl haben, als in dem globalen Streben nach Wachstum zu konkurrieren. Das ist nicht wahr. Globalisierung in der Form, wie sie sich in den 1990er Jahren entwickelt hat, ist keine zwingende Notwendigkeit. Hierüber gibt es eine breite Übereinstimmung zwischen moderaten Vertretern von rechts bis links.

Das Bretton-Woods-System von 1944 war eine große Errungenschaft, die darauf abzielte, das monetäre Chaos und die ständigen Währungsabwertungen der 1930er Jahre zu beenden. Die Währungsstabilität, die es geschaffen hat, förderte den internationalen Handel zum gegenseitigen Vorteil aller Länder. Die Kapitalmobilität und die globale Integration waren jedoch *nicht* Teil des Abkommens, obwohl die USA von Anfang an auf die Schaffung einer internationalen Handelsorganisation (ITO) drängten und ihre Handelsvertreter 1947 ein Zollabkommen (GATT) mit 27 Ländern ausgehandelt hatten. GATT wurde schrittweise im Laufe der Jahre erweitert und 1995, als es zur WTO umstrukturiert wurde, waren 108 Länder beigetreten und die Zölle wurden um 75% gekürzt.

Die grenzüberschreitenden Finanzströme nahmen

seit den 1970er Jahren zu und explodierten geradezu seit den 1980er Jahren im Zuge der Deregulierung des Bankenwesens in vielen Ländern und den Anfängen des elektronischen Handels. Nach 1995 trieb die WTO die uneingeschränkte *Kapitalmobilität* voran, unterstützt durch die umfassende Bankenderegulierung von 1999 in den USA (Kapitel 1.1.2).

Globalisierung ist die aktiv herbeigeführte Integration vieler früher relativ unabhängiger Volkswirtschaften in eine einzige, eng verbundene Weltwirtschaft, die sich um den *absoluten Vorteil*, nicht um den *komparativen Vorteil* organisiert. Die Theorie der komparativen Vorteile besagt, dass, wenn sich Länder auf Güter spezialisieren, die sie mit komparativ niedrigeren Kosten herstellen können, ein Vorteil für alle resultiert. Absolute Vorteile entstehen, wenn auch das Kapital grenzüberschreitend wird.

Ist ein Land einmal Teil des Freihandels und der Kapitalmobilität, dann ist es effektiv in die Weltwirtschaft integriert und kann nicht mehr frei entscheiden, was es handelt und was nicht. Doch alle Lehrsätze der Ökonomie über die Gewinne aus dem Handel gehen davon aus, dass dieser freiwillig ist. Wie kann der aber freiwillig sein, wenn man so spezialisiert ist, dass man nicht mehr frei entscheiden kann? Die Preiskonkurrenz hindert sie sogar, die Sozial- und Umweltkosten zu berücksichtigen, es sei denn, alle anderen Länder tun dies in gleichem Maße.[167]

Um das globale Omelett zu integrieren, muss man die nationalen Eier zerbrechen. Gewiss machen die Länder viele Fehler, aber sie sind doch die Träger von Ge-

---

[167] Sicherlich sind konventionelle Ökonomen weniger von solchen »Veränderungen« beeindruckt. Ein perfektes Beispiel ist Richard Baldwin. 2010. »Thinking about offshoring and trade: An integrating framework.« http://voxeu.org/article/thinking-clearly-about-offshoring; Seine Betonung auf technologische Unterschiede lohnt eine nähere Betrachtung.

2.6 Philosophische Fehler des Marktdogmas

meinschaft und politischen Entscheidungen. Sie sollten nicht im Namen eines abstrakten »Globalismus« aufgelöst werden, obwohl wir auch einen globalen Verband nationaler Gemeinschaften benötigen. »Globalisierung« war eine aktiv verfolgte Politik, die durch die Technik sehr erleichtert wurde. Sie kann in gewissem Maße rückgängig gemacht werden, wie es die Absicht der US-Regierung seit 2017 ist.

Der IWF predigt schon seit langem den freien Handel, basierend auf den *komparativen* Vorteilen. Neuerdings haben sich die WTO und die Weltbank hinzugesellt und zusätzlich die internationale Kapitalmobilität und zunehmend auch die freie Migration befürwortet. Das klassische, komparative Vorteilsargument von Ricardo nimmt jedoch ausdrücklich eine internationale *Immobilität* von Kapital (und Arbeit) an. Die Kapitalisten sind daran interessiert, *absolute* Gewinne zu maximieren und deshalb generell die *absoluten* Kosten zu senken. Wenn das Kapital zwischen den Nationen beweglich ist, wandert es an den Ort mit den niedrigsten absoluten Kosten.

Nur wenn das Kapital ortsfest bleibt, haben die Kapitaleigner, die Investoren, einen Grund, die lokalen Kostenverhältnisse der Länder zu vergleichen und sich auf die Produkte mit den im Vergleich zu anderen Nationen niedrigsten relativen Kosten zu spezialisieren und die erzeugten Waren mit deren *komparativem Vorteil* zu handeln. In anderen Worten: Der komparative Vorteil ist aus Sicht des Kapitals nur die zweitbeste Politik, die jedoch akzeptiert wird, wenn die »beste« Politik des absoluten Vorteils durch die internationale Kapitalimmobilität blockiert wird. Das kommt geradewegs von Ricardo[168], wird

---

168 David Ricardo. 1951. Principles of Political Economy and Taxation. Cambridge: Sraffa Edition: 136.

aber viel zu oft ignoriert. Es ist daher sehr verwirrend, dabei Zeuge zu sein, wie der IWF und einige Handelstheoretiker den Kapitalhandel auf der Grundlage des komparativen Vorteils befürworten, als ob dieser nur eine Erweiterung des komparativen Vorteilsarguments sei und nicht die Verleugnung seiner Hauptprämisse.[169]

Natürlich gibt es auch globale Gewinne aus Spezialisierung und Handel auf der Grundlage von *absolutem* Vorteil. In der Theorie sollten globale Gewinne aus absolutem Vorteil sogar größer sein, weil die Spezialisierung nicht durch die internationale Kapitalimmobilität eingeschränkt wird. Der große Nachteil ist, dass dabei einige Länder gewinnen und andere verlieren (im Sinne des in Kapitel 1.9 zitierten Eduardo Galeano), während es *unter komparativem Vorteil keine Verlierer gibt*, obwohl einige mehr gewinnen als andere. Es ist diese gegenseitige Garantie eines Nutzens, die die Hauptstärke des Handels nach Ricardo war. Theoretisch könnten die globalen Gewinne unter absoluten Vorteilen von den Gewinnern umverteilt werden, um die Verlierer zu entschädigen – aber das widerspräche dem heilig gehaltenen Eigennutz und wird natürlich nicht geschehen!

Im Gegensatz dazu winken neoliberale Ökonomen ab, wenn sie mit diesem Widerspruch konfrontiert werden. Sie unterstellen jedem, der mit der vergessenen Weisheit von Ricardo kommt, ein protektionistischer, isolationistischer Xenophobe zu sein, und wechseln schnell das Thema. Dabei widersprechen sich die Dogmatiker selbst und rechtfertigen dies vielleicht damit, dass es den transnationalen Konzernen und ihrer Politik des Off-Shoring nützt.

---

[169] Für weitere Diskussion, siehe H. Daly and J. Farley. 2004. Ecological Economics, (Chapter 18). Washington, DC: Island Press.

Unfair ist die internationale Kapitalmobilität, wie schon im Kapitel 2.5 gesagt, dadurch, dass die Firmen den nationalen Gesetzen und deren öffentlichem Interesse entkommen und ständig die Nationen gegeneinander ausspielen, zum Schaden der öffentlichen Güter von Umwelt und sozialer Fairness.

2.6.3 Charles Darwin meinte lokale Konkurrenz, nicht globalen Handel

Adam Smith und David Ricardo sind nicht die einzigen intellektuellen Riesen der europäischen Vergangenheit, deren Theorien schmerzlich vereinfacht und falsch zitiert wurden. Charles Darwin, einer der wissenschaftlich einflussreichsten Menschen, die je gelebt haben, formulierte Erklärungen über die Ursprünge und die Evolution des Lebens, die die Grundlage für alle modernen Biowissenschaften bilden. Sein Name und seine Theorien sind als Sozialdarwinismus in den Dienst der ökonomischen und sozialen Theorie entführt worden. Eine der widerlichsten Erscheinungen dieser Art war die Nazi-Ideologie in Deutschland, die einen unerbittlichen Wettkampf der menschlichen Rassen ums Überleben postulierte.

Darwins Theorie war gewiss auf der Beobachtung der Konkurrenz unter Arten aufgebaut. Diese Konkurrenz war jedoch meist ein lokales Phänomen. Er wusste, dass Artenvielfalt auch eine Vielfalt von Standorten und Lebensräumen war. Er besuchte die Galapagos-Inseln und fand dort eine erstaunliche Vielfalt an Finken, die sich offenbar aus einem Finkenpaar entwickelt hatten, das vor langer Zeit dort gestrandet war (Abbildung 2.5). Das war der letzte Anstoß für ihn, sein Werk über den Ursprung der Arten[170] niederzuschreiben. Er erkannte auch, dass es die *Abwesenheit* von Nicht-Finken-Konkurrenten auf den Inseln war, die es den Finken erlaubte, in neue Nischen einzudringen und sich so in neue Arten zu entwickeln.

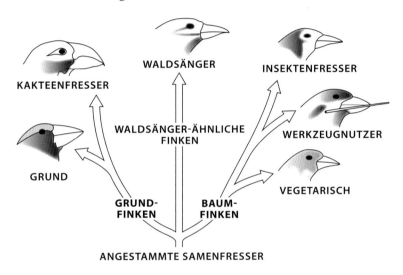

Schnabelformen von Finken, die Darwin auf den Galápagos-Inseln vorfand

Abbildung 2.5: *Darwin-Finken auf den Galapagos-Inseln, die wohl von einem Ahnenpaar abstammen, und Auffächerung in zahlreiche Spezialisierungen (und Arten). Nach: www.yourarticlelibrary.com/evolution/notes-on-darwins-theory-of-natural-selection-of-evolution/12277/.*

Der modernere Populations-Darwinismus, entwickelt von J.B.S Haldane, Ronald Fisher, Theodosius Dobzhansky und anderen[171], hat eine weitere erstaunliche evolutionäre Eigenschaft der *Begrenzung* von Konkurrenz entdeckt und etabliert. Die Grundlage war ein

---

170 Charles Darwin. 1859. The Origin of Species by Means of Natural Selection. London: John Murray.
171 Z.B. Theodosius Dobzhansky. 1937. [3. Auflage. 1951]. Genetics and the Origin of Species. New York: Columbia U. Press. Oder: Julian Huxley. 1942. Evolution: The Modern Synthesis. London: Allen & Unwin.

Phänomen, welches seit den Entdeckungen von Gregor Mendel im 19. Jahrhundert bekannt war, und zwar, dass Gene paarweise kommen (»Allel«), von denen eines dazu neigt das andere, das »rezessive« Allel zu »dominieren«. Die rezessiven Merkmale des »Genotyps«, der genetischen Ausstattung von Individuen, neigen dazu, im »Phänotyp« unsichtbar zu bleiben. Die braune Iris bei Menschen dominiert über die blaue Iris. Man kann nicht durch den Blick in die braunen Augen einer Person erkennen, ob sie oder er ein blaues Irisgen von der Mutter oder dem Vater in sich trägt. Doch blauäugige Personen sind stets »homozygote« (doppelte) Träger des »blauen« Gens von beiden Elternteilen.

Unterschiedliche Augenfarben sind auffällige Merkmale und werden im ersten Fall ihres Auftretens *Mutationen* genannt. Auffällige Mutationen waren die Grundlage von Gregor Mendels Experimenten mit Erbsen und anderen Spezies. In der realen Welt sind sie jedoch die Ausnahme. Die Regel sind winzige genetische Mutationen, die meist rezessiv sind und daher unter ihren dominanten Wildtyp-Allelen »verborgen« bleiben. Dieser Mechanismus ermöglicht, wie Haldane u.a. erkannten, über die Jahrtausende hinweg die Akkumulation von riesigen »Genpools« mit sehr großen Zahlen von Mutationen. Die meisten von ihnen sind nicht nur rezessiv, sondern wären auch weniger überlebensfähig als die jeweiligen »Wildtypen«, wenn sie im Phänotyp ausgedrückt würden (indem sie von beiden Eltern vererbt werden). Wenn sie jedoch rezessiv sind, bleiben sie über große Zeitintervalle *gegen die Selektion geschützt*, da die statistische Wahrscheinlichkeit, von beiden Eltern vererbt zu werden stets sehr gering ist.

Populationsbiologen der 1930er Jahre sahen in diesem Mechanismus die eigentliche Grundlage für eine *kontinuierliche* und adaptive Evolution. Sie argumentierten, dass eine kleine, aber relevante statistische Wahrscheinlichkeit zwei gleiche rezessive, elterliche Gene zusammenbrachte und eine andere Wahrscheinlichkeit die jeweiligen Phänotypen jeweils die richtige Antwort auf veränderte Umgebungen sein ließe. Die Evolution würde nicht mehr vom Auftauchen von »hoffnungsvollen Monstern« abhängen, also auffälligen Mutationen, die Gegenstand von Spekulationen waren, als Biologen noch versuchten, Darwins Theorie mit Mendels Erkenntnissen zusammenzubringen. Das Konzept des Genpools gab dem Darwinismus seine Plausibilität zurück. Es erklärte den positiven evolutionären Wert des Schutzes und der Akkumulation von *weniger passenden* Zügen, auch solchen Dingen wie erbliche Krankheiten, z.B. der genetischen Neigung von ein paar Menschenpopulationen an Sichelzellenanämie zu erkranken; dieses Gen verleiht nämlich auch Abwehrkraft gegen schwere Verlaufsformen von Krankheiten wie Malaria.

Einige Evolutionsbiologen, aber vor allem landwirtschaftliche Züchter, ärgerten sich sehr über die unsichtbaren rezessiven Gene und sahen sie als Hindernis für die strategische Zucht. Sie wollten Homogenität, nicht die Vielfalt der Gene. Doch solche homogenen, domestizierten Sorten sind meist weniger robust gegenüber unvorhergesehenen Herausforderungen von Wetter, Ernährung und Krankheiten. Spätere Wissenschaftler, darunter Stephen Jay Gould und Niles Eldredge[172], beschrieben eine weitere wichtige Eigenschaft des Genpools: Rezessive Gene werden häufiger sichtbar, wenn die Population schrumpft, einfach weil es dann Inzucht gibt und öfter mal Vater und Mutter

---

172 Niles Eldredge, und Stephen Jay Gould. 1972. »Punctuated equilibria: an alternative to phyletic gradualism.« in T.J.M. Schopf (Hg.). Models in Paleobiology. San Francisco: Freeman Cooper: 82-115.

das gleiche rezessive Gen haben. Die Schrumpfung kann durch neue Parasiten, Dürren oder Mangel an Nahrung ausgelöst werden. Mit einer kleinen, aber relevanten Wahrscheinlichkeit erweisen sich einige der rezessiven Mutationen als gute Antwort auf die neue Herausforderung: Widerstand gegen den Parasiten, geringerer Wasserbedarf oder die Fähigkeit, andere Nahrungsquellen zu nutzen. In solchen Fällen wird der Vorteil des rezessiven Gens bald zum Vorteil der ganzen Population: ein weiterer Beweis für die Nützlichkeit des Schutzes von Optionen, die unter den alten Bedingungen »minderwertig« gewesen wären.

Die vielleicht aktuellste Zusammenfassung der Evolution nach Darwin stammt von Andreas Wagner[173]. Sein Mantra ist der Aufbau immenser »Bibliotheken« an genetischen Optionen im Laufe von Millionen von Jahren. Fälschlicherweise wurden diese Bibliotheken oft als »Junk-DNA« bezeichnet. In Wirklichkeit können jedoch Arten ihre Bibliothek verwenden, um viele Kodierungen *existierender* Gene auszuprobieren und hoffnungsvolle Proteine zu finden. Der Aufbau neuer Gene und Proteine von Grund auf würde viel mehr Zeit in Anspruch nehmen. So sagt Wagner überzeugend, dass Innovationen der Evolution von einem Schatz abhängig sind, der als solcher vor der Zerstörung durch natürliche Selektion geschützt werden muss, auch wenn die meisten »Bücher« auf den ersten Blick »minderwertig« erscheinen.

An diesem Punkt scheint es nötig, eine spektakuläre neue Entwicklung der Gentechnik zu nennen, die oft als »Genom-Editierung« bezeichnet wird, oder auch CRISPR-Cas9 (*Clustered Regularly Interspaced Short Palindromic Repeats*). Entwickelt und veröffentlicht 2012,

---

173 Andreas Wagner. 2015. Arrival of the Fittest. Wie das Neue in die Welt kommt. Über das größte Rätsel der Evolution. Frankfurt: S. Fischer.

ermöglicht die Methode, DNA an bestimmten Stellen zu schneiden und zu modifizieren, um so potenzielle Gene, die Krankheiten verursachen, auszuschneiden.[174] Die Wissenschaft einschließlich der Medizin ist von diesem Potenzial begeistert. Ein neuer NAS-Bericht spricht voller Optimismus von den Anwendungen im öffentlichen Gesundheitswesen, der Erhaltung von Ökosystemen, der Landwirtschaft und der Grundlagenforschung.[175] Kritiker, z.B. aus der ETC-Gruppe[176], wenden ein, dass der teilweise vom Militär finanzierte Bericht drei große Anliegen der Genom-Editierung verschweigt: Militarisierung, Kommerzialisierung und Ernährungssicherheit.

Sogar unter Wissenschaftlern herrscht vorläufig Zögern vor, wenn es um die Anwendung dieser Methode beim Editieren des menschlichen Genoms geht. Wenn diese Methodik um sich greift, wäre eine systematische Schrumpfung der genetischen Vielfalt zu erwarten/befürchten, wodurch die Größe von Wagners »Bibliothek« reduziert würde. Das Mindeste an Vorsicht sollte es sein, die Erbgut-Vielfalt aller Arten, die der Genom-Editierung unterzogen werden, systematisch zu pflegen.

Auf jeden Fall lernen wir, wie wichtig es für den modernen Darwinismus ist, zu verstehen, dass die *Begrenzung des Wettbewerbs* und der *Schutz schwächerer Stämme* eine unverzichtbare Säule der Evolution waren.

Im Gegensatz dazu geht die doktrinäre Wirtschafts-

---

174 Für eine frühe aber verständliche Beschreibung inklusive der Anwendung siehe P. D. Hsu und E. S. Lander, und F. Zhang. 2014. »Development and Applications of CRISPR-Cas9 for Genome Engineering.« Cell Vol 157, Nr. 6, Juni : 1262–1278, ISSN 1097-4172.
175 NAS (The National Academy of Sciences, Engineering, Medicine). 2016. Gene Drives on the Horizon. Advancing Science, Navigating Uncertainty, and Aligning Research with Public Values. Washington: National Academies Press.
176 Eine zunächst auf »Erosion, Technology and Concentration« (ETC) konzentrierte Aktivistengruppe. Es geht um die sozioökonomischen und ökologischen Fragen rund um neue Technologien, welche Auswirkungen auf die ärmsten und schwächsten Menschen der Welt haben könnten. Aktuelle Zielfelder sind synthetische Biologie und Gene Drive.

2.6 Philosophische Fehler des Marktdogmas

lehre davon aus, dass Innovation und Evolution immer und überall von hochintensivem Wettbewerb und von der Beseitigung der Schwachen profitieren – eine Vereinfachung, die fast das Gegenteil von der Wahrheit ist.

In dieser Analyse haben wir dreimal »im Gegensatz dazu« gesagt. Wir glauben, dass ein Großteil des Kränkelns der modernen Wirtschaftstheorie in falschen oder übertriebenen »Zitaten« der drei hier ausgewählten Riesen der Ökonomie wurzelt (Darwin sah sich nicht als Vater der Ökonomie, aber seine Entdeckung der Macht der Konkurrenz und der Selektion ist für das Konzept der Märkte von grundlegender Bedeutung). Die Korrektur der Zitate könnte (sehr vereinfacht) wie folgt lauten:

- Die Segnungen der *unsichtbaren Hand* erfordern die Existenz und Wirksamkeit eines starken Rechtsrahmens, der über den Einfluss der mächtigen Marktteilnehmer hinausgehen sollte.

- Der beidseitige Nutzen des Handels gelingt nur, wenn das Kapital ortsfest bleibt. Die Macht des Kapitals ist gefährlich asymmetrisch: Großes Kapital wird immer einen Vorteil über kleines Kapital haben. Und viele lokale Innovationen brauchen kleines Kapital.

- Der Wettbewerb ist in seinem Ursprung ein lokalisiertes Phänomen. Der Schutz lokaler Kulturen, lokaler Spezialisierungen und lokaler Politik gegen die immensen Mächte von Weltkonzernen kann für Diversifizierung, Innovation und Evolution erforderlich sein. Der Begriff »nicht-diskriminierend«, welcher derzeit[177] in Handelsabkommen verwendet wird, tendiert dazu, den Mächtigen die Oberhand über die schwachen und lokalen Konkurrenten zu geben.

Dieser Kurzaufriss über die intellektuellen Schwächen der doktrinären Ökonomie kann sicherlich verbessert werden. Heute stimmen viele Ökonomen, Historiker und andere Akademiker unserer kritischen Analyse zu. Es könnte eine mächtige und überzeugende Begründung für die Revision der Lehre werden, die eine wachsende Zahl an Menschen so besorgniserregend und ungerecht findet.

Wir sind froh zu beobachten, dass eine starke Bewegung aufkam, die den Pluralismus in der Wirtschaftslehre fordert. Sie nennt sich ISIPE und stammt aus Paris[178], besteht jedoch mittlerweile aus mehr als 165 Verbänden, welche unter anderem fordern, dass »*die reale Welt in das Klassenzimmer zurückgeholt werden sollte, sowie eine Debatte und einen Pluralismus von Theorien und Methoden*«.

Einige prominente Ökonomen unterstützen die Bewegung und sind auch eng mit dem Club of Rome verbunden. Dazu gehören Robert Costanza und Herman Daly, Tim Jackson[179], Peter Victor[180], Ashok Khosla[181] und Enrico Giovannini[182] (welcher zu den Statistiken für eine Nach-BIP-Definition des Wohlbefindens beigetragen hat).

---

177 Ursprünglich wurde das Konzept der Nichtdiskriminierung im Kontext der Menschenrechte eingeführt und schützte die Schwachen!
178 ISIPE International Student Initiative for Pluralism in Economics. [Offener Brief]. 2014. www.isipe.net.
179 Tim Jackson. 2009. Prosperity Without Growth: Economics for a Finite Planet. London: Earthscan.
180 Peter Victor. 2008. Managing Without Growth. Slower By Design, Not Disaster. Advances in Ecological Economics.
181 Ashok Khosla. 2016. To Choose Our Future. A Report to the Club of Rome. New Delhi: Academic Foundation.
182 E. Giovannini, J. Hall, und MM d'Ercole. 2007. Measuring Well-being and Societal Progress. Paris: OECD. Siehe auch: OECD. 2015. Measuring Well-being. Paris: OECD.

DIE REDUKTIONISTISCHE PHILOSOPHIE IST FLACH UND UNZULÄNGLICH

2.7.1 Reduktionismus

Wir stellten fest, dass die Wirtschaftsphilosophie der Überlegenheit der Märkte erst nach dem Ende des Kalten Krieges zum *dominierenden* Paradigma geworden ist. Wir fanden auch, dass die Marktlehre in vielerlei Hinsicht versagt hat, und wir sahen, dass einige der Kernprinzipien der heutigen Marktphilosophie auf fehlerhaften Zitaten und Missverständnissen ihrer ursprünglichen Bedeutung basieren. Wir wenden uns nun einigen *philosophischen* Irrtümern zu, die man vereinfacht mit dem Namen *Reduktionismus* bezeichnet.

Naturwissenschaftliche Fortschritte beruhten seit langer Zeit vor allem auf einer immer detaillierteren Beschreibung und Zerteilung von Elementen. Seit Descartes und Newton hat sich eine Art *Hierarchie der Genauigkeit* entwickelt. Mathematik oder ›Arithmetik‹, wie sie oft genannt wurde, stand an der Spitze dieser Leiter. John Locke sagte in einem gelehrten Brief von 1691, dass »der Preis einer Ware durch den Anteil der Zahl der Käufer und Verkäufer steigt oder fällt«. Dies war die erste Erwähnung von dem, was später als Gesetz von *Angebot und Nachfrage*, die zusammen den Preis bestimmen, bekannt wurde. Locke kannte Isaac Newtons drittes Bewegungsgesetz, dass die Kraft immer gleich der Gegenkraft ist. Physik und Ökonomie schienen einander zu ähneln, und beide rühmten sich als wissenschaftlich genau, also jenseits des normativen Streits.

In Zeiten, als normative Dogmen das Volk und die Wissenschaft einsperrten, erschien es als große Befreiung, einen harten Felsen an Tatsachen zu haben, der stärker war als die Dogmen. Die Wissenschaft erstarkte nicht nur gegen machtbewusste Dogmatiker. Sie konnte mit harten Fakten und sauberen Methoden auch Scharlatane in den eigenen Reihen aussortieren. Wir schätzen diese positiven Aspekte der Genauigkeit und sind nicht überrascht, dass sie zur Kerntugend guter Wissenschaft wurden und blieben.

Aber der »reduktionistische«, auf Fakten und Methoden reduzierte Ansatz hat auch Grenzen und Schwächen. Eine ist, dass Fakten definitionsgemäß in der Vergangenheit liegen, nicht in der Zukunft. Eine andere ist, dass zwar in der Physik strenge, dauerhaft gültige Gesetze formuliert werden können, nicht aber in der Ökonomie, wo selbst der einfache Vergleich von Angebot und Nachfrage sich ständig verändert, durch Sättigung, Mode, Moral, Angstkäufe oder Wetterkapriolen.

Eine dritte »Schwäche« ist fundamentaler Natur und betrifft auch die Physik: Der Akt der Messung kann die Messresultate beeinflussen und verändern. Das war die große Entdeckung von Werner Heisenberg[183] 1927. Er nannte es die *Unschärferelation*. Niels Bohr, der von den überraschenden Erkenntnissen hörte, sah, dass die Unschärferelation eine Manifestation eines tieferen Prinzips sei, das er *Komplementarität* nannte: Zwei komplementäre Eigenschaften können nicht gleichzeitig *genau* gemessen werden. Diese dritte Schwäche der das Objekt verändernden Messung ist für die Biologie, die Medizin und alle Sozialwissenschaften beinahe selbstverständlich: Wenn man die Mikroanatomie der Rattenleber untersuchen will, kommt man kaum umhin, die Ratte zu töten (Abbildung 2.6). Für Ingenieure und Ärzte ist

---

183 Z.B. Werner Heisenberg. 1930. The Physical Principles of the Quantum Theory. Chicago: University of Chicago Press.

es sogar ein höchst erwünschtes Ziel, durch ihren Eingriff die bisherigen Fakten zu verändern. In der Physik aber, der Meisterdisziplin der Genauigkeit, bedeutete Heisenbergs Entdeckung einen großen Schock und eine tiefgreifende Änderung im Verständnis von Messungen.

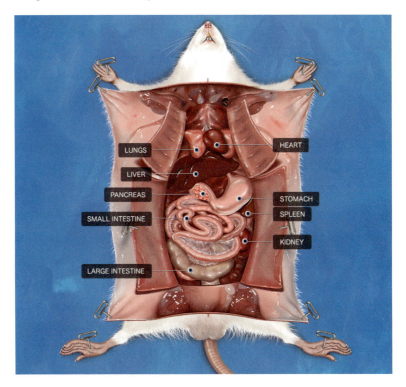

Abbildung 2.6: *Die Präparation einer Ratte bedeutet, sie zu töten. Bild: Emantras Inc. (vgl: www.graphite.org/app/rat-dissection).*

Es war auch ein Schock für die *analytische Philosophie*, die sich gerne als die einzig richtige Wissenschaftsphilosophie aufspielt. Sie war charakterisiert durch immer genauere Messungen von immer kleineren Einheiten: Die großen Fortschritte der Physik waren eng mit dem Verständnis von Atomen und Elementarteilchen verbunden. Die Entdeckung des Higgs-Bosons im Jahr 2012 wurde als eine Art Krönung der Physik gefeiert. Ebenso wurde die moderne Biologie weitgehend zur *Molekular*biologie, und die Ökonomie ist stolz darauf, immer mathematischer zu werden.

Bestäuber als Opfer des Reduktionismus

Die industrielle Landwirtschaft ist versucht, die unbezahlten Dienste von Bienen und anderen Bestäubern zu ignorieren. Seit Jahrtausenden haben sie Pollen von den männlichen Teilen der Blumen zu den weiblichen Teilen getragen und sie befruchtet und produktiv gemacht.
In Agroökosystemen sind Bestäuber für die Obst-, Garten- und Futterproduktion sowie für die Produktion von Saatgut für viele Wurzel- und Faserpflanzen unerlässlich. Etwa zwei Drittel der Kulturpflanzen, welche die Welt ernähren, beruhen auf Bestäubung durch Insekten oder andere Tiere, um Früchte und Samen zu produzieren. Von den etwas mehr als 100 Pflanzenarten, die für etwa 150 Länder 90% der Ernährung garantieren, sind fast drei Viertel bienenbestäubt (nicht nur Honigbienen) und einige andere durch Wespen, Fliegen, Käfer und andere Insekten.[184]
Für uns Menschen geht es nicht nur um die Kalorien, sondern auch um Vielfalt, Qualität und Vitamine. Überall brauchen wir die Bestäuber-Insekten.
Die heutige »Schädlingsbekämpfung« in der Landwirt-

---

[184] RP. Singh, PV. Vara Prasad, und KR. Reddy. 2013. »Impacts of changing climate and climate variability on seed production and seed industry.« In Donald L Sparks (Hg.). Advances in Agronomy Band 118: 79. Ebenfalls: A.-M. Klein, B.E. Vaissiere, J.H. Cane, I. Steffan-Dewenter, S.A. Cunningham, C. Kremen, und T. Tscharntke. 2007. »Importance of pollinators in changing landscapes for world crops.« Proceedings of the Royal Society B: Biological Sciences 274(1608): 303-304.

> schaft bringt große Bedrohungen für Bestäuber. Die Anbaufelder sind immer größer und monotoner geworden. Viele Pestizide haben Breitbandwirkungen und unterscheiden kaum zwischen Nützlingen und Schädlingen. Kein Wunder, dass die Bestäubungsdienste weltweit rückläufig sind.
>
> Besonders brisant sind die Neonicotinoide. Sie werden meist schon auf das Saatgut aufgebracht und »vergiften« später die ganze Pflanze für Insekten einschließlich der Bestäuber.[185] Man nennt diese Pestizide *systemisch*, was bedeutet, dass sie in die junge Pflanze aufgenommen und auf alle Gewebe übertragen werden, inklusive der Pollen und des Nektars. So verbreiten sie sich auch weit in der Natur, nicht nur auf den landwirtschaftlichen Flächen. So wurden unsere Agrarlandschaften zu Massengräbern für jene Ökosystemdienstleister, die unsere Lebensmittelqualität kostenlos aufrechterhalten.
>
> Wir sagen nicht, die reduktionistische Wissenschaft sei falsch, aber hier bedarf es einer *systemhaften* Kosten-Nutzen-Rechnung, die über die landwirtschaftliche Betriebslehre weit hinausgeht.

Wir haben den Fall der Bestäuber gewählt, weil sie heute so heftig diskutiert werden und wir immer noch die Chance haben, riesige Katastrophen abzuwenden. Doch es gibt noch eine andere Symbiose, die für robuste und gesunde Ökosysteme zumindest ebenso wichtig ist. Es ist die Zusammenarbeit aller Pflanzen mit der sehr variablen Welt der Mykorrhizapilze. Sie ist mindestens so wichtig wie die der Bestäuber, wegen ihrer Rolle für die Bodenfruchtbarkeit.

---

185 IPBES (Intergovernmental Science-Policy Platform on Biodiversity and Ecosystem Services). 2016. Summary for Policy Makers: Pollination assessment. Bonn: IPBES Secretariat.

Entgegen einer auf die Mikroanalyse zielenden analytischen Philosophie haben auf der Grundlage der Pionierarbeiten von Gregory Bateson[186] zwei bedeutende Wissenschaftler, Fritjof Capra und Pier Luigi Luisi, eine tiefgehende Analyse der *Lebensphilosophie* für das Verstehen von lebenden Systemen und anderen offenen Systemen unternommen. Sie nennen sie die »Systems View of Life«[187]. Wir folgen gerne ihrer Logik, einschließlich ihrer Kritik an den reduktionistischen und analytischen Präzisionsirrtümern. Ihr Buch zeigt auf, wie die Newton'sche Physik mit ihren großartigen Erkenntnissen über die Mechanik leider auch für eine mechanistische Sicht des Lebens und der Gesellschaft Pate gestanden hat. Auch das war Bestandteil der europäischen Aufklärung und damit auch der klassischen Ökonomie und ihrer mathematischen Modellierung. Die »Maschinenmetapher im Management«, zentral für das Denken der industriellen Revolution, führte im frühen 20. Jahrhundert zu Frederick Taylors *Prinzipien des wissenschaftlichen Managements*, heute als Taylorismus bezeichnet.

Nachdem Capra und Luisi die Unzulänglichkeit des reduktionistischen Ansatzes für lebende Systeme aufgedeckt haben, gehen sie frühen Systemtheorien wie der Kybernetik der 1940er Jahre und dem Autopoiesis-Gedanken von Maturana und Varela[188] nach sowie den Phänomenen von sprunghaften, also nichtlinearen Entwicklungen. Sehr gut ist ihre Interpretation von Darwins »Baum des Lebens« (22 Jahre vor seiner *Entstehung der Arten!*) und sie betonen, dass »wir nicht unsere Ge-

---

186 Gregory Bateson. 1987. Geist und Natur. Eine notwendige Einheit. Frankfurt: Suhrkamp.
187 Fritjof Capra, und Pier Luigi Luisi. 2014. The Systems View of Life. Cambridge: Cambridge University Press.
188 Humberto Maturana und Francisco Varela. 1972. »Autopoiesis: The organization of the living.« In: Maturana und Varela. 1980. Autopoiesis and Cognition. Dordrecht: Reidel.

2.7 Die reduktionistische Philosophie ist flach und unzulänglich

ne«[189] sind, wie es Rassisten und populistische Narren gern darstellen.

Wissenschaft und Spiritualität sollen keinen »Dialog der Gehörlosen«[190] führen, sondern ihre gegenseitigen Parallelen suchen und entwickeln. Für Capra und Luisi gibt es eine »Spiritualität als gesunden Menschenverstand«, was nahe am Denken des Benediktinermönchs David Steindl-Rast[191] liegt. Im Einklang mit einem früheren Bestseller[192] von Fritjof Capra beobachten sie, dass asiatische Religionen und Spiritualität einen viel direkteren Weg haben, um Synergien mit der modernen Wissenschaft zu finden, als die monotheistischen Religionen, vor allem der Islam und ein dogmatisch verstaubtes Christentum.

Ein weiterer Ansatz zum Verständnis lebender Systeme und zur Überwindung der reduktionistischen Arroganz kommt vom Biologen Andreas Weber in seinem neuen Buch *The Biology of Wonder*[193]. Die Trennung zwischen Mensch und Natur, sagt er, ist vielleicht das grundsätzliche Problem unserer heutigen Spezies. Sein Buch zeigt, dass es keine Trennung zwischen uns und der Welt gibt, die wir bewohnen, und bestätigt somit das Wesen unserer tiefen Erfahrung. Durch die Versöhnung der Wissenschaft mit Sinn, Ausdruck und Emotionen hilft uns seine ungewöhnliche Arbeit dabei, besser zu verstehen, wo wir im Rahmen des Lebens verortet sind. Im Gegensatz zur Anatomie unterstreicht sein Ansatz die gegenseitigen Beziehungen zwischen Biowissenschaften und Leben.

Die Leser, die uns bisher gefolgt sind, sind sich

---

189 Fritjof Capra, und Pier Luigi Luisi. 204-207.
190 Ebd.: 282-285.
191 David Steindl-Rast. 1990. »Spirituality as Common Sense.« The Quest 3: 2.
192 Fritjof Capra. 1977. Das Tao der Physik. München (früher Frankfurt). O.W. Barth Verlag.
193 Andreas Weber. 2016. The Biology of Wonder. Aliveness, feeling and the metamorphosis of Science. Gabriola Island, BC Canada: New Society Publishers.

vermutlich darüber einig, dass eine reduktionistische Philosophie nicht nur für den Umgang mit lebenden Systemen unzureichend ist, sondern auch für die Überwindung der Tragödien einer zerstörerischen sozioökonomischen Entwicklung in der *vollen Welt*.

2.7.2 Technologiemissbrauch und »Homo Deus«

Ein ganz anderes Beispiel für die Grenzen des Reduktionismus ist unsere Unfähigkeit, die Auswirkungen der technologischen Revolution abzuschätzen. Wissenschaft und Technik werden derzeit durch die rasante Entwicklung der künstlichen Intelligenz (AI – Artificial intelligence), der Nanotechnologie und der Biologie umgestülpt. Man traut sich gar nicht, Technik-Prognosen über auch nur fünf Jahre zu erstellen. Beeindruckende neue Optionen tun sich auf, aber das Gleiche gilt für den gefährlichen Missbrauch, etwa bei AI und Robotisierung.

Yuval Noah Harari, der israelische Bestsellerautor, widmet beiden viel Raum. Besonders sein neues Buch »Homo Deus« zeigt, wie wir mehr und mehr von intelligenten Maschinen gesteuert werden. Seine neue Vision ist, dass die zunehmenden Gehirn-Maschinen-Interaktionen in einem Bemühen der Eliten münden könnte, immer bessere *biologische* Wesen zu werden, Superwesen. Die Unterschicht könnte sich solchen Luxus nicht leisten. Die Folge wäre eine Klassengesellschaft mit *biologischen* Abständen zwischen den Klassen!

Hier müssen wir Halt machen und nachdenken, sagt Harari. Wir sind am Scheideweg. Unser eigentliches Wesen als Menschen ist in Gefahr. Auch wir Autoren dieses Buches finden, dass das Volk und die Entscheidungsträger ziemlich ahnungslos im Hinblick darauf sind, was da auf uns zukommt. Weder national noch international

2.7 Die reduktionistische Philosophie ist flach und unzulänglich

haben wir Institutionen, die die brisante Entwicklung der Technik beobachten und ihre Folgen, vor allem Risiken abschätzen.

Bei der AI wissen wir inzwischen, dass Computer die Weltmeister im Schach schlagen können. Kalkulieren können sie allemal besser. Gewiss denken wir alle, dass es echte Grenzen ihrer Fähigkeiten gibt, etwa im Bereich Kunst, aber Harari stellt ein Programm vor, entwickelt von einem Musikprofessor, das ein Stück schrieb, das von einem Publikum als besser als Bach beurteilt wurde.

Wenn die Technik so etwas vollbringen kann, dann gibt es keinen Grund anzunehmen, dass sie uns nicht überall überholen kann. Maschinen haben vielleicht kein subjektives Bewusstsein; das wäre ein wichtiger Unterschied. Aber es hält sie nicht davon ab, uns in allen intellektuellen und künstlerischen Bereichen zu überholen.

An welche Algorithmen denkt Harari? Sie werden von Menschen geschrieben. Der erste Typ erschafft neue Technikwunder mit AI. Der nächste wird dann schon DNA benutzen, um *Lebewesen* mit noch höherer »natürlicher« Intelligenz zu schaffen. Unsere Fähigkeit, die beiden zentralen biologischen und computertechnischen Informationsträger, Gene und Bytes, zu manipulieren, läuft fast zwangsläufig auf das Entstehen von Superwesen hinaus, die schließlich die Welt beherrschen. Sie klauen uns die Jobs, schleichen sich überall ein, kontrollieren auch unsere Emotionen und unser Schicksal etwa so leicht, wie sie heute Taxis zum Einsatz steuern und den Verkehr regeln. Kein Wunder, dass das Centre for the study of existential risks (Kapitel 1.6.1) die AI als eine der großen Bedrohungen ansieht.

Was Harari schreibt, ist überaus wichtig. Wir müssen eine harte Diskussion über die Folgen der AI führen, sowohl im Hinblick auf Chancen wie auf die Risiken.

Auf jeden Fall sind die Folgen an vielen Stellen *disruptiv* (Kapitel 1.11.3 und 1.11.4). Jobs, Privatsphäre und die fundamentale Frage, wer wir Menschen eigentlich sind, werden aufgeworfen. Die Perspektive eines Zusammenführens von Mensch und Maschine ist eine Wahnsinnsherausforderung. Wollen wir solchen Fragen nachgehen, müssen wir Wissenschaft und Technik viel stärker in der Ethik verankern und müssen wir uns darauf einrichten, Institutionen zu schaffen, die sich systematisch mit Technikfolgen befassen und die Technik bremsen können und dürfen.

LÜCKEN ZWISCHEN THEORIE, BILDUNG UND GESELLSCHAFT

Eine reduktionistische Philosophie, wie sie im letzten Kapitel beschrieben wurde, und deren Tendenz, die Wirklichkeit zu elementarisieren, hat zu einer Trennung zwischen unserem Wissen, unserem Bildungssystem und der Gesellschaft geführt, in der wir leben. Nicht nur war der akademische Elfenbeinturm schon seit langem weit von der Gesellschaft entfernt, die Elementarisierung hat auch zu immer mehr Spezialdisziplinen geführt. Die Wirklichkeit als Ganzes wird kaum gesehen. Und die Forschungs- und Bildungsinstitutionen sind für die Bewältigung der heutigen Herausforderungen weitgehend inkompetent.

Die Trennung zwischen Wirtschaft und Ökologie, die seit langem besteht, ist ein dramatisches Beispiel für das generelle Problem. Die Fragmentierung des Wissens führt zum Verlust der Einsicht in die Zusammenhänge und Interdependenzen zwischen den Teilen und dem Ganzen, dessen Bestandteile sie sind. Diese Trennung prägt die Organisation von Universitäten und Forschungsinstituten. Sie prägt zunehmend auch die Organisation von Regierung, Politik und der Verwaltung. Gesetze zielen häufig auf neu erkannte Spezialfragen und berücksichtigen kaum das Ganze. Eine gute Antwort der 1970er Jahre auf dieses Problem waren die Umweltverträglichkeitsprüfungen bei der Planung großer Projekte.

Diese Tendenz trägt auch zur wachsenden Entfernung zwischen Finanzmärkten und Realwirtschaft bei, ebenso zwischen Technologie und Beschäftigung sowie zwischen Wirtschaftstheorie und Politik. Geradezu genüsslich haben die Finanzmärkte ein Eigenleben entwickelt, im Bewusstsein ihrer enormen Stärke. Der Trend der Technologie zur

Steigerung der menschlichen Produktivität ist mittlerweile zur Innovation um ihrer selbst willen geworden, oft auf Kosten von Beschäftigung und Wohlbefinden.

Die Auswirkungen dieser Entfernung auf Politik und Praxis sind auf der Theorieebene ebenso offensichtlich. Die ökonomische Theorie hat sich in unzählige Subdisziplinen aufgesplittert. Es gibt zahlreiche Modelle, die die Organisation einzelner Aktivitäten beschreiben, während so wichtige Faktoren wie die Externkosten außen vor blieben. Diese Modelle machten es auch der Ökonomie leicht, die Sozialwissenschaften weitgehend auszuschließen. Die Physiker, die im 19. Jahrhundert die neoklassische Ökonomie begründeten, etwa Léon Walras oder William Stanley Jevons, trugen dazu bei, die Ökonomie in den »Rang« einer wahren, auf Physik aufbauenden Wissenschaft zu erheben. Diese Entwicklungen führten zu einer Prävalenz von ökonomischen Theorien mit viel Mathematik unter weitgehender Ausblendung politischer, rechtlicher, sozialer, kultureller und psychologischer Faktoren, von großen löblichen Ausnahmen wie Daniel Kahneman[194] oder Mihály Csíkszentmihályi[195] einmal abgesehen.

Die Fragmentierung hat alle Wissenschaften erfasst – auch die Naturwissenschaften. Aber hier finden sich immerhin Grundprinzipien, die aus anderen Disziplinen stammen, so etwa Physik und Chemie in der Biologie.

In der Bildung spielen Modelle und Theorien natürlich eine wichtige Rolle, aber wenn die Theorie die soziale Realität ausklammert oder das Modell mit der Realität verwechselt wird, kann die Bildung zwar Buchwissen begründen, aber der realen Welt nicht allzu nützlich werden. Tomas Björkman, Club-of-Rome-Mitglied, Ökonom und ehemali-

---

194 Am bekanntesten: Daniel Kahneman. 2012. Schnelles Denken, langsames Denken. Berlin: Siedler.
195 Z.B. Mihály Csíkszentmihályi. 2008. Flow. Stuttgart: Klett-Cotta.

2.8 Lücken zwischen Theorie, Bildung und Gesellschaft

ger Investmentbanker, nennt drei Bereiche, in denen es zu Diskrepanzen zwischen Theorie und Praxis kommt.[196] Die erste Diskrepanz besteht in der Kluft zwischen dem tatsächlichen Modell und unserem Verständnis des Modells. Die zweite Diskrepanz liegt zwischen dem eigentlichen realen Markt und dem neoklassischen Modell des Marktes. Ökonomen wissen, dass das neoklassische Modell nicht auf dem realen Markt basiert, sondern auf einer Reihe von abstrahierenden Annahmen eines ›perfekten theoretischen Marktes‹, der ihn im Gleichgewichtszustand darstellt. So kann die Wirklichkeit in Gleichungen ausgedrückt werden, die nicht unbedingt Menschen, Institutionen, Potenziale, Emotionen oder Werte abbilden. Die dritte Diskrepanz liegt zwischen dem tatsächlichen und dem möglichen Markt, wie er sein könnte. Dieser Mythos hat seine Wurzeln in der Vorstellung, dass der Markt eine feste Realität sei.

Viele Forschungen zeigen, wie unrealistisch viele dieser Modellannahmen sind, aber Ökonomen und Wirtschaftsstudenten studieren die Modelle weiterhin und geben sie als adäquate Repräsentation der Realität aus. Ein ökonomisches Modell wird im Allgemeinen nicht entworfen, um die tatsächliche Welt wiederzugeben. Es versucht eher herauszufinden, zu welchen Erkenntnissen theoretische Annahmen und Abstraktionen führen könnten. Modelle gehen gerne von der Verfügbarkeit einer perfekten Konkurrenz, Marktinformationen und prognostische Kapazitäten aus, auch wenn Perfektion in der realen Welt kaum vorkommt. Wir kommen in Kapitel 3.18 auf dieses Problem zurück, wo wir die Bedürfnisse der künftigen Bildung umreißen, damit diese für eine nachhaltige Entwicklung geeignet ist.

---

[196] Tomas Björkman. 2016. »The Market Myth.« Cadmus 2, Nr.6: 43-59.

2.9 TOLERANZ UND LANGFRISTIGE PERSPEKTIVEN

Die philosophische Krise hat große Auswirkungen darauf, wie die Welt regiert wird. Wir skizzieren hier einige der Hauptmerkmale einer »Philosophie« für eine nachhaltige Welt.

Sehr wichtig für die politische Steuerung ist die Beziehung zwischen nationaler Regierung und globaler Regelsetzung. Die Vereinten Nationen wurden zu einer Zeit geschaffen, als der Nationalstaat die einzige Einheit war, die rechtsverbindliche Gesetze erlassen konnte. Zwar es gab auch bindende völkerrechtlich Verträge, aber sie waren schwach, wenn sie nicht von allen betroffenen Nationalstaaten ratifiziert wurden.

Nach den Schrecken des Zweiten Weltkrieges, der von souveränen, in Militärbündnissen verbundenen Nationalstaaten ausgefochten worden war, wurde die Idee politisch diskutabel, dass nun Nationalstaaten einige ihrer Souveränitätsrechte einschließlich der militärischen Souveränität verlieren müssten.

Wenn die Welt die Nachhaltigkeitsprobleme ernst nimmt, müssen noch viele andere Bereiche der Souveränität infrage gestellt werden. Dies erfordert die Etablierung eines wirklich neuen Denkens. Die Klimadiskussion ist der bekannteste Fall. Es wird immer *unmoralischer,* weiterhin Treibhausgase in die Atmosphäre zu blasen. Und doch empfinden die Nationen es oft als unannehmbar, die nationale Gesetzgebung internationalen Regeln zu unterwerfen.

Die Europäische Union hingegen ist immerhin ein großes Beispiel dafür, dass die Abgabe nationaler Souveränitätsrechte an eine höhere Instanz für die Länder,

2.9 Toleranz und langfristige Perspektiven

die dies unternehmen, tatsächlich von Vorteil sein kann. In Bereichen wie Handel, Verbraucherschutz, Landwirtschaft und Umwelt sind etwa 80% der Rechtsvorschriften eines EU-Mitgliedsstaates durch europäische Richtlinien oder sogar in direkt verbindlichen Verordnungen vorgeschrieben. Natürlich gibt es Verfahren, in denen nationale Regierungen über den Inhalt von Richtlinien und Verordnungen verhandeln, aber zunehmend können qualifizierte Mehrheiten der Länder Minderheiten von Ländern überstimmen, was das EU-Recht für alle verbindlich macht. Es gibt Ausnahmen, in denen Einstimmigkeit herrschen muss, wie z. B. bei Fragen im Zusammenhang mit der Besteuerung. Alle ökonomischen Analysen haben gezeigt, dass die EU-Länder durch die Preisgabe nationaler Souveränität fast immer profitierten.

Auf der globalen Ebene ist bisher nichts davon sichtbar. Zwar haben wir das Seevölkerrecht, die UN-Konventionen zum Klima und zur Biodiversität sowie viele andere internationale Rechtsinstrumente, aber die Durchsetzung gegen Widerstand ist kaum möglich, mit zwei Ausnahmen: Blauhelmeinsätzen und WTO-Entscheidungen.

Es ist an der Zeit, eine neue Initiative für ein strengeres internationales Rechtssystem zu ergreifen, das einer *vollen Welt* angemessen ist. Die Idee der nationalen Souveränität war ein Produkt der *leeren Welt*. Wir diskutieren diese Frage weiter in Kapitel 3.16.

Im nächsten Kapitel werden wir die Notwendigkeit einer neuen Aufklärung diskutieren, und in diesem Zusammenhang fordern wir einen starken Sinn für Ausgewogenheit, der auch Toleranz einschließt. Einige Religionen und kulturelle Traditionen, die aus der *leeren Welt* stammten, hatten ein grundsätzlich intolerantes

Credo, das Aggression, Expansion und Diskriminierung von Menschen anderer Glaubensbekenntnisse, Hautfarben oder Kulturen legitimierte. Dies muss überwunden werden.[197]

---

[197] Koopmans, Ruud. 2015. »Religious Fundamentalism and Hostility against Out-groups: A Comparison of Muslims and Christians in Western Europe« Journal of Ethnic and Migration Studies 41(1): 33-57.

WIR BRAUCHEN EINE NEUE AUFKLÄRUNG

2.10.1 Neue Aufklärung, nicht erneuerter Rationalismus

Im Zusammenhang der Überwindung von Fürsten- und Kirchen-Macht haben wir die europäische Aufklärung aus dem 17. und 18. Jahrhundert erwähnt. Ihre einflussreichsten Persönlichkeiten waren vermutlich David Hume, Jean-Jacques Rousseau, Voltaire, Adam Smith und Immanuel Kant. Doch sie gründeten auf mächtigen Vorläuferphilosophen wie René Descartes, Blaise Pascal, Francis Bacon, Erasmus von Rotterdam, John Locke, Baruch de Spinoza, Montesquieu, Gottfried Wilhelm Leibniz und Isaac Newton, um nur einige zu nennen. Gemeinsam haben sie einen revolutionären Wandel der europäischen Zivilisation ausgelöst und gestaltet. Descartes und Bacon sprachen vom Beherrschen und Besiegen der Natur.

Eine der politischen Leistungen der Aufklärung war die Trennung des Staates von der Kirche. Der aufgeklärte Staat sah, anders als die damaligen Kirchen, das freie Denken und Handeln der Bürger als große Hoffnung. Es bedeutete auch Ermutigung zu wissenschaftlichem Streben, technologischem Erfindungsreichtum und unternehmerischem Gründergeist. Das 18. Jahrhundert sah eine explosionsartige Entwicklung von Wissenschaft und Technik. Antoine de Lavoisier und James Watt gehörten zu den Wegbereitern, nach ihnen führte eine Lawine technologischer Innovationen geradewegs zur industriellen Revolution.

Der Aufklärung war auch die Befreiung *menschlicher Individuen* vom erstickenden Druck der Kirchen und der absolutistischen Staaten im 17. und 18. Jahrhundert. Jedoch zog der neue Individualismus auch den allmählichen Verfall früherer Gemeinschaften nach sich. Institutionen wie die *Allmende* trugen in ihrer Funktion als Existenzabsicherung der Gemeindemitglieder und als Verkörperung sozialer Zusammengehörigkeit in traditionalen Gesellschaften zum allgemeinen Wohlbefinden bei. Aber parallel zum wachsenden privaten Reichtum und einhergehend mit der neuen Wertschätzung individueller Errungenschaften erodierten sie und wurden aufgelöst. Weit schlimmer waren die Effekte für Zivilisationen außerhalb Europas: Europäische Armeen, Kolonisten und Missionare hatten bereits im 16. und 17. Jahrhundert einen Großteil der Welt erobert und besiedelt. Die technischen Errungenschaften der industriellen Revolution machten Europa, vor allem das britische Empire, praktisch unbesiegbar. Was jedoch noch gravierender war: Begleitet wurde die europäische Dominanz von einer Ideologie, die das Recht des Stärkeren legitimierte, die die Unterwerfung und Ausrottung von Völkern rechtfertigte und zur Zerstörung vieler alternativer Traditionen und Kulturen weltweit führte, die seit Tausenden von Jahren existiert hatten. Peter Sloterdijk geht so weit, den Schrecken der europäischen Vormachtstellung und der missionarischen Kriege den monotheistischen Religionen zuzuordnen und sie mit den islamischen »Heiligen Kriegen« gleichzusetzen.[198]

Wir wissen natürlich, dass die europäische Entwicklung von Rationalismus, Wissenschaft und Technik ein starker Fortschrittsmotor war, aber wir dürfen die zerstörerischen Nebenwirkungen dieses Fortschritts nicht ignorieren. Was wir in Übereinstimmung mit Papst Franziskus' Enzyklika *Laudato Sí* über die philosophische Krise und einige suizidale Merkmale des modernen Kapitalismus gesagt haben, sollte in der *vollen Welt zur Forderung nach einer neuen Aufklärung* führen.

---

198 Peter Sloterdijk. 2007. Gottes Eifer. Vom Kampf der drei Monotheismen. Berlin: Verlag der Weltreligionen im Insel Verlag.

2.10 Wir brauchen eine neue Aufklärung

Es ist weithin modisch geworden, eine *neue Aufklärung* zu fordern. Aber die Motive und Inhalte sind sehr unterschiedlich. In vielen Fällen ist es einfach eine Wiederbelebung, in einigen Fällen eine Modernisierung der alten Aufklärung: Rationalismus, Freiheit, Anti-Dogmen, Anti-Regulierung, Anti-Staatsdominanz. Ein Beispiel von vielen stammt aus der britischen Libertären Allianz[199]. Ein anderes Beispiel war der Marsch für die Wissenschaft im April 2017, dem sich mehr als eine Million Menschen anschlossen, hauptsächlich als Protest gegen Präsident Trumps unglaubliche Verachtung für wissenschaftliche Wahrheitssuche. Schließlich das (österreichische) *Europäische Forum Alpbach*, weithin bekannt für neue intellektuelle Moden, widmete seine ganzen Veranstaltungen 2016 den Fragen zu einer Neuen Aufklärung, doch es war auch meist ein Aufruf zum Rationalismus.

Die Argumentation in diesem zweiten Teil unseres Buches verfolgt einen anderen Ansatz. Natürlich braucht man den Rationalismus, schon allein, um »Fake News« und andere hässliche Trends zu entkräften, aber der Rationalismus kann auch gute, nachhaltige Traditionen und Werte zerstören, die sich nicht »anatomisch« sezieren lassen.

Die *neue Aufklärung*, die »Aufklärung 2.0«, wird nicht europazentriert sein. Sie muss sich auch an den großartigen Traditionen anderer Zivilisationen orientieren. Um hier in Kürze zwei sehr unterschiedliche Beispiele zu nennen:

- Die Hopi-Tradition in Nordamerika blieb im Wesentlichen für 3000 Jahre stabil und nachhaltig.

---

199 Chris R. Tame. 1998. »The New Enlightenment: The Revival of Libertarian Ideas.« Philosophical Notes Nr. 48. London: Libertarian Alliance.

> Die Hopis sind eine der ältesten lebenden Kulturen in der Geschichte, mit nachhaltiger Landwirtschaft, stabiler Bevölkerung, ohne Kriege, und Architekten erstaunlicher Bauwerke. Unter dem Aspekt der Nachhaltigkeit gehören die Hopi in jeder Hinsicht zu den Siegern. Ihre Religion fußt auf dem Konzept der Balance, zwischen Wasser und Licht, Sommer und Winter, Humor und Ernsthaftigkeit.[200]

- Auch in den meisten asiatischen Traditionen[201] spielt die Balance eine zentrale Rolle, – im Gegensatz zur Dogmatik monotheistischer Religionen, in denen nur eine Seite richtig sein kann.

Unsere moderne Welt wäre dumm, würde sie die Weisheit der wirklich nachhaltigen Gesellschaften mit ihrer Philosophie des Gleichgewichts nicht nutzen.

2.10.2 Yin und Yang

Yin und Yang sind Symbole von *ausgewogenem Kontrast*. Mark Cartwright bietet eine vereinfachte Definition der Grundprinzipien, die auch wesentlicher Bestandteil der konfuzianischen Kosmologie sind:[202]

»Das Prinzip von Yin und Yang ist ein grundlegendes Konzept in der chinesischen Philosophie und Kultur, das etwa im dritten Jahrhundert v. Chr. oder noch früher aufkam. Es besagt, dass alle Dinge als untrennbare und widersprüchliche Gegensätze existieren, zum Beispiel weiblich-männlich, dunkel-hell oder alt-jung. Die Gegen-

---

200 http://hopi.org/wp-content/uploads/2009/12/ABOUT-THE-HOPI-2.pdf.
201 Randall L. Nadeau. 2014. Asian Religions. A cultural perspective. Wiley-Blackwell.
202 Mark Cartwright. 2012. Yin and Yang. Definition. Ancient History Encyclopedia.

sätze ziehen sich an, ergänzen sich und, wie ihr Symbol veranschaulicht, jede Seite beinhaltet in ihrem Kern ein Element des anderen (dargestellt durch die kleinen Punkte). Kein Pol ist dem anderen überlegen und da eine Zunahme des einen eine entsprechende Abnahme des anderen bedingt, muss ein gutes Gleichgewicht zwischen den beiden Polen beibehalten werden, um Harmonie zu erreichen.«

Abbildung 2.7: *Das Symbol des Yin und Yang*

»Yin ist feminin, schwarz, das Dunkel, Norden, Wasser (Transformation), passiv, Mond, Erde, Kälte, alt, gerade Zahlen, Täler, arm, weich und gibt allen Dingen ihren Geist. Yin erreicht die Höhe des Einflusses mit der Wintersonnenwende. Yin kann auch durch den Tiger, die Farbe Orange und eine gestrichelte Linie in den Trigrammen des *I Ging* (dem Orakelbuch der Wandlungen) dargestellt werden.

Yang ist männlich, weiß, das Licht, Süden, Feuer (Kreativität), aktiv, Sonne, Himmel, warm, jung, ungerade Zahlen, Berge, reich, hart und gibt allen Dingen Form. Yang erreicht seinen höchsten Einfluss mit der Sommersonnenwende. Yang kann auch durch den Drachen, die Farbe Blau und ein durchgezogenes Trigramm dargestellt werden.

Wie im *I Ging* ausgedrückt, ist die sich ständig verändernde Beziehung zwischen den beiden Polen für den ständigen Fluss des Universums und des Lebens im Allgemeinen verantwortlich. Wenn es ein zu großes Ungleichgewicht zwischen Yin und Yang gibt, können Katastrophen wie Überschwemmungen, Dürren und Plagen auftreten.«

Diese kurze Beschreibung kann nicht den ganzen Reichtum der Yin und Yang-Philosophie abdecken. Wir greifen an dieser Stelle auch weder die berechtigte Kritik an der Yin und Yang-Philosophie hinsichtlich der klischeebehafteten Geschlechterrollen noch den Einwand auf, dass Yin und Yang die statischen Merkmale eines Nullsummenspiels vermitteln (uns ist bewusst, dass Positivsummenspiele vorzuziehen sind). Vielmehr betonen wir die Weisheit, die in der Vorstellung liegt, dass Gegensätze kreativ sein können. Dieses Verständnis unterscheidet sich von westlichen und islamischen Anschauungen, die Gegensätzlichkeit als Einladung zum Konflikt begreifen, der darüber entscheidet, welche Seite Recht hat, welche falsch (oder sogar bösartig) ist, was oft zu gewalttätigen Fehden führt. Die Weisheit die im Konzept der Synergien zwischen den Gegensätzen liegt, sollte Teil der neuen Aufklärung sein.

2.10.3 Philosophie der Balance, nicht des Ausschlusses

Die Weisheit der Synergien zwischen Gegensätzen kann auch dazu beitragen, die Defizite der analytischen Philosophie in der Wissenschaft zu überwinden, also Raum für eine zukunftsorientierte Philosophie zu schaffen. Natürlich müssen technische und wissenschaftliche Messungen weiterhin korrekt durchgeführt werden. Tatsachen bleiben Tatsachen. Doch die moderne Physik hat gezeigt, dass die genaue Messung eines Merkmals die Messbarkeit ihres kontrastierenden (komplementären) Merkmals zerstören kann. Wir haben dies als Heisenberg'sche *Unschärferelation* erwähnt, die festlegt, dass der Impuls und die Position eines Teilchens nicht gleichzeitig mit unbegrenzter Genauigkeit gemessen werden können. Die physikalische Grundlage dieser erstaunlichen Tatsache besteht darin, dass das Teilchen auch Welleneigenschaften aufweist, die mit den Wellen (z.B. Lichtwellen) des Messinstruments interferieren. Auch Partikeleigenschaften und Welleneigenschaften sind gegenseitig »komplementär«.

Komplementarität kann ein Türöffner sein, um Parallelen zwischen der modernen Physik und der östlichen Weisheit sowie den Religionen wahrzunehmen. In seinem Bestseller *Das Tao der Physik*[203] zeigte Fritjof Capra (einst akademischer Assistent von Heisenberg), dass Buddhismus, Hinduismus und Taoismus die Fähigkeit hatten, mit unerforschlichen Erfahrungen umzugehen, die westliche Menschen als Mystik bezeichnen würden. Capra behauptet am Ende seines Buches, dass »Wissenschaft keine Mystik und Mystik keine Wissenschaft braucht, doch der Mensch benötigt beide«. (Er könnte bei den ersten beiden Aussagen falsch liegen!)

---
[203] Fritjof Capra a.a.O.

Komplementarität und Balance sowie die Weisheit der Synergien zwischen Gegensätzen sollten Meilensteine auf dem Weg zu einer neuen Aufklärung sein. Sicherlich sind weitere philosophische Schritte zur Überwindung der Defizite der analytischen Philosophie, der Selbstsucht, des Individualismus, der Kurzzeitobsession und anderer Züge erforderlich, die von Papst Franziskus in *Laudato Sí* als zerstörerisch für unser gemeinsames Haus angesprochen wurden, doch wir möchten am Ende dieses zweiten Teils eine kurze Liste von Themen vorschlagen, in denen eine *erneuerte Anerkennung des Gleichgewichts* erforderlich ist. Die Themen sind nicht neu, aber alle scheinen in der heutigen Zeit an *mangelnder Balance* zu kranken.

Wir schlagen vor, aktiv an Gleichgewichten oder Balancen zu arbeiten:

- **Zwischen Mensch und Natur:** Das ist eine Kernbotschaft unseres Buches. In der *leeren Welt* war die Balance einfach vorhanden. In der *vollen Welt* dagegen wird sie zu einer riesigen Herausforderung. Die verbliebenen Tiere, Pflanzen, Landschaften, Gewässer und Mineralien einfach als Ressourcen für eine weiter wachsende Bevölkerung und die Erfüllung immer weiter steigender Konsumwünsche anzusehen, ist keine Balance, sondern Zerstörung!

- **Zwischen kurz- und langfristig:** Natürlich wollen Menschen, wenn sie Durst haben, *jetzt* etwas trinken und nicht erst langfristig. Vierteljährliche Finanzberichte machen Sinn für Management und Aktionäre. Aber notwendig ist ein Gegengewicht der Langfristigkeit, etwa für die Stabilisierung des Klimas. Neben einer langfristigen Ethik schlagen wir vor, dass auch kurzfristige Anreize erforderlich sind, um langfristige

Maßnahmen zu belohnen. Das war der Kern des Erneuerbare-Energien-Gesetzes (Kapitel 3.4).

- **Zwischen Geschwindigkeit und Stabilität:** Technischer und kultureller Fortschritt profitiert vom Wettrennen um zeitliche Priorität. Geschwindigkeit zählt, heißt es bei wissenschaftlichen Karrieren und bei Unternehmen. Wir wissen (vgl. Kapitel 1.11), dass disruptive Innovationen heute ganz »geil« sind. Aber die Geschwindigkeit selbst kann ein Horror für die Langsamen sein, für die meisten älteren Menschen, für Babys und nicht zuletzt für Dorfgemeinschaften (denken Sie an die Hopis!). Schlimmer ist, dass die gegenwärtige Geschwindigkeitssucht die nachhaltigen Strukturen, Gewohnheiten und Kulturen zerstört, die uns tragen, überleben lassen und die uns ein Mindestmaß an Stabilität bewahren.

- **Zwischen privat und öffentlich:** Die Entdeckung der menschlichen Werte des Individualismus, des Privateigentums, des Schutzes gegen staatliches Eindringen gehört zu den wertvollsten Errungenschaften der europäischen Aufklärung. Aber heute sehen wir die *öffentlichen Güter* weit stärker gefährdet als Privatgüter. Wir sehen die Gefahren für die öffentlichen Infrastrukturen, das System der finanziellen Gerechtigkeit und den Rechtsstaat. Im Rahmen des internationalen Wettbewerbs um die niedrigsten Steuern (Anziehen von Investoren) werden die öffentlichen Güter vernachlässigt und unterfinanziert. Der Staat (öffentlich) sollte die Regeln für den Markt (privat) schaffen, nicht umgekehrt. Paul de Grauwe und Anna Asbury[204] haben schön beschrie-

---

[204] Paul de Grauwe, und Anna Asbury. 2017. The Limits of the Market. The Pendulum between Government and Market. Oxford.

ben, wie es in der Geschichte immer wieder Pendelschwankungen zwischen privater Dominanz und Staatsdominanz gab. Doch eine dauerhafte Balance zwischen beiden ist leider nicht entstanden.

- **Zwischen Frauen und Männern:** Viele Frühkulturen wurden in ihrer Entwicklung durch Kriege geprägt, in denen Frauen hauptsächlich mit der Betreuung der Familie und Männer mit der Verteidigung (oder dem Angriff) betraut waren. Doch dieses Modell war schon sehr früh antiquiert. Riane Eisler hat uns archäologische Einblicke in Kulturen eröffnet[205], die mit Partnerschaftsmodellen ohne Dominanz von Frauen oder Männern gediehen. Sie kritisiert, dass auch der konventionelle (männlich dominierte) »Wohlstand der Nationen« fast einer Karikatur des realen Wohlbefindens gleichkomme. Eine wirkliche Partnerschaft führe auch zu einem ganz anderen »Wohlstand der Nationen«[206].

- **Zwischen Gleichheit und Leistungsanreiz:** Gesellschaften werden schläfrig, wenn völlige Gleichheit garantiert ist und es keinen Leistungsanreiz gibt. Umgekehrt kann ein extremer Leistungsanreiz die Tüchtigsten so reich werden lassen, dass es den Massen jämmerlich schlecht geht. Eine gesunde Gesellschaft, durchaus eine Leistungsgesellschaft, braucht ein öffentlich garantiertes System von Gleichheit und Gerechtigkeit. Ungleichheit steht nach Wilkinson und Pickett in Korrelation mit vielen unerwünschten sozialen Parametern (Abbildung

---

205 Riane Eisler. 1993. Kelch und Schwert: von der Herrschaft zur Partnerschaft. Weibliches und männliches Prinzip in der Geschichte. München: Goldmann.
206 Riane Eisler. 2007. The Real Wealth of Nations: Creating a Caring Economics. San Francisco: Berrett-Koehler Publishers.

2.8) wie schlechte Bildung, hohe Kriminalität, Säuglingssterblichkeit.

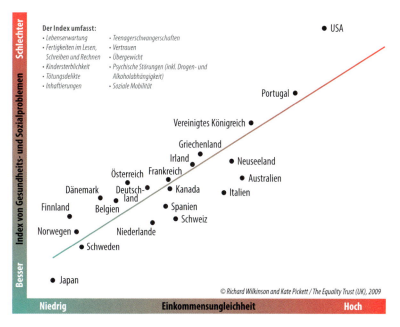

Abbildung 2.8: *Einkommensungleichheit korreliert mit einem Index von Gesundheits- und Sozialproblemen in Ländern mit ähnlichem Reichtum. Quelle: Wilkinson and Pickett*[208]

- **Zwischen Staat und Religion:** Es war eine große Errungenschaft der europäischen Aufklärung, die Öffentlichkeit von der religiösen Führung zu trennen, zugleich aber die religiösen Werte und Gemeinschaften zu respektieren. Das muss ausgewogen bleiben. Religionen, die den öffentlichen Sektor dominieren, laufen Gefahr, die großartigen zivilisatorischen Er-

---

207 Richard Wilkinson, und Kate Pickett. 2012. Gleichheit ist Glück. Warum gerechte Gesellschaften für alle besser sind. Hamburg: Tolkemitt.

rungenschaften des Rechtsstaates, der Demokratie und der Menschenrechte zu zerstören. Die Dominanz der Religion neigt zur Intoleranz gegenüber Personen, die außerhalb der religiösen Gemeinschaft existieren. Auf der anderen Seite sind Gesellschaften, die gegenüber religiösen Gemeinschaften intolerant sind, anfällig dafür, den Kontakt mit ethischen (und langfristigen) Bedürfnissen zu verlieren.

Dies ist eine bescheidene und sehr vorläufige Liste dessen, was wir konkret unter dem Prinzip der Balance verstehen. Viele andere Balance-Thematiken würden es verdienen, hier ebenfalls aufgeführt zu werden, so etwa die dynamische Hegel'sche dialektische Philosophie von These – Antithese – Synthese[208] oder das Spannungsverhältnis zwischen »linker Hirnhälfte« und »rechter Hirnhälfte« (Verstand und Gemüt). Ken Wilber nennt die Leistungen der linken und der rechten Hälfte The Two Hands of God[209]. Wir wiederholen aber, dass Balance nur eines von mehreren Merkmalen einer neuen Aufklärung sein wird.

---

208 Vgl. z.B. Jürgen Ritsert. 1997. Kleines Lehrbuch der Dialektik. Darmstadt: Wiss. Buchgesellschaft.
209 Ken Wilber. 1996. A Brief History of Everything. Boston: Shambala. Besonders Seiten 129 ff.

VERKNÜPFUNG VON TEIL 2 UND TEIL 3

Die Teile 1 und 2 waren beschreibend, historisch und analytisch, mit Ausnahme von Kapitel 2.10, in dem wir für eine *neue Aufklärung* eintreten.

Die Welt kann aber nicht in Ruhe abwarten, bis fast alle Menschen auf der Erde durch die Mühen einer neuen Aufklärung gegangen sind. Das könnte, wie damals bei der europäischen Aufklärung im 18. Jahrhundert, über hundert Jahre dauern. Wir müssen heute handeln, um zumindest die »Verwirrung« (Kapitel 1.1) zu überwinden und dann praktisch und zielgerichtet die Lage zu verbessern. Dieser praktischen Zielsetzung ist Teil 3 gewidmet.

Zum Glück haben wir Grund zum Optimismus. Viele Trends laufen einigermaßen in die richtige Richtung. Der *Spiegel* bringt wöchentlich eine Grafik heraus, die als Illustration der These »Früher war alles schlechter« dient.[210] Damit wird das übliche Lamento konterkariert, früher sei alles besser gewesen. Allgemein bekannt ist, dass Wetterprognosen heute viel besser sind als früher, dass es viel weniger Raucher gibt und dass die Kinderarbeit zurückgeht. Was die meisten aber überrascht, ist, dass auch Banküberfälle, die Zahl der Kriegsgefallenen, Gewalt, Hunger, die üblichen Krankheiten und religiöse Unterdrückung abgenommen haben. Allerdings ist die Liste weitgehend auf den Menschen beschränkt. Ökologische Verbesserungen finden sich kaum, sieht man einmal von der lokal begrenzten Schadstoffreduzierung und der gelegentlichen Wiederansiedlung einer Tierart ab. Das Thema Klima kommt einfach nicht vor.

---

210 In einem Buch zusammengefasst von Guido Mingels. 2017. Früher war alles schlechter. München: DVA.

Teil 3 stellt eine Fülle von Erfolgsgeschichten vor – oft lokale Initiativen. Sie zeigen, dass wir nicht resignieren müssen und dass selbst Einzelne den großen Unterschied machen können.[211] Wenn das kein Grund zum Optimismus ist! Dennoch lassen sich lokale Erfolge nicht ohne Weiteres übertragen. Regeln und Gesetze müssten, besonders beim Klimaschutz, internationale Gültigkeit erlangen. Hier fehlt uns noch weitgehend die Erfahrung. Wir diskutieren also zunächst über national einführbare Gesetze, aber wir widmen ein Kapitel (3.16) ganz der *Global Governance*.

Für den Text von Teil 3 haben Beitragende, namentlich aus den Reihen des Club of Rome, über ihre positiven Erfahrungen berichtet – auch über das hoch kontroverse Thema der Finanzmarktregulierung. Wir beginnen jedoch mit einem spannenden Kapitel über eine regenerative Ökonomie, die vielleicht eines Tages die destruktive ablösen könnte. Und wir skizzieren zwei sehr unterschiedliche nationalstaatliche Strategien, die China und Bhutan auf dem Weg zur Nachhaltigkeit verfolgen.

Die Vielzahl an unterschiedlichen Initiativen und Konzepten macht es unvermeidlich, dass Teil 3 sehr heterogen ausfällt. Und man sollte das Geschriebene auf keinen Fall als neue Doktrin des Club of Rome missverstehen. Es geht vielmehr um das Aufzeigen von Möglichkeiten, an die zu wenig gedacht wird, und die zugleich Ermutigung und Ansporn für Pioniere, Ingenieure, Politiker oder Firmengründer sein sollen, den Weg in Richtung einer Nachhaltigkeit einzuschlagen.

Optimismus ist der gemeinsame Nenner von Teil 3!

---

[211] Ashok Natarajan. 2014. »The Conscious Individual.« Cadmus 2, no.3: 50-54.

Teil 3

Eine spannende Reise zur Nachhaltigkeit

3.1 EINE REGENERATIVE WIRTSCHAFT

Es eilt sehr. Ein Systemkollaps ist eine reale Gefahr. Der Beweis für menschliche Auswirkungen auf den Planeten ist offenkundig. Radioaktive Reste von atmosphärischen Atombombentests findet man heute allenthalben. Das CO_2 aus der fossilen Verbrennung hat die Chemie der Atmosphäre und der Ozeane verändert.[212] Machen wir uns nichts vor. Wir stehen vor gewaltigen Herausforderungen bedingt durch das rasante Bevölkerungswachstum, die Übernutzung der Ressourcen und die damit einhergehende Verschmutzung, den Verlust der Biodiversität, und insgesamt erleben wir einen schleichenden Verlust der Lebensgrundlagen.

Ihre Zuspitzung erfährt die Krise durch den ideologischen Glauben, dass der Verlust von hohem BIP-Wachstum zu einem ökonomischen Kollaps führen würde. Eine Vorstellung, die in die mentalen Modelle in Wissenschaft und Politik regelrecht eingebrannt ist (siehe Abbildung 1.6: Die große Beschleunigung). Aber dies ist schlicht falsch. Denn das BIP misst bloß die Geschwindigkeit, mit der Geld und Werte durch die Wirtschaft strömen (Kapitel 1.12.2 u. 3).

3.1.1 Eine neue Stoßrichtung

Manche resignieren und sagen, man könne ja doch nichts ändern. Da kann man ebenso gut Däumchen drehen oder Feste feiern. Das wäre allerdings absolut unverantwortlich. Wir Menschen sind das Ergebnis von

---

212 Adam Vaughn. 2016.»Human impact has pushed Earth into the Anthropocene, scientists say.« The Guardian, 7. Jan. http://www.theguardian.com/environment/2016/jan/07/human-impact-has-pushed-earth-into-the-anthropocene-scientists-say.

2 Milliarden Jahren Evolutionsgeschichte. Entsprechend sollten wir uns auch verhalten.

Außerdem stimmt es einfach nicht, dass man nichts ändern kann. Es gibt einen Weg in eine bessere Zukunft. Es ist die Verpflichtung von uns allen zu versuchen, diese bessere Welt zu schaffen. Es ist möglich, dass die Menschheit den Zusammenbruch vermeidet. Aber damit dies geschieht, gibt es eine Sache, die wichtiger ist als alles andere: eine neue Stoßrichtung oder auch ein neues »Narrativ« oder noch tiefgründiger: eine *neue Aufklärung*, um dem entgegenzuwirken, was uns auf den rasenden Zug gesetzt hat. Dies war auch die Grundphilosophie von Teil 2.

Die Wachstumsideologie, egal ob sie im neoliberalen oder im keynesianischen Gewand daherkommt, hat uns an den Rand des Verderbens gebracht.

Eine neue Erzählung würde erläutern, wie sich blühendes Leben innerhalb ökologischer Grenzen verwirklichen, wie sich ein universelles, alle Grundbedürfnisse erfüllendes Wohlergehen realisieren ließe und wie eine ausreichende Gleichheit erreicht werden kann, die notwendig ist, um die soziale Stabilität aufrechtzuerhalten und die Grundlage für echte Sicherheit zu schaffen.

Wie kann »eine Welt aussehen, die für 100% der Menschheit funktioniert«? So hatte schon der große Futurologe Richard Buckminster Fuller gefragt.[213] Unsere derzeitigen Unterhaltungsfilme stellen diese Fragen nicht, sondern sie malen die Apokalypse an die Wand. Wir lernen dann im Detail, wie man Zombies bekämpft, was für unseren Alltag nicht sehr hilfreich ist. Aber wie Männer und Frauen im Glück auf Erden leben können, lernen wir nicht.

---

213 Richard Buckminster Fuller. 1972. Bedienungsanleitung für das Raumschiff Erde. Reinbek: Rowohlt.

Für den Club of Rome – aber auch für viele andere – hat das Schaffen der Grundprinzipien einer neuen Erzählung höchste Priorität.

Dana Meadows lehrte uns: »Menschen brauchen keine riesigen Autos; sie brauchen Respekt. Sie brauchen keine überfüllten Kleiderschränke. Sie müssen sich attraktiv fühlen und sie brauchen Vielfalt, Schönheit, etwas Spannung. Menschen brauchen Identität, Gemeinschaft, Herausforderungen, Anerkennung, Liebe, Freude. Dies alles mit materiellen Dingen zu erfüllen, führt zu unstillbarem Appetit auf falsche Lösungen für echte Probleme. Die psychische Leere ist eine der Triebkräfte für den Wunsch nach materiellem Wachstum. Eine Gesellschaft, die ihre immateriellen Bedürfnisse artikuliert, sucht und findet auch immaterielle Wege, diese zu befriedigen. Sie benötigt dann viel weniger Rohstoffe und Energie, böte dafür aber höhere menschliche Erfüllung.«[214]

In der gegenwärtigen, von gnadenloser Konkurrenz beherrschten Wirtschaft entsteht immer wieder große soziale Ungleichheit (Kapitel 2.5 u.a.). Lokale Selbstbestimmung ist kaum mehr durchsetzbar, und Millionen von Menschen hassen ihre Arbeit. Die jährliche Gallup Healthways-Survey zur Zufriedenheit der US-Arbeitnehmer hat ergeben, dass mehr Menschen weitaus unglücklicher sind als je zuvor.[215]

Papst Franziskus warnte davor, dass »die äußeren Wüsten in der Welt wachsen, weil die inneren Wüsten

---

214 Donella Meadows, Jørgen Randers, und Dennis Meadows. 1992. Beyond the Limits. Confronting global collapse. White River Junction: Chelsea Green.
215 Anamarie Mann, und Jim Harter. 2016. »Worldwide Employee Engagement Crisis.« Gallup Business Journal, 7. Jan, http://www.gallup.com/businessjournal/188033/worldwide-employee-engagement-crisis.aspx?g_source=employee%20engagement&g_medium=search&g_campaign=tiles

so groß geworden sind«.[216] Er zitiert auch die *Erd-Charta*, die an die Menschheit appeliert: »Wie nie zuvor in der Geschichte der Menschheit fordert uns unser gemeinsames Schicksal dazu auf, einen neuen Anfang zu wagen. ... Lasst uns unsere Zeit so gestalten, dass man sich an sie erinnern wird

- als eine Zeit in der eine neue Ehrfurcht vor dem Leben erwachte,
- als eine Zeit, in der nachhaltige Entwicklung entschlossen auf den Weg gebracht wurde,
- als eine Zeit, in der das Streben nach Gerechtigkeit und Frieden neuen Auftrieb bekam und
- als eine Zeit der freudigen Feier des Lebens.«[217]

Die neue Erzählung hebt die Bedeutung der Fürsorge, der Achtung der Menschenwürde hervor und zitiert die wissenschaftliche Erkenntnis, dass die Menschen nur dann überlebten, wenn sie sich für das Gemeinwohl zusammenschlossen.[218]

Gutes Leben kann man lernen. In Disziplinen wie der positiven Psychologie und dem humanistischen Management[219] hört man von führenden Geschäftsleuten, die von blühendem und bewusstem Kapitalismus, *natürlichem* Kapitalismus, regenerativem Kapitalismus und von der Notwendigkeit eines großen Wendepunktes sprechen. Biologen erforschen das »*wood*-wide web«, die Vorstellung, dass auch die Natur mehr von Kommunika-

---

216 Papst Franziskus. 2015. Laudato Sí. Über die Sorge für das Gemeinsame Haus. Leipzig: St. Benno Verlag: Paragraph 217, wo er seinen Vorgänger Papst Benedikt XVI zitiert.
217 Ebd.: Absatz 207.
218 Riane Eisler. 2007. The Real Wealth of Nations. Creating a Caring Economics. San Francisco: Berrett Koehler.
219 Einführungsvideo. Humanistic Management Network. http://www.humanetwork.org/.

tion und Kooperation handelt, als vom *Kampf ums Dasein*. Politische Pioniere sprechen von lebensverbessernden Initiativen, jenseits des BIP sowie von Glücksindizes.[220] Ein internationales Konsortium, *Leading for Wellbeing*, stellt ein neues Narrativ zur Erfassung solcher Konzepte vor:

Freiheit und Erfolg brauchen eine Welt, in der alle aufblühen und gedeihen. Institutionen sind hilfreich, wenn sie unsere individuelle Würde anerkennen und unsere Vernetzung stärken. Firmen und Gesellschaft sollten sich auf einen neuen Zweck konzentrieren: Gemeinsames Wohl auf einem gesunden Planeten.

Das kostet nicht die Welt. Die *New Economics Foundation* hat auf der Basis weltweiter Umfragen den Happy Planet Index (HPI) aufgestellt, eine Kombination aus materieller Befriedigung und der Zufriedenheit mit dem Leben[221] (Kapitel 3.14). Die Natur ist nachhaltig, weil sie regenerativ ist!

3.1.2 Natürlicher Kapitalismus: Bogen des Übergangs

Eine nachhaltige Zivilisation zu schaffen, erfordert sinnvolle politische Maßnahmen; in Gemeinden, in Vereinen und von engagierten Regierungen, vor allem in Städten. Aber das geht nicht ohne die Einbeziehung der Unternehmen. Die Regeln müssen vom Staat oder überstaatlich festgelegt werden.

Glücklicherweise ist es für Firmen normalerweise profitabel, ihre Abfälle durch Effizienz zu reduzieren. Sie können ihre Leistungen mit der Kreislaufwirtschaft und der *Biomimikry* verträglich machen. Dabei regenerieren sich das menschliche und das natürliche Kapital (Kapitel 3.8).

---

220 New Economics Foundation, http://www.happyplanetindex.org/.
221 Ebd.

Dieser Übergangsbogen zu dem, was man als *Naturkapitalismus*[222] bezeichnet, wird von immer mehr Konzernen beschritten. Die Accenture-Übersicht von mehr als 1.000 Firmenführern hat festgestellt, dass 97% der befragten Manager Nachhaltigkeit für den zukünftigen Erfolg ihrer Firmen als wichtig beurteilen. Transparenz wurde als kritischer Faktor gesehen, wobei 79% Marke, Vertrauen und Reputation als Treiber für Nachhaltigkeit ansehen.[223]

Unternehmen fangen an, das erste Prinzip des Naturkapitalismus umzusetzen: *Nutze alle Ressourcen drastisch produktiver*. Neo-klassische Ökonomen werden sagen, dass Märkte die Firmen ohnehin zwingen, so effizient zu werden, wie sie es sich wirtschaftlich leisten können. Das sagt allerdings wenig aus. Die meisten klagen, sie könnten sich ökologische Neuerungen nicht leisten. Dabei ist der Spielraum zur Verbesserung der Ressourcenproduktivität in Wirklichkeit riesig (Kapitel 3.9). Aber solange Ressourcen lächerlich billig sind, bleibt das Potenzial ungenutzt. Der Unternehmer Jigar Shah rechnet vor, dass Firmen, dank kontinuierlicher technischer Fortschritte, etwa 50% der Treibhausgasemissionen profitabel vermindern können.[224]

3.1.3 Alles umgestalten

Das zweite Prinzip des Naturkapitalismus ist es, neu zu organisieren und zu gestalten, woher wir die Energie beziehen, wie wir uns ernähren und welche Dienstleis-

---

222 Paul Hawken, Amory Lovins, und Hunter Lovins. 1999. Natural Capitalism: Creating the Next Industrial Revolution. Boston: Little, Brown Co.
223 UN Global Compact –Accenture Strategy CEO Study. https://acnprod.accenture.com/us-en/insight-un-global-compact-ceo-study.
224 Jigar Shah. 2013. »Creating Climate Wealth.« ICOSA, http://creatingclimatewealth.co/.

tungen, die der Befriedigung unserer Bedürfnisse dienen, mittels solcher Ansätze wie der Biomimikry und der Kreislaufwirtschaft erbracht werden.

Die Disziplin der *Biomimikry*, von Janine Benyus erfunden, legt Prinzipien fest, die der Natur abgeschaut sind. Sie unterscheiden sich stark von unseren.[225] Viele Firmen arbeiten jetzt mit Organisationen wie der *Biomicry Guild* zusammen, um ihre Produkte und Dienstleistungen nach den Prinzipien der Natur herstellen und liefern zu können. Die Natur erzeugt eine breite Palette von Produkten und Leistungen auf eine völlig andere Weise als wir und braucht dabei als Energie nur Sonnenlicht, aber keine langlebigen Toxine und kaum Metalle. Die Prozesse laufen bei Umgebungstemperatur mit wasserbasierter Chemie ab. Verschwendet wird nichts. Wer das umsetzt, merkt schnell, dass er Geld spart und überlegenen Service anbieten kann.

Ein in Kapitel 3.12.3 skizzierter Politikansatz schlägt Maßnahmen des Staates vor: keine Subventionen mehr für Ressourcenverbrauch; stattdessen eine aktive *Erhöhung* der Ressourcenpreise. Um der Wirtschaft entgegenzukommen, erfolgt diese in kleinen Schritten und aufkommensneutral, also ohne Erhöhung der Gesamtsteuerlast. Die menschliche Arbeit wird entlastet und der Ressourcenverbrauch wird teurer.

3.1.4 Regeneratives Management

Das dritte Prinzip des Naturkapitalismus ist es, alle Institutionen so umzustellen, dass das menschliche und natürliche Kapital regeneriert wird. Die Prinzipien einer

---

[225] Janine Benyus. 1997. Biomimicry. Innovation inspired by Nature. New York: Perennial (Harper Collins). Vgl. auch: http://biomimicry.net/about/.

regenerativen Wirtschaft hat das Club-of-Rome-Mitglied John Fullerton in seinem Weißbuch *Regenerative Capitalism*[226] dargelegt. Wie Biomimikry, bezieht es sich nicht nur auf die Grundsätze der Natur, sondern wendet sie im Betrieb einer Wirtschaft im Dienste des Lebens an.

Fullerton weist darauf hin, dass es Muster und Prinzipien gibt, die die Natur verwendet, um stabile, gesunde und nachhaltige Systeme aufzubauen. Diese acht Prinzipien können uns bei der Schaffung einer Wirtschaft, die in Übereinstimmung mit der Natur und unter Bedingungen arbeitet, die für das Leben förderlich sind, anleiten:

1. **Richtige Beziehung:** Den Fortbestand des Lebens als heilig zu wahren und anzuerkennen, dass die menschliche Wirtschaft in menschliche Kultur eingebettet ist, die ihrerseits in die Biosphäre eingebettet ist.

2. **Innovativ, anpassungsfähig und reaktionsfähig:** Ein Rückgriff auf die angeborene Fähigkeit des Menschen, innovativ zu sein und in allen Bereichen der Gesellschaft »Neues zu erschaffen«.

3. **Ganzheitlicher Wohlstand:** Wahrer Reichtum bemisst sich am Wohlergehen des »Ganzen«, durch Harmonisierung aller Formen des Kapitals.

4. **Teilhabe:** Wohlstand soll gerecht (nicht unbedingt gleichmäßig) im Sinne eines erweiterten Verständnisses von Wohlstand verteilt werden.

5. **Kreislauf:** Ein laufendes Streben, Energie-, Material- und Ressourcendurchsatz in allen Phasen des Produktions-, Wiederverwendungs-, Wiederaufbe-

---

226 John Fullerton. 2015. »Regenerative Capitalism.« Capital Institute, http://capitalinstitute. org/wp-content/uploads/2015/04/2015-Regenerative-Capitalism-4-20-15-final.pdf.

reitungs- und Recyclingzyklus von Materialien zu minimieren.

6. **Ränder-Effekt-Reichtum:** In der Natur sind die Ränder von Ökosystemen (Waldrand, Teichufer) besonders reichhaltig. Synergien an den Rändern erhöhen die Wertschöpfung durch Austausch, Wechselwirkung und Resilienz.

7. **Streben nach Balance:** Das Gleichgewicht der Resilienz erhöht die Fähigkeit, Schocks zu verkraften und macht das System effizienter beim Lernen und vermindert unerwünschte Machtkonzentrationen.

8. **Ehrung von Gemeinschaft und Ort:** Die Pflege des Betriebs zur Ernährung gesunder und stabiler Gemeinden und Regionen, sowohl real als auch virtuell, in einem verbundenen Mosaik von platzzentrierten Volkswirtschaften.

Alles ist an den Grundprinzipien der Natur ausgerichtet und ähnelt darin dem, was wir von der menschlichen Psychologie und der aufkommenden Disziplin des humanistischen Managements lernen.

Der regenerative Kapitalismus zeigt sich bereits in realen Projekten und Firmen vor Ort. Die Broschüre des *Capital Institute für Investitionen in eine regenerative Wirtschaft* führt 34 Unternehmen auf, die die Prinzipien bereits umsetzen.[227] Will man aber, dass sie zum »Quellcode« für die Weltwirtschaft werden, müssen auch einige große Weltkonzerne gewonnen werden.

Unwahrscheinlich ist das nicht. Die DNV-GL (hervorgegangen aus *Det Norske Veritas*) setzt sich für Stra-

---

227 Susan Arterian Chang. »The Fieldguide to Investing in a Regenerative Economy.« Capital Institute, http://fieldguide.capitalinstitute.org/.

tegien für eine regenerative Zukunft ein. Im Eigentum einer Stiftung sind sie nicht in kurzfristige Vierteljahresabschlüsse eingeklemmt. Der Nachhaltigkeitsbeauftragte Bjørn Haugland von DNV-GL sagt, eine Strategie für den Wandel »sollte zu den Herzen und auch zu den Köpfen sprechen, sie sollte Handlungen inspirieren und Hoffnung wecken, indem sie positive Veränderungen des Wandels vermittelt«.

Diese Grundsätze gelten auch für Entwicklungsländer. Ein gutes Beispiel ist die Arbeit von *Development Alternatives* (Kapitel 3.2).[228]

Ebenso kann die Umstellung auf die regenerative Landwirtschaft die Menschen besser ernähren und gleichzeitig CO_2 aus der Luft zurück in den Boden einlagern. Kritiker sagen, dass nur konventionelle industrielle Landwirtschaft die Menschheit ernähren kann. »Wir brauchen Gentechnikpflanzen und viel Chemie«, ist ihr Slogan. Dieser ist grundverkehrt (siehe Kapitel 3.5). Die UN-Ernährungs- und Landwirtschaftsorganisation FAO schätzt, dass noch 70 % der Nahrung auf der Erde von Kleinbauern produziert wird.[229]

Das ist eine gute Nachricht: Es bedeutet, dass wir in der Landwirtschaft nicht alles neu erfinden müssen, sondern eher den Landwirten dabei helfen, die Dinge im Wesentlichen richtig zu machen, die Fehler der Industriestaaten zu vermeiden und den Zugriff auf die besten, regenerativen Praktiken zu ermöglichen.[230]

---

228 Ashok Khosla. 2016. »To Choose Our Future.« 2016. https://www.amazon.com/Choose-Future-Paperback-Ashok-Khosla/dp/B01GMIAAUS.
229 Karla Wolfensen. 2013. »Coping with the food and agriculture challenge: smallholders'agend.« FAO, P. 1. http://www.fao.org/fileadmin/templates/nr/sustainability_pathways/docs/Coping_with_food_and_agriculture_challenge__Smallholder_s_agenda_Final.pdf.
230 Joel Salatin. 2012. »Meet the Farmer.« Teil 1 –3, 29. April. https://www.youtube.com/playlist?list=PL6C0D6709117A0049.

Das Savory-Institut in Boulder, Colorado, regeneriert Wiesen weltweit durch ganzheitliches Management. Wüsten und Steppen werden blühende Wiesen, die Biodiversität nimmt zu, Wasserquellen kommen zurück, Armut und Hunger nehmen ab. Allan Savory sagt, dass dies der wichtigste Weg sei, mit dem Klimawandel umzugehen: Es ist die Nachahmung des Graslands mit Herden von Weidetieren, der weltweit zweitgrößten CO_2-Senke. Weidetiere sind, behauptet er, eine der besten Möglichkeiten, um degeneriertes Land zu erneuern.[231]

In der Natur ist CO_2 kein Gift.[232] Abfall ist eine Ressource, die fehl am Platz ist. In der Natur wird stets ein Gebrauch dafür gefunden. Ganzheitliche Bewirtschaftung schafft gesunde Gemeinschaften von Bodenmikroorganismen. Vielleicht am wichtigsten ist, dass das CO_2 den Boden wieder mit Kohlenstoff anreichert. Viel effizienter, nützlicher und billiger als die künstlichen CO_2-Senken, die kommerziell fast nie funktioniert haben und die Kosten für Kohlekraftwerke fast verdoppeln. Gesunde Böden stellen auch die natürlichen Stickstoffzyklen wieder her.[233]

Adam Sacks zitiert Studien, die zeigen, dass das Grünland rund eine Tonne CO_2 pro Hektar pro Jahr einlagern kann.[234] »Wir fangen gerade erst an«, sagt er, »das Potenzial intensiv genutzter Weiden mit Tieren zu verstehen, die mit ihren Hufen versiegelte Böden

---

231 Savory Institute. »Introduction to Savory Hubs.« https://www.youtube.com/watch?v=SK-Weqkq6tP4.
232 Allan Savory. »How to Green the World's Deserts and Reverse Climate Change.« TED. https://www.youtube.com/watch?v=vpTHi7O66pI.
233 Tim Radford. 2015. »Stop burning fossil fuels now: there is no CO2 technofix.« The Guardian, 2. August. https://www.theguardian.com/environment/2015/aug/03/stop-burning-fossil-fuels-now-no-co2-technofix-climate-change-oceans?CMP=ema-60). Vgl. auch: Gabe Brown. 2014. »Keys to Building a healthy Soil.« You Tube. https://www.youtube.com/watch?v=9yPjoh9YJMk.
234 A Landowner's Guide to Carbon Sequestration Credits, Central Minnesota Sustainable Development Partnership, P 8 http://www.cinram.umn.edu/publications/landowners_guide1.5-1.pdf.

3.1 Eine regenerative Wirtschaft

wieder öffnen, befruchten, befeuchten und belüften. Die Erde wird für Milliarden Bodenorganismen wieder gastfreundlich.«

Abbildung 3.1: *Erfolgsgeschichten des Savory-Instituts bei der der Landschaftsgesundung.*

»Es gibt für Klima und Biodiversität keine bessere Strategie«, sagt Sacks, »Es gibt etwa 12 Milliarden Hektar weltweit, meist durch menschlichen Missbrauch ruiniert, die wir wiederherstellen können. Bei einer bescheidenen Tonne pro Hektar können wir jedes Jahr zwölf Milliarden Tonnen CO_2 aus der Atmosphäre ziehen. Das sind 6 ppm – und selbst wenn wir närrisch weiter 2 ppm jährlich durch Emissionen hinzufügen, ist es noch weniger als vor 30 Jahren, auf dem klimafreundlichen Rückweg zu stabilen, vorindustriellen 280 ppm, von den heutigen gefährlichen 393.«[235] (Seit Sacks dies niedergeschrieben hat, stieg die atmosphärische CO_2-Konzentration zwischenzeitlich bis auf 403 ppm.)

Unternehmen, Gemeinden und Bürger erkennen alle, dass das Überleben von uns allen davon abhängt, verantwortungsvoll zu handeln. Systemische und politische Änderungen sind erforderlich, einschließlich individueller Maßnahmen, Aktionen von Gemeinschaftsgruppen und Maßnahmen von Firmen.

Eine bessere Zukunft ist möglich. Es *ist* für die Menschheit möglich den Gesamtsystemkollaps zu vermeiden und damit eine lebenswertere Zukunft zu schaffen. Es ist die Herausforderung für jeden heute lebenden Menschen.[236] Leser sind herzlich eingeladen, sich anzuschließen.

---

235 Adam Sacks. 2013. »Putting Carbon Back in the Ground – The Way Nature Does It.« http://www.climatecodered.org/2013/03/putting-carbon-back-into-ground-way.html.
236 Alex Steffen.2015. »A talk given at a conservation meeting a hundred years from now.« 3. Nov. http://www.alexsteffen.com/future_conservation_meeting_talk.

SENSATION IM LÄNDLICHEN INDIEN

Die Organisation (und Firma) *Development Alternatives* ist ein ermutigendes Beispiel für eine Initiative in einer der ärmsten Regionen der Welt, die Sicherheit, Lebensunterhalt, Arbeitsplätze und optimistische Perspektiven für buchstäblich Millionen von Menschen schafft. Die Initiative wurde von Dr. Ashok Khosla ergriffen, der 1982 seine große Karriere bei der Regierung und den Vereinten Nationen aufgab, um eine neue Art von Institution zu gründen, die die Gräben zwischen Zivilgesellschaft und Regierung sowie zwischen Zivilgesellschaft und Wirtschaft überwinden sollte. Umweltprobleme sollten am besten an der Wurzel angegangen werden, fand Khosla. Mit *alternativen Entwicklungsstrategien* (development alternatives) könnte man zu billigeren, wirksameren und langlebigeren Lösungen kommen als sich auf die Flickarbeit an den sichtbaren Schäden zu beschränken.[237]

Development Alternatives (DA) begann mit einem 100.000 USD-Projektzuschuss des UNEP und war ursprünglich nur ein Umweltprojekt. Man analysierte zunächst, welche Änderungen in den bestehenden Systemen von Wirtschaft, Gesellschaft und Staat nötig sein würden, um sicherzustellen, dass die Gesundheit der Umwelt für künftige Generationen aufrechterhalten und regeneriert würde. Man wusste, dass in Indien (und einem Großteil des globalen Südens) mehr als 70% der Menschen in Dörfern und kleinen Städten leben, also mussten die ländlichen Umweltthemen im Vordergrund stehen, auch wenn

---

237 Ashok Khosla betont, dass ein Großteil des Erfolgs von DA auf ein großes Netzwerk von Partnern zurückgeht ist, die durch die Kooperation ihrerseits gestärkt werden.

sie von den Umweltprofis aus den Städten kaum wahrgenommen wurden.

DA wollte primär den Menschen zur Teilhabe an den Entscheidungen sowie am Wirtschaftsgeschehen verhelfen, wozu auch der entsprechende Sozialstatus gegenüber der lokalen Regierung gehört. So gewannen die lokalen Bürger ein erhebliches Maß an Kontrolle über ihre Entscheidungen und ihre Zukunft. Es ging ihnen natürlich um Arbeitsplätze, Qualifikation, nachhaltige Existenzgrundlagen, Würde und Sinnhaftigkeit. Produziert werden sollten Waren und Dienstleistungen für die Grundbedürfnisse und die Sanierung der Umwelt.

Nach der Philosophie von Gandhi sollen Technologien humane Größenordnung haben, sparsam in Sachen Ressourcen sowie auf die Grundbedürfnisse der Menschen ausgerichtet sein. Das wird untergraben, wenn die wirtschaftlichen und sozialen Disparitäten in einer Gesellschaft groß sind. Die Armen neigen dazu, für ihr Überleben und ihre Bedürfnisse die Ressourcen zu übernutzen, oft sogar zu zerstören. Die Reichen dagegen übernutzen die verfügbaren Ressourcen erst recht und dies oft aus reiner Gier. Demgegenüber werden soziale Gerechtigkeit und die Überwindung der Armut zu einem Schlüssel für den Umweltschutz.

Auf dem Weg der Vergrößerung im Zuge des Wachstumsprozesses schuf DA eine Gruppe von assoziierten Firmen, die vertraglich zur Einhaltung verpflichtet wurden. Zusätzlich zu dem Non-Profit-Flaggschiff DA entstand vor allem der kommerzielle Flügel der Technology and Action for Rural Advancement (TARA) mit einigen Tochtergesellschaften, die als Wirtschaftseinheiten tätig sind.

Als Think-Tank hat DA Pionierarbeit bei der Entwicklung solcher Konzepte geleistet. Über die Konzepte hinaus verfügt DA über eine hochinnovative F&E-Werkstatt, die spezifische Technologien entwickelt, die den Kriterien der Umweltverträglichkeit und Armutsbekämpfung entsprechen. Dazu gehören Küchenmaschinen und Kochgeräte einschließlich Öfen, Stromerzeugung aus Biomasse, Baustoffe, moderne Handwebstühle, (Abbildung 3.2), handgefertigtes Papier und andere nützliche, umweltfreundliche Produkte für den lokalen Bedarf. Ein wesentlicher Teil der Arbeit hat mit der Regeneration von Land-, Wasser- und Waldressourcen zu tun. Denn gesunde Ökosysteme sind eine Voraussetzung für das nachhaltige Leben und Arbeiten, zumal auf dem Land. Eines der wichtigsten Programme war der Aufbau zahlreicher kleiner Staudämme an Flüssen, die den Grundwasserspiegel hoben, die Bo-

Abbildung 3.2: *Der TARA »Flying Shuttle Loom« – der Power-Webstuhl ohne Strom: verschafft einem Weber 3 bis 4-mal soviel Einkommen wie ein traditioneller Webstuhl. Foto: Development Alternatives.*

denfruchtbarkeit deutlich verbesserten und damit auch die Ernährungslage und der Natur viel Lebensraum zurückgaben.

Der formelle Sektor der modernen Wirtschaft kann die weltweiten Probleme der Arbeitslosigkeit nicht lösen (vgl. Box unten)! Die Internationale Arbeitsorganisation ILO rechnet mit einem Defizit von etwa einer Milliarde(!) Arbeitsplätzen zur Überwindung der globalen Arbeitslosigkeit. Das ist ja das Ziel Nr. 8 der Agenda 2030 (Kapitel 1.10). Allein die Entwicklungsländer müssten jährlich mehr als 50 Millionen neue Arbeitsplätze schaffen, und das zu einer Zeit, wo die Landwirtschaft immer weniger Jobs anbieten kann.

Industriearbeitsplätze? Gern, aber zu wenig!

Die Schaffung von Arbeitsplätzen gilt als Aufgabe der Privatwirtschaft. Doch die ist seit Jahren so gepolt, Arbeit wegzurationalisieren. Der brutale Kostenwettbewerb veranlasst die Firmen, in Maschinen anstatt Menschen zu investieren. Das Kapital, das man heute benötigt, um einen industriellen Arbeitsplatz in einem Industrieland zu schaffen, liegt bei etwa 1.000.000 Euro. Auch wenn die *Löhne* in Entwicklungsländern viel geringer sind, sind die Einrichtungskosten für Industriearbeitsplätze sehr hoch – ein großes Hindernis für die Schaffung von Arbeitsplätzen im formellen Sektor.
Auch Indien, das als Erfolgsgeschichte in der Schaffung neuer Fertigungsberufe gilt, hat keine Nettozunahme entsprechender Arbeitsplätze geschafft. In 25 Jahren ist die Wirtschaft stark gewachsen, aber die Gesamtzahl der Beschäftigten im formalen Unternehmenssektor in Indien (einschließlich des Business Process Outsourcing –

> BPO) blieb im Wesentlichen konstant. So ist es äußerst unwahrscheinlich, dass der formelle Sektor nennenswert zum SDG 8 beitragen kann.

Die Überlegung in der oben stehenden Box bedeutet, dass jemand anderes die Verantwortung für das SDG 8 übernehmen muss. Hier kommt der kleine und mittlere Unternehmenssektor zum Einsatz: marktbasierte, gewinnorientierte Unternehmen, häufig klein und lokal. In den meisten Volkswirtschaften schaffen sie die Mehrzahl der Arbeitsplätze und Existenzgrundlagen. DA ist ein innovativer Teil dieses Segments. *Existenzgrundlagen* können kostengünstiger sein als formelle Arbeitsplätze, vermitteln aber oft höhere Lebensqualität.

Vielleicht liegt die wichtigste, aber selten erwähnte Bedeutung guter Existenzgrundlagen in der Demografie. Zusammen mit Programmen für die Ausbildung von Mädchen und Frauen sind nachhaltige Existenzgrundlagen wohl die effektivsten Impulse für niedrigere Geburtenraten, die im Interesse aller liegen. Abnehmende Fertilitätsraten können *auch* die beste Antwort auf das Gespenst der Arbeitslosigkeit sein!

In seiner dreißigjährigen Geschichte hat DA rund 700 Projekte mit einem Umsatz von über 150 Millionen USD abgearbeitet. Das hat zu sehr positiven Veränderungen im Leben der Menschen geführt, vor allem in abgelegenen Gebieten Nord- und Zentralindiens. Diese Schaffung von Arbeit und Existenzgrundlagen war sensationell: Rund eine Million direkte und indirekte Arbeitsplätze entstanden und zusätzlich wurden etwa 16 Millionen livelihoods, also Existenzgrundlagen, geschaffen. Dazu gehören Beschäftigungen in der Landwirtschaft, die durch die genannten Dämme und das Wassermanagement möglich wurden. Viele Frauen, die zuvor durch das Sammeln von Wasser oder Brennholz absorbiert waren, konnten nun bezahlte Arbeit annehmen. Hier wird sichtbar, dass der systemhafte Ansatz von DA zu einer zweiten und dritten Ebene der Wohlstandsmehrung führte. Man kann davon ausgehen, dass bis zu 5 Millionen zusätzliche Existenzgrundlagen für die Menschen in den betreffenden Gegenden entstanden.

Die dritte Ebene besteht vor allem darin, dass etliche der beteiligten Menschen durch die aktive Teilhabe an Entscheidungen, den Erwerb neuer Fertigkeiten, die Ansammlung von Vermögenswerten und vieles andere in der Lage versetzt wurden, ihrerseits Arbeitsplätze oder Existenzgrundlagen zu schaffen. Der Anteil der in diesem Sinne Gestärkten variiert zwischen 10% und 30%. Für Frauen ist er wegen ihrer eingeschränkten Mobilität in traditionellen Gesellschaften geringer.

Ein wichtiges Element des Lebensunterhalts ist die Bildung. In diesem Kontext hat DA das Programm »Alphabetisierung zur Eigenständigkeit« entwickelt, das Frauen auf dem Land Grundkenntnisse im Lesen und Rechnen vermittelt. In einem ersten Schritt werden Frauen durch das IKT-basierte Programm »TARA Akshar+«, einem computergestützten Unterricht mit funktionaler Kompetenz ausgestattet, so dass eine Lernende innerhalb von 56 Tagen zu sehr niedrigen Kosten Hindi lesen und schreiben sowie rechnen lernen kann. In einem zweiten Schritt wird der Grundlehrgang von der TARA Livelihood Academy übernommen – dem Kompetenz-Zweig von DA. Über einen Zeitraum von zwei Monaten haben Frauen die Möglichkeit, berufliche und unternehmerische Fähigkeiten zu erwerben, so dass viele von ihnen Unternehmer und Führungskräfte in ihren Gemeinden werden können.

TARA, der kommerzielle Teil der DA-Gruppe, bietet Unternehmenspakete und Geschäftsmodelle für aufstrebende Klein- und Kleinstunternehmer und zielt dabei auf die Förderung von CO_2-armen Pfaden und ein integratives Wachstum in den Bereichen ländlicher Wohnraum, erneuerbare Energie, Wassermanagement, nachhaltige Landwirtschaft, Abfallwirtschaft und Recycling. Gemeinsam mit ihren Partnern hat TARA seit ihrer Gründung mehr als tausend Unternehmen gestärkt, damit die lokale Wirtschaft mobilisiert und grüne Arbeitsplätze geschaffen. Ein Zweig von TARA ist die TARA Machines and Tech Services Pvt. Ltd., ein soziales Unternehmen, das kleine »Waste-to-Wealth«-Business-Pakete auf der Grundlage von grünen Baustoffprodukten entwickelt hat. Ihre Produktpalette wird für den indischen Markt entwickelt, um speziell für kleine Unternehmen zu sorgen, die wiederum erschwingliche Bauprodukte für den Bau im ländlichen Indien zur Verfügung stellen.

Eine weitere Tätigkeit von DA war der bereits genannte Bau von mehr als 400 kleinen Staudämmen (»check-dams«), um den alarmierenden Trend fallender Grundwasserspiegel zu stoppen. Die chronische Dürresituation in Bundelkhand hatte sich im Laufe der Jahre verschärft. Die Dämme waren die richtige Antwort. Sie haben die Wassersicherheit zu sehr geringen Kosten revolutioniert. Im Wesentlichen verlangsamen sie das Oberflächenwasser, was auch zu einer wesentlich besseren Nutzung des Wassers für landwirtschaftliche Nutzpflanzen führt. Die Steigerung der Produktivität liegt bei etwa 25%, was zu einem deutlich höheren Einkommen für die Landwirte geführt hat. Beeindruckt von DAs Erfolg in den 1980er Jahren, wurde die Technologie weithin von anderen Entwicklungsorganisationen und der Regierung für groß angelegte Umsetzungen im ganzen Land angenommen.

Development Alternatives hat sich zu einer der ersten großen internationalen NGOs mit Hauptsitz in

Indien gemausert. DA und die damit verbundene Produktions- und Marketingorganisation TARA sind in Indien mittlerweile die führenden Institutionen auf dem Gebiet der umweltverträglichen Entwicklung mit über 800 Mitarbeitern in verschiedenen Teilen des Landes.

Ein Bild fasst die Erfolgsgeschichte von DA in drei Jahrzehnten der Ertüchtigung der Menschen zusammen:

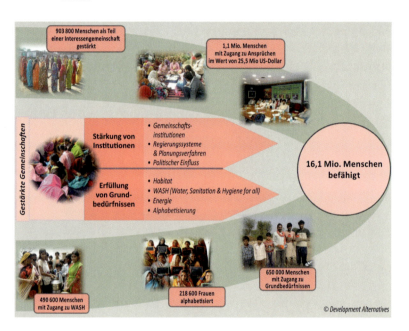

Abbildung 3.3: *Soziale Errungenschaften der Developement Alternatives-Gruppe (DA) in 30 Jahren.*

Ähnliche Bilder gibt es für Umwelt- und Arbeitsleistungen, einer geschätzten Reduktion der CO_2-Emission um 850.000 Tonnen und des Wasserverbrauchs um 935 Millionen Liter. Für die Jobs wird die zuvor erwähnte, bescheidene Zahl von 2,6 Millionen zitiert.

Die Development Alternatives-Gruppe (DA) vertritt für Indien eine transformative Agenda zur Umstrukturierung von institutionellen Systemen sowie zu einer Verschiebung von Konsum- und Produktionsstrukturen, Wohlbefinden sowie Gerechtigkeit, Business und Staat. Kern der neuen Agenda ist die Neudefinition von Wirtschaft als Subsystem der Gesellschaft sowie der Natur und damit als Mittel für eine sozial- und umweltgerechte Zukunft. Anstatt den Entwicklungspfad der westlichen Gesellschaften zu verfolgen und eine Phase intensiver Industrialisierung mit negativen ökologischen und gesellschaftlichen Auswirkungen durchzusetzen, betont DA, dass Indien einen eigenen Entwicklungspfad beschreitet – am besten eine Abkürzung von seiner aktuellen Situation direkt auf einem nachhaltigen Kurs.

3.3 GUNTER PAULIS »BLUE ECONOMY«

Gunter Pauli präsentierte im April 2009 die Kernkonzepte und Erkenntnisse zur lokalen Wirtschaftsentwicklung als möglichen Bericht an den Club of Rome unter dem Titel »The Blue Economy: 100 Innovations, 10 Years, 100 Million Jobs«[238]. Er skizzierte eine kühne Vision, inspiriert vom deutschen Sprichwort *Schaffen ist auch Wissenschaft*. Diese Vision beruhte auf dem Verständnis, dass die Natur im Allgemeinen sowie eine breite Palette von Ökosystemen in den vergangenen Millionen Jahren fast jede erdenkliche Herausforderung bewältigt haben. Die Natur schenkt uns daher eine Inspiration, wie die menschliche Gesellschaft ihren Weg in die Zukunft finden kann. Der Weg würde sich aus dem Einfallsreichtum der Ökosysteme ableiten, die eine Fülle von Produkten und Dienstleistungen bieten, auf denen das Leben basiert.

Von diesem Standpunkt aus würde es soziale Systeme stärken, aus denen Kultur, Tradition und soziales Kapital entstehen. Dies bietet Resilienz in ungünstigen Zeiten und Freude in besseren Momenten unseres Lebens. Es erlaubt uns auch zu lernen, wie man innerhalb offensichtlicher Grenzen leben und sich von der Knappheit zur Fülle entwickeln kann. Der Vorstand des Club of Rome ermutigte Gunter Pauli, diesen Denkansatz weiterzuverfolgen und als Buch niederzuschreiben. Das Buch entwickelte sich zu einem großen Erfolg und wurde bisher in 41 Sprachen übersetzt.

Aus Jahrzehnten der Beobachtung ökologischer und

---

238 Gunter Pauli. 2012. The Blue Economy. 10 Jahre, 100 Innovationen, 100 Millionen Jobs. Bericht an den Club of Rome. Berlin: Kovergenta. Gunter Pauli. 2015. The Blue Economy Version 2.0. 200 projects implemented, USD 4 billion invested, 3 million jobs created. Gurgaon 122050, Indien. Academic Foundation.

sozialer Systeme leitete Pauli einige Kernprinzipien für Techniknutzung (siehe Kasten unten) ab, die uns zu einer Welt leiten können, in der die Natur ihren evolutionären Weg wiedererlangt und die Gesellschaft sozial stärkt. Die Lebensqualität aller würde verbessert, weil alle lernen, die Grundbedürfnisse mit dem, was lokal verfügbar ist, zu befriedigen. Sein Buch erschien 2010. Die ursprüngliche Vision und die 100 vorgeschlagenen Innovationen wurden auf ihre Durchführbarkeit hin geprüft. Pauli adaptierte die Leitprinzipien, um zu zeigen, wie schnell die traditionelle Wirtschaft mit ihrer Logik der Globalisierung und Kostensenkung durch Massenfertigung in eine *Blue Economy* überführt werden kann, die besser funktioniert und die Industrie schneller transformiert, als man vorher für möglich gehalten hätte. Der Ausgangspunkt ist immer die Fähigkeit, die Grundbedürfnisse, insbesondere die Ernährungssicherheit, zu erfüllen.

Die Suche nach dieser Sicherheit muss die planetaren Grenzen respektieren. Zugleich muss dabei auf eine gesündere Ernährung geachtet werden. Dieses Dreieck von Ernährungssicherheit, planetaren Grenzen und Gesundheit zwingt uns innovativ zu werden – sozial, technisch und organisatorisch. Es ist klar, dass keine Technik eine Komplettlösung anbieten kann. Einige Grundprinzipien können uns bei der Suche nach Durchbrüchen anleiten.

21 Prinzipien der Blue Economy (2016 Edition)

1. Von der Natur inspirierte Produkt- und Verbrauchssysteme.
2. Solche Systeme sind nicht-linear.
3. Systeme optimieren (nicht maximieren) und Ko-Evolution anstreben.

4. Systeme zeigen Resilienz durch eine stetig zunehmende Vielfalt.
5. Physik ist die Grundlage der Systeme, danach Chemie und Biologie.
6. Produkte sind erneuerbar, organisch und biologisch abbaubar.
7. Der Erfolg in der Leistung hängt von einer Änderung der Spielregeln ab.
8. Isolierte Probleme werden verbunden, um ein Portfolio von Chancen zu schaffen.
9. Leistung beinhaltet die Fähigkeit, die Natur wieder auf ihren evolutionären und symbiotischen Pfad zu bringen.
10. Die vielfältigen Vorteile sind die Stärkung des Gemeinwohls.
11. Der Zweck ist, zuerst auf die Grundbedürfnisse zu antworten.
12. Verwende, was du hast.
13. Ersetze etwas durch nichts, was unnötige Produkte beseitigt.
14. Alles hat Wert, auch Abfälle und Unkraut.
15. Gesundheit und Glück sind das Ergebnis.
16. Synergien in Clustern sind besser als bloße Skaleneffekte.
17. Eine Initiative generiert mehrere Cash Flows und vielfache Gewinne.
18. Vertikale Integration der Wertschöpfungskette in Primär- und Sekundärindustrien.
19. Management ohne Businessplan, aber getrieben durch komplexe Systemanalysen.
20. Alle Entscheidungen haben Auswirkungen auf die Gewinne, Verluste und die Bilanz.
21. Alle Ethik hat *Ethik im Kern*.

3.3.1 Kernprinzipien

Als Gunter Pauli 1994 für die UN-Universität UNU in Tokio arbeitete, gründete er die Zero Emissions Research Initiative (ZERI) und baute ein Netzwerk von Wissenschaftlern auf, die gemeinsam über das Offensichtliche hinausdenken. Ihre Suche nach Lösungen, die zuerst auf der dritten Klima-Vertragsparteienkonferenz (»COP3«) in Kioto im Jahr 1997 vorgestellt wurden, war inspiiriert davon, wie sich »die Natur von der Knappheit zur Fülle entwickelt«. Es begann mit der Beobachtung, dass die einzige Spezies auf der Erde, die in der Lage ist, etwas zu produzieren, das niemand begehrt, der Mensch ist. Natur kaskadiert Materie, Energie und Nahrung, und jedes Mitglied trägt nach besten Fähigkeiten bei. In Ökosystemen existiert das Konzept der Arbeitslosigkeit nicht. Mit diesem idealistischen Grundgerüst hat sich ZERI in der Entwicklung von Geschäftsmodellen engagiert, die die Ressourceneffizienz steigern und trotz lokaler Beschränkung mehr Nahrung und Nährstoffe erzeugen, als man je für möglich hielt. Der aktualisierte Satz von Kernprinzipien ist in der Box oben dargestellt.

Im Folgenden stellen wir eine kleine Auswahl an praktischen Beispielen der *Blue Economy* vor.

3.3.2 Kaffeechemie und essbare Pilze

Wir ignorieren oft, dass unser heutiges Modell der konventionellen Industrie extrem verschwenderisch ist. Wissen wir, dass eine Tasse Kaffee nur 0,2% der Biomasse der roten (Kaffee-) Kirschen enthält? Der Prozess des Gärens, Trocknens, Röstens, Mahlens und Brauens führt dazu, dass nur ein winziger Bruchteil der weltweit produzierten 10 Millionen Tonnen Kaffee in die Tassen gelangt; alles andere wird Abfall.

Abbildung 3.4: *Pilze wachsen auf Biomasse von Kaffeeplantagen. Eines von 200 Beispielen für den Kaskadengebrauch von natürlichen Ressourcen in der Blue Economy. Foto: Development Alternatives.*

Diese Einsicht hat zur »Kaffeechemie« geführt, wo die Biomasse der Kaffeepflanze als Nährboden für Pilze dient. Weiter geht es mit der Verwendung des verbrauchten Substrats, angereichert mit Aminosäuren, als Tierfutter, der Verwendung von feinen Kaffeepartikeln zur Geruchsdämpfung, als UV-Schutz und als Wasserstoffspeichersystem. Die Logik der Kaffeechemie kann auf Tee und Dutzende andere Kulturpflanzen übertragen werden. Die Bündelung von Innovationen erlaubt nicht nur die Substitution von toxischen Chemikalien, sondern erzeugt Einkommen und Arbeitsplätze. Abbildung

3.4 zeigt einen reichen, erntereifen Bestand von Pilzen, die auf der Biomasse von Kaffeepflanzen gedeihen.

3.3.3 Das Design der Bio-Raffinerien und Disteln in Sardinien

Jüngste Beispiele zeigen, dass die Schaffung von 500-mal mehr Nährstoffen von derselben Kaffeeernte, und die Schaffung von 300-mal mehr Wert aus leicht verfügbarer Biomasse keine Ausnahme darstellen. In den vergangenen 20 Jahren haben die Partner der ZERI-Stiftung Dutzende Projekte geschaffen. Über 5.000 Bauernhöfe vereinen Kaffeesatz und Pilze. Ein weiteres Beispiel der *Blue Economy* ist die Bio-Raffinerie auf der Basis von Disteln. Der kritische Erfolgsfaktor bei vielen Produkten ist die Verfügbarkeit von Rohmaterial. Der Fall von Novamont in Sardinien zeigt, dass die Verarbeitung von Disteln, einem Unkraut, das auf verlassenem Ackerland wächst, viele Bedürfnisse befriedigen und der lokalen Landwirtschaft eine neue Perspektive bieten kann. Die Disteln werden geerntet, zu Öl oder Zucker aus Zellulose verarbeitet und dann in ein Produktportfolio aus Biochemikalien umgewandelt, darunter Polymere für Plastikbeutel, Elastomere für Gummihandschuhe, Herbizide und Schmierstoffe. Die Abfälle der Pflanze können sogar zu Tierfutter weiterverarbeitet werden.[239]

3.3.4 3D-Farmen im Meer und Fischen mit Luftblasen

Innovative Geschäftsmodelle beschränken sich nicht auf die Landwirtschaft an Land. Neuerdings gibt es 3D-Far-

---

[239] https://ec.europa.eu/eip/agriculture/en/content/eip-agri-workshop-building-new-biomass-supply-chains-bio-based-economy.

men im Meer für Algen, Muscheln, Austern, Jakobsmuscheln, Fischen, Krabben und Hummern, alles in einem Becken. Eine sehr ergiebige Methode zur Produktion von Meeresfrüchten in einer kontrollierten Umgebung und die eine vielfältige Produktpalette von Lebensmitteln, Tierfutter, Zutaten für Kosmetika und Arzneimitteln erzeugt, bei der Abfälle zu Düngemitteln werden. Es entfallen Zugaben wie Süßwasser, Pestizide oder Dünger. Im Gegenteil: Diese Technik – eine Permakultur des Meeres – entsäuert das Meer, regeneriert die Biodiversität und verschiebt die Ernährung in eine gesündere Richtung.

Eine der tiefgreifendsten Veränderungen in unserem Produktionssystem betrifft die Fischerei und die Fischzucht. Das Zeitalter der Netze, Haken und Käfige ist hoffentlich bald vorbei. In einer Zeit, in der wir die Nahrungsmittelproduktion verdoppeln wollen, ist die Umwandlung von Sardinen in Lachsfutter absurd. Die ZERI-Stiftung konzentriert sich auf die Entwicklung von Fangtechniken, die auf Luftblasen basieren, inspiriert von der Art, wie Delfine und Wale ihre Beute fangen. Dies führt zu einer Neugestaltung von Fischereifahrzeugen und Techniken. Alle weiblichen Fische mit Eiern werden in das Meer zurückgegeben, um künftigen Generationen die Versorgung mit Wildfang zu sichern. Der einzige Grund, weshalb man die Fisch*zucht* als produktiver wahrnimmt als die Fischerei, liegt darin, dass die Fischer auch die weiblichen Fische mit Eiern ohne Unterschied töten, was bei der Aquakultur vermieden werden kann.

Innovation war gefordert für Arbeitsplätze und höhere Erträge. Eine 3D-Fischfarm schafft 2 Arbeitsplätze pro Hektar Meeresfläche, benötigt nur 25 Seile mit Gesamtkosten von 7.500 USD und erzeugt 600.000 Kabeljaue und 75 Tonnen Seetang pro Hektar und Jahr, – ein echter Wirtschaftsmotor. Auch das ist die *Blue Economy*: mehr Wert, geringere Investitionskosten, mehr Leistung und mehr Arbeitsplätze. Und die Konsumenten bleiben gesünder.

Die Blue Economy entwickelt sich dynamisch weiter. Ein neues Großprojekt könnte die ökologische Modernisierung von Argentinien werden. Es geht im Wesentlichen um die Nutzung von Schlachtabfällen für Fliegenmaden, die dann als hygienisches Fisch- und Hühnerfutter dienen, Pilzzuchten (vgl. Kap. 3.3.2), »Steinpapier« (aus Sand und Plastikabfällen statt Holz und schrecklich viel Wasser), Schaumglas für die Bauindustrie anstelle von wenig wertvollem Glasrecycling, dreidimensionale Aquakultur mit hoher Biodiversität, multifunktionale Lebensmittelproduktion mit Hefe, Reis, Energie, Bier, Fischen, Schweinen, Rindern, Käse, Früchten und vielem anderem Mehrwert. Damit kann auch eine drastische Reduktion der gentechnischen Soja-Monokulturen erreicht werden. Und die bis mindestens 2020 amtierende Regierung Macri ist ernsthaft interessiert an dem Plan.[240]

---

240 Gunter Pauli. 2018. Plan A. The Transformation of Argentina's Economy. (ab Sommer 2018) Santa Barbara (Kalifornien): JJK Books. Leser, die mehr über die *Blue Economy* erfahren möchten, können auf folgende Webseiten zugreifen: www.zeri.org und www.TheBlueEconomy.org. Weitere Informationen sind auch über Twitter@MyBlueEconomy erhältlich.

3.4 DEZENTRALISIERTE ENERGIE

Amory Lovins und sein Team am Rocky Mountain Institute haben mit »Reinventing Fire« eine großartige Vision entwickelt: »Stellen Sie sich Treibstoff ohne Angst vor. Kein Klimawandel. Keine Ölverschmutzungen, keine toten Kohlekumpel, keine schmutzige Luft, verwüsteten Länder, verlorenen Wildtiere. Keine Energiearmut, keine Ölkriege, keine Tyranneien oder Terroristen. Nichts was uns ausgehen kann. Nichts was wir reduzieren müssen. Nichts, über das man sich sorgen sollte. Nur Energie in Fülle, gutartig und erschwinglich, für alle, für immer.«[241] So beginnt das Buch.

Nun, das ist die wunderbar visionäre Sprache von Pionieren wie Amory Lovins. Aber auch ein bisschen übertrieben: »*kein Klimawandel*« – in Kürze unwahrscheinlich. »*Keine verlorenen Wildtiere*« – wohl auch eher ein Euphemismus: Erneuerbare Energien für Biosprit (besser sagt man Agrosprit) »fressen« sehr viel Land, das den Wildtieren und der Biodiversität gehören könnte. Und der Begriff »*Energie in Fülle*« ist sehr amerikanisch und klingt wie eine Einladung zu verschwenderischem Gebrauch – das Gegenteil der Botschaft von *Reinventing Fire*. Seine Kraft liegt aber nicht in seinen kleinen Übertreibungen, sondern in seiner großen Wahrheit.

2011, als das Buch erschien, sahen erst sehr wenige Menschen die tiefgreifende Veränderung voraus, die die Energiewirtschaft bald erleben würde. Jetzt ist sie da. Die Länder erleben massive Veränderungen, vor allem zu einer nachhaltigeren Energiezukunft hin, ganz im Sinne

---

241 Amory Lovins, und Rocky Mountain Institute. 2011. Reinventing Fire. Bold business solutions for the new energy era. White River Junction VT: Chelsea Green: xi.

3.4 Dezentralisierte Energie

von Amory Lovins Vision. Klassische, zentrale Energieversorger sind durch erneuerbare Energien stark unter Druck geraten. Die Energiewirtschaft leidet derzeit unter massiven Veränderungen und muss sich auf die neue Zeit einstellen.

Dänemark und Deutschland haben Trends gesetzt. Dänemark hat 1985 ein Gesetz verabschiedet, das die Atomenergie im Land verbietet und stattdessen Windenergie förderte. Das war ein Jahr vor der Kernkraftkatastrophe von Tschernobyl! Deutschland fing nach Tschernobyl an, ernsthaft über den Ausstieg aus der Kernenergie zu reden und verabschiedete 1999 ein Ausstiegsgesetz. Fast gleichzeitig wurde das Erneuerbare-Energiegesetz (EEG) beschlossen, was zu einem atemberaubenden Boom erneuerbarer Energien führte. Nach der Fukushima-Tragödie beschleunigte Deutschland den Ausstieg, was den erneuerbaren Energien zusätzlichen Schub gab.

China (und etwa 70 weitere Länder) haben die deutsche Einspeisevergütung (feed-in-tariffs, FIT) mehr oder weniger kopiert, was zu einer raschen Entwicklung von technischen Innovationen und Skaleneffekten führte. Abbildung 3.5 zeigt, wie die Preise für Photovoltaik (PV) sanken, während die Kosten der Kernenergie anstiegen. Seit 2010 gibt es kein wirtschaftliches Argument für Investitionen in die Kernenergie mehr.

Weltweit sind die erneuerbaren Energien dramatisch angewachsen. In Chile wurde vor kurzem so viel Sonnenenergie produziert, dass der Versorger sie kostenlos verschenkte.[242] Deutschland verspricht bis 2050 100% erneuerbare Energien zu nutzen, Schottland bis 2020. Nach dem Asia-Europe-Clean-Energy-Advisory

---

242 Vanessa Dezem, und Javiera Quiroga. 2016. »Chile Has So Much Solar Energy It's Giving It Away for Free.« Bloomberg, 1. Juni 2016.

(AECEA) hat China allein im Jahr 2016 34,2 Gigawatt Sonnenenergie installiert.

Historische Wende – Photovoltaikkosten fallen, während Atomkraftkosten steigen
Kilowattstunden-Kostenvergleich bei Solarenergie vs. Atomenergie

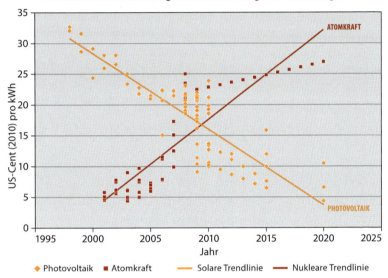

Abbildung 3.5: *Solare PV schlägt die nukleare Energiegewinnung im Kostenfaktor. Quelle: NC WARN.*

Einige Analytiker sagen, der Kipppunkt war im Jahr 2014, als klar wurde, dass erneuerbare Energien einen Triumphzug angetreten hatten. Im April 2015 verkündete Michael Liebreich von Bloomberg New Energy: »Fossiler Treibstoff hat gerade das Rennen gegen die erneuerbaren Energien verloren ... Die Welt schafft nun jedes Jahr mehr Kapazität für erneuerbare Energien, als sie es für Kohle, Erdgas und Öl tut.«[243]

---

[243] Tom Randall. 2015. »Fossil Fuels Just Lost the Race Against Renewables.« Bloomberg Business, 14. April. http://www.bloomberg.com/news/articles/2015-04-14/fossil-fuels-just-lost-the-race-against-renewables.

3.4 Dezentralisierte Energie

Dass die Kohle den Konkurrenzkampf verloren hat, sieht man auch am Absacken der Kohleaktien an den Aktienmärkten (Abbildung 3.6). Auch die Aktien von Öl und Gas bleiben hinter dem Industrie-Index deutlich zurück.

Schlechte Performance von Kohleaktien
Indizes (neu berechnet)

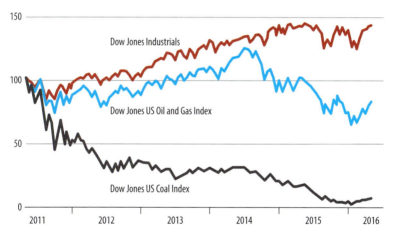

Abbildung 3.6: *In fünf Jahren verloren die Kohleaktien fast ihren ganzen Wert, während der Dow Jones Index mehr als 40% zulegt. Quelle TruValue Labs, 29. Juni, 2016.*

Dass die Weltwirtschaft auf lange Sicht ganz auf erneuerbaren Energien umschwenkt, ist klar. Strittig ist höchstens, wie lange es dauern wird, nachdem Präsident Trump versucht, den fahrenden Zug anzuhalten. Die Erschöpfung von fossilen Brennstoffen oder Uran/Thorium ist nicht der Hauptgrund. Es sind die politischen, ökologischen und technologischen Kosten für die globale Erwärmung und den gesamten Atomzyklus. Siehe hierzu auch Paul Gilding.[244]

---

244 Paul Gilding. 2015. »Fossil fuels are finished – the rest is just detail. Renew Economy.«

Das klingt, als ob der Übergang zu einer erneuerbaren Energiewelt nicht nur notwendig ist, sondern unmittelbar bevorsteht. Aber das Nichtverbrennen fossiler Brennstoffreserven hat eine wirtschaftlich unbequeme Konsequenz. Es entstehen ungeheuer große »gestrandete« (stranded, wertlose) Vermögenswerte von fossilen Reserven, deren Wert auf der Habenseite zahlloser Vermögensbilanzen steht. Eine aktuelle Studie[245] schätzt diese »gestrandeten Vermögenswerte« auf rund 6 Billionen USD, vorausgesetzt, dass nur 20% der identifizierten fossilen Brennstoffreserven bis 2050 verbrannt werden können. Andere Schätzungen kommen sogar auf 20 Billionen USD, verursacht durch eine mögliche Minderung der CO_2-Emissionen zur Begrenzung der Erwärmung auf 2°C.[246] Diese »gestrandeten Vermögenswerte« müssen als Teil der Kosten für den Ausstieg aus fossilen Brennstoffen angesehen werden.

Eine ähnliche Betrachtung gilt für den Ausstieg aus der Kernenergie. Hier ist es politisch komplizierter, weil mehrere Länder seit Jahrzehnten eine synergetische Ökonomie zwischen militärischer und ziviler Kernenergie unterhalten, also die zivile Atomkraft stillschweigend subventioniert haben. Aber hier sind die Buchwerte der Reserven und Industrieanlagen nicht so horrend hoch.

Unter der Annahme, dass das Problem der gestrandeten Vermögenswerte den Übergang verlangsamt, stellt sich die Frage neu, wie schnell die Welt diese Transformation zu einer Wirtschaft erreichen kann, die ausschließ-

---

13. Juli 2015. http://reneweconomy.com.au/2015/fossil-fuels-are-finished-the-rest-is-just-detail-71574.

245 Carbon tracker and the Grantham Research Institute on Climate Change and the Environment at the LSE. http://www.carbontracker.org/report/unburnable-carbon-wasted-capital-and-stranded-assets/.

246 Capital Institute. 2011. »The Big Choice. In The Future of Finance.« Blog, 19. Juli. Auch auf Carbon Tracker verweisend.

3.4 Dezentralisierte Energie

lich auf erneuerbaren Energien basiert. Diese Frage wurde vor kurzem von Mark Z. Jacobsen und seinen Kollegen bei Stanford und UC Berkeley untersucht. Sie behaupten, dass es möglich sei, bis 2050 einen totalen Ausstieg der Welt aus fossilen Brennstoffen zu erreichen.[247] Abbildung 3.7 zeigt, wie in ihrer Studie der Übergang von der fossilen Brennstoffdominanz zu einer vollkommen mit WWS (Wind-Wasser-Solar) angetriebenen Welt erreicht wird.

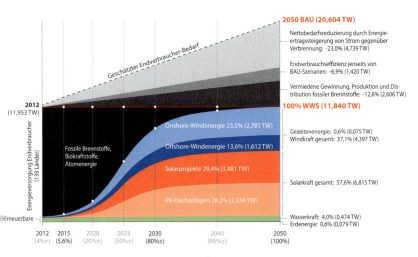

Abbildung 3.7: *Zusammengefasste Änderungen für den 139-Länder-Endnutzungsbedarf für alle Zwecke und deren Versorgung durch konventionelle Kraftstoffe und WWS-Generatoren im Laufe der Zeit, Quelle: siehe Jacobson et al.*

Eine Reihe von Kommentaren noch zu dieser Abbildung: Erstens, wenn man die Energieerzeugung pauschal für die ganze Welt betrachtet, sollte man bedenken, dass das prozentuale Verhältnis der Sonnenenergie zur Windenergie in verschiedenen Ländern stark variiert. Zweitens ergibt sich aus Abb. 3.7, dass die Endverbrauchsbe-

---

247 Mark Z. Jacobsen et al. 2017. 100% Clean and Renewable Wind, Water, and Sunlight All-Sector Energy Roadmaps for 139 Countries of the World. Joule 1, 1-14.

Teil 3 Eine spannende Reise zur Nachhaltigkeit

lastung im Jahr 2050 etwas niedriger als im Jahr 2010 ist. Allerdings ist diese Last *viel geringer* als die Endverbrauchsenergie, die in einem Business-as-usual-Szenario ohne WWS-Übergang voraussichtlich benötigt würde. Das bedeutet, dass die Autoren ein beträchtliches Potenzial an Effizienzgewinnen voraussetzen. Drittens muss umgekehrt zugegeben werden, dass das WWS-Szenario mehr erfordert als Sonnenkollektoren, Windparks etc. Die Fragen der Steuerung der Spitzennachfrage und der zeitlichen Leistungsschwächen müssen gelöst und finanziert werden. Aber beides sind lösbare Probleme und kostengünstig im Vergleich zu den Nebenwirkungen, die durch fossile Brennstoffe entstehen.

Noch ein kurzer Blick auf die politische Seite. Grundsätzlich sind zwei Schritte unerlässlich, um den Übergang von einer fossilen Brennstoffwirtschaft zu einer erneuerbaren Energiewirtschaft zu beschleunigen:

- Alle Subventionen für fossile Brennstoffe (in Privatbesitz und Staatsbesitz) müssen gestoppt werden. Ein IWF-Papier[248] schätzt diese Subventionen weltweit auf etwa 600 Milliarden USD jährlich.
- Eine international möglichst harmonisierte, aber anfangs national einbehaltene CO_2-Steuer wäre sinnvoll (siehe Kapitel 3.7.3).

Für die meisten Entwicklungsländer ist die zunehmende Verfügbarkeit von erneuerbaren Energien ein Segen. Die dezentralisierte Energieerzeugung ist technisch machbar und kann helfen, Arbeitsplätze dort zu schaffen, wo

---

248   D. Coady, I. Parry, L. Sears, und B. Shang. 2015. »How Large are Global Energy Subsidies?« IMF Working Paper. WP/15/105 (2015). https://www.imf.org/external/pubs/ft/wp/2015/wp15105.pdf.

sie am ehesten gebraucht werden, besonders in den ländlichen Gebieten der Entwicklungsländer.

Auf lange Sicht werden die etablierten Strom-, Kohle- und Ölkonzerne entweder dem Ausstieg[249] beitreten oder sie werden sich in der Insolvenz wiederfinden.[250] Anfang 2016 sagte das Beratungsunternehmen Deloitte voraus, dass mehr als 35% der unabhängigen Ölkonzerne in Konkurs gehen würden, weitere 30% könnten folgen – zusätzlich zu den 50 vergleichbaren Firmen in den USA, die bereits Ende 2015 bankrottgingen.[251] Neuerlich ansteigende Ölpreise und der beabsichtigte Fossil-Protektionismus der Trump-Regierung könnten das Bild allerdings ändern. Die Angst vor der zumindest nominellen Vernichtung gigantischer Buchwerte dürfte das Hauptmotiv für die ansonsten ja ziemlich hirnrissige Energiepolitik von Präsident Trump sein – analoge Neigungen lassen sich in ausgesprochenen Kohle-, Öl- und Gasländern wie Kasachstan, Russland, Polen und einigen Golfstaaten beobachten.

Der größte Energieverbraucher, China, wird zum weltweit führenden Land für erneuerbare Energien.[252] Da die installierte Solarkapazität innerhalb von nur vier Jahren um das Zwanzigfache erweitert wurde, ging China von einer Kapazität von 0,3 GW im Jahr 2009 auf 13 GW bis 2013 und fügte im Jahr 2015 30,5 GW

---

249 Anindya Uphadhyay. 2016. »Narendra Modi lures India's top fossil fuel companies to back solar boom.« Live Mint, 22. Juli. http://www.livemint.com/Industry/n6JGlUiAK3dBZH-vUxWprWO/Narendra-Modi-lures-Indias-top-fossil-fuel-companies-to-bac.html.
250 Nafeez Ahmed. 2016. »This Could Be the Death of the Fossil Fuel Industry—Will the Rest of the Economy Go With It?« 30. April. http://www.alternet.org/environment/we-could-be-witnessing-death-fossil-fuel-industry-will-it-take-rest-economy-down-it.
251 Deloitte Center for Energy Solutions. 2016. The Crude Downturn for Exploration and Production Companies. Siehe auch: Doug Arent. 2016. »After Paris the Smart Bet Is On a Clean Energy Future.« Greenmoney Journal, Juli/August (von Goldman Sachs).
252 IBM Research Launches Project. 2014. »›Green Horizon‹ to Help China Deliver on Ambitious Energy and Environmental Goals.« 7. Jan. 2014, http://www-03.ibm.com/press/us/en/pressrelease/44202.wss.

erneuerbare Energien hinzu, 16,5 GW davon solar. China verbrennt noch viel Kohle, hat sich aber mit seinem Green-Horizons-Programm dazu verpflichtet, die Luft in seinen Städten zu säubern und in den nächsten fünf Jahren die CO_2-Intensität gegenüber dem Niveau von 2005 um 40% bis 45% zu senken.[253] Im Jahr 2016 wurden die gesamten CO_2-Emissionen trotz einer Wachstumsrate von 7% um 5% reduziert. Bis 2050 will China 80% seines Energiebedarfs aus erneuerbaren Energien beziehen.[254]

China hat angekündigt, dass es beabsichtigt, eine »Ökologische Zivilisation« zu werden, ein Konzept, das es 2012 in seiner Verfassung verankert hat. Chinas 13. 5-Jahres-Plan (Kapitel 3.17.1) spiegelt diese neue Denkweise eindrucksvoll wider.

Ein glücklicher Nebeneffekt ist, dass der Umstieg auf erneuerbare Energien – und Energieeffizienz – von einer Zunahme an Arbeitsplätzen begleitet wird. Die Internationale Agentur für erneuerbare Energien, IRENA, stellte vor kurzem fest, dass durch erneuerbare Energien geschaffene Arbeitsplätze mit 5% pro Jahr wachsen und mittlerweile weltweit 8 Millionen übersteigen. Diese Arbeitsplätze finden sich im produzierenden Gewerbe und tendieren zu einer ausgeglichenen Geschlechterparität.[255]

Es gibt auch Einschätzungen, dass sich der ganze Übergang noch schneller vollziehen könnte. Stanford Professor Tony Seba prognostiziert, dass die ganze Welt bis 2030 erneuerbare Energien nutzen wird – nicht nur

---

253 Bloomberg New Energy Finance. 2017. Global wind and solar costs to fall even faster, while coal fades even in China and India.
254 China National Renewable Energy Centre. 2015. »China 2050 High Renewable Energy Penetration Scenario and Roadmap Study.« http://www.rff.org/Documents/Events/150420-Zhongying-ChinaEnergyRoadmap-Slides.pdf.
255 International Renewable Energy Agency. 2016. »Renewable Energy and Jobs.« http://www.irena.org/DocumentDownloads/Publications/IRENA_RE_Jobs_Annual_Review_2016.pdf.

3.4 Dezentralisierte Energie

Strom, sondern alle Formen von Energie. Sein Buch *Clean Disruption*[256] beschreibt, warum er damit rechnet, dass die Transformation so schnell kommen wird. Er macht dafür vier Faktoren verantwortlich: billigere Solarenergie, billigere Energiespeicher (Batterien), das Elektroauto und das fahrerlose Auto. Da der Transportsektor für 30% der CO_2-Emissionen verantwortlich ist, wird der Ölausstieg in diesem Bereich ein ebenso großes Thema sein wie der Absturz der Kohleindustrie. Als Analogie führt Seba die Absatzentwicklung bei Mobiltelefonen an, die die Experten seinerzeit völlig unterschätzten. In den 1990er Jahren sagte McKinsey zur ATT, dass sie etwa 900.000 Mobilfunkteilnehmer erwarten könnten. Die tatsächliche Zahl belief sich auf über 108 Millionen.[257] Seba fragt rhetorisch: »Sie glauben nicht an den sauberen Umbruch? Die IEA will, dass Sie 40 Billionen USD in konventionelle Energie (Atom, Öl, Gas, Kohle) und konventionelle Stromversorger investieren. Es ist deren ›Kodak-Moment‹, und es handelt sich um Ihr Geld!«[258]

Der Star-Unternehmer Elon Musk schuf eine Autofirma mit einer Marktkapitalisierung weit über der Hälfte von General Motors, trotz eines kümmerlichen Verkaufs von 300-mal weniger Autos.[259] Wie kann das

---

256 Tony Seba. »2014. Clean Disruption of Energy and Transportation: How Silicon Valley Will Make Oil, Nuclear, Natural Gas, Coal, Electric Utilities and Conventional Cars Obsolete by 2030.« https://www.amazon.com/Clean-Disruption-Energy-Transportation-Conventional/dp/0692210539?ie=UTF8&redirect=true.
257 Young Rae Kim. 2013. »A Look at McKinsey & Company's Biggest Mistakes.« 12. Sept. https://www.equities.com/news/a-look-at-mckinsey-company-s-biggest-mistakes.
258 Tony Seba. 2012. »How to Lose $40 Trillion.« http://tonyseba.com/how-to-lose-40-trillion/. Bis 2015 sagte die IEA, dass die Zahl bis 2035 48 Billionen USD beträgt. So oder so ist eine riesige Summe, die die IEA vorschlägt, in Öl, Gas, Kohle und Atomkraft zu investieren. Unter »Kodak-Moment« versteht man den Absturz der einst ruhmreichen Filme-Firma Kodak, nachdem die digitale Bildgebung die alten Filmtechniken obsolet machte.
259 Jon C. Ogg.2016. »Ahead of Model 3: Tesla Value for 2019 Versus Ford and GM Today.« 24/7 Wall St., 29. März. http://247wallst.com/autos/2016/03/29/ahead-of-model-3-tesla-value-for-2019-versus-ford-and-gm-today/.

sein? Wie aus Teslas Masterplan »Part Deux« vom Juli 2016 hervorgeht, ist es die Integration von Dach-Solar-Anlagen mit Haus-Akku-Speichern und Elektroautos. Tesla ist eigentlich ein Batterie-Unternehmen, und wenn Batteriekosten sinken, wie sie es zuvor bereits taten, dann ist das Spiel für die fossilen Brennstoffe aus. Durch die Integration von Energieerzeugung mit Lagerung und Transport, wird Tesla so ziemlich jede Begründung eliminieren, fossil gespeichertes Sonnenlicht in einer Weise auszugraben und zu verbrennen, die schmutzig, gefährlich sowie politisch destabilisierend ist.

EINIGE LANDWIRTSCHAFTLICHE ERFOLGSGESCHICHTEN

3.5.1 Nachhaltige Agrarpolitik

In Kapitel 1.8 haben wir skizziert, warum die industrielle Landwirtschaft in keiner Weise nachhaltig ist, und haben den IAASTD-Bericht als bessere Alternative genannt. Die wichtigsten politischen Erkenntnisse des Berichts weisen auf die *Multifunktionalität* der Landwirtschaft hin: als Anbieter von Nahrungsmitteln, sozialer Sicherheit, Ökosystemdienstleistungen, Landschaftswert und vielem mehr.[260] Dies steht im Gegensatz zu den agroindustriellen Konzepten, die sich ausschließlich auf die maximale Produktion konzentrieren. Eine Landwirtschaft jedoch, die den vielfältigen Funktionen gerecht wird, erkennt den entscheidenden Beitrag lokaler und indigener Erkenntnisse an und bezieht gerechte, partizipative Prozesse in die Entscheidungsfindung ein.

Die nachhaltige Landwirtschaft wird auch als Ökolandwirtschaft bezeichnet und deckt eine breite Palette von Systemen ab, die an die lokalen Gegebenheiten angepasst sind. Allen gemeinsam ist das Prinzip der ökologischen, ökonomischen und sozialen Nachhaltigkeit. Sie bewahren Böden und Wasserversorgung, regenerieren und erhalten die natürliche Bodenfruchtbarkeit und fördern die Biodiversität. Die Erträge sind langfristig nachhaltig. Nachhaltige Landwirtschaft vermeidet weitgehend den Einsatz von Agrochemikalien, indem sie verschiedene Kulturen beisammen wachsen lässt und die geschlossenen Stoffströme der Natur kopiert. Sie bindet CO_2, statt es zu

---

260 Vgl. auch: UNEP and International Resource Panel. 2014. Assessing Global Land Use: Balancing Consumption with Sustainable Supply. Nairobi: UNEP.

emittieren. Gleichzeitig erlaubt sie den Landwirten, genug Geld zu verdienen, um zu leben. Sie fördert dezentrale Verarbeitungsanlagen, um Arbeitsplätze in ländlichen Gebieten zu halten und gibt den Landwirten einen fairen Lohn für ihre Erzeugnisse und eine angemessene Entschädigung für ihre Leistung zum Schutz der Natur und des Klimas.

Eine Politik im Sinne dieser Ziele sollten einschließen:

1. sicheren Zugang zu Land, Wasser, Saatgut, Information, Kredit und Märkten,

2. Sicherung des Eigentums von Frauen, Landwirten, indigenen und gemeindebasierten Organisationen,

3. gerechte regionale und globale Handelsvereinbarungen,

4. Korrektur der geistigen Eigentumsrechte, um angestammte Rechte der Landwirte sowie Biodiversitätsziele zu respektieren,

5. Investitionen in die lokale Infrastruktur und die Weiterverarbeitung von Agrarprodukten

6. die Erhöhung der *öffentlichen* Agrarforschung.

Ein aktueller Bericht des UNEP International Resource Panel (IRP)[261] unterstützt die IAASTD-Kritik an den heutigen Agrarsystemen und beklagt, dass sie für 60% des weltweiten terrestrischen Biodiversitätsverlustes und etwa für 24% der weltweiten Treibhausgasemissionen verantwortlich sind. Das IRP schlägt ein »ressourcenschonendes« Nahrungsmittelsystem vor, aufbauend auf drei Grundsätzen: geringe Umweltauswirkungen, nachhaltige Nutzung erneuerbarer Ressourcen und die effiziente Nutzung aller Ressourcen. Hierzu mehr in Kapitel 3.9.

---

261 UNEP. 2016. Food Systems and Natural Resources.

3.5.2 Nachhaltige Landwirtschaft in Entwicklungsländern

Ein paar Praxisbeispiele, wie man Landwirten und Verbrauchern helfen kann:

- Der globale Kakaomarkt ist hoch monopolisiert – 80% der Produktion werden von zwei transnationalen Unternehmen kontrolliert. Der meiste Kakao, den sie kaufen, wird in Westafrika produziert, und es ist praktisch unmöglich, die sozialen und ökologischen Produktionsbedingungen zurückzuverfolgen. *Ritter Sport,* ein deutscher Schokoladenhersteller, war mit dieser Situation unzufrieden und beschloss, nachhaltige Standards in der Kakaoproduktion mit dem Ziel einzuführen, bis 2018 100% des Kakaos nachhaltig zu produzieren.

- Ritter Sport hat für nicaraguanische Kleinbauern seit den 1990er Jahren Bildungs- und Ausbildungsprogramme eingerichtet und im Jahr 2001 die Gründung der ersten Kakao-*Genossenschaft* Nicaraguas unterstützt, die »Cacaonica« genannt wurde. In über 15 Jahren hat sich diese Initiative zu einer Zusammenarbeit mit über 3.500 Landwirten entwickelt, die inzwischen mehr als 20 Genossenschaften umfasst. Alles basiert auf Agroforstsystemen als ökologisch nachhaltiger Alternative zu Monokulturen. Die Mischung aus verschiedenen Pflanzenarten führt beim Kakao zu höherer Qualität und damit zu erhöhtem Einkommen der Bauern. Ritter Sport führte ein Zahlungsmodell ein, das Qualitätszuschläge auf den Weltmarktpreis und feste Kaufmengen kombiniert. Dies hilft den Landwirten vorauszuplanen und ihre Zukunft zu sichern.

Gemeinsam mit dem französischen Schokoladenhersteller CEMOI hat Ritter Sport nun ein ähnliches Bildungs- und Handelsmodell an der Elfenbeinküste in Afrika aufgebaut. Das Unternehmen sieht seine Initiativen als Handelspartnerschaften zwischen Gleichgestellten und nicht als eine Form von Entwicklungshilfe.

- Ein weiteres Beispiel für eine erfolgreiche kooperative Landwirtschaft findet sich in Kuba.[262] Als die Sowjetunion zusammenbrach, führte der plötzliche Rückgang der Nahrungsmittelversorgung und Ölförderung zu einer landwirtschaftlichen Krise. Fast über Nacht wurden Treibstoffe, Lastwagen, Landmaschinen, Ersatzteile und Dünger, Pestizide knapp. Über 40% des staatlichen Ackerlandes wurden zu 2.000 neuen Genossenschaften umgewidmet, die von den Arbeitern bewirtschaftet wurden; sie bekamen auch individuell Gartenraum für die eigene Familie. Im Jahr 2000 erhielten mehr als 190.000 Städter Parzellen innerhalb des Stadtgebietes. Die lokale städtische Produktion minimierte den Ölbedarf für Transport und Landmaschinen, und der Mangel an Agrochemikalien erzwang eine agroökologische Produktion. Sogenannte *Organoponicos*, rechteckige ummauerte Konstruktionen, enthielten Hochbeete mit kompostverbesserter Erde und wurden zu Grundpfeilern des Gemüseanbaus in den Städten.

Die Produktion stieg erheblich, und plötzlich profitierte in den Städten auch die Umwelt durch den Anbau von Kulturen, die mit städtischen Aufforstungen und ökologischem Landbau gekoppelt waren. Programme für organischen Dünger, Saatgut,

---

[262] Sinan Koont. 2009. »The Urban Agriculture of Havana.« Monthly Review 60, Jan.

Bewässerung und Entwässerung, Vermarktung und technische Ausbildung unterstützten den lokalen Ackerbau und Viehzucht. In über zwölf Jahren wurden etwa 350.000 neue, gut bezahlte und produktive Arbeitsplätze geschaffen.

- Ein ganz anderes Erfolgsmodell ist das »System der Reisintensivierung« (SRI). Es mobilisiert biologische Prozesse, die in Kulturpflanzen und Böden bereits vorhanden sind. Begonnen wurde das Projekt in Madagaskar in den 1980er Jahren von einem Jesuitenpater und lokalen Bauern, die Praktiken entwickelten, mittels derer sie die Ernten in bewässerten Reisfeldern verbessern konnten. Es wurde später auf Reisfelder ohne künstliche Bewässerung sowie andere Getreide- und Gemüsearten ausgedehnt.[263] SRI geht weiter, nicht als ein technisches Dogma wie die Techniken der Grünen Revolution, sondern durch laufende Praxiserfahrungen. Daher wird es kaum von marktorientierten Firmen übernommen, die bloß Produkte verkaufen wollen. Die Ideen wurden aber durch die Zivilgesellschaft verbreitet und haben inzwischen viele Entwicklungsländer erreicht.[264]
Zu den Innovationen von SRI gehören auch: das Sammeln von Pflanzensämlingen statt Samen; Abstandspflanzung; Erhaltung der Bodenfruchtbarkeit durch organischen Abfall, was auch die Bodenorganismen fördert; Vermeidung von Vernässung – besonders hilfreich bei bewässertem Reis, wo man herausfand, dass intermittierende Überschwemmungen mehr Ertrag bringen als Dauerbewässerung – und schließ-

---

263 SRI-Rice. 2014. The System of Crop Intensification. Wageningen, Niederlande: Cornell University and CTA.
264 Norman Uphoff. 2008. »The System of Rice Intensification (SRI).« Jurnal Tanah dan Lingkungan 10 (1): 27-40.

lich Bodenbelüftung während der gesamten Wachstumsperiode. Erreicht wurden teilweise verbesserte Ernten (manchmal doppelt oder mehr), ohne »verbesserte« Sorten oder viel Agrochemie; generell weniger Bedarf an externen Inputs wie Wasser und Saatgut und schließlich CO_2-Einlagerung.

- Auch die natürlichen Beziehungen zwischen Pflanzen und Insekten können wieder nutzbar gemacht werden. Als man einen Kornschädling in Ostafrika untersuchte, entdeckte man, dass das Einmischen bestimmter Futterpflanzen in Maisfeldern deren Ernteerträge und die Gesamtproduktion der Landwirtschaft verbesserte. Die so genannte Push-Pull-Technik, die aus der Forschung hervorgegangen ist, nutzt natürliche Pflanzenchemikalien, die Insekten vom Mais vertreiben und sie zu anderen Wirtspflanzen ziehen, welche die Angriffe aushalten können. Nebenbei entdeckten die Wissenschaftler neue Eigenschaften in der Futterpflanze Desmodium, ein auch für Milchkühe nahrhaftes Heilkraut: Es wehrt Insekten im Maisfeld ab und vermindert den Schaden von Striga, einem parasitären Unkraut. Kurzum, das Push-Pull-System verbessert umweltfreundlich die Ernährungslage und das landwirtschaftliche Einkommen – ein idealer Baustein im langfristigen Kampf zur Verringerung von Hunger und Armut in Afrika.[265]

Beispiele wie diese zeigen, dass eine nachhaltige Landwirtschaft nicht nur möglich ist, sondern für Menschen und Umwelt richtig vorteilhaft sein kann. Aber nicht alle

---

[265] The International Centre of Insect Physiology and Ecology (icipe). 2015. »The ›Push–Pull‹ Farming System: Climate-smart, sustainable agriculture for Africa.« http://www.push-pull.net/planting_for_prosperity.pdf.

ökologischen Initiativen sind wirtschaftlich selbsttragend. Spenden erlauben vielen NGOs[266] weltweit zusammen mit Kleinbauern eine Vielzahl von Perspektiven zu eröffnen und gemeinsam Wege zu beschreiten, die Bildung und Teilhabe mit sich bringen. Das ist zugleich eine Anregung für die Entwicklungshilfe.

3.5.3 Beiträge der reicheren Länder

Auch die industriellen Agrarpraktiken der entwickelten Welt können verbessert werden. In New South Wales, Australien, verwaltet Gilgai Farms 2.800 Hektar Land[267] und verwandelt ein herkömmliches Getreide- und Viehsystem in ein »Zellenweide«-Unternehmen, das zugleich die Grasweiden verbessert, ein Konzept von Allan Savory. Der Betrieb ist facettenreich und züchtet Rinder und Schafe (hauptsächlich für Wolle), baut Getreide sowie einheimische Laubhölzer (Gebäude und Nutzholz) und Mallee-Eukalyptus-Wald (CO_2-Offsets) an. Zellenweiden imitieren die Weidegewohnheiten von wilden Herden, indem sie sich über mehrere Koppeln bewegen. Kritiker behaupten, die Vorteile seien unbewiesen, aber die Zellenweiden in Australien, den USA, Argentinien und im südlichen Afrika haben die gesunde Weide-Vegetation einschließlich Bodenmikroben und Bodenleben wiederhergestellt. Die Gilgai Farms und ihre Höfe profitieren davon. Der CO_2-Fußabdruck der Betriebe vermindert sich durch die Einlagerung von etwa 6 Tonnen CO_2-Äquivalente pro Hektar und Jahr. Bereiche für die Rückkehr der einheimischen Flora und deren Konservierung wurden zusätzlich freigehalten.

---

266 Zum Beispiel: Legado; Oxfam; International Institute for Environment and Development. Siehe https://www.iied.org/partnerships-coalitions.
267 Gilgai Farms Webseite. http://www.gilgaifarms.com.au/.

Die Iroquois Valley Farms (IVF) sind eine ökologisch ausgerichtete Investmentgesellschaft, die auf »geduldigem« Kapital statt Handelskapital basiert, jedoch sehr gute Gewinne erzielt. Der Erfolg der IVF beruht auf dem Preiszuschlag, den wohlhabende Konsumenten weltweit für Bio-Lebensmittel bezahlen. Der Zuschlag ist auf drei Jahre befristet, die es braucht, um Land in den USA in den Bio-Zustand zu überführen.[268]

Solche Unternehmungen können von Regierungen in der entwickelten Welt gefördert werden. So hat beispielsweise die dänische Regierung 2016 angekündigt, das Areal für die ökologische Landwirtschaft bis 2020[269] zu verdoppeln. Auch das ist eine gute Nachricht für die Zukunft der Landwirtschaft.

Unser Kapitel besteht aus schönen Beispielen, was noch fehlt, ist eine konkrete Strategie, um die unsäglichen ökologischen Zerstörungen durch die heute vorherrschende Landwirtschaft zu korrigieren. Dies soll (nicht ausschließlich auf Landwirtschaft beschränkt) in den Kapiteln 3.11 bis 3.13 nachgeholt werden.

---

268 Dean Kuipers. 2015. »Buying the Farm«. Orion, Juli. https://orionmagazine.org/article/buying-the-farm/.
269 Ministry of Environment and Food, Dänemark. 2015. Regierung stärkt die organische Produktion mit neuem Aktionsplan.

REGENERATIVE URBANISIERUNG: ECOPOLIS

3.6.1 Ecopolis: Zirkuläre Ressourcenströme

Das Kapitel 1.7 beschrieb die Probleme einer stetig wachsenden Bevölkerung sowie einige ökologische Herausforderungen der Urbanisierung. Erwähnt wurde auch die Tatsache, dass die Verstädterung das Bevölkerungswachstum stabilisiert, da Familien, insbesondere Frauen, mit weniger Kindern glücklich leben können.

Die Städte müssen ihren »linearen Stoffwechsel« überwinden, sagt Herbie Girardet, Mitautor dieser Studie.[270] Es geht nicht an, dass die Ressourcen durch das städtische System fließen, ohne dass man sich um ihre Herkunft schert und dann noch den Ärger mit der Entsorgung hat. Auch die Städte müssen sich in Richtung der Kreislaufwirtschaft (Kapitel 3.8) bewegen, indem sie Pflanzennährstoffe wie Stickstoff, Phosphate und Kalium zurück ins Ackerland einbringen, Kohlenstoff in Böden und Wäldern speichern, die städtische Landwirtschaft wiederbeleben, erneuerbare Energien liefern und die Städte mit dem regionalen Hinterland verbinden. Das wäre die Grundlage für lebensfähige städtische Volkswirtschaften.

Die Aufgabe unserer Zeit könnte es sein, das nicht-nachhaltige Modell der heutigen Städte in das zu verwandeln, was Herbie Girardet *Ecopolis* nennt, die regenerative Stadt. Städte, die unser primäres Zuhause sind, müssen den Grundgesetzen der Ökologie entsprechen (Abb. 3.8).

Das *Ecopolis*-Modell ähnelt dem, was Mitautorin

---

270 Herbert Girardet. 2015. Creating Regenerative Cities. Abingdon, Oxon: Routledge.

Agni Vlavianos Arvanitis früher als »Biopolis« bezeichnet hatte – eine umweltverträgliche, feinstaubarme Stadt, in der Mensch und Natur harmonisch in Balance leben. Das Modell betont auch die ethische Dimension einer neuen Form des städtischen Lebens, welche die Natur und die Kultur der Stadt wiederherstellt: Da die Menschen eine kollektive Verantwortung haben, werden sie ethisch für die Schäden und Probleme verantwortlich sein, die an künftige Generationen delegiert wurden.

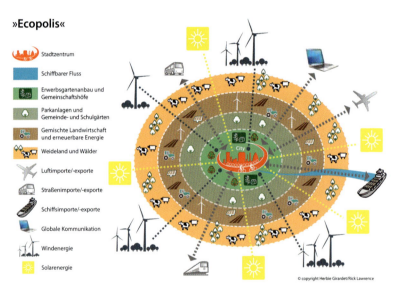

Abbildung 3.8: »*Ecopolis*«, *die regenerative Stadt, bindet viele typisch ländliche Aktivitäten wieder in die Stadtregion ein wie Marktgärtnerei, gemischte Landwirtschaft und erneuerbare Energien. Die fossile Brennstoffabhängigkeit und die Transportintensität sind stark reduziert. Quelle: H. Girardet, 2014.*

Ein Bericht des WBGU (Wissenschaftlicher Beirat für globale Umweltveränderungen) über die »transformative Macht der Städte«, der als Input zur Weltkonferenz Habitat III (Quito, Ekuador, Oktober 2016) geschrieben wurde, erörtert diese Themen ausführlich. Da steht, dass Nachhaltigkeit in der Urbanisierung nicht nur eine lokale Aufgabe ist, sondern auch eine globale. Die Städte wurden oft auf den produktivsten Ackerböden eines Landes gegründet und haben dieses effektiv unfruchtbar gemacht, sie sind auch die größten Verbraucher globaler Ressourcen wie Brennstoffe, Lebensmittel, Holz und Metalle.[271]

Diese Themen wurden zuerst von dem amerikanischen Urbanisten Abel Wolman in seinem 1965 erschienenen Artikel »Der Stoffwechsel der Städte«[272] konzipiert. Er entwickelte ein Modell, das die Zufluss- und Abflussraten von Ressourcen einer hypothetischen amerikanischen Stadt von einer Million Menschen quantifizieren konnte. Die Vorteile dieses Modells sind jetzt offenkundig. Es ermöglicht ein klares Verständnis der städtischen »Systemgrenzen« und erklärt, wie Städte mit der natürlichen Welt interagieren.

Herbie Girardet hat das Konzept weiterentwickelt und strebt die Überwindung des linearen Stoffwechsels an Ressourcen an. Angesichts des weltweiten Megatrends zur Urbanisierung wird dies überaus dringlich.

3.6.2 Regenerative Urbanisierung

Das neue Konzept heißt regenerative Urbanisierung. Es geht nicht nur darum, die städtische Umwelt zu begrünen und die Natur vor der physischen städtischen Expansion zu schützen – so wichtig diese Initiativen auch sind. Aufgabe der Stadtmenschen ist es, in den Bereichen Produktion, Verbrauch, Transport und Bau-

---

271 WBGU. 2016. Der Umzug der Menschheit: Die transformative Kraft der Städte. Hauptgutachten 2016. Berlin: WBGU.
272 Abel Wolman. 1965. The metabolism of cities; Scientific American, 213, S. 179 -190. Vgl auch https://en.wikipedia.org/wiki/Abel_Wolman.

wesen regenerative urbane Systeme zu schaffen. Die Menschheit muss

- eine umweltfreundliche, pflegende Beziehung zwischen den Städten und den natürlichen Systemen, auf die sie angewiesen ist entwickeln;
- den Trend zu erneuerbarer Energie für menschliche Siedlungen möglichst weltweit durchsetzen und
- neue ökonomische Chancen ergreifen und Lebensstile so verändern, dass eine Transformation möglich wird.

Eine neue integrierte urbanistische Wissenschaft muss kommen. Das ist etwas anderes als die gegenwärtige Euphorie, die viele Stadtplaner, Tiefbauingenieure und viele andere angesichts der erforderlichen Infrastrukturinvestitionen und lukrativen Kontrakte erfasst, die aus dem Welttrend der Urbanisierung erwachsen. Was in diesem Welttrend zu kurz kommt, ist ein Verständnis für die Wechselbeziehungen, die zwischen Städten und der lebendigen Welt draußen bestehen.[273]

In den vergangenen Jahren gab es in den heruntergekommenen Städten der Industrieländer sehr viele *städtische Regenerationsprojekte*, die viele direkt Betroffene stark beeinflusst haben. Doch das Konzept der *regenerativen Städte* geht viel weiter: Es konzentriert sich auf die Verknüpfungen zwischen Stadt und Natur, zwischen urbanen Systemen und Ökosystemen.

Ein Schritt in die richtige Richtung wurde auf der genannten Habitat-III-Konferenz vollzogen, wo die neue städtische Agenda (NUA) verabschiedet wurde. Sie stellt

---

273 M. Batty. 2013. The New Science of Cities. Cambridge, MA: MIT Press.

ein breites Themenspektrum zur nachhaltigen Stadtentwicklung in einem gemeinsam verabschiedeten Dokument zusammen. Endlich wurden Städte und Gemeinden als Schlüsselakteure der nachhaltigen Entwicklung anerkannt.

Die Initiativen zur ressourcenschonenden, regenerativen Stadtentwicklung konzentrieren sich bislang auf »Öko-Distrikte« in Städten in ganz Europa und den USA. Beispiele hierfür sind die Solarsiedlung in Freiburg (Vauban); das Beddington Zero Energy Development in Sutton, Süd-London; Öko-Bezirke in Nancy, Frankreich; Hammarby-Sjöstad in Stockholm; und die Eco-District-Initiative von Portland, Oregon, USA. Es ist beeindruckend, schon einmal zu sehen, dass das wirklich geht. Aber es sind nur Inseln in einem Meer wild wachsender Megastädte.

Gleichwohl gibt es auch ehrgeizigere Projekte, die die Nachrüstung ganzer Stadtregionen beinhalten. Zwei Beispiele stehen am Ende dieses Kapitels.

3.6.3 Städte und Naturkatastrophen

Ein weiteres wichtiges Thema: Viele Städte, zum Teil die mit der höchsten Konzentrationen von Menschen, sind aufgrund ihrer Lage anfällig für Naturkatastrophen wie Erdbeben, Tsunamis, Hochwasser und Überschwemmungen. Vor allem in Flusstälern sind viele Metropolen mit den Auswirkungen des Klimawandels konfrontiert.

Dort finden wir auch die höchsten Grundstückspreise. In den USA sind das die 23 der 25 am dichtesten besiedelten Counties an Küstenstandorten. Auf der ganzen Welt sind die großen Stadtregionen wie New York und Los Angeles, Bangkok, Tokio und Osaka, Shanghai und fünf andere chinesische Millionenstädte, Mumbai und Kolkata, Dhaka, Jakarta und Manila, Lagos und das Nildelta, London, St. Petersburg, Kopenhagen, Amsterdam, Hamburg und Venedig anfällig für einen Meeresspiegelanstieg von einem bis drei Metern. Dieses existenzielle Problem zu lösen, muss zunächst als lokales Thema behandelt werden: Es geht um sehr große Investitionen in Deiche, um einem Meeresspiegelanstieg und intensiveren Niederschlägen sowie Überschwemmungen begegnen zu können. In weiten, flachen Ebenen muss auch das »Platz für den Fluss«-Konzept greifen, das im 16. Jahrhundert in Japan und in den heutigen Niederlanden entwickelt wurde, damit niedrige Deiche ausreichen.

Mitverfasser Yoshitsugu Hayashi[274] betont die Notwendigkeit, Siedlungen in Gebieten zu vermeiden, in denen künftige Katastrophen durch Klimawandel zu befürchten sind. Bei der Planung sollte man sich über das Finanzvolumen im Klaren sein, das für echte »Widerstandsfähigkeit« erforderlich ist, nämlich der kombinierten Kosten der Deiche und der Kosten des Rückzugs der Landnutzung einschließlich der Beseitigung von vorhandenen Siedlungen.

Die Länder sollten auch Maßnahmen ergreifen, um die Zersiedelung der Städte zu begrenzen. Bei der Planung der Straßen- und Bahninfrastruktur sollten sie die Leistungsfähigkeit optimieren, um den möglichst autofreien Zugang zu Arbeitsplätzen, Geschäften, Krankenhäusern oder Naturparks zu erleichtern und gleichzeitig die Instandhaltungskosten der Infrastruktur und die CO_2-Emissionen zu minimieren. Um die Verbesserung der Verkehrsinfrastruktur umzusetzen, muss die Effizienz der Landnutzung und der Verkehrssysteme in den

---

[274] Yoshitsugu Hayashi, et. al. 2015. Disaster Resilient City – Concept and Practical Examples. Amsterdam: Elsevier.

Städten sorgfältig entwickelt werden; das kann auch den Rückbau von Straßen bedeuten.

Zukünftige Generationen müssen mehr bezahlen, um die städtische Infrastruktur zu erhalten, während sie sich zunehmend schrumpfenden Budgets gegenübersehen, nicht zuletzt wegen des demografischen Wandels. Die Maßnahmen der Regierungen und Kommunen zu mehr Suffizienz (Genügsamkeit) bestimmen die zukünftige »Resilienz« und »Nachhaltigkeit« sowohl der lokalen als auch der globalen Gesellschaften.

3.6.4 Adelaide

Um die Jahrhundertwende waren die Leute von Süd-Adelaide über die schwindende Wasserversorgung aus dem Murray-Fluss besorgt. Der Premier der Australian Labour Party in Südaustralien, Mike Rann, sagte, es sei Zeit, um die Frage der Nachhaltigkeit in dieser Stadtregion mit 1,3 Millionen Menschen umfassender als bisher zu stellen. 2003 wurde Herbie Girardet eingeladen, längere Zeit nach Adelaide zu kommen, um Diskussionen über die Kombination von ökologischer Nachhaltigkeit und neuen Jobinitiativen anzustoßen.

Über einen Zeitraum von 10 Wochen wurden in Hunderten von Seminaren und Vorträgen neue Wege für Adelaide erörtert, wobei Menschen aus allen Teilen der Gesellschaft mit einbezogen wurden. Am Ende entwarf Girardet einen 32-Punkte-Plan zur Veränderung der Umweltleistung von Südaustralien. Während der achtjährigen Amtszeit von Mike Rann als Premier und in den fünf Jahren danach wurde vieles davon umgesetzt:

45% des Stroms in Südaustralien sind jetzt Wind- und Solarstrom. Energie- und Wassereffizienz sind obligatorisch. Alle organischen Abfälle werden recycelt und in die städtischen Gärten und das Ackerland am Rande der Stadt zurückgeführt, das auch mit recyceltem Abwasser bewässert wird. Drei Millionen Bäume wurden gepflanzt, zur Bremsung der Erosion und Luftverschmutzung; Lochiel Park Solar Village wurde als Modellentwicklung gebaut und Tausende von Menschen arbeiten in der neuen, grünen Wirtschaft der Stadt.[275]

Zusätzlich zu diesen Initiativen hat Adelaide auch viel getan, um die Lebensqualität seiner innerstädtischen Region zu verbessern. Fußgänger- und Radwege haben die Innenstadt verwandelt, neue Tramlinien wurden gebaut und viele neue Wohnungen in umgebauten Lagerhäusern ehemaliger Fabriken zur Verfügung gestellt. Adelaide, mit den berühmten Parklands in seinem Zentrum, ist jetzt als eine der weltweit fünf lebenswertesten Städte aufgeführt.[276]

Das weltstädtische Adelaide hat viele Merkmale einer regenerativen Stadt erworben. Der hohe Solarstromanteil beruht auf 150.000 Solardächern (bei 600.000 Häusern). Tindo wurde eingeführt, der weltweit erste Bus, der mit Solarstrom läuft. Solar-Warmwassersysteme sind bei Neubauten Pflicht. Mit all diesen Maßnahmen reduzierte die Region Greater Adelaide ihre CO_2-Emissionen seit 2003 um 20%. Im Hinblick auf die Ressourcennutzung hat Adelaide eine Nullabfallstrategie eingeführt, die von ehrgeizigen Recyclinganreizen angetrieben wird. Die Stadt erzeugt jedes Jahr aus städtischen organischen Abfällen 180.000 Tonnen Kompost, die zusammen mit aufbereitetem Abwasser zur Kultivierung von 2.000 Hektar Land am Stadtrand genutzt werden.

---

275 Herbert Girardet. Regenerative Adelaide – Solutions Magazine. www.thesolutionsjournal.com/node/1153.

276 www.infosperber.ch/data/attachements/Girardet_Report.pdf.

3.6.5 Kopenhagen

In den vergangenen Jahrzehnten hat Kopenhagen Bemerkenswertes geleistet, um eine lebenswerte und nachhaltige oder sogar regenerative Stadt zu werden. Die Umwandlung weiter Teile der Innenstadt in eine Fußgängerzone in den 1960er Jahren war der Anfang, unterstützt von Radwegen und öffentlichem Verkehr. Das hat zu einem »mediterranen« Ambiente geführt, in dem sich Märkte, Cafés und Restaurants ausbreiten. in Kopenhagen radeln mehr Menschen als in den meisten anderen Städten. Und auch Initiativen zur Energieeffizienz, Kraft-Wärme-Kopplung und erneuerbaren Energien sind weiter gegangen als fast überall auf der Welt. Das Gleiche gilt für die Abfallwirtschaft der Stadt.

Ein Inspirator war Jan Gehl, dessen Buch »Cities for People« für die Stadtgestaltungsexperten essenziell ist. Er ist von der Aussicht begeistert, dass Kopenhagen bis 2025 die weltweit erste CO_2-neutrale Hauptstadt werden will und dabei 50 verschiedene Initiativen kombiniert, darunter integrierter Verkehr, grüne Architektur, Fernwärme, Windparks in und um die Stadt, Elektroverkehr, ein Smart Grid und effiziente Abfallwirtschaft.[277]

Diese Beispiele werden nun als Modelle für die regenerative Umwandlung anderer Städte genutzt.

---

[277] Herbert Girardet. 2015. Creating Regenerative Cities. Abingdon, Oxon: Routledge.

3.7 KLIMA: GUTE NEUIGKEITEN, ABER NOCH GRÖSSERE AUFGABEN

Wie schon in Kapitel 1.5 betont, muss die Welt schnell und gründlich die Umwandlung ihrer Produktions- und Verbrauchssysteme betreiben, wenn sie die Chance haben will, innerhalb des 2°-Ziels zu bleiben. Das Pariser Abkommen und die von den Ländern versprochenen Maßnahmen sind weit davon entfernt, das Ziel zu erreichen. Sie bringen uns auf den Weg zu mindestens 3°C Erwärmung gegenüber vorindustrieller Zeit. Die Erwärmung der Erde um 2°C ist nicht nur ein wenig schlimmer als die 1,0-1,3°C Erwärmung bisher. Sie ist erheblich gefährlicher, und 3°C sind noch um ein Vielfaches gefährlicher. 4°C würden bedeuten, auf einem furchteinflößenden, chaotischen Planeten zu leben, wie ihn die Menschheit noch nie erlebt hat.

Die Situation ist also kritisch. Doch beginnen wir mit einigen guten Nachrichten.

3.7.1 Gute Neuigkeiten

In Kapitel 3.4 wurde der Trend zu einem dezentralisierten Energiesystems umrissen, beginnend mit einem Zitat von Amory Lovins: »Stellen Sie sich Treibstoff ohne Angst vor. Kein Klimawandel ...« Das Kapitel hat auch gezeigt, dass die erneuerbaren Energien in den letzten zehn oder zwanzig Jahren immer billiger wurden und ökonomisch neue Anlagen von Kohle und Atomkraft schlagen. Abbildung 3.6 zeigte den scheinbar fatalen Absturz der Kohleaktien. Investoren wechseln auf erneuerbare Energien.

Eine verwandte Entwicklung gibt zusätzlich Anlass zur Hoffnung: Eine breite und weltweite »*Divestment-*

kampagne« zur Veräußerung von Wertpapieren von Fossilenergien. Bis März 2017 hatten 701 Institutionen, die 5,46 Billionen USD schwer sind, ihre Anteile an fossilen Brennstoffen verkauft.[278] Es war die am schnellsten wachsende Divestmentbewegung in der Geschichte.

Die Diskussion um »gestrandete Vermögenswerte« (Kapitel 3.4) ist ein weiteres Zeichen dafür, dass ein Wind der Veränderung weht. Wie Alex Steffen in seinem Blog (März 2017) schreibt: »Brennstoffe, die nicht verbrannt werden können, sind nicht viel wert. Im Gegenzug sind die Unternehmen, deren Hauptvermögen in Kohle, Öl und Gas liegt, viel weniger wert, als ihre Aktienkurse erahnen lassen würden. Die Barclays Bank schätzt, dass die Begrenzung der Emissionen auf 2°C in den nächsten 25 Jahren einen Rückgang der künftigen Einnahmen der Öl-, Kohle- und Gasindustrie von 33 Billionen USD verursachen würde. Die Bank of England kam in einer Anaylse vom Januar 2017 zu dem Schluss, dass das Platzen der »Carbon Bubble« eher plötzlich kommt und »echte Risiken für die Finanzstabilität darstellen« würde. In Kapitel 3.4 sagten wir auch, dass hier ein starkes politisches Motiv für eine ansonsten atavistische Fossilpolitik liegen dürfte.

Ein anderes, verwandtes Problem sind die CO_2-Emissionen aus dem Verkehr. Aber auch hier gibt es gute Nachrichten, berichten die Carbon Tracker Initiative und das Grantham Institute am Imperial College London.[279] Ihre aufgestellten Szenarien gehen im Kern von einem steilen Anstieg des Solar-(PV-)Stroms und parallel von Elektrofahrzeugen aus. Wenn dies so einträfe, gäbe es schon ab 2020 keine Zunahme der Ölnachfrage mehr.

---

278 https://gofossilfree.org/commitments, Zugriff am 13. März, 2017.
279 Carbon tracker Initiative. 2017. Expect the Unexpected: The Disruptive Power of Low-carbon Technology. London.

Das Ergebnis könnte in ein paar Jahrzehnten eine mehr oder weniger CO_2-freie Mobilität sein. Aber es hängt natürlich auch vom Ausstieg aus der Kohle als Hauptbrennstoff für die Stromerzeugung ab.

In Kapitel 3.9 werden wir Beispiele für das enorme Potenzial an Energieeinsparungen aufzeigen. Eine fünffache Steigerung der Energieeffizienz ist möglich und würde den Bedarf an Energieangebot drastisch reduzieren. Um Effizienz jedoch rentabel zu machen, wären Änderungen der Rahmenbedingungen erforderlich (Kapitel 3.12.3).

Gute Nachrichten kommen aus einer ganz anderen Ecke. Es war vor allem der 9-jährige deutsche Felix Finkbeiner, der 2007 anfing, über Baumpflanzung nachzudenken. Er wusste von der Klima-Bedrohung und hörte von Wangari Maathai und ihrem Projekt Green Belt Movement, das 30 Millionen Bäume in Kenia pflanzte. Nun dachte Felix, dass die Kinder der Welt sich beteiligen sollten und viele, viele weitere Bäume pflanzen könnten. Er gründete die Initiative »Plant-for-the-Planet«, beginnend mit der Selbstverpflichtung, eine Million Bäume in jedem Land der Welt zu pflanzen.

Die Bewegung wuchs schneller als erwartet. Sie organisierte »Akademien« für Kinder im Alter von 8 bis 14 Jahren und ernannte sie zu Botschaftern der Klimagerechtigkeit. Bis 2016 erhielten rund 51.000 Kinder aus 193 Ländern diesen Titel. Das Ziel für die Bewegung ist heute, dass jeder Weltbürger im Durchschnitt 150 Bäume pflanzen soll, um bis 2020 1.000 Milliarden Bäume zu erreichen. Das würde dazu beitragen, einen erheblichen Teil der CO_2-Emissionen zu absorbieren.

Eine weitere Ermutigung zur Klimaaktion ist der Nexus mit der Landwirtschaft, der in den Kapiteln 3.1 bis 3.5 genannt wurde. Hohe Bodenfruchtbarkeit ist offensichtlich gut für reiche Ernten. Zugleich aber erhöht sich die Kapazität von Böden, CO_2 aufzunehmen. Das bedeutet, dass die Aufgabe, eine Welt von 7,5 Milliarden Menschen zu ernähren, nicht mit den klimapolitischen Zielen in Konflikt geraten muss – mit der Einschränkung, dass die Anzahl der Rinder aufgrund der Methan-Emissionen, die sich aus ihrer Verdauung ergeben, reduziert statt erhöht werden sollte.

3.7.2 Historische Klima-Schulden und der »CO_2-Budget«-Ansatz

Das Pariser Klimaabkommen ist für alle Regierungen ein Aufruf zum Handeln. Beginnen müssen die nötigen Veränderungen jedoch in den Industrieländern. Sie bauten ihren Reichtum auf der Verbrennung von Kohle, Öl und Gas auf und schulden es den Entwicklungsländern, beim Klimaschutz den Anfang zu machen.

Industrieländer sind natürlich nur ein Teil des Problems. Ob die Pariser Ziele erfüllt werden, entscheidet sich weitgehend in den Entwicklungsländern. Hier hängt die Einhaltung aber davon ab, dass die derzeit nur im Norden vorhandene Technologie verfügbar wird. Gesucht werden gute Vorbilder dafür, dass Wohlstand auch in einer CO_2-armen Wirtschaft erreicht werden kann.

Die Nord-Süd-Gespräche in den Klimaverhandlungen drehen sich oft um Geldtransfers vom Norden[280] zu ärmeren Ländern im Süden. In Paris wurden 100 Milliarden USD ab 2020 hauptsächlich seitens des Nordens zugesagt, auch für die Anpassung des Südens an Klimaänderungen. Diese Summe ist im Vergleich zu den globalen Subventionen für fossile Brennstoffe, die etwa fünf- bis sechsmal höher liegen, eher bescheiden. Das

---
280 Als »Norden« schließen wir Australien und Neuseeland mit ein.

praktische Problem ist jedoch die Wahrnehmung der meisten Regierungen und Parlamente im Norden, dass sie in ihren öffentlichen Haushalten kaum Handlungsspielraum haben. Der reale Reichtum dieser Länder liegt ja eher im Privatbesitz.

Dieses Dilemma kann zu einer anderen Strategie auf dem Weg in eine CO_2-arme Wirtschaft führen. Ein überzeugendes Konzept hierfür wurde bereits 1991 vom inzwischen verstorbenen Anil Agarwal und seiner Kollegin Sunita Narain[281] aus Indien entwickelt: Sie schlagen vor, jedem Menschen auf der Erde die gleiche Lizenz zur Emission von CO_2 zuzuteilen. Die armen Menschen könnten einige Lizenzen verkaufen, was wenigstens Geld in die Kasse spült. Ein sehr vernünftiger, auf Fairness basierender Vorschlag. Aber nicht nur die USA und ein paar andere Länder des Nordens wollten von dem Vorschlag nichts wissen. Auch Entwicklungsländer einschließlich China fanden die Idee nicht gut, weil sie die historische Dimension außer Acht ließ: Die alten Industrieländer hatten ja ihre energieintensive Infrastruktur längst aufgebaut und bräuchten daher heute selbst *pro Kopf* weniger Lizenzen als die Entwicklungsländer.

Mehr als ein Jahrzehnt später – und mit Blick auf die Klimaverhandlungen 2009 in Kopenhagen – entwickelte der deutsche »WBGU« die Idee weiter und führte den in Abbildung 3.9 schematisch erläuterten »Budgetansatz«[282] ein. Dieser Ansatz sollte den Ländern aller Art das gleiche »Budget« der CO_2-Emissionen pro Kopf geben. Die alten Industrieländer hätten ihr Budget schon sehr bald aufgebraucht und müssten ab dann sämtliche Lizenzen im Ausland einkaufen. Dieses

---

281 Anil Agarwal, und Sunita Narain. 1991. »Global Warming in an Unequal World: A Case of Environmental Colonialism.« New Delhi: Centre for Science and Environment.
282 WBGU. 2009. Solving the climate dilemma: The budget approach. Berlin: WBGU.

Konzept käme China und Indien entgegen und wäre überdies gerechter.

Emissionen [t CO$_2$ pro Kopf pro Jahr]

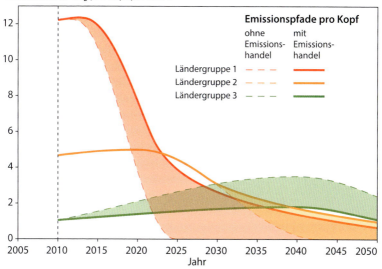

Abbildung 3.9: *Der »Budgetansatz«: Reiche Länder (rosa) haben ihre Budgets der CO$_2$-Emissionen fast erschöpft. Die gepunkteten Linien zeigen die Budgetentwicklungen vor dem Handel. Die Entwicklungsländer (grün) hätten einen Überschuss an Lizenzen und könnten einige davon an die reichen Länder verkaufen. Die mittleren Länder (gelb) können auch Lizenzen kaufen, nachdem ihr Budget im Jahr 2040 auf Null geschrumpft ist. Quelle: WBGU – German Advisory Council or Global Change (2009): Solving the climate dilemma: The budget approach. Special Report. Berlin: WBGU.*

Das spannende Merkmal dieses Budgetansatzes ist Folgendes: Zum ersten Mal in der Geschichte würde ein Entwicklungsland, das vor der Entscheidung steht, ein Kohlekraftwerk zu errichten, nicht automatisch mit der Ausführung beginnen, sondern zuerst eine Kosten-Nutzen-Analyse für die zwei Optionen durchführen: bauen oder nicht bauen. Hohe Preise für CO$_2$-Lizenzen würden den ›Nichtbau‹ verlockend lukrativ machen, und wenn man erneuerbare Energien (Kapitel 3.4) und Energieeffizienz (Kapitel 3.9) verbessert, würde sich die Waage eher der Option Nichtbau zuneigen. Und dies aus rein wirtschaftlichen Gründen.

Leider kamen die USA, Russland, Saudi-Arabien und ein paar andere mit der klaren Absicht auf den Kopenhagener Klimagipfel, die Diskussion über den Budgetansatz zu blockieren. Der Club of Rome schätzt den Budgetansatz dagegen als sehr attraktiv ein. Es würde lohnen, ihn wiederzubeleben.

3.7.3 Ein Preis für CO_2

Der Budgetansatz ist ein Instrument für den internationalen Handel. Auf der nationalen Bühne sind Handelslizenzen weniger attraktiv, wie die Erfahrung mit dem EU-ETS (Emissionshandelssystem) gezeigt hat. Die Emissionslizenzen waren – und sind noch – viel zu billig, um einen Unterschied zu machen. In der Praxis wären CO_2-*Steuern* einfacher zu handhaben und effektiver. Das Problem ist, dass Steuern politisch als »vergiftet« angesehen werden, vor allem in den USA. Ein attraktiver Weg wäre, dem Vorschlag von James E. Hansen zu folgen und, wie jüngst auch von dem neuen (republikanischen) Climate Leadership Council (CLC) vorgeschlagen, eine Kohlendioxidsteuer zu erheben, aber das Geld den Steuerzahlern gleichmäßig und vierteljährlich via Dividenden-Checks oder Direktüberweisungen zurückzuerstatten.[283] Durch eine solche Aktion würden die Anreize, in alternative Energie und Energieeffizienz zu investieren, einen weiteren starken Schub erhalten.

Um die CO_2-Emittenten zu schonen und dennoch

---

[283] Joseph Thorndike. 2017. »Refundable carbon tax – not perfect but good enough.« Forbes, 19. Februar.

klar die Richtung vorzugeben, kann man die Details so formulieren, dass die Steuer politisch akzeptabel wird. Hierzu wird ein Vorschlag in Kapitel 3.12.3 erörtert: eine allmähliche Erhöhung der Steuer im Verhältnis zur dokumentierten Effizienz, so dass die jährlichen Kosten für Kohlenstoffdioxid- oder Energiedienstleistungen durchschnittlich stabil bleiben. Zusätzlich wäre eine Art Sozialtarif erforderlich.

3.7.4 Bekämpfung der globalen Erwärmung mit einer »Nachkriegsökonomie«

Die praktischen Schritte, die bisher von Regierungen und privaten Akteuren unternommen wurden, sind eindeutig nicht ausreichend, um die Pariser Ziele zu erreichen. Als Reaktion darauf schlagen immer mehr Experten, vor allem Klimaforscher, eine Art *kriegsähnliche Mobilmachung* vor, um den Kampf gegen den Klimawandel zu gewinnen, unter ihnen Hugh Rockoff, Wirtschaftsprofessor der Rutgers University, USA.[284] Laut Rockoff ist unser finanzieller Aufwand zur Bekämpfung des Klimawandels ähnlich hoch wie bei unseren Eltern und Großeltern im Zweiten Weltkrieg. Die Art und Weise, in der sie das erreicht haben – und nichts anderes schlägt Rockoff vor, um die globale Erwärmung zu stoppen – waren enorme Staatsausgaben für Infrastruktur und Technologie.

Wir als Club of Rome vermeiden lieber den Begriff der kriegsähnlichen Mobilmachung und verwenden stattdessen den Begriff »Nachkriegsökonomie«. Die USA, aber auch die im Zweiten Weltkrieg besiegten Länder Japan und Deutschland, erlebten nach dem Krieg einen massiven

---

284 Rockoff wird von Andre Tartar zitiert. 2016. »World War II Economy Is a Master Class in How to Fight Climate Change«. Bloomberg Markets, 8. Sep.

wirtschaftlichen Aufschwung, indem sie Infrastrukturen auf- bzw. umbauten und neue Technologien entwickelten.

Während wir politisch daran arbeiten, die Rahmenbedingungen zu ändern, die für drastische Veränderungen erforderlich sind – wie der Weg in die »Nachkriegsökonomie« und/oder die Annahme des Budgetansatzes – ist es notwendig, sektorbezogene Optionen zu verfolgen. Dazu gehören z.b. erneuerbare Energien, Effizienzsubventionen, intelligente Mobilität, Agrarreform, Bremsung der Waldrodung etc. Auch das Recht muss zugunsten der nötigen technologischen Transformation geändert werden. Darüber hinaus muss die Unterstützung von Forschungs-, Innovations- und Demonstrationsprojekten durch den öffentlichen Sektor deutlich zunehmen. Weiterhin sollte die öffentliche Beschaffung – in vielen Ländern macht sie ein Fünftel des BIP aus – zur Förderung von CO_2-armen Lösungen eingesetzt werden. Von entscheidender Bedeutung ist die Unterstützung von Investitionen in eine CO_2-arme Infrastruktur und Materialeffizienz.

Innovationsaktivitäten in der Wirtschaft sind gegenwärtig zu sehr von schnellstmöglicher Rendite dominiert. Die Regierungen sollten daher ihre Finanzierung von Forschung und Innovation für CO_2-arme Lösungen deutlich erhöhen. Aber unter den in Kapitel 3.12.3 dargelegten Bedingungen von stetig und vorhersehbar steigenden CO_2-Preisen würden sowohl Regierungen als auch Privatanleger ihre Prioritäten rasch in die gewünschte Richtung verschieben.

Ein paar der bekanntesten und angesehensten Klimaexperten – darunter Johan Rockström und John Schellnhuber – haben in einem Artikel[285] die konventi-

---

285 Johan Rockström, et al. 2017. »A roadmap for rapid decarbonisation.« Science, 24. März, 355: 1269-1271.

onellen Ansichten herausgefordert. Die Autoren erklären, dass »obwohl die Ziele des Pariser Abkommens mit der Wissenschaft in Einklang stehen und grundsätzlich technisch und wirtschaftlich erreicht werden können, bleiben alarmierende Inkonsistenzen zwischen diesen Zielen und nationalen Verpflichtungen bestehen.« Sie fürchten, dass langfristige Ziele durch den politischen Streit verunmöglicht werden. Daher haben sie, inspiriert durch Moores Gesetz, einen Fahrplan in Form eines »CO_2-Gesetzes« vorgestellt: Dieser verlangt eine Halbierung der CO_2-Emissionen jedes Jahrzehnt bis 2050. Dann wären die Treibhausgasemissionen im Jahr 2050 nahezu null, eine Voraussetzung, unter der das 2°C-Ziel mit hoher Wahrscheinlichkeit erreicht werden kann. Abbildung 3.10 skizziert den Vorschlag.

Ein globales CO_2-Gesetz zur Halbierung der Emissionen alle zehn Jahre

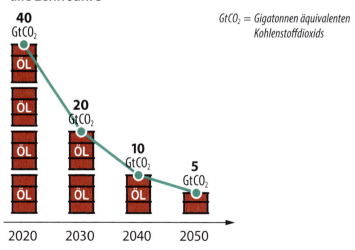

Abbildung 3.10: *Jedes Jahrzehnt eine Halbierung der CO_2-Emissionen nach Johan Rockström et al 2017 (vgl. Fußnote).*

Der Fahrplan beeinflusst alle Sektoren und schlägt viel schnellere Maßnahmen vor als bisher diskutiert: Fossile Kraftstoffsubventionen müssen bis spätestens 2020 abgeschafft werden. Kohle muss den Energiemix bis spätestens 2030 verlassen. Eine CO_2-Abgabe von mindestens 50 USD/Tonne muss verhängt werden. Verbrennungsmotoren sollten nach 2030 nicht mehr verkauft werden (es sei denn, der Brennstoff wird klimaneutral etwa aus Windstrom hergestellt). Nach 2030 muss der Hochbau CO_2-neutral oder CO_2-negativ sein. Agroindustrien müssen auf nachhaltige Nahrungsstrategien und massive Aufforstungsprogramme umstellen. Die Entfernung von CO_2 aus der Atmosphäre müsste z.B. in Form von BECCS (Kapitel 1.5) ergänzt werden.

Der Schwerpunkt der Abschwächung des Klimawandels ist bisher auf den Energieverbrauch beschränkt. Aber der materielle Verbrauch in der Gesellschaft ist ebenso wichtig: Jüngste Studien über globale Materialbestände und Strömungen[286] gehen von einer bis zu vierfachen Zunahme der Materialbestände bis 2050 aus. Zur Begrenzung des CO_2-Fußabdrucks fordern Krausmann u.a. den Mehrwert von den Materialdurchsätzen rigoros zu entkoppeln (Kapitel 3.8).

Das Pariser Abkommen sagt nichts über Emissionen, die mit Landnutzungsänderungen zusammenhängen, außer bei Wäldern. Die Böden sind der größte natürliche terrestrische Speicher von Kohlenstoff. Dennoch ist die Landwirtschaft nicht Teil der Klimaschutz-Agenda, obwohl sie eine riesige Herausforderung darstellt. Eine Kalorie Lebensmittel auf dem Tisch verbraucht zur Herstellung etwa fünf Kalorien Öl. Vor hundert Jahren

---

[286] Fridolin Krausmann, et al. 2017. »Global socioeconomic material stocks rise 23-fold over the 20th century and require half of annual resource use.« Proceedings of the National Academy of Sciences of the United States of America 114(8):1880-1885.

3.7 Klima: Gute Neuigkeiten, aber noch größere Aufgaben

war die Beziehung umgekehrt, weil die Sonne noch der größte Energiespender für die Landwirte war. Hier muss eine Revolution stattfinden, indem man fossile Brennstoffe durch Ökostrom oder Biokraftstoffe ersetzt, die Handelsdünger- und Pestizidmengen reduziert und das CO_2 in den Böden bindet. Auch Tiefsaat, mehrjährige Kulturen, Zwischenfruchtanbau und Fruchtfolge sind klimafreundliche Bodenaktivitäten – eine große Chance, aber von der Agro- und Chemielobby bekämpft.

Die Wälderrodung trägt zwischen 12% und 17% der jährlichen Treibhausgasemissionen bei. Die Wiederbepflanzung hat sich in den letzten Jahren beschleunigt und die Entwaldung hat sich etwas verlangsamt. Es könnte aber noch viel getan werden, unter anderem mit der bereits genannten Jugendbewegung *Plant for the Planet*. Auch einige neue Technologien könnten zum Einsatz kommen. So könnten – wie vom Club-of-Rome-Mitglied Agni Arvanitis vorgeschlagen – mit Drohnen kleine Kapseln mit gekeimten Samen in die Erde geschossen werden.

Biokraftstoffe können Teil der Lösung sein, vor allem in Ländern mit einer im Prinzip nachhaltigen Forstwirtschaft wie Kanada, Schweden und Finnland. Hier gewinnt das Konzept einer bio-basierten Wirtschaft an Boden. Ölprodukte werden durch bessere Produkte aus Holz und andere Erzeugnisse der Landwirtschaft ersetzt. Auch das Potenzial der Algen ist nicht zu unterschätzen. Sie können fast überall angebaut werden und benötigen kein Ackerland. Sie verwenden Nährstoffe effizienter und können über zehnmal mehr Öl pro Hektar produzieren als typische Ölpflanzen.

All dies sollte von einem neuen zivilisatorischen Denken begleitet werden. Die extrem hohe politische Priorität für Arbeitsplätze bringt immer die Gefahr mit sich, künstliche »Hamsterrad«-Aktivitäten zu schaffen, mit wenig Freude für diejenigen, die im Rad rennen, sowie diejenigen, welche die nutzlosen Produkte aus dem »Rad« erwerben. Klimaschutz erfordert auch eine neue Konsumkultur. Das BIP-Wachstum durch Qualitätsindikatoren zu ersetzen, ist sinnvoll (Kapitel 3.14). Ein weiterer Schritt wäre es, Indikatoren für den wahren CO_2-Fußabdruck jedes Einzelnen zu entwickeln.

Die heutigen Emissionsstatistiken beruhen auf dem »produktionsbasierten« Rechnungswesen. Auf dieser Basis wurde beispielsweise für Schweden berechnet, dass die Pro-Kopf-Emissionen des produktionsbezogenen Rechnungswesens geringer als 6 Tonnen sind. Konsumbasiertes Rechnungswesen, einschließlich internationaler Flugreisen, hingegen erhöht die Pro-Kopf-Emissionen auf 10 Tonnen. Durch die Erfassung von CO_2-Emissionen über die Versorgungs- und Einzelhandelsketten hinweg sowie durch deren Veröffentlichung und Kennzeichnung mit Einfügungs-Labeln am Verkaufsplatz oder Nutzungsort wäre ein erster notwendiger Schritt getan.

KREISLAUFWIRTSCHAFT

Das Grundanliegen der heutigen Wirtschaft steht in krassem Kontrast zur Nachhaltigkeit. Die Wirtschaft will schnellen Durchsatz, denn das steigert den Umsatz. Alles muss zudem ästhetisch oder funktional schnell veralten, denn das kurbelt den Absatz an. Selbst der Bausektor – er macht 30%-40% des Materialdurchsatzes in der Gesellschaft aus – ist keine Ausnahme. Auch hier gibt es große Ineffizienz. Die Folge sind überall steigende Ressourcenumschläge, Zerstörung von Ökosystemen und ärgerliche Wertverluste bei gekauften Produkten. Auf lange Sicht ist die Umweltzerstörung auch für die Wirtschaft katastrophal.

Der Wert von Neuwaren geht nach einem Verwendungszyklus zu einem Großteil verloren. Auch die verschrotteten Materialien werden kaum wiederverwendet oder recycelt. Darüber hinaus ist das Design der meisten Produkte so ausgelegt, dass eine effektive Demontage sehr schwierig wird, besonders bei Elektronik. So werden die meisten Abfallstoffe entweder verbrannt, deponiert oder nur noch in niedrigwertigen Anwendungen eingesetzt. Beispielsweise wird hochwertiger Stahl in Autos im Verschrottungsprozess so verunreinigt, dass er vorwiegend als niederwertiger Baustahl eingesetzt wird. Bei Kunststoffen ist es noch schlimmer.

Auch aus Klimaschutzperspektive ist das lineare Wirtschaftsmodell sehr problematisch. Die Grundstoffgewinnung und -herstellung macht fast 20% der weltweiten Treibhausgasemissionen aus. Energieeffizienz und erneuerbare Energien (Kapitel 3.4) würden zwar helfen. Aber ebenso wichtig ist es, durch Wiederverwendung, Recycling, höhere Produktlebensdauer und Wiederaufarbeitung den Materialdurchsatz zu reduzieren. Wenn die Nachfrage nach Basismaterialien wie Stahl, Zement und Aluminium weiter zunimmt, vor allem für den Ausbau der städtischen Infrastruktur (Kapitel 3.6), ist eine wesentliche Steigerung der Nutzungseffizienz dringend erforderlich.

3.8.1 Eine neue Wirtschaftsphilosophie

Die natürlichen Ressourcen sind die Basis für unseren Wohlstand. Alle SDGs (Kapitel 1.10) hängen von der nachhaltigen Ressourcennutzung ab. Das ist die Kernbotschaft eines neuen Berichts des International Resource Panel (IRP).[287] Er macht die Gefahren der heutigen, hauptsächlich linearen Wirtschaft deutlich und empfiehlt eine radikale Änderung der Wirtschaftsphilosophie, auch zum Nutzen der SDGs.

Regierungen und Unternehmen müssen bei Ressourcenstrategien zusammenarbeiten, einerseits zur Vermeidung von Ressourcenknappheit, andererseits zur Lösung von Abfallproblemen. Ferner muss das Produktivitätskonzept erweitert werden und die Nutzung der natürlichen Ressourcen einschließen. Produktivitätssteigerungen sind ja nichts Neues. Die Arbeitsproduktivität hat während der industriellen Revolution um mindestens den Faktor 20 zugenommen. Jetzt muss und kann die Ressourcenproduktivität in ähnlichem Umfang gesteigert werden, aber es muss nicht wieder 150 Jahre dauern.

Neue Studien der Ellen-MacArthur-Stiftung, der EU-Kommission und des Club of Rome sagen, dass die Umstellung auf eine ressourceneffizientere Wirtschaft

---

[287] UNEP IRP. 2016. Resource Efficiency: Potential and Economic Implications. Nairobi: UNEP.

viele Vorteile bringen würde.[288] Die Kreislaufwirtschaft, in der Produkte für die Wiederverwertung, Wiederverwendung, Demontage und Wiederaufbereitung konzipiert sind – und wo Produkte und Immobilien viel effizienter genutzt werden, z.B. durch Leasing und Sharing –, sollte das traditionelle, lineare Modell, das die Wirtschaft bislang dominiert hat, ersetzen.

In der Vergangenheit hat die Wirtschaft die Umweltpolitik meist als Gefahr für die Wettbewerbsfähigkeit angesehen. Ebenso haben Gewerkschaften den Umweltschutz oft als Bedrohung für Arbeitsplätze wahrgenommen. Obwohl die Konkurrenz in einer globalisierten Wirtschaft gewiss hart ist, gibt es gute Gründe, die Ressourceneffizienz und die Kreislaufwirtschaft nicht als Bedrohung zu verstehen – eher im Gegenteil. Alles weist darauf hin, dass die ressourceneffizientere Wirtschaft mehr Arbeitsplätze bieten wird – nicht weniger. Nettogewinne an Jobs wird es aber nur dann geben, wenn die Ressourcen einen hinreichend hohen Preis haben. Dafür kann man jedoch aktiv sorgen (Kapitel 3.12.3).

3.8.2 Auch gesellschaftliche Vorteile

Eine schwedische Fallstudie[289] zeigt, dass der Umstieg auf eine Kreislaufwirtschaft wesentlich dazu beitragen würde, die Wettbewerbsfähigkeit zu erhöhen, Arbeitsplätze zu vermehren und die CO_2-Emissionen zu senken. Nachfolgende Fallstudien decken sieben weitere europäische Länder (Finnland, Frankreich, die Niederlande, Norwegen, Polen, Spanien, und die Tschechische

---

288 Z.B. Ken Webster. 2017. The Circular Economy: A Wealth of Flows - 2nd Edition. Cowes: Ellen MacArthur Foundation.
289 The Club of Rome. 2015. The Circular Economy and Benefits for Society Swedish Case Study Shows Jobs and Climate as Clear Winners. Winterthur: Club of Rome.

Republik) ab und untersuchen die Auswirkungen von drei Entkopplungsstrategien zur Erhöhung des Anteils erneuerbarer Energien, der Energieeffizienz und der Materialeffizienz. Die Studien verwenden ein traditionelles Input-/Output-Simulationsmodell und schlussfolgern, dass bis 2030 die CO_2-Emissionen in allen untersuchten Ländern um 60% bis 70% gesenkt werden könnten, wenn bestimmte politische Maßnahmen umgesetzt würden. Die Auswirkungen auf die Beschäftigung variieren zwar unter den acht Ländern, dennoch liegt die Zahl der zusätzlichen Arbeitsplätze immer im Bereich von 1-3% der erwerbsfähigen Bevölkerung.

Die Berichte stellen politische Optionen zur Umsetzung der Kreislaufwirtschaft und den damit verbundenen Klima- und Arbeitsvorteilen vor:

- Erhöhung der Recycling- und Wiederverwendungsziele und Begrenzung der Müllverbrennung
- Steuerverlagerung von Arbeits- auf Ressourcensteuern, besonders wichtig angesichts der digitalisierten Wirtschaft (Kapitel 1.11.4)
- Verstärkung bestehender politischer Maßnahmen zur Förderung erneuerbarer Energien etwa durch Einspeisetarife oder grüne Lizenzen
- Designauflagen für neue Produkte zur bequemen Reparatur, Wartung und Demontage und gegen rasche Obsoleszenz
- Neue Richtlinien zur öffentlichen Beschaffung, um neue Geschäftsmodelle anzuregen und vom Verkauf von Produkten zum Verkauf von Leistungen überzugehen
- Einbeziehung der *materiellen* Effizienz in die Kli-

mapolitik, die bislang branchenbezogen und nur Energie-fokussiert ist. Auch Produktlebensdauer und Recycling tragen zu starken Emissionsminderungen bei.

- Infrastrukturinvestitionen zur Unterstützung der Kreislaufwirtschaft
- Befreiung der Sekundärmaterialien von der Mehrwertsteuer

3.8.3 Neue Geschäftsmodelle

Auch Geschäftsmodelle braucht man für die Kreislaufwirtschaft. Das Stichwort heißt: Dienstleistungen statt Produkte verkaufen.

Einer der Pioniere des Konzepts und Club-of-Rome-Mitglied ist der Schweizer Walter Stahel. Für ihn ist der gesellschaftliche Wohlstand nicht am Aktienindex ablesbar. Wohlstand misst sich vielmehr am Anstieg der Qualität und Menge *aller* Bestände: der Natur, der Kultur sowie der hergestellten Produkte. Wachsender Wald erhöht das Naturkapital, die Rodung zerstört es. Die Rückgewinnung von Phosphor oder Metallen aus Abfall erhält das natürliche Kapital, das Wegwerfen vermindert es. Die energetische Nachrüstung von Gebäuden vermindert den Energieverbrauch und erhöht den Wert der Gebäude. Wir diskutieren verwandte Gedanken im Kapitel 3.14.

All das erfordert politisches Handeln. Glücklicherweise werden die Forderungen nach neuen Modellen für Produktion und Konsum immer lauter, angeregt durch Erkenntnisse der Ellen-MacArthur-Stiftung, der EU-Kommission, des World Economic Forum und des Club of Rome. In der EU wurde der Gesetzgebungsvorschlag »Das Kreislaufwirtschaftspaket« (CE-package) im

Dezember 2015 und erneut im Mai 2017 vorgelegt. Bislang hat die EU-Kommission allerdings noch von konkreten Maßnahmen abgesehen, die letztlich entscheiden, wie wirksam das Paket wird. Wenn z.B. Produkte schwer zu zerlegen sind und zu viele verschiedene Materialqualitäten enthalten, wird der Sekundärstoffmarkt nicht gut funktionieren und die Recyclingmaterialien enden im »Downcycling« oder sie werden verbrannt.

FÜNFFACHE RESSOURCENPRODUKTIVITÄT 3.9

Ein wichtiges Element der Kreislaufwirtschaft ist die Verbesserung der Ressourcenproduktivität. *Faktor Fünf* – ein Bericht an den Club of Rome[290] – sagt, dass in den vier ressourcenintensivsten Sektoren – Bauwesen, Industrie, Verkehr und Landwirtschaft – eine fünffache Steigerung der Ressourcenproduktivität möglich ist. Das Buch weist auch darauf hin, dass ein Großteil des Potenzials unter den Bedingungen niedriger Ressourcenpreise nicht verwirklicht wird. Aber selbst unter den heutigen ungünstigen Bedingungen sind erhebliche Fortschritte möglich.[291]

3.9.1 Verkehr

Beginnen wir mit dem Verkehr. In *Faktor Fünf* wurden drei Wege zur Verminderung der Treibhausgasemissionen vorgestellt, nämlich: Umstellung auf CO_2-freie Treibstoffe; Energieeffizienz von Fahrzeugen und Veränderung des Modal Split, also vom Individualverkehr zu öffentlichen Verkehrsmitteln.

Ölbasierte Treibstoffe verlieren ihre dominante Rolle im Verkehr. Ingenieure arbeiten intensiv an bezahlbaren Alternativen, wobei der Elektromotor der Favorit ist. 2012 kam Tesla Motors' Modell S auf den Markt, und sofort wurde Tesla zum weltweiten Führer in Elektroautos. Zwar bieten inzwischen alle großen

---

[290] Ernst von Weizsäcker, Karlson »Charlie« Hargroves, et al. 2010. Faktor Fünf: Die Formel für nachhaltiges Wachstum. München: Droemer Knaur.
[291] Dieses Unterkapitel wurde konzipiert von Dr. Karlson »Charlie« Hargroves, Daniel Conley, Nestor Sequera, Joshua Wood, Kiri Gibbins und Georgia Grant, am Curtin University Sustainability Policy Institute (CUSP) und der University of Adelaide Entrepreneurship, Commercialisation, and Innovation Centre (ECIC).

Hersteller Elektroautos an. Jedoch sind Elektroautos kein Klimafortschritt, solange der Strom hauptsächlich aus der Kohleverbrennung gewonnen wird. Also muss die Elektrifizierung des Verkehrs vom Ausstieg aus der Kohleverstromung begleitet werden.

Weitere Fortschritte sind sowohl in der Fahrzeugtechnik als auch in den Infrastrukturen nötig, um ressourceneffiziente Verkehrsträger zu unterstützen.

Wie in *Faktor Fünf* betont, geht es bei Effizienzgewinnen letztlich immer um das gesamte Systemdesign. Die Verringerung des Fahrzeuggewichts um 10% kann den Kraftstoffverbrauch um 6% bis 8% vermindern.[292] Eine der einfachsten Möglichkeiten, dies zu erreichen, ist die Verwendung von Aluminium oder Karbonfasern statt Stahl.

Ähnliche Werte gelten für den Kraftstoffverbrauch von Lkws. Der US Energy Information Administration zufolge können Gewichtsreduzierung und aerodynamische Fortschritte eine 45%ige Treibstoffreduktion für schwere Fahrzeuge und voraussichtlich bis 2030 weitere 30% durch komplementäre Technologieverbesserungen liefern.[293]

Der *Modal Split* kann noch mehr bringen; er bedeutet die Verminderung der Autoabhängigkeit.[294] Das kann durch die Beeinflussung der Wirtschaftlichkeit der beiden Modi – Individualverkehr und öffentliche Verkehrsmittel – beschleunigt werden. Dazu gehört die in London eingeführte Stau-Gebühr. Die brachte eine große Zahl von Pendlern dazu, auf den Schienenverkehr und Busse

---

292 J. Pyper. 2012. »To Boost Gas Mileage, Automakers Explore Lighter Cars.« Scientific American, 27. Sept.
293 RMI. 2011. »Reinventing Fire: Transportation Sector Methodology.« Rocky Mountain Institute, USA.
294 P. Newman, und J. Kenworthy .1989. Cities and Automobile Dependence: An International Sourcebook, Aldershot, UK: Gower.

umzusteigen. Die Zahl der Staus ging im ersten Jahr um 30% und die CO_2-Emissionen um 16% zurück. Etwa 1,2 Milliarden Pfund Sterling des Gebührenaufkommens investierte man direkt in den öffentlichen Verkehr, plus Fußgänger- und Radverkehrsinfrastruktur.

Im Sinne der Bemühung, Bewohner von der Autonutzung abzuhalten, investieren viele Städte mittlerweile stark in die Schieneninfrastruktur, sowohl in die Stadtbahn für Passagiere als auch in den Fernverkehr für Fracht und Passagiere. Seit 2012 wird der Bau von Schienensystemen zur Verbindung von 82 Städten in China forciert, und 2016 kündigte die China Railway Corporation Pläne für Bahnprojekte in weiteren 45 Städten an. In Indien wurden 2015 Pläne für Schienenschnellverkehr in 50 Städten bestätigt. Schnelle Schienenverkehrsinfrastruktur kostet pro Kilometer so viel wie die meisten Autobahnen. Inzwischen dringt der schnelle Schienenverkehr auch in die weit ausufernden autoabhängigen Vororte vor.[295] So etwa die Southern Rail Line von Perth, Australien, die seit der Eröffnung im Dezember 2007 80.000 Passagiere pro Tag transportiert, verglichen mit dem bisherigen Bussystem mit nur 14.000 Mitfahrern.

Beim Güterverkehr in den USA, der dort 9% der Treibhausgasemissionen verursacht, gäbe es ein Potenzial von mehr als einem Faktor fünf. Die Verlagerung von Langstreckenfracht vom Lkw auf die Schiene kann die Emissionen um 85% senken, trotz des am Ende der Schienenfahrt nötigen Lkw-Transports.[296]

Die Internationalen Energieagentur (IEA) hat ebenfalls eine Politik des *Vermeidens und Verlagerns* ausgeru-

---

295 P. Newman, und J. Kenworthy. 2015. The End of Automobile Dependence. Washington, DC:Island Press.
296 C. Frey, P. Kuo. 2007. 'Assessment of Potential Reductions in Greenhouse Gas (GHG) Emissions in Freight Transportation, North Carolina State University, Raleigh, NC.

fen. Sie bezieht sich auf Landnutzung, Logistikplanung und Modalverschiebung. Für bestimmte Städte werden je nach lokalen Bedingungen fallspezifische Optionen vorgeschlagen, so z.b.: Bus-Rapid-Transit-Systeme, urbanes Radfahren, verkehrsoptimierte Stadtplanung, Mobilitäts- und Bedarfsmanagement, Anreize für Carpools, Telearbeitsprogramme, Parkpläne und Verlagerung des Fernverkehrs auf die Schiene. Das Szenario soll global bis 2050[297] rund 20 Billionen USD durch geringere Infrastrukturkosten einsparen, mit dem Potenzial, bis zu 50% der weltweiten Emissionen im Nahverkehr zu reduzieren.[298]

3.9.2 Ressourceneffiziente Gebäude

Gebäude und die zugehörige Energie für Strom und Heizung sind für über 18% der weltweiten Treibhausgasemissionen im Jahr 2010 verantwortlich. Bei der Reduzierung der Emissionen sind Raumheizung und -kühlung, Warmwasser, Haushaltsgeräte und Licht am ergiebigsten. Die erfolgreichste Innovation ist das in Deutschland entwickelte Passivhaus. Beheizt wird es im Wesentlichen durch Sonnenstrahlung, Körperwärme der Bewohner und Abwärme von Geräten. Es muss die folgenden Mindestkriterien erfüllen:

- Eine jährliche Wärme- und Kälteanforderung von weniger als 15kWh pro m^2;
- sehr geringer Luftaustausch bei geschlossenem Gebäude (geprüft durch eine Unterdruckprüfung) und

---

[297] IEA. 2013. »Global land transport infrastructure requirements.« International Energy Agency.
[298] F. Creutzig. 2015. »Evolving Narratives of Low-Carbon Futures in Transportation.« Transport Reviews 36, Ausgabe 3.

- ein Primärenergieverbrauch, der jährlich weniger als 120 kWh pro m^2 beträgt.

Das Passivhaus-Konzept setzt auf perfekte Wärmedämmung und Luftdichtigkeit in Verbindung mit Wärmeaustauscher-Belüftung, um die Energie der verbrauchten Luft an die einströmende Frischluft abzugeben. Die Heidelberger Bahnstadt hat über 1.000 auf Passivhaus-Standard ausgelegte Wohnungen, wobei der geringe Energie-Restbedarf über Fernwärme, die ja ihrerseits Wärmeabfall von Kraftwerken ist, gedeckt wird. Der Heizenergiebedarf kann so um 80% reduziert werden. Das Konzept breitet sich weltweit aus, auch in den USA, die einen energetisch ineffizienten Gebäudebestand haben. Hier werden jetzt zertifizierte Nachrüstungen für Wohn- und Geschäftshäuser und Schulen angeboten. Das Zentrum für energieeffizientes Design in Franklin County, Virginia, war die erste öffentliche Schule in den USA, die nach Passivhaus-Standards gebaut wurde und jetzt auch erneuerbare Energien nutzt, was sie CO_2-negativ macht, weil sie deutlich mehr Energie erzeugt als verbraucht.

Sogenannte »Green Buildings« werden auch bei gewerblichen Gebäuden langsam zur Regel, mit erheblichen Reduktionen des Energie- und Wasserverbrauchs. Bis 2015 gab es in Australien mehr als 25.000 ›Energy Star‹ bewertete Geschäftshausprojekte mit Kosteneinsparungen von etwa 3,4 Milliarden USD und prognostizierten Emissionsminderungen von 17 Mt CO_2. Eine australische Studie zeigte, dass durch einfache Maßnahmen zur Energieeinsparung eine Minderung um mindestens 50% erreicht werden kann, mit dem Sparpotenzial von etwa 10.000 AU-Dollar (ca. 6.800 €) jährlich (für eine durchschnittliche Bürofläche von 2.500 m^2).

Ein Beispiel dafür ist das Pixel Building (Abbildung 3.11) in Melbourne, das durch seine innovative Energienutzung keine CO_2-Emissionen erzeugt. Das Gebäude ist außerdem 100% wasserautark, hat ein nichtumlaufendes Luftsystem eingebaut und eine neue Betonmischung namens »Pixelcrete« verwendet, die den enthaltenen Kohlenstoff der Mischung halbiert, weil der Zement zu 60% durch Hüttensand und Flugasche ersetzt und zu 100% recycelt ist. Ferner werden die beim Bau erzeugten CO_2-Emissionen durch vor Ort produzierte erneuerbare Energien kompensiert.

Abbildung 3.11: *Pixel-Gebäude, Melbourne. Grocon's Pixel Gebäude ist das erste CO_2-neutrale Bürogebäude seiner Art in Australien. Mit freundlicher Genehmigung von: studio505, Dylan Brady & Dirk Zimmermann. Melbourne, Australia / Foto: John Gollings.*

Ein Stoff mit hoher Energieintensität ist Beton. Er macht in Australien mehr als 20% des Energieverbrauchs für Wohnhäuser und bis zu 63% der Geschäftshäuser aus. Kombiniert mit dem systematischen Einsatz von Recycling-Beton kann der Austausch des Zementtyps eine fünffache Energiereduzierung pro Kilogramm liefern.

Zementhersteller der ganzen Welt nutzen jetzt Geopolymer-Beton, darunter der Brisbane's West Wellcamp Airport (BWWA) als der größte Anwender, der rund 25.000m^3 höchster Qualität für Landebahnen und 15.000m^3 Geopolymer-Beton an anderer Stelle vor Ort (zusammen 40.000m^3 oder 100.000 Tonnen) verwendet hat. Mit dem Geopolymer-Beton wurden hier 8.640 Tonnen CO_2-Emissionen eingespart (im Vergleich zu Portlandzement).

3.9.3 Wassereffizienz für die Landwirtschaft

Die Landwirtschaft ist für mehr als zwei Drittel des weltweiten Süßwasserverbrauchs und 14% der weltweiten Treibhausgasemissionen verantwortlich, mit eher steigender Tendenz wegen des stetig wachsenden Bedarfs an Nahrungsmitteln. Durch Regulierte Defizit-Tropfbewässerung (RDDI) und Partielle Wurzelzonentrocknung (PRD) kann die Wasserproduktivität in der Landwirtschaft um bis zu 50% erhöht werden. Seit 2010 ist die Direktsaat (no-till cropping) aufgekommen, die eine weitere Steigerung der Wasser- und Energieeffizienz für landwirtschaftliche Betriebe verspricht.

RDDI steuert die Bewässerungsmuster und erreicht höhere Erträge, indem sie eine geringe Menge an Wasser abgibt, wenn das Wachstum langsam ist und reichlich Wasser in Zeiten, in denen schnelles Wachstum einsetzt. Zum Beispiel hat RDDI in der kühlen, gemäßigten Umgebung von Tasmanien, Australien, das Potenzial für eine 60%-80%ige Verringerung der Wassernutzung auf Kuhweiden gezeigt, was indirekt die Ergiebigkeit der Weiden um bis zu 90% erhöhte. Weinreben in der südaustralischen Weinregion haben mit einem RDDI-System eine knapp 90%ige Erhöhung der Wassereffizienz für Riesling und Shiraz erreicht.

In ähnlicher Weise haben die Tomatenbauern in Brasilien durch den Einsatz der Online-Wettersystemtechnologien, die Temperatur-, Niederschlags-, Feuchtigkeits-, Tau- und Sonnenscheindaten liefern, ihre Wassernutzung von 800mm/ha auf 400mm/ha reduziert, indem sie die Bewässerung und Anwendung von Chemikalien optimierten. Dieses Konzept, kombiniert mit einem effizienten Bewässerungssystem, kann 60%-70% verringerte Energiekosten beim Pumpen von Wasser ergeben. Allerdings wird das System von den Landwirten nur langsam angenommen und die zahlreichen Vorzüge dieser Strategie warten immer noch darauf, in großem Maßstab verwirklicht zu werden.

POSITIVE DISRUPTION 3.10

Bezüglich des Klimaschutzes sprachen wir von einer brutal effektiven »Nachkriegsökonomie«, also von einer großen Umwälzung oder, wie man heute gerne sagt, »Disruption«. In Kapitel 1.11 wurden einige problematische, sogar beängstigende Seiten der Disruption, der Digitalisierung und der exponentiellen Entwicklungen sichtbar. Solche Nachteile muss man im Blick behalten, wenn die positiven Seiten der Disruption angesprochen werden. Klimaschutz kann als *positive Disruption* bezeichnet werden, was bedeutet, dass nichts weniger als ein Umbruch notwendig ist, um die erforderliche Nachhaltigkeit zu erreichen.

3.10.1 Die Umwelt hofft erwartungsvoll auf IT

Kapitel 1.11 zeigte, dass die digitale Revolution gleichzeitig mit der Popularisierung des Brundtland-Berichts zur nachhaltigen Entwicklung (NE) einsetzte. Die Brundtland-Kommission hat das Potenzial der IKT-Entwicklungen positiv bewertet und erwartet, dass sie einen großen Beitrag zur Nachhaltigkeit leisten werde[299]. Die Internationale Telekommunikations-Union ITU, eine UN-Agentur, organisierte den Weltgipfel für die Informationsgesellschaft (WSIS, 2003/2005), auf dem behauptet wurde, »dass die IKT-Revolution eine enorme positive Wirkung als Instrument der nachhaltigen Entwicklung haben kann«[300]. Die WSIS-Grundsatzerklärung[301] verwies wiederholt auf die nachhaltige Entwicklung, rief

---

299 Juni 2012. »ICTs, the Internet and Sustainability.« Interview mit Jim MacNeill. IISD.
300 »Tunis Commitment.« Paragraph 13. http://www.itu.int/wsis/docs2/tunis/off/7.html.
301 »Geneva Declaration of Principles«. http://www.itu.int/wsis/docs/geneva/official/dop.html.

internationale Agenturen dazu auf, »Strategien für den Einsatz von IKT für NE, einschließlich nachhaltiger Produktions- und Konsummuster, zu entwickeln« und die Tätigkeitsfelder aufzuführen, in denen IKT-Anwendungen NE unterstützen könnten.

30 Jahre nach dem Brundtland-Bericht haben sich die digitalen Technologien rasend schnell entwickelt, angetrieben durch eine Kombination aus zunehmenden Rechenkapazitäten, positiven Nebeneffekten der Telekommunikation und sehr niedrigen Grenzkosten der Datenexplosion. Daher ist der Ausbau der elektronischen Dienstleistungen auch kostengünstig, sobald die Infrastrukturen vorhanden sind. Diese Effekte erlaubten eine extrem schnelle (disruptive) Erweiterung der Dienste bei schnell sinkenden Kosten und machten in einer sehr kurzen Zeit Innovatoren und Patentinhaber wie Mark Zuckerberg zu Milliardären (im Vergleich zur gemächlichen Anhäufung von Reichtum zur Zeit der Rockefellers). Doch das Potenzial dieses Umbruchs für eine nachhaltige Entwicklung wartet noch auf seine Umsetzung.

3.10.2 Eine positive Disruption

Eine sehr ausgewogene und meist optimistische Sicht auf die Digitalisierung und breiter auf revolutionäre Technologien und ihre Nützlichkeit für eine nachhaltige Entwicklung stammt von Martin Stuchtey u.a.[302] Sie betonen die Nützlichkeit von Big Data für die Energiewende und die Kreislaufwirtschaft, besonders für die Rückgewinnung wertvoller Ressourcen, die sonst im Abfall verloren gehen.

---

[302] Martin Stuchtey, Per-Anders Enkvist, und Klaus Zumwinkel. 2016. A Good Disruption Redefining Growth in the Twenty-First Century. London: Bloomsbury Publishing Plc.

Die Autoren geben drei wichtige Beispiele für die Digitalisierung der physischen Welt: Mobilität, Ernährung und Wohnraum – eigentlich nicht weit von den Themen in Kapitel 3.9. entfernt. Für die Mobilität schildern sie (zu optimistisch) die Geschichte von Uber und anderen elektronischen Mitfahrdiensten, die eine Ära des Teilens anstelle des Eigentums einläuten, und verweisen auf die Elektrifizierung des Verkehrs, das autonomen Fahren sowie auf die Fortschritte in der Wiederaufbereitung und der Leichtbautechnik, die den ökologischen Fußabdruck von Fahrzeugen reduzieren. Ein Umbruch, den sich vor knapp zehn Jahren fast niemand hätte vorstellen können. In der Ernährungsfrage werben sie für eine Präzisionslandwirtschaft, die den Nährstoffkreislauf schließt und das Naturkapital wiederherstellt, wobei sie als positives Beispiel die berühmte Restaurierung von Chinas großem, 1,5 Millionen Hektar umfassenden Lössplateau hervorheben, die 2,5 Millionen Menschen aus der Armut hob. Auch das hätte man sich noch vor ein paar Jahren kaum vorstellen können. Für das Wohnungswesen erinnern sie an die spektakulären riesigen 3D-Drucker in Suzhou, China, die in 24 Stunden zu einem geschätzten Preis von 5.000 USD ein Gebäude »drucken« können. Sie nennen natürlich auch Airbnb, die Firma, bei der man seine Wohnung bzw. Zimmer oder Schlafgelegenheit über das Internet vermieten und teilen kann, sowie die energiepositiven Gebäude – auch das vor zehn Jahren noch unvorstellbar.[303]

Dies sind Hinweise für eine positive Disruption, obwohl darauf geachtet werden muss, dass Konzepte wie »gemeinschaftlich« und »teilen« unseren ökologischen Fußabdruck tatsächlich in einer gerechten Weise

---
[303] Ebd.: 187-198.

verkleinern und nicht etwa zur Bildung neuer privater Monopole führen oder missbräuchlich zur Steuervermeidung und Umgehung arbeitsrechtlicher Regeln genutzt werden.

Der Übergang in der Wissenschaft von reduktionistischen Methoden zu mehr lebensbezogenen Ansätzen (Kapitel 2.7) kann von der Verfügbarkeit von IKT-Methoden zur Simulation komplexer, sich entwickelnder, reaktionsfähiger und lebender Systeme stark profitieren. Für den Club of Rome war es sehr ermutigend, die methodische Evolution von dem einfachen World3-Computermodell von 1972, auf dem die *Grenzen des Wachstums* basieren, bis hin zu Jørgen Randers *2052*, 40 Jahre später, zu sehen.

Die IKT-Revolution geht natürlich deutlich weiter als der Informationsaustausch oder die Methoden zur Modellierung für das Verständnis komplexer Systeme. Unser gesamter Industriesektor befindet sich derzeit in einem spannenden Übergang zur »Industrie 4.0«. In Kapitel 1.11 wurde Jeremy Rifkin erwähnt, der (mit einer etwas anderen Zählweise) die »dritte Industrielle Revolution« beschreibt und die fünf »Säulen« benennt, die sich vor allem auf erneuerbare Energien und ihre Neigung zur Dezentralisierung beziehen. Vor allem für Entwicklungsländer, die bisher wenige Hochspannungsleitungen haben, ist dies eine Chance, einige Entwicklungsphasen zu überspringen.

Eine andere Art von IT-getriebenen Fortschritten bezieht sich auf die Verfügbarkeit von Informationen über das Internet – Informationen, die früher in Bibliotheken gelagert wurden, was den Zeitaufwand für Recherchen um ganze Tage, wenn nicht Wochen, verlängerte. Nun machen Homepages große und kleine Firmen, Regierungsstellen, Stiftungen, ja sogar Aktivistengruppen sichtbar, die früher wie abgeschnitten von der restlichen Welt waren.

Und schließlich besteht die Aussicht, teilweise ist sie bereits Realität, auf die IT-basierte Demokratie. Während dies an manchen Orten schon seit langem praktiziert wird, wird die »direkte Demokratie« nunmehr auf die Plattformen der sozialen Medien, die Teil der IKT-Revolution sind, zumindest technisch ausgedehnt. Aber wie bereits erwähnt, zeigen sich in der Kommunikation über die sozialen Medien auch einige problematische Entwicklungen – Stichwort »Echokammern«. Aber dies sollte nicht als Hauptargument gegen die elektronische Unterstützung von demokratischen Prozessen verwendet werden.

3.10.3 Und nun ein schockierender Vorschlag: die Bit-Steuer

Adam Smith sagte im *Wohlstand der Nationen*, dass Reichtum auf der Arbeitsteilung und der Besteuerung der Produktionsfaktoren basiert. Dies hat die kanadische Gesellschaft des Club of Rome zu dem Vorschlag inspiriert, den neuen *Produktionsfaktor Information* zu besteuern. Das war vor zwanzig Jahren; der treibende Intellekt hinter der Idee war der verstorbene T. Ranald Ide, kurz Ran Ide. Er und seine Mitverfasser schrieben: »*Der neue Wohlstand der Nationen findet sich in den Billionen der digitalen Informationsbits, die durch globale Netzwerke pulsieren. Dies sind die physischen/elektronischen Repräsentanten der vielen Transaktionen, Gespräche, Stimm- und Video-Nachrichten und Programme, die zusammen den Prozess der Produktion, des Vertriebs und des Verbrauchs in der neuen Wirtschaft darstellen.*«[304] Als Folge dieser Beo-

---

304 Arthur J. Cordell, T. Ran Ide, Luc Soete, und Karin Kamp. 1997. The New Wealth of Nations: Taxing Cyberspace. Toronto: Between The Lines.

bachtung machten sie den Vorschlag, eine Steuer auf Bits zu erheben, extrem klein, aber immer noch groß genug, um hohe Steuereinnahmen zu erbringen, die man zur Bekämpfung der negativen Effekte von IKT oder für neue Konzepte für eine nachhaltige Entwicklung einsetzen könnte.

Noch wichtiger ist eine offensichtliche Lenkungswirkung. Wenn Sie Energie besteuern, wird der Energieverbrauch umsichtiger und Technologien, die Energie sparen, werden rentabel. Wenn Sie die menschliche Arbeit besteuern, schaffen Sie einen Zusatzanreiz zur Steigerung der Arbeitsproduktivität. Wenn Sie Bits besteuern, werden Sie die Absender von Spam ärgern und den Versand von ganzen Filmen verteuern – und viele Nicht-Empfänger dieser Dinge glücklich machen. Natürlich gibt es auch einige Nachteile, wie dies auch bei den Arbeitssteuern, den Energiesteuern, der Mehrwertsteuer und den Grundsteuern der Fall ist. Aber der automatische Aufschrei »du versteuerst Fortschritt« ist Unsinn. Eine sehr kleine Steuer in der Nähe von vielleicht einem Millionstel Euro pro Bit wird kaum eine ordnungsgemäße Verwendung von Informationen behindern. So ist Ran Ides Idee schlussendlich gar nicht schockierend und sollte in die politischen Diskussionen zur Besteuerung eingeführt werden.

Die Bitsteuer ist eindeutig nicht die Antwort auf die skandalöse Tatsache, dass Unternehmen wie Airbnb und Uber es geschafft haben, weltweit Geschäfte zu machen und dabei extrem wenig Steuern abzuführen. Sie schlagen einfach ihre Firmensitze in Steueroasen auf, während gleichzeitig die staatlichen Steuereinnahmen aus Gewinnen von Firmen und Einzelpersonen (z.B. Taxifahrern), die sie aus dem Geschäft drängen, zurückgehen. Der faire Umgang mit Besteuerung ist die Vorausset-

3.10 Positive Disruption

zung, um alle spannenden Vorteile, die in diesem Kapitel zusammengefasst sind, zu nutzen.

Einige Gurus der Informationsindustrie, die sich der Gefahr bewusst sind, als Hauptschuldige für die neuen Formen der Arbeitslosigkeit angesehen zu werden, beginnen, laut über ein bedingungsloses Grundeinkommens nachzudenken.[305] Dies ist sicher ein Teil der nun beginnenden Debatte, wie man von der technologischen Umwälzung in einer konstruktiven, zielgerichteten Weise profitieren kann, um die Herausforderungen der Menschheit insgesamt zu bewältigen.

---

305 Z.B. Jathan Sadowski. 2016. »Why Silicon Valley is embracing universal basic income.« The Guardian, 22. Juni.

3.11 REFORM DES FINANZSEKTORS

Kapitel 1.1.2 befasste sich mit den inhärenten Risiken des Finanzsystems. Das System ist instabil. Es schafft Vermögensblasen. Nur ein geringer Teil unterstützt die Realwirtschaft, und es verstärkt die Ungleichheit, erhöht die Volatilität und neigt dazu, prozyklisch zu arbeiten, d.h. es verstärkt Aufschwünge und Krisen. Die Finanzkrise von 2008-2009 hat gezeigt, wie gefährlich das sein kann. Schließlich leihen Finanzinstitute oft große Summen und investieren in Firmen, deren Risikopotenzial in Bezug auf Energie, Klima und andere Umweltprobleme sehr hoch ist (siehe Abbildung 3.6). Dies birgt echte Risiken für Aktionäre einschließlich Rentenfonds und trägt zur Verschlechterung des Klimas und zur Zerstörung von lebenswichtigen Ökosystemen bei.

Die Frage ist: Was tun? Wie können wir Weltwirtschaft und Geldsystem so umgestalten, dass sie den Prinzipien der Nachhaltigkeit gerecht werden? Wir Hauptautoren dieses Buches sind keine wirklichen Finanzexperten. Aber zahlreiche Diskussionen haben uns gestattet, zumindest partiell eine Diagnose sowie Vorschläge für eine Reform zu präsentieren. Vieles dreht sich dabei um die Haupttriebkraft – sowohl eines Wachstums auf tönernen Füßen wie auch der finanziellen Instabilität: die Schulden.

Banken und Zentralbanken (etwa durch das seit einigen Jahren praktizierte Quantitative Easing) sind heute die wichtigsten Geldschöpfer. Die Deregulierung in den 1980er Jahren führte zu einer massiven Zunahme der Geldschöpfung. Die Bankvolumina haben sich in den OECD-Ländern mehr als verdreifacht. Die andere Seite der Medaille ist das Anwachsen der privaten und öffentlichen Schulden. Diese Entwicklung ist Teil eines kreditbetriebenen Wachstumsmodells, das Politiker unterschiedlicher Parteien sehr attraktiv finden.

Um das Anwachsen der Schulden zu stoppen, brauchen wir eine Erhöhung der obligatorischen Kapitalreserven und eine engmaschige Kontrolle der privaten Kreditschöpfung.[306] Naive Ökonomen sowie die Öffentlichkeit nehmen an, dass die Kreditvergabe von Banken durch Ersparnis-Einlagen finanziert wird. Doch dies ist offensichtlich unwahr. Banken schaffen Geld durch die Erzeugung von Schulden – aus dünner Luft.[307]

Die unmittelbare Herausforderung besteht darin, die Banken zu veranlassen, Geld für echte Investitionen in die Realwirtschaft abzugeben, anstatt für übermäßige Spekulationen in verschiedenen Arten von finanziellen Vermögenswerten und Grundstücken. Es ist technisch und rechtlich schwierig, die Schaffung von Geld aus rein spekulativen Zwecken zu ersticken, denn die Anreize, Schlupflöcher zu finden und Regelungen zu umgehen, sind verteufelt groß.

Wir befinden uns im Wettlauf mit der Zeit. Übermäßige Geldschöpfung und Schuldensucht müssen gebremst werden, um das System zu stabilisieren. Wenn andererseits die Kreditvergabe aber zu plötzlich abgeschnitten wird, können viele Vermögensblasen platzen und viele Banken zusammenbrechen.

Ulf Dahlsten, ehemaliger Staatssekretär in der schwedischen Regierung, beschreibt die Herausforderungen:[308]

---

306 Adair Turner. 2016. Between Debt and the Devil: Money, credit and fixing global finance. Princeton: Princeton University Press.
307 Der Anteil der Banken, die an die tatsächlichen Reserven gebunden sind (Einsparungen), ist in den entwickelten Ländern (in der Regel nur 1 oder 2 %) extrem gering, was in den vergangenen 40 Jahren drastische Einschnitte verursacht hat – von einem Niveau von 20 %.
308 Wir danken Ulf Dahlsten für die freundliche Überlassung des Manuskripts.

»Das große Problem ist, dass die Finanzmärkte zunehmend global sind, während die Versorgung der Institutionen vor allem national erfolgt. Es gibt einen Mangel an Institutionen auf globaler Ebene zur Entscheidung und Durchsetzung von gemeinsamen Gesetzen und Vorschriften. Es gibt keine globalen Kreditgeber letzter Instanz, keine Zentralbank, um globale Ungleichgewichte, globale Liquidität, Reservewährungsfragen, internationale Regelungen, Beschlüsse und dergleichen regelmäßig zu prüfen und zu managen. Es gibt den IWF, der diese Aufgaben übernehmen könnte, und es gibt eine umfassende globale Vernetzung, aber keine internationale Entscheidungskraft. Die Finanzmärkte sind wahrscheinlich der Bereich, in dem die Notwendigkeit eines internationalen Rechts am größten ist. Internationale Institutionen, Zentralbanker und Regulierungsbehörden brauchen neue Behörden und neue Werkzeuge.«

Wir nennen im Folgenden ein paar Maßnahmen, die wir für sehr diskussionswürdig für die Reform des Finanzsystems halten

3.11.1. Trennung des Geschäftsbankwesens vom Investment-Banking

Die Trennung von Geschäftsbanken und Investmentbanken sorgte für mehr als 40 Jahre nach 1933 für finanzielle Stabilität. Würde das normale Bankgeschäft wieder von spekulativen Investmentbanken getrennt, müssten Steuerzahler nicht mehr Banken retten, die sich durch spekulative Fehler selbst ruiniert haben. Solche Banken dürften nicht mehr auf dem Polster von Bürgereinlagen operieren, die den staatlichen Schutz rechtfertigen. Während der Regierung Obama hat der US Kongress einiges auf den Weg gebracht, aber die neuen Mehrheiten scheinen die Entwicklung wieder zu stoppen. Auch in Europa ist die Trennbankeninitiative immer wieder ausgebremst worden. Von wem wohl?!

3.11.2 Mit Schulden umgehen

Die Schuldenmenge als solche ist nicht notwendigerweise ein Problem. Sie kann als wachsendes Vertrauen interpretiert werden und kann zur Finanzierung neuer Firmen, Technologien und Infrastrukturen eingesetzt werden. Die Frage ist, *wie* wird das neu geschaffene Geld verwendet?

Egal wie sie erzeugt wurden, Schulden sind ein Scheck auf die Zukunft. Wie der australische Ökonom Richard Sanders erklärt: »In der einfachsten Analyse ist die Wurzel des Nachhaltigkeitsproblems ein exponentiell wachsender Satz von Forderungen (Geld) auf einen endlichen (und sogar abnehmenden) Pool von Naturkapital.«[309] Sanders spricht hier am Beispiel der Schulden eine Einsicht aus, die das ganze Buch durchzieht: In der *vollen Welt* müssen wir anders denken und handeln als dies in der *leeren Welt* noch möglich war.

Was heute fehlt, ist eine ausreichende Fähigkeit der Banken, Verluste zu absorbieren. Die meisten Banken können heute allen Lehren aus der Finanzkrise zum Trotz nur noch etwa 3%-5% Verluste in ihre Bilanz aufnehmen, bevor sie in Konkurs gehen. Eine Erhöhung dieses »Leverage-Verhältnisses«, wenigstens um das Vierfache, und die entsprechende Verlustabsorptionskapazität würden einen großen Beitrag zur Stabilisierung des Systems und zum Schutz der Steuerzahler bedeuten. Dies ist der Hauptvorschlag von Anat Admati und Martin Hellwig.[310]

---

309 Richard Sanders. 2006. »Sustainability – implications for growth, employment and consumption.« International Journal of Environment, Workplace and Employment 2(4).
310 Anat Admati, und Martin Hellwig. 2013. The Bankers New Clothes. Princeton University Press.

Banken verlangen von uns Kunden in der Regel 20% Eigenkapital, wenn wir einen Kredit aufnehmen wollen. Wir sollten das Gleiche von ihnen verlangen.

Sparkassen und Lokalbanken behaupten oft, ihre Kunden und deren Kreditwürdigkeit gut zu kennen. Und die für die großen Banken gerechtfertigten Leverage-Höhen und teuren bürokratischen Prozesse seien für sie unnötig, um nicht zu sagen lebensgefährlich. Es ist nicht Sache des Club of Rome, die Richtigkeit dieser Behauptung zu beurteilen, aber wir finden eine Differenzierung zwischen klein und groß durchaus empfehlenswert.

Der Umgang mit dem riesigen Pool der bestehenden Schulden ist ein schwieriges Problem. Ob die Schuldnerländer aus dem globalen Süden stammen oder ob Länder wie Griechenland, Spanien und Italien betroffen sind: Die Besitzer eines Großteils der Schulden sind Megabanken, die unter den Top 50 der internationalen Firmen zu finden sind, und die sich jedem substanziellen Schuldenerlass widersetzen werden – obwohl einige der Kredite von Anfang an räuberisch und gar nicht rückzahlbar waren. Manche sollten abgeschrieben werden, zumindest auf ein rückzahlbares Maß, und der Rest sollte schrittweise aus den Bankbilanzen herausgenommen werden. Heute sind Bankbilanzen so von Staatsanleihen dominiert, dass eine Umschuldung von Staatsanleihen immer wieder zu Bankenkrisen führt.

3.11.3 Kontrolle der Geldschöpfung: der Chicago-Plan

Die Geldmenge, die heute im Umlauf ist, ist nach Meinung der meisten Experten um ein Vielfaches größer als zur Unterstützung der Realwirtschaft erforderlich. Das ist mit Sicherheit das Ergebnis einer unkontrollierten Geldschöpfung durch die Banken. Die Situation war während der Großen Depression nach 1929 ähnlich und führte zu einer lebhaften Diskussion. Ein radikaler Ansatz zur Bewältigung des Problems, der später als Chicago-Plan bekannt wurde, war von einem Nobelpreisträger der Chemie, Frederick Soddy, schon drei Jahre vor der Krise, 1926 vorgeschlagen worden und wurde in den 1930er Jahren vor allem von Professor Irving Fisher von der Yale University aufgegriffen, nämlich die Geldschöpfung vollständig zum Staat zurückzugeben. Allerdings kam er bei der Roosevelt-Regierung nicht damit durch, die beschlossen hatte, stattdessen stärkere Regulierungen der Banken einzuführen.

Unter dem Eindruck der Finanzkrise von 2008 erfuhr der Chicago-Plan allerdings von verschiedenen Seiten neue Beachtung. Mehrere NGOs, die das Konzept analysierten, unterstützen ihn. Der Think-Tank Positive Money hat einen detaillierten Vorschlag für die Reform des britischen Bankensystems auf der Grundlage des Chicago-Plans entwickelt.[311] Hochinteressant ist, dass in jüngster Zeit auch die IWF-Ökonomen Jaromir Benes und Michael Kumhof den Chicago-Plan einer gründlichen Überprüfung unterzogen.[312] Sie legten ein aktuelles Modell der US-Wirtschaft zugrunde, um die Ergebnisse von Fisher zu analysieren und seine Annahmen durch Simulationen zu untermauern. Die Ergebnisse waren ausgesprochen positiv: Durch die Übernahme der Rolle der Geldschöpfung würde der Staat alle Einlagen in den Banken decken und das Risiko von Bankrotten unterbinden. Staatsschulden würden um vierzig Prozent reduziert und der durchschnittliche Haushalt

---

311 Mira Tekelova. 2102. Full-Reserve Banking, a few simple changes to banking that could end the debt crisis. London: Positive Money.
312 Jaromir Benes, und Michael Kumhof. 2012. »The Chicago Plan Revisited.« Washington: IMF Paper 12/202.

würde schuldenfrei. Nach Benes und Kumhof gäbe es »keine Verlierer«. Durch die Beseitigung einer Reihe von Verzerrungen würde auch die Produktionskapazität der Wirtschaft erhöht werden, was allen zugutekäme. Benes und Kumhof unterstützen die Forderungen des Plans mit der Aussicht auf ein zu erwartendes, höheres Wachstum.

Der Chicago-Plan bleibt ein interessanter Vorschlag. Allerdings sollte man die Probleme, die der Implementierung eines solchen Systems entgegenstehen, nicht unterschätzen. In der westlichen Hemisphäre hat sich eine Kultur der privaten Schulden entwickelt, nicht zuletzt ausgelöst durch sehr niedrige Zinsen. Hohe Hypotheken sind zu einem integralen Bestandteil der meisten Familienwirtschaften geworden und die neue Schuldenkultur wird nicht leicht zu überwinden sein. Ein weiteres wichtiges Merkmal ist die verstärkte Abhängigkeit von Verbraucherkrediten, dem Ergebnis von übermäßigem Konsum auch bei Familien mit ungenügender Bonität.

3.11.4 Besteuerung des Finanzhandels

Eine kleine »Tobin-Steuer« auf Finanztransaktionen (vielleicht ab 1 Mio. USD und höher) sollte vorzugsweise weltweit umgesetzt werden. Aber die Verhandlungserfahrung zeigt, dass dies nicht rasch geschehen wird. Es ist realistischer, dass einige starke Länder mit der Steuer beginnen, die Spekulation entmutigen, wobei die Pionierländer die Einnahmen für sich behalten.

3.11.5 Verbesserung der Transparenz

Der gesamte Derivatenmarkt sollte daraufhin geprüft werden, was darin rein spekulativ ist; das sollte auslaufen oder mit einer Steuer belastet werden. Dagegen sollten alle Derivate, die als nützlich angesehen werden, in den sichtbaren und ordnungsgemäß kontrollierten, zentralisierten Sichtbereich der Gegenparteien verschoben werden. Das »Schattenbankensystem« (ca. 70% aller Banken zum Zeitpunkt des Absturzes 2008) sollte durch die Regulierung so stark wie die Banken selbst beschnitten werden.

3.11.6 Unabhängige Regulatoren

Regulatoren stammen in der Regel aus der Klasse derjenigen Bankangestellten, die mit dem transnationalen Bankgeschäft befasst sind. Aber Regulatoren müssen tatsächlich unabhängig sein. Erweiterte Karenzzeiten könnten auferlegt werden, um dieses Ziel zu unterstützen. Es ist sinnlos, »die Regulierung Personen zu überlassen, die nicht an eine starke Regulierung glauben und ihre gesamte Karriere im Kampf dagegen verbracht haben.«[313]

3.11.7 Besteuerung der Reichen und Eintreiben der Steuer

Die Kombination von Steuervermeidung, Steuerhinterziehung und Geheimhaltung sowie des Versteckens von Vermögen (Steueroasen) erleichtert nicht nur Geldwäschern, Kriminellen und Diktatoren das Geschäft. Es ist ein System, das auch legitimen Reichtum von seinen sozialen und finanziellen Verpflichtungen abkoppeln kann.[314] Es wird geschätzt, dass ab 2012 zwischen 21 und 32 Billionen USD in diesen Geheimhaltungsgebieten

---

313 James Crotty. 2009. »Structural causes of the global financial crisis: a critical assessment of the ›new financial architecture‹«. Cambridge Journal of Economics 33: 563–580, 576.
314 Nicholas Shaxson. 2011. Schatzinseln. Wie Steueroasen die Demokratie untergraben. Zürich: Rotpunktverlag.

verborgen waren.[315] Ihre wesentlichen Merkmale sind geringe oder keine Steuern und Geheimhaltung durch ein Labyrinth von Tarnfirmen, deren wirtschaftlicher Besitz unmöglich zu identifizieren ist.

Die Bemühungen, Steuern von Weltfirmen und superreichen Einzelpersonen zu erheben, erfordern besonders in der Durchsetzung eine internationale Zusammenarbeit. Vertreter von steuervermeidenden Unternehmen weisen allerdings – oft zu Recht – darauf hin, dass sie alle Gesetze einhalten. Daher sind auch Gesetzesänderungen nötig.

Viele Unternehmen haben raffinierte Methoden entwickelt, um Steuern in den Ländern zu vermeiden, in denen sie ihre Gewinne erzielt haben. Über so genannte Verrechnungspreise können Gewinne in Steueroasen angegeben werden, anstatt dort, wo sie verdient werden – oft durch komplexe Systeme wie dem »Doppel-Irischen und Niederländischen Sandwich«. Eine andere Methode ist die Belastung durch künstlich aufgeblasene Zinssätze für Darlehen von einer grenzüberschreitenden Zweigniederlassung des Unternehmens (Konzerninterne Schulden). Diese kann als Abzug von Erträgen in normalen Steuerhoheitsgebieten geltend gemacht und in einem Steuerparadies als Einkommen erklärt werden.[316] Es heißt, dass sich etwa die Hälfte allen internationalen Handels zwischen Zweigen derselben Einheiten abspielt.

Die volle Transparenz zu erreichen, ist ein erster wichtiger Schritt im Kampf gegen die Steuervermeidung. Oxfam fordert ein öffentliches Register der tatsächlichen

---

315 James S. Henry. 2012. »The Price of Offshore Revisited.« Tax Justice Network. http://www.taxjustice.net/cms/upload/pdf/Price_of_Offshore_Revisited_120722.pdf.
316 Antony Ting. 2016. »Multinational tax avoidance is still a revenue issue for government.« The Conversation, 14. Juli. https://theconversation.com/multinational-tax-avoidance-is-still-a-revenue-issue-for-government-61674.

wirtschaftlichen Eigentümer von Unternehmen, Stiftungen, Trusts und Konten, einschließlich derjenigen, die in Geheimhaltungs-Ländern gehalten werden. Die OECD hat sich seit 20 Jahren in dieser Richtung engagiert und beginnt nun, ihren regulären Informationsaustausch zwischen Regierungen (einschließlich der Bankdaten ihrer Bewohner) und ihre Land-zu-Land-Berichterstattungsstandards umzusetzen[317] Wenn diese rechtskräftig sind, vielleicht 2018, geht man allgemein davon aus, dass einige der heutigen Steuervermeidungspraktiken nicht mehr möglich sind.

Ökonom Gabriel Zucman warnt jedoch, dass die Fortschritte nicht allzu wirkungsvoll sein könnten, auch weil Steuerberater und Rechtsanwälte, die oft weit besser informiert sind als die Finanzämter, diese Regeln umgehen können. Der in den Steueroasen verborgene Reichtum ist in den letzten 5 Jahren um 25 Prozent gestiegen, trotz OECD-Aktion. Zucman schlägt vor, eine Formel zu entwickeln, über die der gesamte globale Gewinn eines transnationalen Unternehmens (TNC) in die Länder fließen würde, in denen er jeweils erzielt wird, was Vermeidungsstrategien vereiteln würde.[318]

Steueroasen tragen wesentlich zur steigenden Ungleichheit bei. Derzeit verlieren alle Länder riesige Geldmengen, die für Gesundheit, Bildung, Umweltschutz und Polizei nötig wären. Ihre heutigen Haushaltsdefizite würden nahezu verschwinden, käme dieses Geld beim Fiskus an. Für den globalen Süden ist dieser Verlust noch schmerzlicher, weil hier noch große Defizite in der Infra-

---

317 OECD. 2016. »New steps to strengthen transparency in international tax matters.« http://www.oecd.org/tax/automatic-exchange/news/new-steps-to-strengthen-transparency-in-international-tax-matters-oecd-releases-guidance-on-the-implementation-of-country-by-country-reporting.htm.
318 Gabriel Zucman. 2015. Steueroasen. Wo der Wohlstand der Nationen versteckt wird. Frankfurt: Suhrkamp.

struktur, der Bildung oder bei den Rentenkassen bestehen.

Oxfam fordert die Schaffung einer globalen Steuerbehörde, die auch Risiken durch intransparente Gerichtsbarkeiten untersucht und als Abschreckung für Steuersünder öffentlich macht. Favorisiert wird dabei auch die Zusammenarbeit mit dem IWF und der OECD, um eine Liste von Steueroasen zu erarbeiten, damit Regierungen Maßnahmen zur Abschreckung erlassen können.[319]

3.11.8 Die »Großen Vier« Buchhaltungsunternehmen zähmen

Die historische Rolle der Wirtschaftsprüfungsgesellschaften war die Prüfung der Konten von Gesellschaften. Nach der Finanzialisierung (Kapitel 1.1.2) blieben nur noch fünf große Firmen übrig: PwC, Deloitte, KPMG und Ernst & Young (EY) sowie Arthur Andersen – letztere brach im Jahr 2002 zusammen.[320] Die restlichen vier Riesen scheinen sich durch eine undurchsichtige Partnerschaft gegenseitig zu schützen. Sie haben die Prüfungen von 98 Prozent der Unternehmen mit einem Umsatz von über 1 Milliarde USD unter sich aufgeteilt. Und sie treten offenbar als Architekten von Steuervermeidungsregelungen auf, wie den 2014 geleakten Luxemburger Plänen.[321]

Solche Systeme, so Steueranwalt George Rozvany, kosten Regierungen und ihre Steuerzahler mehr als

---

319 M. Jamaldeen. 2016. The Hidden Billions. Melbourne: Oxfam.
320 Ken Brown, und IJ Dugan. 2002. »Arthur Andersen's Fall From Grace Is a Sad Tale of Greed and Miscues.« Wall Street Journal, 7. Juni. http://www.wsj.com/articles/SB1023409436545200.
321 Simon Bowers. 2014. »Luxembourg Steuerdaten.« http://www.theguardian.com/business/2014/nov/05/-sp-luxembourg-tax-files-tax-avoidance-industrial-scale.

1 Billion USD pro Jahr.[322] Rozvany, der für EY, PwC und Andersen gearbeitet hat, verweist dabei besonders auf die Rolle der »Großen Vier« bei der Schaffung von Steuerregelungen für die gleichen Kunden, die sie prüfen. Rozvany empfiehlt, dass die Buchhaltungs- und Prüfungsbetriebe von den Beratungs-/Steuerberatungsunternehmen in allen vier Unternehmen getrennt werden, analog der Trennung von Handels- und Investmentbanken.

All diese Empfehlungen hängen aber letztlich davon ab, dass die Regierungen die Macht über das Schicksal der Menschen, die sie vertreten, zurückerlangen wie auch die Fähigkeit, in der Finanz- und Wirtschaftspolitik die wichtigen Entscheidungen über Richtung und Ziele selbst zu fällen. Und die Empfehlungen hängen auch von der OECD und dem IWF ab, damit die vorgeschlagenen neue Regeln auch auf internationaler Ebene um- und *durchgesetzt* werden können. Dabei bedarf eines erheblichen politischen Willens, viele Regierungen aus der Vereinnahmung durch die Privatwirtschaft zu befreien. Es ist eigentlich eine Schande, dass die Steuerzahler die Finanzinstitute retten mussten, die die Krise von 2008 in der Hauptsache verschuldet hatten.

---

322 Michael West. 2016. »Oligarchs of the Treasure Islands. Interview with George Rozvany.« 11. Juli. http://www.michaelwest.com.au/oligarchs-of-the-treasure-islands/.

3.12 REFORM DES WIRTSCHAFTSSYSTEMS

Die Reformen des Finanzsektors sind dringlich und stehen auf der Tagesordnung. Aber sie können nur ein erster Schritt sein. Für eine echte und dauerhafte Veränderung zum Besseren hin muss man tiefer gehen und das Wirtschaftssystem in den Blick nehmen, auf dem ja der Finanzsektor fußt. Es gibt natürlich Hunderte von Initiativen und Büchern zur Reform des Wirtschaftssystems. Wir können hier lediglich einzelne Konzepte mit näherem Bezug zu unserem Grundanliegen skizzieren.

Fangen wir mit Europa an. Die Europäische Union sieht sich durch den Brexit in einer Art Krisenstimmung. Sie war und ist aber einer der größten Erfolge der Nachkriegsgeschichte. Im Hinblick auf die *neue Aufklärung* (Kapitel 2.10) stellt die EU auch ein gutes Beispiel für Balance dar: zwischen lokalen, provinziellen und nationalen Funktionen auf der einen Seite und europäischen Funktionen auf der anderen. Aber eine vorsichtige Neuausrichtung im Sinne des Subsidiaritätsprinzips, die der lokalen und nationalen Ebene mehr Spielräume gibt, scheint ratsam und könnte zugleich eine Einladung an das Vereinigte Königreich bedeuten, in vielleicht 20 Jahren wieder der EU beizutreten. Die fiskalischen Reformgedanken in Kapitel 3.12.3 sind ausdrücklich so konzipiert, dass eine europäische Steuerreform zugleich Hunderte von bürokratischen Detailvorschriften der EU überflüssig machen würde.

Die ökologische Krise, die vor allem in Teil 1 diskutiert wurde, zwingt uns, den ökonomischen Rahmen ernsthaft so zu überdenken, dass er sich in die *volle Welt* einfügt. Weitere Herausforderungen entstehen durch das Verschwinden vieler Berufe, den demografischen Wandel, den Skandal der Ungerechtigkeit und die Geißel des Terrorismus. In diesem Kapitel werden nur vier Beispiele vorgestellt, die teilweise auf diese Herausforderungen reagieren.

3.12.1 »Donut-Ökonomie«

Oxford-Ökonomin Kate Raworth, Mitglied des Club of Rome, hat ein visionäres Buch mit dem Titel »Doughnut Economics«[323] geschrieben. Die vorherrschende Ökonomie, so schreibt sie, ist um Jahrhunderte veraltet. Der Geist ökonomischer Lehrbücher stammt aus den 1950er Jahren, die wiederum auf Theorien von 1850 oder früher fußen. Angesichts der Herausforderungen der *vollen Welt* – vom Klimawandel bis hin zu wiederkehrenden Finanzkrisen – ist das eine Katastrophe.[324]

Raworth stellt die Herausforderungen vor, denen wir uns gegenübersehen. Unsere alltägliche Wirtschaft ist demnach wie ein Donut (Abbildung 3.12) geformt, mit äußeren und inneren Grenzen. Die Grenzen des Planeten (vgl. Rockström, Kapitel 1.3) sieht sie als die äußere Begrenzung, eine Reihe von gesellschaftlichen Herausforderungen – viele im Sinne der SDG-Agenda (Kapitel 1.10) – dagegen als innere Grenze für die Donut-Wirtschaft.

Wir müssen nach Raworth unser ökonomisches Denken kontextualisieren, d.h. in Zusammenhänge einfügen. Kontext bringt Bedeutung. Die Wirtschaft ist nicht wie eine Maschine, die irgendwo auf der Welt arbeitet, sondern ist in ein größeres System eingebettet, ähnlich wie das Herz und sein Kreislaufsystem. In dieser Hinsicht nutzt Raworth die Erkenntnisse aus der *System*wissenschaft.

---

323 Kate Raworth. 2017. Doughnut Economics. London: Penguin Random House.
324 Kate Raworth in einem Blog-Beitrag am 7. April, 2017, dem Tag der Veröffentlichung ihres Buches.

Abbildung 3.12: *Kate Raworth sieht die Wirtschaft in der Form eines Donut (englisch: Doughnut). Bild © Getty Images/iStockphoto/joxxxxjo.*

Das Buch skizziert sieben Prinzipien, wie die Wirtschaft ihre Funktion bei der Entwicklung der Institutionen und Politiken zur Erreichung des »Donut-Imperativs« erfüllen kann: So gesehen wird die Wirtschaft zum Werkzeugkasten für Gerechtigkeit und Nachhaltigkeit. Das steht mehr oder weniger in völligem Gegensatz zu den Regeln der *leeren Welt*, in der maximales Wachstum das übergeordnete Ziel darstellt und soziale und ökologische Ziele hintan stehen.

Die meisten der sieben Prinzipien sind aus der Nachhaltigkeitsdebatte bekannt:

1. **Vom BIP-Wachstum zum Donut:** ein weitaus ehrgeizigeres Wirtschaftsziel als das BIP-Wachstum: *die Bedürfnisse aller innerhalb der Grenzen des Planeten zu erfüllen*. Dieser Wechsel verwandelt den Sinn und die Form des Fortschritts – vom endlosen Wachstum zur gedeihlichen Balance.

2. **Vom eigenständigen Markt hin zur eingebetteten Wirtschaft:** Akzeptieren, dass die Wirtschaft wirklich sozial und ökologisch eingebettet ist.
3. **Vom rationalen Ökonomen zum sozial anpassungsfähigen Menschen:** Die menschliche Natur ist viel reicher als der individualistische Egoismus: Wir sind antwortfähig, gegenseitig abhängig und sozial eingebettet in die lebendige Welt.
4. **Von der Mechanik zur dynamischen Komplexität:** Die exakte Physik ist ein schlechtes Vorbild für die Analyse wirtschaftlichen Erfolgs. Systemforschung ist eleganter bei der Bewertung von Komplexität und evolutionärem Denken.
5. **Von »Wachstum wird es wieder richten« zum bewussten Verteilen:** Wohlstand verteilt sich nicht von selbst. Wir konzipieren Wirtschaft so, dass sie die Werte unter denen verteilt, die an der Schaffung dieser Werte mitgewirkt haben.
6. **Von »Wachstum wird es wieder putzen« zum regenerativen Design:** Nicht das Wachstum, sondern Umweltgesetze haben die grausige Verschmutzung überwunden. Regeneratives Design ist eleganter als bloß den Müll zu entsorgen.
7. **Von Wachstumssucht zur Wachstums-Neutralität:** Wachstum ist nicht schlecht, aber es ist keine Wunderpille für alles, und andere Werte können viel wichtiger sein.

3.12.2 Reformen, die demokratisch mehrheitsfähig sind

In ihrem Buch *Ein Prozent ist genug* konstatieren Randers und Maxton[325], dass sich alle großen Herausforderungen, denen die Welt gegenübersteht, in der Theorie relativ einfach lösen ließen. Die Praxis stelle sich jedoch weit komplexer dar. Denn die meisten der vorgeschlagenen »Lösungen« seien für Menschen und Regierungen, die einem kurzfristigen Denken verhaftet sind, schlicht nicht akzeptabel. In Interviews wird Randers mit der Aussage zitiert, dass diese Probleme in einer Demokratie, wenn überhaupt, nur sehr schwer zu lösen seien. Als Gegenmodell hob er China hervor, das verstehe, wie man mit langfristigen Fragen umgehen müsse und das in der Lage sei, eine Politik umzusetzen, die sowohl sozial wie ökologisch wirksam sei.

Die Autoren machen einen ernsthaften Versuch, solche Maßnahmen und Lösungen für die wichtigsten Probleme der Menschheit einzubringen, die sich weltweit umsetzen lassen. Seit über 40 Jahre wogt die Debatte über Wachstum oder Nicht-Wachstum. Eine Debatte, die jedoch in ihrem eigentlichen Kern um die Überwindung von Arbeitslosigkeit, Armut und Klimawandel kreist, verbunden mit der Frage, ob wir hierzu Wachstum brauchen. Mit 13 Vorschlägen versuchen sie, diese Debatte konstruktiv zu lösen.

Zu diesen Vorschlägen gehört die Verminderung der Arbeitslosigkeit durch eine Verkürzung des durchschnittlichen Arbeitsjahres. Die Arbeit wird damit an mehr Menschen verteilt. Beschäftigte haben so mehr Zeit für ihre Familien, für Erholung und Weiterbildung. Die durchschnittliche Produktivität pro Arbeitsstunde

---

[325] Jørgen Randers und Graeme Maxton. 2016. Ein Prozent ist genug. Mit wenig Wachstum soziale Ungleichheit, Arbeitslosigkeit und Klimawandel bekämpfen. München: Ökom.

muss nicht darunter leiden. Heutige Arbeiter und Arbeitgeber mögen die Idee vielleicht noch nicht, könnten aber damit leben, vor allem in Ländern, die sichtbar unter hoher Arbeitslosigkeit leiden. Das Schema kann in kleinen Schritten eingeführt werden, was es ermöglicht, Erfahrungen zu sammeln und es entsprechend anzupassen.

Auf der anderen Seite kann es sinnvoll sein, den Menschen zu erlauben, länger zu arbeiten, solange Arbeitgeber oder Kunden damit zufrieden sind. Wenn ein längeres Arbeitsleben üblich wird, steht zu erwarten, dass sich zunehmend Arbeitsverhältnisse entwickeln werden, die sich besonders für ältere Menschen mit Menschenkenntnis und Erfahrung eignen und die zugleich an die typischen körperlichen Schwächen älterer Menschen angepasst sind. Wenn arbeitende Senioren die Kosten für den Sozialstaat reduzieren, kann der Staat mehr Geld für die Schaffung von neuen Aktivitäten ausgeben.

Eine weitere Idee ist die Vergütung für die Betreuung zu Hause. Riane Eisler fordert eine »Pflege-Revolution«, die aus einer großen Aufwertung der pflegenden Berufe besteht – sowohl finanziell als auch im Hinblick auf den Sozialstatus.[326] Die Vergütung müsste in erster Linie aus öffentlichen Budgets kommen. Die Akzeptanz der Öffentlichkeit würde mit der Einsicht wachsen, dass dies eine adäquate Antwort auf die Situation einer alternden Bevölkerung ist.

Einen Schritt weiter geht die Idee eines bedingungslosen Grundeinkommens für alle. Es wird derzeit allenthalben diskutiert, nicht zuletzt im Silicon Valley,

---

326 Riane Eisler. 2007. The Real Wealth of Nations. Creating a Caring Economics. San Francisco: Berrett Koehler.

in Unternehmen, die wissen, dass ihre riesigen Gewinne mit einer Zerstörung von Millionen von Arbeitsplätzen einhergehen.[327] Es lohnt sich, eine breite öffentliche Diskussion über diesen bisher umstrittenen Vorschlag zu führen.

Eine verwandte Idee ist, das Arbeitslosengeld zu erhöhen. Andere Maßnahmen zur Verminderung der Arbeitslosigkeit gehören in die Kategorie der öffentlichen Konjunkturpakete. Dazu gehören Infrastrukturen, Erwachsenenbildung und Umweltsanierung.

Eine leider eher kontrovers diskutierte Idee ist die Verlagerung von Steuern von der menschlichen Arbeit auf Ressourcen. Dies würde auch das Wirtschaftsinteresse von der Arbeitsproduktivität zur Ressourcenproduktivität verschieben.

Es kann bei demokratischen Mehrheiten auch sehr beliebt sein, die Erbschaftssteuern zu erhöhen, was aber ebenfalls eine internationale Harmonisierung erfordert. Das Aufkommen könnte, um die Akzeptanz zu erhöhen, in zuvor vereinbarte Projekte mit hoher gesellschaftlicher Priorität zufließen. Über die Verwendung könnte aber auch von den alternden Individuen selbstbestimmt werden.

Auf einer anderen Ebene liegt der Vorschlag zur Entscheidungsfindung in der Welt der Arbeit. Früher gab es ein funktionierendes Gleichgewicht zwischen Arbeitgebern und Gewerkschaften. Das hatte positive Verteilungswirkungen zur Folge. Die neue Dominanz der Kapitalmärkte hat die Gewerkschaften stark geschwächt. Einige internationale Regeln, von der IAO koordiniert, könnten dazu beitragen, sie wieder ins Gleichgewicht zu bringen.

---

327 Wir zitierten bereits Jathan Sadowski. 2016. Why Silicon Valley is embracing universal basic income. The Guardian, 22. Juni.

Eine weitere internationale Aufgabe ist die Reform der WTO-Regeln, um es Ländern zu ermöglichen, Zölle für Produkte und Dienstleistungen zu erheben, die die Umwelt schädigen. Bisher haben die WTO-Regeln eine starke Anti-Umwelt-Schlagseite. Diese beiden letzten Punkte beziehen sich auf das umfassendere Problem der globalen Governance, das wir in Kapitel 3.16 ansprechen.

3.12.3 Die ökologische Wende immer rentabler machen

Einige der Initiativen, die in den Kapiteln 3.1-3.9 skizziert wurden, zeigen, dass auch unter den heutigen Bedingungen viel geleistet werden kann. Aber Erfolgsgeschichten sind die Ausnahme. Der Haupttrend in allen Ländern ist immer noch konventionell, oft mit destruktiven Auswirkungen auf die Umwelt und oft begünstigt er die Reichen und schwächt die Armen. Wenn sich der Übergang in eine nachhaltige Weltgesellschaft allgemein durchsetzen soll, sind auch *politische Maßnahmen* nötig, die ökologisches Wirtschaften rentabler machen als un-ökologisches.

Konventionelles Umweltrecht ist Ordnungsrecht. Es hat den Zustand von Luft und Wasser bereits sehr verbessert. Aber die in Teil 1 beschriebenen Trends der Klimaveränderung und anderer Zerstörungen konnten bislang nicht gebremst werden.

Die effektivste Methode für den Übergang bestünde in einer Korrektur der *finanziellen Rahmenbedingungen für die Wirtschaft*. Natürlich muss das Ordnungsrecht für Schadstoffe und riskanten Chemikalien, am dringendsten in der Landwirtschaft, weiter bestehen und aktualisiert werden. Aber für den Verbrauch von Wasser, Energie und Rohstoffen sind ökonomische Instrumente das Mittel der Wahl, am einfachsten über Steuern. Man könnte sie steigen lassen, wenn die Weltmarktpreise sinken und reduzieren, wenn die Marktpreise steigen. Das Ziel ist jeweils eine hohe Vorhersagbarkeit.

Besteuerung von Energie, Wasser etc. ist leichter gesagt als getan, denn sie ist sehr unpopulär. Die politische Aufgabe besteht also darin, eine Preispolitik zu finden, die von der Mehrheit der Bevölkerung mitgetragen wird.

Ein Vorschlag findet sich im *Decoupling 2*, einem Bericht des International Resource Panel.[328] Er schlägt vor, die Preise für Energie und andere Ressourcen *parallel zu gemessenen Fortschritten der Ressourcenproduktivität zu erhöhen*. Steigt die durchschnittliche Stromproduktivität z.b. in privaten Haushalten in einem Jahr um 1% an, würden die Strompreise im Folgejahr um 1% plus Inflation steigen. Ähnliches wäre für Transport, Industrie und Dienstleistungen möglich. Wenn für jeden absehbar ist, dass die Preise auf diese Weise steigen, kann man eine selbstbeschleunigende Dynamik erwarten, denn es würde von Jahr zu Jahr immer rentabler werden, in Energieeffizienz zu investieren.

Um ein Übermaß an Interventionen zu vermeiden, könnte ein *Korridor* vereinbart werden (gestrichelte Linien in Abbildung 3.13). Wenn die schwankenden Marktpreise auf eine Korridorgrenze treffen, bringt eine Korrekturmaßnahme sie zurück in den Korridor und frustriert so die Spekulation.

Konsumenten, Produzenten, Händler, Ingenieure und Investoren würden so der Ressourceneffizienz immer größere Aufmerksamkeit widmen. Wenn ein fünffacher, in manchen Fällen zwanzigfacher Anstieg der Ener-

---

328 International Resource Panel. 2014. Decoupling 2. Technologies, Opportunities and Policy Options. Nairobi: UNEP. Siehe auch: Ernst von Weizsäcker, Karlson »Charlie« Hargroves, et al. 2010. Faktor Fünf: Die Formel für nachhaltiges Wachstum. München: Droemer Knaur: Kapitel 9.

gieproduktivität technisch machbar ist (Kapitel 3.9), kann man eindrucksvolle Verbesserungen erwarten.

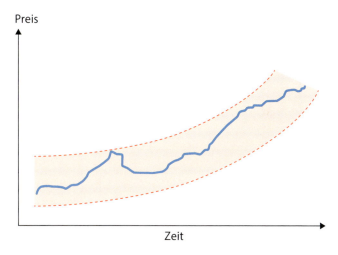

Abbildung 3.13: *Zur Minimierung der Interventionen des Staates kann ein Preiskorridor vereinbart werden (gepünktelt). Stößt der Marktpreis an die Korridorgrenze, bringt der Staat den Preis zurück.*

Eine Reihe von Problemen muss erwähnt werden:

- Bestehende Industriezweige wie das Schmelzen von Aluminium aus Bauxit oder Elektrolyse haben ohnehin ihr Potenzial zur Verbesserung der Energieeffizienz nahezu ausgeschöpft. Aber in vielen Fällen können Substitutionen von Methoden oder Materialien zu Effizienzsteigerungen führen.
- Der technische Fortschritt kommt bei den armen Familien viel später an als bei den wohlhabenden. Es würden also arme Leute bestraft, wenn reiche Leute effizienter werden und deshalb die Preise steigen. Die Antwort können niedrige »Life-Line-Tarife« sein, die nicht von der genannten Politik betroffen sind.

- Bestimmte Industrien können international nicht mithalten, wenn ihre heimischen Energiepreise höher steigen als im Ausland. Zwei Antworten wären möglich: Eine Politik der internationalen Harmonisierung; da die aber bis auf weiteres illusionär ist, wird folgender Alleingang empfohlen: Der Staat kassiert die Steuern unterschiedslos, gibt aber denjenigen Branchen, die hierdurch einen echten Wettbewerbsnachteil erleiden würden, das in der Branche kassierte Geld an eben diese Branche zurück, proportional zum geschaffenen Mehrwert. Schweden hatte 1992 ein solches »aufkommensneutrales« System bei der Einführung einer kräftigen Stickoxid-Abgabe für stationäre Brennöfen, Chemieindustrie, Müllverbrennung, Metallherstellung und ebenso für die Zellstoff- und Papier- sowie die Lebensmittel- und Holzindustrie. Die Industrie war mit der Herausforderung zufrieden, denn die jeweiligen Branchen verloren kein Geld. Am Ende wurden sie sogar wettbewerbsfähiger.[329]

Die Angst vor einem Verlust der Wettbewerbsfähigkeit sollte jedoch nicht übertrieben werden. Während der »Energiekrise« der 1970-1980er Jahre verfolgten vier verschiedene Wirtschaftsregionen unterschiedliche Energiepreis-Strategien. In der Sowjetunion waren und blieben die Preise trotz hoher OPEC-Ölpreise niedrig. In den USA befürchteten die Regierungen, dass der *American way of life* unter hohen Benzinpreisen stark leiden würde und erhoben keine Treibstoffsteuern. In Westeuropa blieben die Benzinsteuern hoch und der Strom war teuer. Japan, das über keine nennenswerten heimischen

---

[329] Lena Höglund-Isaksson, und Thomas Sterner. 2009. Innovation Effects of the Swedish NOx Charge. Paris: OECD.

Treibstoffressourcen verfügt und von starker Luftverschmutzung geplagt war, hatte sehr hohe Benzinsteuern. Und auch der Strom war sehr teuer, zum Teil wegen teurer Luftreinhaltemaßnahmen, aber auch, weil die Einnahmen dem Aufbau der Atomkraft zuflossen. Was geschah mit der Wirtschaftsleistung der vier Regionen? Abbildung 3.14 zeigt die überraschende Antwort: Je höher die Energiepreise, desto erfolgreicher war die Region in dieser Zeit! Allerdings erlaubt dies keinen Schluss auf die kausalen Zusammenhänge. Es kann auch umgekehrt sein: Der Wirtschaftserfolg erlaubt hohe Preise.

Klar, es gibt Hunderte von anderen Maßnahmen, die dazu beitragen können, den Übergang zur nachhaltigen Entwicklung rentabler zu machen, aber ohne Preispolitik wären zu viele bürokratische Einschnitte notwendig, die das Gesamtbild kaum verändern würden.

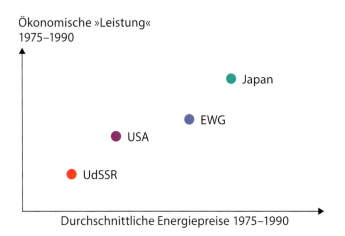

Abbildung 3.14: *Die ökonomische Leistung leidet nicht zwangsläufig unter hohen Energiepreisen.*[330]

---
330 Quelle: Ernst von Weizsäcker, und Jochen Jesinghaus. 1992. Ecological Tax Reform. London: Zed Books. Datenbasis: OECD, 1991.

3.12.4 Gemeinwohlwirtschaft[331]

Eine große Vision für eine ökologisch und sozial bessere Wirtschaft hat der österreichische ganzheitliche Denker und Autor Christian Felber konzipiert. Er nannte sie »Gemeinwohlökonomie« (GWÖ). Felber suchte Mittel und Wege, die »Tragödie des Gemeinwohls«[332] zu vermeiden, indem er die Ziele des privaten Unternehmertums neu definierte. Die Erhaltung des Gemeinwohls würde zu einem neuen Imperativ für Unternehmen werden, die sich seiner GWÖ anschlössen.

Angesichts der unzähligen Schäden, die das heutige Wirtschaftssystem verursacht, setzten sich Felber und seine Freunde, vor allem Unternehmer und Unternehmensberater, mit der »Attac«-Bewegung[333] zusammen und formulierten in einem zweijährigen Prozess die GWÖ. Sie enthält eine »Gemeinschaftsbilanz«, die auf einer Sitzung in Wien im Oktober 2010 vorgestellt wurde. Im Laufe des Treffens haben sich 25 Unternehmen freiwillig zur Umsetzung der innovativen Bilanz im Jahr 2011 verpflichtet, und die Konferenzteilnehmer beschlossen, eine Bewegung für die Umsetzung von GWÖ zu bilden.

Die GWÖ soll die Unternehmen dazu ermutigen, das konventionelle Gewinnmaximierungsprinzip in eine Gemeinwohlorientierung umzuwandeln. Ein zentraler Punkt ist auch die Umwandlung des Wettbewerbsprinzip in ein Prinzip der Zusammenarbeit entsprechend der Ideen von Alfie Kohn, Joachim Bauer, Gerald Hüther und Martin Nowak, um nur einige zu nennen[334].

---

331 Wir danken Volker Jäger für den Entwurf dieses Unterkapitels.
332 Garrett Hardin. 1968. »The Tragedy of the Commons.« Science 162 (3859): 1243–1248.
333 Attac ist eine soziale Bewegung – vor allem in Europa aktiv und kritisch gegenüber der neoliberalen Globalisierung. Der Name kam von der französischen Association pour la taxation des transactions financières pour l'aide aux citoyens.
334 Z.B. Alfie Kohn. 1990. The Brighter Side of Human Nature: Altruism and Empathy in Everyday Life New York: Grundbuch.

3.12 Reform des Wirtschaftssystems

Ein philosophischer Faden der GWÖ basiert auf der Nikomachischen Ethik von Aristoteles, die impliziert, dass wir, wenn wir nach Glück streben, dies um seiner selbst willen tun, nicht weil das Glück uns hilft, ein anderes (finanzielles) Ziel zu erreichen. Mit dem Ziel, zuerst die Gesamtanreizstruktur zu ändern, die dem neoliberalen ökonomischen Denken zugrunde liegt, konzentrierten sich die Gründer der GWÖ auf die Identifizierung der Werte, die künftig zu den Leitwerten werden sollten, nach denen die gemeinsame gute Orientierung in den Unternehmen erreicht werden sollte. Man erkannte, dass diese Werte aus dem Kanon an Normen ausgewählt werden könnten, die fast allen demokratischen Verfassungen auf der ganzen Welt zugrunde liegen, nämlich

- Menschenwürde,
- Solidarität,
- ökologische Nachhaltigkeit,
- Gerechtigkeit und
- Demokratie (Transparenz und Partizipation).

Felber sagt, dass, wenn wir menschliche und ökologische Beziehungen zulassen und entwickeln, dies zu einer neuen Bedeutung von Leistung und Erfolg führen könnte.[335] Eine neue Wirtschaft der Verbundenheit könnte entstehen – als Alternative zu einer Wirtschaft der Rivalität und Trennung.[336]

---

335 Christian Felber. 2012. Gemeinwohl-Ökonomie. 2. Aktualisierte und erweiterte Neuauflage. Wien: Deuticke.
336 Charles Eisenstein. 2013. Ökonomie der Verbundenheit. Berlin, München: Scorpio. Auf Englisch: http://sacred-economics.com/about-the-book/.

Das praktische Handbuch »Economy of the Common Good«[337] ermöglicht es Unternehmen und externen Evaluatoren zu mehr oder weniger konsensualen Ergebnissen zu gelangen. Derzeit gibt es rund 400 Unternehmen in Deutschland, Spanien und Österreich, die freiwillig beurteilt und geprüft wurden, und sie erzielten Ergebnisse zwischen 200 und 800 Gemeinwohl-Punkten.

Ein nächster Schritt für den Staat könnte sein, hohe Punktzahlen zu würdigen, indem er Steuerprivilegien, günstige Darlehensbedingungen oder Kaufpräferenzen für öffentliche Aufträge gewährt. Dies ist das politische Ziel der internationalen GWÖ-Bewegung, die über 3.000 Freiwillige in 150 lokalen Kapiteln umfasst.[338] Die ersten Gemeinden und regionalen Parlamente haben bereits angekündigt, Unternehmen mit guten Bilanzresultaten Priorität bei der öffentlichen Beschaffung zu geben. Doch auch unabhängig von gesetzlichen Anreizen, mit denen ethische Geschäftsstrategien belohnt werden, berichten die Pionierunternehmen bereits über zusätzliche Vorteile, die sie durch verbesserte Kundenbindung, Personalbindung und Reputationsgewinne erzielen konnten.

Von den mehr als hundert Unternehmen, die GWÖ übernehmen, soll hier nur eines präsentiert werden. Und zwar aus einem Bereich, den man hier kaum erwarten würde – dem Bankensektor.

Die Fallstudie ist die Sparkasse von Dornbirn aus dem Vorarlberg. Sie gehört zum System der österreichischen Sparkassen, das 1819 von Priester Johann Baptist Weber als Vorsitzendem gegründet wurde.[339] Sein Ziel

---

337 Öffentlich zugängliches Dokument unter Creative Commons für Unternehmen und Wirtschaftsprüfer für die Selbsteinschätzung und die Bewertung anderer Unternehmen nach den Kriterien der CGE Matrix.
338 Christian Felber. 2012. Gemeinwohl-Ökonomie. 2. Aktualisierte und erweiterte Neuauflage. Wien: Deuticke: 47.
339 https://de.wikipedia.org/wiki/Erste_Bank.

war es, die Banken für eine breitere Bevölkerungsbasis zugänglich zu machen. Weber, nicht unähnlich zu Bangladeschs Muhammad Yunus unserer Tage, glaubte, dass dort, wo es eine Sparkasse gab, die mittelständige und eher arme Leute als ihre Kunden suchte, die Menschen besser dran seien.

Die Dornbirner Sparkasse Bank AG wurde 1867 als Gemeindebank der Stadt Dornbirn (ca. 50.000 Einwohner) gegründet und 2002 in eine Aktiengesellschaft umgewandelt. Die Aktien sind seitdem im Besitz der Stadt Dornbirn und einer Bankgesellschaft, die für die Verwaltung der Aktien zuständig ist. Die Bank hat 14 Filialen in dem kleinen Land Vorarlberg mit rund 350 Mitarbeitern und eine Bilanz von 2,3 Milliarden Euro (2015). Mit 18,3% (2015) lag die Eigenkapitalquote deutlich über der vieler Geschäftsbanken.

Die Dornbirner Sparkasse hat ihre Strategie für 2020 mit intensiver Mitarbeiterbeteiligung angepasst. Sie nimmt ihr wertebasiertes Denken und Handeln in der Kundenorientierung als Mittel, um dem Volk nahe zu sein, sehr ernst – ein Denken und Handeln, das sich in Wertschätzung, Offenheit, Vertrauen, Entschlossenheit, Mut und Nachhaltigkeit ausdrückt. Während des Prozesses der Strategieplanung und im Rahmen der *Gemeinwohl-Buchführung* wurden diese Werte vertieft und erhielten eine noch verbindlichere Verbindlichkeit. Die *Gemeinwohl-Buchführung* basiert auf einer 5x5-Matrix, welche die fünf oben genannten Werte (S. 311) mit den relevanten Akteuren kreuzweise verbindet.

2013 beschloss das Management-Team der Bank zusammen mit einer großen Gruppe von Mitarbeitern, ihre erste gemeinsame Bilanz 2014 sowie eine zweite 2016 aufzustellen und sie extern auditieren und zertifizieren zu lassen. Das erste Audit führte zu einigen Empfehlungen, die seitens der Bank befolgt wurden. Während des Audits im Jahr 2016 bestätigte das Kernteam, dass interne Diskussionen im Rahmen der Auditierung eine große Wirkung auf eine gemeinsame Orientierung ausgeübt hatten. Es stellte sich auch heraus, dass konventionelle Leistung und Erfolgsorientierung völlig zufriedenstellend blieben. Die Bank ist stolz darauf, dass sie bei der Festlegung der gemeinsamen Bilanz eine Renaissance der ursprünglichen Werte der österreichischen Sparkassen erlebt hat.

Auch die Mitarbeiter waren stolz auf den Prozess. Indem sie die Dinge schriftlich niederlegten, veränderten viele ihre Einstellung und entwickelten sich auch persönlich weiter. Viele begannen, ihre eigenen ökologischen Fußabdrücke zu messen, vor allem im Hinblick auf ihr Mobilitätsverhalten. Um es den Mitarbeitern zu erleichtern, von ihrem Auto auf öffentliche Verkehrsmittel umzusteigen, bot die Sparkasse im Rahmen eines Mietkaufvertrags E-Bikes an. Die Bank unterstützt jeden E-Bike-Kauf mit 200 €. Ein großer Fahrradparkplatz wurde auf einem »arbeitslos« gewordenen Autoparkplatz angelegt.

Eine weitere für GWÖ-Werte relevante Aktivität ist die ethische Finanzverwaltung. Vermögenswerte mit schlechtem ethischem Rating wurden aus den Portfolios verkauft und durch ethische ersetzt. Dieser Prozess schärfte die Beurteilungen der Bank von Investitionen und ihre Verbindung zum Bankbetrieb. Unterm Strich litt die Bank nicht an ihrer neuen Gemeinwohl-Orientierung. Im Gegenteil, viele Geschäftskunden konnten neu angeworben werden, unter ihnen eine Genossenschaft mit fast 5.000 Mitgliedern; sie hinterlegte hier auch einen Teil ihres Eigenkapitals.

NACHHALTIG INVESTIEREN

Das Ziel traditioneller Investitionen ist schlicht die maximale Gewinnerzielung.[340] Dieses rein monetäre Ziel gilt über alle Vermögenswertklassen hinweg.

Irgendwie schätzt unsere Gesellschaft Geldumlauf höher als Buchwerte oder als soziale und Umwelt-Auswirkungen. Das vor ein paar Jahren zur Milderung der Not hoch verschuldeter Staaten und zur (erhofften) Ankurbelung der Wirtschaft eingeführte »Quantitative Easing« seitens der Zentralbanken ermöglichte die Schaffung enormer Geldmengen. Dennoch »verrottete viel Bargeld in Safes«, während gleichzeitig der Geldwert einiger Hightech-Firmen in den Himmel schoss. Einige Tech-Start-Ups erreichten in kürzester Zeit den »Unicorn«-Status mit Bewertungen über 1 Milliarde USD.[341] Ende 2015 wurden 146 Tech-Unternehmen auf mehr als das Doppelte ihres Wertes von 2014 geschätzt und 14 Privatfirmen erhielten eine Bewertung von mehr als 10 Milliarden USD – sie wurden dann als »Decacorns« bezeichnet. Einige wurden ungeheuer bekannt, allen voran *WhatsApp*, eine Messaging-Service-Firma mit einem Jahresumsatz von nur 20 Millionen USD, aber von Facebook 2014 für 19 Milliarden USD geschluckt, ein Betrag, der das Bruttoinlandsprodukt (BIP) von Island desselben Jahres überstieg.[342]

---

340 N. G. Mankiw. 1998. Grundzüge der Volkswirtschaftslehre. 6.Aufl. 2016. Stuttgart: Schäffer Poeschel.
341 B. Erdogan, R. Kant, A. Miller, und K. Sprague. 2016. »Grow fast or die slow: Why unicorns are staying.« Abgerufen am 12.5. 2016 unter http://www.mckinsey.com/industries/high-tech/our-insights/grow-fast-or-die-slow-why-unicorns-are-staying-private?
342 Das Bruttoinlandsprodukt (BIP) in Island betrug 17,04 Milliarden USD. http://www.tradingeconomics.com/iceland/gdp.

3.13.1 Von der Wall-Street zur Philanthropie

Neben dieser rein gewinnorientierten ›Landschaft‹ gibt es auch die Philanthropie, die traditionell darauf abzielt, mit ihrem Geld soziale Ungerechtigkeit und Umweltzerstörung auszugleichen. Nach *Giving USA* spendeten US-Amerikaner, die eine außergewöhnliche Kultur des freiwilligen Spendens geschaffen haben, im Jahr 2014 geschätzte 358,38 Milliarden USD für gute Zwecke.[343] Der größte Teil dieser Summe stammt aus Einzelspenden (258,51 Mrd. USD), gefolgt von Stiftungen (53,97 Mrd. USD), Vermächtnisspenden (28,13 Mrd. USD) und Firmenspenden (17,77 Mrd. USD). Etwa ein Drittel dieser Summe kam religiösen Zielen zugute, gefolgt von Bildung, menschlichen Dienstleistungen, Gesundheit, Kunst, Umwelt und sozialen Zwecken. Allerdings bleiben diese Spenden vor allem im *nationalen* Bereich; nur wenige Beiträge gelten globalen Problemen.

Giving Pledge, 2010 gegründet, ist eine weitere Antwort von vierzig der reichsten Familien und Einzelpersonen der USA auf die heutigen Probleme der Menschheit.[344] Diese Initiative ist sehr ehrenhaft und dringend nötig. Aber die Philanthropie hat mit ihren eigenen Problemen zu kämpfen. Sie leidet unter veralteten Rechts- und Managementstrukturen.[345] Ohne grundlegende rechtliche und strukturelle Änderungen bleiben

---

343 Giving USA.2015. »Americans Donated an Estimated $358.38 Billion to Charity in 2014.« 29. Juni. Webseite abgerufen am 13. Mai, 2016 unter http://givingusa.org/giving-usa-2015-press-release-giving-usa-americans-donated-an-estimated-358-38-billion-to-charity-in-2014-highest-total-in-reports-60-year-history/.

344 Giving Pledge. 2010. »Forty U.S. families take giving pledge: Billionaires pledge majority of wealth to philanthropy.« Webseite abgerufen am 10. Sept. 2010 unter http://givingpledge.org/Content/media/PressRelease_8_4.pdf.

345 K. Fulton, G. Kasper, und B Kibbe. 2010. »What's next for philanthropy: Acting bigger and adapting better in a networked world.« Monitor Institute. Abgerufen am 12. Mai 2016 unter http://monitorinstitute.com/downloads/what-we-think/whats-next/Whats_Next_for_Philanthropy.pdf.

die Widersprüche zwischen karitativen Beiträgen für eine bessere Welt und Investitionen, die der Welt schaden, weiter bestehen. Der Hauptgrund ist, dass jährlich nur etwa 5% des Vermögens der meisten philanthropischen Organisationen den satzungsmäßigen Zielen zugutekommen, während 95% in der Regel von einer unabhängigen juristischen Person verwaltet werden, oft als Trust bezeichnet, die aber verpflichtet ist, das Vermögen zu bewahren und zu vergrößern, wenn nicht anders von den Gründern verfügt. Vermögensverwalter werden meist an ihrem finanziellen Erfolg gemessen, nicht am Erfolg der philanthropischen Mission. Daher wird der größte Teil des philanthropischen Kapitals de facto zu einem ganz normalen Kapital, das oft in Unternehmen investiert wird, die *gegen* die philanthropische Mission arbeiten.

Dies traf auch auf die Stiftung von Bill und Melinda Gates zu, den zweitgrößten Philanthropen in Amerika nach Warren Buffett. Während ihre Gründer sich glaubwürdig um ihre philanthropischen Anliegen kümmern und festlegen, dass das Stiftungsvermögen innerhalb von 50 Jahren nach ihrem Ableben aufgebraucht wird, wurde die Gates-Stiftung wegen der Widersprüche zwischen der philanthropischen Zielsetzung und den Investitionen kritisiert, die ihre Stiftung anscheinend mit dem einzigen Ziel getätigt hat, ihre Investmentrendite zu maximieren. Die Gates-Stiftung investierte laut Piller u.a. 2007 massiv in Unternehmen, die zum menschlichen Leiden beitragen[346]. Er »investierte in ein Pharmaunternehmen, das für AIDS-Patienten unerschwingliche Medikamente verkauft und hielt große

---

[346] C. Piller, E. Sanders, und R. Dixon. 2007. »Dark clouds over good works of Gates Foundation.« Abgerufen am 3. Oktober, 2010 unter latimes.com/news/nationworld/nation/la-na-gatesx07jan07,0,6827615.story.

Vermögenswerte bei großen Umweltverschmutzern«. Darüber hinaus kaufte der Trust 500.000 Aktien (ca. 23,1 Millionen USD) von Monsanto,[347] ein Konzern, der für seine Verachtung der Interessen der Kleinbauern und seinen schlechten Umgang mit der Umwelt bekannt ist.

Nur wenige Finanzprodukte weisen langfristige Nachhaltigkeitsmerkmale auf, weil diese noch als »Externalitäten« ohne Wert markiert sind. In Kapitel 1.1.2 wurden Lietaer u.a. damit zitiert, dass etwa 98% der internationalen Finanztransaktionen im Wesentlichen spekulativ sind, da sie nicht für die Bezahlung von Waren und Dienstleistungen verwendet werden. Und Spekulationen haben in der Regel nur sehr kurze Zeithorizonte.

3.13.2 Aktuelle strukturelle Veränderungen

In dem Versuch, Hindernisse zu überwinden, die einer nachhaltigen finanziellen Zukunft entgegenstehen, benannte die Vereinigung der United Nations Principles of Responsible Investing (UN PRI) die Schlüsselbereiche mit ihren Fehlausrichtungen: Kurzfristigkeit und Missachtung der ökologischen und sozialen Kriterien sowie der zugehörigen Externkosten.[348]

Die globale Umsetzung dieser Initiativen bleibt eine Riesenaufgabe, wobei noch viele Fragen offenbleiben. Allerdings schießen transformative Entwicklungen in der Investmentindustrie wie Pilze aus dem Boden, und es gibt etliche Initiativen von Investoren, die auf *ganzheitli-*

---

347 GuruFocus. 2010. Gates Foundation Buys Ecolab Inc., Goldman Sachs, Monsanto Company, Exxon Mobil Corp., Sells M&T Bank. 27.8. Abgerufen 10. Oktober, 2010 unter http://www.gurufocus.com/news.php?id=104835.

348 UN PRI. 2013. »Overcoming strategic barriers to a sustainable financial system: A consultation with signatories on a new PRI work programme.« Abgerufen am 13. Mai, 2016 unter https://www.unpri.org/explore/?q=Overcoming+strategic+barriers+to+a+sustainable+-financial+system.

che Nachhaltigkeit ausgerichtet sind. Ein Teil des Motivs ist natürlich, Vertrauen zu schaffen, nachdem die Finanzindustrie in den letzten Jahren viel Kredit verspielt hat.

Während des Rio+20-Erdgipfels in Rio de Janeiro 2012 wurden 745 freiwillige Verpflichtungen eingegangen – 200 davon kamen aus der Geschäfts- und Finanzwelt. Eine ist die Natural Capital Declaration (NCD)[349], eine gemeinsame Initiative des Finanzsektors, der UNEP-Finanzinitiative und dem Global Canopy-Programm, die von den CEOs der 42 emittierenden Banken, Investmentfonds und Versicherungsgesellschaften unterstützt wird. Die Deklaration will die Bedeutung des *Naturkapitals* wie Boden, Luft, Wasser, Flora und Fauna stärken und darauf hinwirken, dass das Naturkapital in alle Investitionsüberlegungen der Unterzeichner, aber auch in Produkte und Dienstleistungen sowie in die Lieferketten integriert wird.

Darüber hinaus – weil das Naturkapital oft als ein freies Gut der ganzen Menschheit angesehen wird – forderten die Unterzeichner alle Regierungen dazu auf, schnell zu handeln und »klare, glaubwürdige und langfristige politische Rahmenbedingungen zu entwickeln. Auch sollen sie die Organisationen – einschließlich Finanzinstitute – dazu drängen, über die Nutzung ihres Naturkapitals zu berichten und somit auf die Internalisierung der Umweltkosten hinzuarbeiten«. Laut Thomas Piketty sind die größten, öffentlichen Schulden, die wir haben, die Schulden beim Naturkapital.[350] Das Bruttoinlandsprodukt (BIP) ist für diese Gefahr blind und das gilt auch für die Bilanzen der meisten Wirtschaftssektoren,

---

349 http://www.naturalcapitaldeclaration.org.
350 T. Piketty, T. 2015. »La dette publique est une blague!« Interview von Reporterre. Abgerufen am am 14. Mai, 2016 unter http://pressformore.com/view/la-dette-publique-est-une-blague-la-vraie-dette-est-celle-du-capital-naturel.

wie Abbildung 1.11 gezeigt hat. Die Tatsache, dass das BIP das Naturkapital nicht integriert, ist gefährlich und war Anlass für die *Beyond BIP*-Initiative der EU-Kommission und andere Versuche, die Messung des Fortschritts zu korrigieren (siehe Kapitel 3.14).

Auch der Privatsektor und die Investoren beginnen zu merken, dass ihre Langzeiterlöse davon abhängen, den Sinn des Wortes Fortschritts zu korrigieren. Die GABV, ein unabhängiges Netzwerk von rund 30 der weltweit führenden, wertorientierten und nachhaltigen Finanzinstitute, hat die *Grundsätze des Nachhaltigen Bankings* mit einem Engagement für *drei* Gewinnziele (Menschen, Natur, Profit – englisch: people, planet, profit) verabschiedet.[351] Die GABV beurteilte 2014 die Leistungen der Banken von 2003 bis 2014 und zeigte, dass der Mythos von Einnahmeeinbußen durch Nachhaltigkeit, Resilienz und Soziales Unsinn ist, und wies sogar höheres Wachstum bei Krediten und Einlagen gegenüber traditionellen Banken nach.[352]

3.13.3 Impact-Investment

Eine progressive Lösung für Investoren, die in ihre Entscheidungen auch Werte integrieren wollen, entstand 1985, als die kanadische VanCity Credit Union auf die Forderungen der Anleger nach nachhaltigeren Investitionen reagierte, indem sie einen ethischen Investmentfonds einführte. Dieser Fonds fügte ethische, soziale und ökologische Kriterien zu seinen Rating-Benchmarks hinzu und

---

351 http://www.gabv.org.
352 GABV. 2014. »Global alliance for banking on values: Real economy – Real returns: The business case for sustainability focused banking.« Full report. Oktober. Abgerufen am 14. Mai 2016 unter http://www.gabv.org/wp-content/uploads/Real-Economy-Real-Returns-GABV-Research-2014.pdf.

markierte den Übergang von der engen Gewinnorientierung zum *Impact-Investment*, bei dem neben dem Profit auch die Faktoren Mensch und Natur die Erfolgsmetrik bestimmen. Die Impact-Investitionen waren geboren, obwohl sie erst 2007 während des Bellagio-Gipfels, gesponsert von der Rockefeller-Stiftung, diesen Namen bekamen.[353]

Ein wichtiger Aspekt des Impact-Investments, das seine rasche Annahme und Evolution über alle Assetklassen hinweg sicherstellen konnte, ist das Engagement der Investoren, die Auswirkungen zu messen, aber auch Transparenz und Rechenschaftspflicht zu gewährleisten. Abbildung 3.15 positioniert *Impact Investing* zwischen traditioneller Investition und Philanthropie und umfasst auch Investitionskriterien, Metrik und Risiko-Rendite. Verwandt sind Initiativen, die unter vielen Namen bekannt sind, z.B: Sustainable Investing, Social Responsible Investing (SRI), Sustainable and Responsible Investing, Program Related Investing (PRI) und Mission Related Investments (MRI).

Die Impact-Investitionen sind bei Investoren und Familienfirmen dank ihrer fortschrittlichen Denkansätze und der Freiheit von regulatorischen Verpflichtungen sehr beliebt. Auch institutionelle Investoren haben ihre Erfolge umgesetzt und vorangetrieben.[354] Die meisten Teilnehmer sind an ihre treuhänderischen Pflichten gebunden und müssen Marktrenditen liefern. Daher ist die finanzielle Leistungsfähigkeit von Impact-Investitionen entscheidend für ihre breite Annahme. Die gute Nachricht ist, dass dem gleichen Bericht zufolge Investitionen mit einer Art von Umwelt-, Sozial- und Governance-Kriterien

---

353 https://thegiin.org/impact-investing/need-to-know/#s2.
354 Extel/UKSIF SRI und Sustainability Survey. 2015. https://www.extelsurveys.com/Panel_Pages/PanelPagesBriefings.aspx?FileName=Extel-UKSIF_SRI_Report_2015.

(ESG) einen investierten Betrag von 21,4 Billionen USD weltweit im Jahr 2014 erreicht haben.³⁵⁵

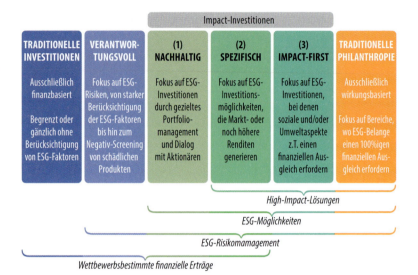

Abbildung 3.15: *Positionierung von traditionellen Investitionen, verantwortungsvolle Investitionen, Impact-Investitionen und Philanthropie.*³⁵⁶

3.13.4 Vom Idealismus zur Hauptströmung

Diese Branche kann zu einer Hauptströmung werden, wenn sie eine bessere Risikominderung, eine höhere Integration und leichter messbare Kriterien anbieten kann. Sie wird damit vor allem für die großen institutionellen Investoren interessant, die mehr als 20 Billionen USD an

---

355 Global Sustainable Investment Alliance. 2014. »Global Sustainable Investment Review.« Abgerufen am 14. Mai, 2016 unter http://www.gsi-alliance.org/wp-content/uploads/2015/02/GSIA_Review_download.pdf.
356 Lisa Brandstetter und Othmar M. Lehner, Impact Inverstment Portfolios Including Social Risks and Returns (2014). Fig. 4; angelehnt an: Susannah Nicklin, The Power of Advice in the UK Sustainable and Impact Investment Market, Bridges Ventures (2012).

globalen Vermögenswerten verwalten.[357] Die Anerkennung durch diese Investorengruppe könnte dazu beitragen, dass auch andere Finanzinstitute und Vermittler mitmachen. Auch politische Entscheidungsträger sind gefragt.

Alle Spieler, darunter Regierungen, Vermittler, progressive Investoren und Unternehmen, scheinen nun die richtige Richtung einzuschlagen. Im Juni 2013 wurde die G8/G20 Social (und Environmental) Impact Investment Task Force gegründet (inzwischen Global Social Impact Investment Steering Group, GSG), initiiert unter der Leitung von Sir Ronald Cohen und David Cameron, damals noch britischer Premierminister. GSG hat das Potenzial, Investoren auf den Weg zu einer besseren Gesellschaft zu führen.[358]

Im Oktober 2015 kam es zu einem bedeutenden Fortschritt, als Thomas Perez, damals Minister des US-Arbeitsministeriums, eine restriktive Richtlinie aufhob, die die Pensionskassen daran gehindert hatte, sich am Impact-Investment zu beteiligen.[359] Auch im Bereich der philanthropischen Regulierung wurden Fortschritte erzielt. 2015 hat der US Internal Revenue Service (IRS) eine neue Regulierung erlassen[360], die Stiftungen erlaubt, ihr Vermögen in Firmen anzulegen, die mit den Zielen der Stiftung in Einklang stehen, ohne dass sie Strafen für geringere Erträge fürchten müssen. Natürlich blicken die

---

357 J. Bryce, M. Drexler, und A. Noble. 2013. »From the Margins to the Mainstream Assessment of the Impact Investment Sector and Opportunities to Engage Mainstream Investors.« A report by the World Economic Forum Investors Industries, in collaboration with Deloitte Touche Tohmatsu. Abgerufen am 16. Mai, 2016 unter http://www3.weforum.org/docs/WEF_II_FromMarginsMainstream_Report_2013.pdf.
358 http://www.socialimpactinvestment.org.
359 W. Fitzpatrick. 2016. »Unlocking pension funds for impact investing. EMPEA, Legal and Regulatory Bulletin.« Abgerufen am 15. Mai, 2016 unter http://empea.org/_files/listing_pages/UnlockingPensionFunds_Winter2016.pdf.
360 https://www.missioninvestors.org/news/irs-issues-notice-clarifying-treatment-of-mission-related-investments-by-private-foundations.

Impact-Investoren mit Sorge auf die politische Situation in Großbritannien und den USA.

3.13.5 Grüne Anleihen, Crowdfunding und Fintech

Nachhaltiges Investieren ist nicht nur ein Thema für professionelle Investoren. Eine andere Idee sind grüne Anleihen, die dazu bestimmt sind, die Wende zur CO_2-schlanken Wirtschaft voranzutreiben. Diese Anleihen dienen als Instrument zur Finanzierung von Projekten, die ökologische Vorteile bieten. Die jährliche Ausgabe stieg von 3 Mrd. USD 2011 auf 95 Mrd. USD 2016 an.[361] 2016 gab auch Apple eine grüne Anleihe im Wert von 1,5 Mrd. USD aus, die erneuerbare Energien für Rechenzentren, Energieeffizienz und die Herstellung ökologisch sauberer Materialien unterstützt. Das macht Apple zur ersten großen Technologiefirma, die grüne Anleihen ausgibt. 2016 gab auch Mexiko City als erste Kommune Lateinamerikas eine grüne Anleihe für energieeffiziente Beleuchtung, Verkehrsmodernisierung und Wasser-Infrastruktur in Höhe von 50 Millionen USD aus. Die französische Regierung kündigte 2017 die Ausgabe der bisher größten staatlichen Anleihe von 7 Mrd. Euro an, um die Energiewende zu finanzieren.

Der zitierte OECD-Bericht von 2017 meint, dass bis 2035 grüne Anleihen 5 Billionen USD in Wertpapieren und gut 600 Mrd. USD in jährlichen Ausgaben für drei Schlüsselsektoren in der EU, den USA, China und Japan erreichen.

Dies sind meist Investitionen in konventionelle Firmen. Oft sind es aber gerade die Außenseiter, die Ideen

---

[361] Hideki Takada, und Rob Youngman. 2017. Can green bonds fuel the low-carbon transition? OECD Insights, 19.4. 2017. Siehe auch OECD.2017. Mobilising Bond Markets for a Low-Carbon Transition. Paris: OECD.

haben, die als große Antworten auf dringende Probleme dienen können, die aber oft große Schwierigkeiten haben, an Geld zu kommen, um die kritischen ersten Schritte zur Realisierung dieser Ideen zu finanzieren.

Ein modischer, aber gleichwohl ermutigender Ausweg ist das Crowdfunding über das Internet. Es entstand in den späten 1990er Jahren, anfänglich auf die Unterstützung von Musik und anderer Kunst beschränkt, entwickelte es sich zu einem ganz neuen Terrain an Fördermöglichkeiten für Einzelne. Ein tolles Umweltbeispiel soll die Idee des Crowdfunding illustrieren.

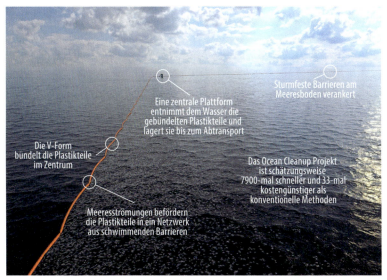

Abbildung 3.16: *Boyan Slats Idee vom Ocean Cleanup.*
Quelle: www.theoceancleanup.com; Foto: Erwin Zwart/The Ocean Cleanup.

Riesenmengen von Kunststoffabfällen landen im Meer. Millionen Tonnen haben sich schon angesammelt und schwimmen vor allem in fünf riesigen Strudeln, genannt Gyres, in den Weltmeeren. Im Pazifik vor Kalifornien gibt es jetzt etwa 6-mal soviel Plastik wie Zooplankton (Trockengewicht).[362] Weltweit wuchs der Zorn, aber niemand hatte Lösungen. Und dann kam ein 18-jähriger niederländischer Junge, Boyan Slat, und dachte sich eine Anlage zum Konzentrieren und Einfangen von Kunststoffteilchen aus, die von der Meeresströmung angetrieben wird. Bild 3.16 zeigt seine Abmessungen. Für die Testphase seiner Idee sammelte Slat 2,2 Millionen USD durch Crowdfunding. Die einsetzende Diskussion über technische Details führte zu zahlreichen Verbesserungen. Der erste große Prototyp ist vor der Küste Ostjapans an der Tsushima-Straße im Bau.

Ein anderer Ansatz zur Verbindung von Finanzierung und Technik heißt Fintech. Er soll Finanzdienstleistungen effizienter und verlässlicher machen, könnte aber seinerseits zu einer radikalen, disruptiven Innovation werden. Finanztechnische Fortschritte haben die Eintrittsbarrieren für Investoren gesenkt. So wuchs deren Zahl, aber es waren nun auch unerfahrene Personen darunter. Aktuell wird das Finanzsystem von der neuen Blockchain Technologie befruchtet, die aus der Begleitung der Energie-Dezentralisierung stammt. Venture Capital für Fintech-Start-ups und erste Experimente mit aufkommenden Technologien wie Blockchain oder Ethereum[363] zeigen, dass eine Art Revolution im Gange ist.[364]

---

362 Charles J. Moore, Shelly L. Moore, Stephen B. Weisberg, Gwen L. Lattin, und Ann F. Zellers. 2001. A comparison of neustonic plastic and zooplankton abundance in southern California's coastal waters.

363 https://en.wikipedia.org/wiki/Ethereum - Ethereum ist eine Crypto-Währung und eine Blockchain-Plattform mit intelligenter Vertragsfunktionalität. Es bietet eine dezentrale virtuelle Maschine. Ethereum wurde Ende 2003 von Vitalik Buterin vorgeschlagen und das Netzwerk ging am 30. Juli 2015 in Betrieb.

364 https://en.wikipedia.org/wiki/Block_chain_%28database%29 - Eine Blockchain oder Blockkette ist eine verteilte Datenbank, die auf dem Bitcoin-Protokoll basiert, das eine kontinuierlich wachsende Liste von Datensätzen aufrecht erhält, die gegen Manipulation und Revision immer besser abgesichert werden, sogar gegenüber seinen eigenen Betreibern.

Anfang 2016 hat das »Blockchain-Konsortium R3 CEV« sein erstes verteiltes Ledger-Experiment mit Ethereum und Microsoft Azures Blockchain als Service angekündigt und mit elf seiner Mitgliedsbanken verbunden.«[365]

Die zugrunde liegende Philosophie ist die Schaffung von Vertrauen durch dezentralisierte und geteilte Informationen. Dies würde die traditionelle Informationsasymmetrie zwischen den Geschäftsabschlüssen überwinden. Da jeder Block den vorherigen Block kryptographisch sichern und verriegeln kann, ist es nicht möglich, den vorherigen Block zu ändern. Es entsteht eine Vertrauenskette, die das Betrugsrisiko stark vermindert. Offene und symmetrische Vertrauensketten unter Nutzung »Blockchain«-Technik könnten die Finanzwelt zum Guten verändern.

---

365 http://www.ibtimes.co.uk/r3-connects-11-banks-distributed-ledger-using-ethereum-microsoft-azure-1539044, Ian Allison, 2016-01-20.

3.14 MESSUNG DES WOHLERGEHENS STATT DES BIP

Die Mängel des BIP-Wachstums als Ziel der gesellschaftlichen Entwicklung sind mittlerweile überall bekannt. Das BIP-Wachstum ist keine Garantie für soziale und ökologische Fortschritte. Im Übrigen ist in der digitalisierten Wirtschaft das BIP-Wachstum auch keine Garantie für die Vermehrung von Arbeitsplätzen.

3.14.1 Aktuelle Arbeiten zu alternativen Indikatoren

In den letzten Jahren wurde viel über alternative Indikatoren zum BIP gearbeitet – umfassendere Indikatoren, die ökonomische, ökologische und soziale Elemente in einem gemeinsamen Rahmen zusammenfassen, um den Nettofortschritt anzuzeigen. Eine Reihe von Forschern haben Alternativen zum BIP vorgeschlagen, die eine oder mehrere dieser Anpassungen mit unterschiedlichen Komponenten und Metriken machen. Einige haben auch auf die Gefahren eines einzigen Indikators hingewiesen und einen »Armaturenbrett«-Ansatz mit mehreren Indikatoren empfohlen. Ida Kubiszewski[366] hat viele von ihnen beschrieben, darunter den Genuine Progress Indicator, Ökologische Fußabdrücke, Biokapazität, Gini-Koeffizient und Lebenszufriedenheit.

Drei größere Gruppen lassen sich unterscheiden:

- Maßnahmen, die wirtschaftliche Konten ändern, um Eigenkapital- und Nicht-Markt-Kosten, Umwelt- und Sozialkosten und -nutzen zu berücksichtigen;

---

366 I. Kubiszewski. 2014. »Beyond GDP: are there better ways to measure well-being?« The Conversation, Dezember. http://theconversation.com/beyond-gdp-are-there-better-ways-to-measure-well-being-33414.

3.14 Messung des Wohlergehens statt des BIP

- Maßnahmen von »subjektiven« Indikatoren auf der Basis von Umfragen; und
- Maßnahmen, die eine Reihe von »objektiven« Indikatoren verwenden.

Ein Indikator, der sich in der ersten Gruppe befindet, ist der Genuine Progress Indicator (GPI), eine Version des Index of Sustainable Economic Welfare (ISEW), der erstmals 1989 vorgeschlagen wurde. GPI fängt mit privaten Konsumausgaben (einem wichtigen Bestandteil des BIP) an, adjustiert diese aber durch etwa 25 andere Komponenten, etwa Verlust von Freizeit, Einkommensverteilung, Kosten eines Familienzusammenbruchs, Arbeitslosigkeit und andere negative Ergebnisse wie Kriminalität, Verschmutzung, Erschöpfung natürlicher Ressourcen, Verlust von Feuchtgebieten, Böden, Wäldern und Ozon sowie langfristige Schäden wie Klimawandel.[367]

Der GPI fügt auch positive Komponenten hinzu, die das BIP nicht erfasst, z.B. Freiwilligendienste und Hausarbeit. Durch die Unterscheidung dessen, was das Wohlergehen mindert von dem, was es vermehrt, nähert sich das GPI besser dem tatsächlichen nachhaltigen Wohlergehen an als das BIP, das bekanntlich ein purer Umsatzindikator ist. Als Indikator für Nachhaltigkeit ist der GPI aber nicht gemeint. Es ist ein Maß für das wirtschaftliche Wohlergehen, das neben biophysikalischen und anderen Indikatoren betrachtet werden muss. Am Ende kann man nur anhand der Fakten wissen, ob ein System nachhaltig ist. Daher kann es keine wirklichen Indikatoren für Nachhaltigkeit geben, nur Prädiktoren.

---

367 Components of GPI, genuine progress website (EU). https://genuineprogress.wordpress.com/the-components-of-gpi/.

Komponenten des GPI

Private Konsumausgaben
Einkommensverteilung
Privater Konsum nach Bereinigung
  durch Einkommensungleichheit

■ Sachkapital
■ Humankapital
■ Sozialkapital
■ Naturkapital

Additionen
- Dienstleistungen des Haushaltskapitals
- Dienstleistungen Autobahnen und Straßen
- Wert der Haushaltsarbeit
- Wert der ehrenamtlichen Arbeit

Subtraktionen
- Kosten der Gebrauchsgüter
- Verlust von Freizeit
- Fahrt-/Pendlerkosten
- Kosten der Autounfälle
- Kosten der Kriminalität
- Kosten von Familientrennungen
- Kosten der Arbeitslosigkeit
- Kosten der Entsorgungsmaßnahmen für Haushaltsmüll
- Kosten der Wasserverschmutzung
- Kosten der Luftverschmutzung
- Kosten der Lärmbelästigung
- Verlust der Feuchtgebiete
- Verlust der Landwirtschaftsflächen
- Schwund der nicht erneuerbaren Ressourcen
- Langfristige Umweltschäden
- Kosten der Ozonschichtzerstörung
- Verlust der Waldgebiete

Nettoinvestitionen
Nettosumme des ausländischen Kreditgeschäfts

Abbildung 3.17: *Komponenten des Genuine Progress Indicators (GPI).*[368]

---

[368] I. Kubiszewski, R. Costanza, C. Franco, P. Lawn, J. Talberth, T. Jackson, und C. Aylmer. 2013. »Beyond GDP: Measuring and achieving global genuine progress.« Ecological Economics 93: 57-68.

3.14 Messung des Wohlergehens statt des BIP

Wenn die gleiche Methode der Ein-/Ausgangstabellen zur Berechnung des BIP verwendet werden sollte, müsste der gesamte Prozess angepasst werden. Die Tabellen müssten wie beim GPI unterscheiden zwischen dem, was das Wohlergehen vermehrt und dem, was es vermindert (Abbildung 3.17). Eine weitere wesentliche Veränderung wäre die Einbeziehung von dem, was nicht am Markt gehandelt wird, wohl aber großen Einfluss auf das menschliche Wohlergehen hat. In den vergangenen Jahren haben sich verschiedene Gruppen, darunter die Vereinten Nationen und die Weltbank, an der Schaffung von volkswirtschaftlichen Konten beteiligt, die Ökosystemleistungen einbeziehen. Einige dieser Bemühungen ändern das Input-/Output-Modell, um die von der Natur gelieferten Dienstleistungen zu integrieren.

In den vergangenen Jahrzehnten wurden ISEW oder GPI in rund 20 Ländern weltweit berechnet. Diese Studien haben gezeigt, dass in vielen Ländern jenseits eines bestimmten Punktes das BIP-Wachstum nicht mehr mit einem erhöhten wirtschaftlichen Wohlstand korreliert. Der Trend ist in vielen Ländern ähnlich. Das GPI folgt dem BIP ziemlich genau, solange sich ein Land entwickelt, aber dann divergieren die beiden. In den USA geschah dies Mitte der 1970er Jahre und in China Mitte der 1990er. Das BIP wächst weiter, der GPI stagniert.

Vor kurzem wurde auch ein globaler GPI mit Daten aus 17 Ländern geschätzt, die etwa 53% der Weltbevölkerung und 59% des globalen BIP enthalten. Global erreichte der Pro-Kopf-GPI seinen Höhepunkt schon 1978 (Abbildung 3.18). Interessanterweise ist 1978 auch etwa die Zeit, in der der menschliche ökologische Fußabdruck die Kapazität der Erde, die Menschheit dauerhaft zu versorgen, überschritten hat. Andere globale Indikatoren, wie etwa Erhebungen über die Lebenszufriedenheit auf der ganzen Welt, begannen auch um diese Zeit abzuflachen. In der Tat, ein auffallend konsequenter globaler Trend deutet darauf hin, dass mit dem Anstieg des Einkommens das Wohlbefinden oft unter einem Anstieg von Alkoholismus, Selbstmordraten, Depressionen, schlechter Gesundheit, Kriminalität, Scheidungen und anderen unerfreulichen Dingen leidet.

Eine wichtige Funktion des GPI wäre es, zu diesem Zeitpunkt eine rote Flagge zu hissen. Da er sich aus vielen Nutzen- und Kostenkomponenten zusammensetzt, erlaubt er auch, die zu identifizieren, die das Wohlergehen erhöhen oder verringern. Andere Indikatoren sind bessere Anzeiger für spezifische Aspekte. Zum Beispiel ist die durch Umfragen erhobene Lebenszufriedenheit ein besseres Maß für das subjektive Wohlbefinden. Durch die Beobachtung der Veränderung von individuellen Nutzen- und Kostenkomponenten zeigt der GPI an, was das ökonomische Wohlergehen erhöht oder verringert. Allerdings lässt sich aus den Daten nicht immer ermitteln, welche treibenden Kräfte für die Veränderungen verantwortlich sind. Der GPI kann den Ressourcenverbrauch berücksichtigen, erkennt aber nicht die dahinterstehende Macht von Märkten oder Politik.

Vor kurzem haben zwei Staatenregierungen in den USA, Maryland und Vermont, den GPI als offiziellen Indikator angenommen. Darüber hinaus werden die Daten, die zur Schätzung des GPI notwendig sind, in vielen Ländern und Regionen zunehmend verfügbarer. Zum Beispiel erlauben Fernerkundungsdaten bessere Schätzungen von Veränderungen des Naturkapitals, und Umfragen von Einzelpersonen über ihre Zeitnutzung und die Lebenszufriedenheit werden immer routinemäßiger. Es werden immer neue Messwerte für Ungleichheit sowie für die Kosten von Verbrechen, Familientragödien, Unterbeschäftigung und anderem, was künftig im GPI erscheinen könnte, gesammelt. Die Kosten für die Erhebung des GPI sind daher nicht mehr besonders hoch, und er kann in den meisten Ländern relativ leicht geschätzt werden.

3.14.2 Wachsender Abstand zwischen BIP und GPI

Das BIP wurde in den USA in den 1930er Jahren geschaffen und nach dem Zweiten Weltkrieg weitergenutzt, als die Welt ihre bauliche Infrastruktur- und Finanzsysteme reparieren musste. Die natürlichen Ressourcen wurden wie in der *leeren Welt* als unermesslich reich wahrgenommen. Fehlenden Zugang zu Infrastruktur- und Konsumgütern sah man als Hauptbeschränkung für das Wohlergehen an. In dieser Zeit war es sinnvoll, einen Indikator zu haben, der die natürlichen Ressourcen und die Verteilung des Reichtums ignorierte und sich darauf konzentrierte, die Produktion und den Verbrauch von Gütern und Dienstleistungen zu erhöhen.

Durch unseren ökonomischen Erfolg hat sich die Welt in den letzten Jahrzehnten dramatisch gewandelt, – in die *volle Welt* mit viel Infrastruktur und viel Konsum. Der ökologische Fußabdruck ist zu groß geworden, und die natürlichen Ressourcen sind vielfach zur eigentlichen Begrenzung des Fortschritts geworden (vgl. erneut Abb. 3.18).

Globaler GPI/Kopf und GDP/Kopf
in USD (2005)

Abbildung 3.18: *Globaler GPI pro Kopf und BIP pro Kopf für 17 Länder, die für 60% des Weltumsatzes stehen. Alle Schätzungen in USD (2005). Quelle: Kubiszewski 2013 u.a.*[369]

Der GPI ist kein vollkommenes Maß für das menschliche Wohlergehen, da er das wirtschaftliche Wohlergehen hervorhebt und andere wichtige Aspekte des Wohlergehens ignoriert. Er ist jedoch ein weit besserer Indikator als das BIP, das nie das Wohlbefinden messen sollte. Das gesellschaftliche Wohlergehen hängt letztlich von den Beständen des natürlichen, menschlichen, baulichen und sozialen Kapitals ab, und weil das GPI Zusätze und Abzüge für das BIP erlaubt, um die Nettobeiträge zu diesen Beständen zu reflektieren, ist es als Maß für das

---

[369] I. Kubiszewski, R. Costanza, C. Franco, P. Lawn, J. Talberth, T. Jackson, und C. Aylmer. 2013. »Beyond GDP: Measuring and achieving global genuine progress.« Ecological Economics 93: 57-68.

wirtschaftliche Wohlergehen dem BIP überlegen. Der Abstand zwischen dem GPI und dem BIP seit 1978, zeigt die seither rückläufigen Aspekte unseres Wohlbefindens.

3.14.3 Auf dem Weg zu einem Hybrid-Ansatz

Alle oben genannten Ansätze haben positive und negative Aspekte. Somit stellt sich die wichtige Frage: Können wir einen Hybridindikator konstruieren, der die meisten positiven Aspekte einbezieht und das Negative minimiert? Wie Costanza u.a.[370] schlussfolgern: »Der Nachfolger des BIP sollte eine neue Reihe von Metriken umfassen, die Kenntnisse darüber vermitteln, wie Ökologie, Ökonomie, Psychologie und Soziologie gemeinsam dazu beitragen, nachhaltiges Wohlergehen zu etablieren und zu messen. Die neuen Metriken müssen in den kommenden Beratungsrunden eine breite Unterstützung von Interessenvertretern gewinnen.«

Vor diesem Hintergrund könnte ein potenzieller Hybrid Sustainable Wellbeing Index (SWI) eine Kombination aus drei Grundteilen sein, die jeweils die Beiträge zum nachhaltigen Wohlergehen aus den Dimensionen Wirtschaft, Gesellschaft und Natur abdecken:[371]

- **Netto-Wirtschaftsbeitrag:** Der GPI kann als Maßstab für den Nettobeitrag der Wirtschaft (Produktion und Konsum) zum Wohlbefinden angesehen werden. Es misst den persönlichen Verbrauch am

---

[370] R. Costanza, I. Kubiszewski, E. Giovannini, H. Lovins, J. McGlade, K. E. Pickett, K. V. Ragnarsdóttir, D. Roberts, R. D. Vogli, und R. Wilkinson. 2014. »Time to leave GDP behind.« Nature 505(7483): 283–285.

[371] R. Costanza, L. Daly, L. Fioramonti, E. Giovannini, I. Kubiszewski, L. F. Mortensen, K. Pickett, K. V. Ragnarsdóttir, R. de Vogli, und R. Wilkinson. 2016. »Modelling and measuring sustainable wellbeing in connection with the UN Sustainable Development Goals.« Ecological Economics 130: 350–355.

Einkommen, fügt einige positive ökonomische Elemente hinzu, die im BIP ausgelassen wurden und subtrahiert eine Reihe von Kosten, die nicht als Nutzen gezählt werden sollten. Obwohl einige Kosten für Natur- und soziales Kapital im GPI enthalten sind, fehlen viele andere (z.b. Störungen des sozialen Zusammenhalts aufgrund von Brüchen, die das Wirtschaftswachstum verursacht). Umgekehrt brauchen wir einen Weg, um die positiven Vorteile für das Wohlergehen aus dem Natur- und Sozialkapital zu messen und einzubeziehen. Der GPI sollte um weitere Korrekturen bezüglich der SDGs ergänzt werden, die ja eigene Ziele und Indikatoren haben.

- **Naturkapital/Ökosystemleistungen:** Die positiven Beiträge des Naturkapitals und der Ökosystemleistungen wurden bezogen auf Länder geschätzt und können auch in monetären Einheiten bewertet werden.[372] Das Projekt »Wealth Accounting and Valuation of Ecosystem Services« (WAVES) der Weltbank[373] verfolgt dieses Ziel, ebenso wie einige andere Initiativen, darunter die neue Intergovernmental Science-Policy Platform on Biodiversity and Ecosystem Services (IPBES), The Economics of Ecosystems and Biodiversity (TEEB), und die Ecosystem Services Partnership.[374]

---

[372] R. Costanza, R. dArge, R. de Groot, S. Farber, M. Grasso, B. Hannon, K. Limburg, S. Naeem, R. V. Oneill, J. Paruelo, R. G. Raskin, P. Sutton, und M. van den Belt. 1997. »The value of the world's ecosystem services and natural capital.« Nature 387 (6630): 253-260. R. Costanza, R. de Groot, P. C. Sutton, S. van der Ploeg, S. Anderson, I. Kubiszewski, S. Farber, und R. K. Turner. 2014. »Changes in the global value of ecosystem services.« Global Environmental Change 26: 152-158.

[373] Wealth Accounting and Valuation of Ecosystem Services (WAVES): https://www.waves-partnership.org/

[374] Intergovernmental Science-Policy Platform on Biodiversity and Ecosystem Services (IPBES). http://www.ipbes.net/; The Economics of Ecosystems and Biodiversity (TEEB). http://www.teebweb.org/; und das Ecosystem Services Partnership (ESP): http://www.fsd.nl/esp.

- **Sozialkapital/Gemeinschaftsbeitrag:** Die positiven Beiträge zum Wohlbefinden aus dem Sozialkapital konnten durch Umfragen der verschiedenen Komponenten der Lebenszufriedenheit erfasst werden. Zum Beispiel stellen die World Values Survey sowie regionale Barometer (z.B. Eurobarometer, Afrobarometer etc.) Fragen über Vertrauen und andere Aspekte des Sozialkapitals. Allerdings müssen wir eventuell zusätzliche Umfragefragen hinzufügen, die neben der individuellen Lebenszufriedenheit über den Wert von Gemeinde und Sozialkapital Auskunft geben können.

3.14.4 Schlussfolgerung

Zu der Zeit, in der es konzipiert wurde, war das BIP ein nützlicher Wegweiser auf dem Weg zu einer besseren Welt: Die zunehmende Wirtschaftstätigkeit wurde mit Arbeitsplätzen, Einkommen und grundlegenden Annehmlichkeiten anerkannt, um weltweite soziale Konflikte zu reduzieren und einen dritten Weltkrieg zu verhindern. Nun aber hat diese wirtschaftliche Tätigkeit eine (*volle*) Welt geschaffen, die sich von der *leeren* von 1944 unterscheidet, als man in Bretton Woods die Grundzüge für die Nachkriegs-Weltwirtschaftsordnung entwarf. Aber bei den Verhandlungen über bessere Wohlstandsmaßstäbe muss man anerkennen, dass das BIP nach wie vor ein ausgezeichneter Maßstab für das Steueraufkommen und Beschäftigung ist, beides sehr starke Indikatoren für praktische Politiker.[375]

---

375 Für weitere Überlegungen siehe auch Lorenzo Fioramonti. 2017 The World after GDP. Cambridge, UK, Malden, MA: Polity.

3.15 ZIVILGESELLSCHAFT, SOZIALKAPITAL UND COLLECTIVE LEADERSHIP

In Teil 1 dieses Buches (Kapitel 1.10) wurde die UN-Agenda 2030 für nachhaltige Entwicklung skizziert, die hauptsächlich aus den 17 Nachhaltigkeitsentwicklungszielen (SDGs) besteht. In der realen Welt der Wirtschaft und der damit verbundenen Politik wird den wirtschaftlichen und gesellschaftlichen Zielen Vorrang eingeräumt und damit die Stabilisierung des Klimas, der Ozeane und der Biodiversität (SDGs 13-15) gefährdet. Um dieser Gefahr zu begegnen, sind die SDGs in der Konzeption der Agenda 2030 eng verflochten. Sie sollen als Ganzes gesehen werden. Aber wer soll diesen frommen Wunsch durchsetzen? Für die Regierungen der Entwicklungsländer haben die entwicklungspolitischen SDGs klare Priorität, und sie sollen nicht durch ökologische Ermahnungen aus dem Norden gebremst werden. Und so sieht es auch die Wirtschaft der Welt.

Während Regierungen und Unternehmen ihre Wirtschaftsagenda haben, sollte die Zivilgesellschaft eine wichtige Rolle zugunsten der Nachhaltigkeit spielen. Allein ist sie jedoch heute zu schwach. Ihre Stärke in der Vergangenheit beruhte auf der Mobilisierung der Massen für soziale Ziele, meistens auf nationaler Ebene. Auf der Suche nach einer globalen Zivilgesellschaft definiert Mary Kaldor[376] diese als »den Prozess, durch den Einzelpersonen verhandeln, argumentieren oder streiten, miteinander sowie mit den politischen und ökonomischen Autoritäten«. Aber ihr historischer Rückblick

---

[376] Mary Kaldor. 2003. »The Idea of Global Civil Society.« International Affairs 79(3): 583-593; hier: 585.

3.15 Zivilgesellschaft, Sozialkapital und Collective Leadership

zeigt – nicht sehr überraschend – dass sich die Rollen und die Bedeutung der Zivilgesellschaft zwar im Laufe der Zeit verändert haben – aber fast immer soziale oder politische Motive im Vordergrund standen. Auch die Umweltbewegung der 1960er und 70er Jahre war sozial motiviert, weil sich das Volk die vergiftete Luft und das miese Wasser nicht mehr gefallen ließ.[377]

Nachhaltigkeitsgedanken sind untypisch im Spektrum der Zivilgesellschaft. Wir dürfen auch bedauerliche Entwicklungen nicht vergessen. Auf der ganzen Welt feierte man im ersten Jahr des »Arabischen Frühlings« diesen als Ausbruch aus autoritären und starren Gesellschaftssystemen. Aber die Begeisterung war vorbei, als entweder gewalttätige Da'esh-Gruppen (»islamischer Staat«) oder neue autoritäre Regime das Ruder übernahmen, Bürgerkriege tobten und der Nahe Osten sich in das Problemgebiet Nummer eins der Welt verwandelte.

Man muss auch feststellen, dass Populisten, manche mit rechtsextremen Ansichten, die Kommunikationstechniken der Zivilgesellschaft usurpiert haben. Die »Sozialen Medien« sind voll von Hassbotschaften. Und sie sind auch fleißig bei der Verbreitung »alternativer Fakten«, sprich Lügen.

Es besteht ein dringender Bedarf für ein Gegengewicht. Mary Kaldor nennt es »politisches Verhandeln« in einem öffentlichen und hassfreien Diskurs. Da sind Vernunft und Sensibilität gefragt, nicht nur Leidenschaft und Interessenkonflikte. Ziel ist auch der Aufbau eines *Sozialkapitals*, das nach Francis Fukuyama besteht, wenn eine wirklich kooperative Beziehung zwischen zwei oder mehr Menschen anstelle einer bloß abstrakten Idee der

---

377 Für eine historische Übersicht, siehe Charles Tilly. 2004. Social Movements, 1768-2004. Oxford: Routledge. Für den globalen Kontext siehe John Keane. 2003. Global Civil Society? Cambridge: Cambridge University Press.

»Beziehung« wirkt.[378] Das Sozialkapital führt dann wiederum zu Vertrauen, Netzwerken und eben zur Bildung einer Zivilgesellschaft. Es ist die Offenheit für das Ungewisse und die Bereitschaft, sich gemeinsam zu treffen, was die Voraussetzungen schafft, große Systemänderungen herbeizuführen.

3.15.1 Öffentliches Gespräch: Das Konzept der Bürgerversammlungen

Die Möglichkeit eines förderlichen Gesprächs, um die Bürger in eine öffentliche Debatte einzubringen, ist ein wesentlicher Schritt hin zu einem neuen Konzept, das die Bürger wieder in die Öffentlichkeit integriert. Moderne Demokratien haben sich zu elitären Systemen entwickelt, die nun auch heftige Gegenbewegungen – oft von starken Wutgefühlen begleitet – hervorgerufen haben. Der Brexit und die Trump-Wahl sind zwei der auffälligsten Beispiele.

Ein häufiger Denkfehler besteht darin, die Notwendigkeit einer öffentlichen Debatte mit Ansprüchen auf direkte Entscheidungen zu verwechseln. Die letzteren basieren allzu oft auf uninformierten Stimmen und führen zu Fehlentscheidungen, die weder für das Wohl der Gesellschaft noch für die Interessen diejenigen, die sich für das endgültige Ergebnis entschieden haben, gut sind. Daher ist eine *echte* öffentliche Debatte erforderlich, in der sich die Menschen einbezogen und vertreten, aber vor allem korrekt *informiert* fühlen. Ein eindrucksvolles Beispiel für eine institutionelle Einrichtung, die ein solches Gespräch erlaubt, ist die Bürgerversammlung in

---

378 Francis Fukuyama. 2001. »Social capital, civil society and development.« Third World Quarterly 22, Nr. 1: 7–20.

Irland, die 2012 eingeführt wurde. Die Bürger werden nach dem Zufallsprinzip ausgewählt, um an einer Versammlung teilzunehmen, in der sie Themen diskutieren, um am Ende dem Parlament eine informierte Empfehlung für die Entscheidungsfindung zu geben.

Politik kann von den Bürgern, ihren Bedürfnissen und Forderungen, ihren Ängsten und Wünschen lernen. Die Bürgerinnen und Bürger sind ihrerseits nicht aus dem Prozess ausgeschlossen, aber sie werden auch nicht plötzlich gezwungen, über etwas abzustimmen, zu dem sie noch keine Chance hatten, sich zu beratschlagen. Im Falle der Bürgerversammlung haben die Teilnehmer die Chance, sich eine Meinung zu bilden, während sie lernen, zu diskutieren und Argumente austauschen. Irlands Fall baut auf der gleichen Logik auf wie Ned Crosbs *Bürgerjury* in den USA und Peter Dienels *Planungszelle*[379], beides Konzepte, die in den 1970er Jahren entwickelt wurden. Sie basieren beide auf der Notwendigkeit, Bürger in Entscheidungs- und Planungsprozesse einzubeziehen. Die Entscheidung über die Teilnahme wird im Losverfahren getroffen. Damit liegen sie dicht an den oft zitierten Ursprüngen der Demokratie im alten Griechenland, wo die Volksvertreter ebenfalls per Los und nicht per Stimmabgabe ausgewählt wurden – eine Tatsache, die in Vergessenheit geraten ist. Die Auswahl der Volksvertreter durch Mehrheitsabstimmungen enthält die Tendenz zur Elitenbildung. Was anfangs womöglich recht angenehm ist, birgt aber auf Dauer die Gefahr einer »Inzucht« in sich, die zu den oben genannten Wutausbrüchen derjenigen führt, die »nicht dazugehören«.

---

[379] http://www.planungszelle.de.

3.15.2 Aufbau des sozialen Kapitals: Multi-Stakeholder-Kollaboration

Eine informierte öffentliche Debatte bietet eine gute Basis für eine aktive Zivilgesellschaft, aber dies genügt nicht, um die aktuellen Herausforderungen in ihrer Komplexität anzugehen.

Wenn es darum geht, die derzeit dysfunktionalen Weltmuster in funktionalere zu überführen, kann kein einzelner Akteur, weder die Zivilgesellschaft noch die Politik noch die Wirtschaft, die vollständige Lösung liefern.[380] Stattdessen steuert jeder Akteur einen anderen, aber wesentlichen Teil des Wissens bei. Dennoch sind die Organisationskulturen von Zivilgesellschaft, Regierungen und Unternehmen sehr unterschiedlich und dem entsprechen auch ihre Führungskulturen. Es ist wichtig, dass alle drei Lager erkennen, dass sie voneinander getrennt sind und dass das, was außerhalb der jeweils vertrauten Sphären stattfindet oder verhandelt wird, nicht automatisch unter Verdacht gestellt werden sollte. Durch die Zusammenarbeit zwischen diesen drei miteinander verbundenen Systemen können neue Formen des Sozialkapitals geschaffen werden. Multi-Stakeholder-Kollaborationen ermöglichen Innovationen und Zusammenarbeit – notwendige Voraussetzungen für die Teilnehmer, die sich auf dem Weg des wechselseitigen Lernens gegenseitig unterstützen und so aneinander wachsen.

Eine Multi-Stakeholder-Kollaboration sollte gekennzeichnet sein durch:

- Mehrere Akteure, oft mit gegensätzlichen Interes-

---

[380] Petra Kuenkel, und Kristiane Schaefer. 2013. Shifting the way we co-create. How we can turn the challenges of sustainability into opportunities. The Collective Leadership Institute.

sen, die sich um einen gemeinsamen Verbesserungsansatz herum ausrichten müssen.
- Die Wirksamkeit der Zusammenarbeit ist von engagierten Akteuren abhängig, die sonst nicht zusammenarbeiten würden, nun aber einen gemeinsamen Ansatz verfolgen.
- Mehrdimensionale Probleme erfordern oft Lösungen, die typischerweise *kompliziert, komplex* und sogar *chaotisch* sind – oft aufgrund unvorhergesehener Markt- oder politischer Einflüsse.[381]

Die Multi-Stakeholder-Kooperation ist systemisch und komplex. Aber sie hat ein Ziel sozialer Veränderung. Sie will vorhandene Konstellationen verändern und neu organisieren. Führung ist hier ein ko-kreativer Prozess, der oft mit einer kleinen Gruppe von engagierten Initiatoren beginnt und auf tiefgreifende kollektive Veränderungen zielt.

Sogar die größten Visionen für den Wandel sind vergeblich, wenn nicht genug Interessenvertreter bereit sind zu handeln. Effektive Multi-Akteur-Aufstellungen erfordern daher ein gutes Engagement der Interessenvertreter – der mächtigen und der weniger leistungsfähigen, der einflussreichen und der betroffenen. Die Zusammenarbeit – die Einrichtung eines vorübergehenden oder dauerhaften Systems von Akteuren mit mehreren Interessenvertretern – ist eine Form der Schaffung von Leben. Eine menschen- und umweltorientierte Zukunft erfordert, dass wir solche Formen der verschachtelten *Zusammenarbeit* aufbauen.

---

[381] D.J. Snowden, und M. Boone. 2007. »A Leader's Framework for Decision Making.« Harvard Business Review, November: 69-76.

3.15.3 Ein Fall von Collective Leadership: Der Common Code of the Coffee Community

Der *Common Code of the Coffee Community* (4C) zeigt eine Multi-Stakeholder-Aufstellung mit einem »Collective Leadership«-Ansatz nach Petra Künkel.[382] Für die Anwendung in der Praxis wurde der *Leadership Compass* (Abb. 3.19) zur Navigation für die Prozessplanung eingesetzt.

Die 4C-Vereinigung entwickelte sich aus einer sektorübergreifenden Partnerschaft zwischen drei Gruppen von Interessenvertretern – Kaffeehändlern und Kaffeeindustrie, Kaffeeproduzenten sowie internationale zivilgesellschaftliche Organisationen. Die 4C-Vereinigung ist ein bemerkenswertes Beispiel für die Schaffung einer globalen Gemeinschaft, die sich zusammengeschlossen hat, um die sozialen, ökologischen und wirtschaftlichen Bedingungen für diejenigen zu verbessern, die ihr Leben mit dem Kaffee verdienen. Die wichtigsten Verbesserungen waren ein Verhaltenskodex, Unterstützungsmechanismen für Landwirte und ein Verifikationssystem.

Die 4C-Initiative bewegte sich, wie andere Multi-Stakeholder-Initiativen, durch *4 verschiedene Phasen*.[383] Obwohl es wichtig ist, die 6 Dimensionen des *Collective Leadership Compass* während des gesamten Prozesses in einem gesunden Gleichgewicht zu halten, haben sie in den verschiedenen Phasen jeweils verschiedenes Gewicht.

---

382 Petra Kuenkel. 2016. The Art of Collective Leadership. White River Junction, VT: Chelsea Green.
383 Petra Kuenkel, et al. 2009. »The Common Code for the Coffee Community.« In D. Enhancing the Effectiveness of Sustainability Partnerships. (Hg. von) H. Vollmer. Washington, D.C.: National Academies Press.

3.15 Zivilgesellschaft, Sozialkapital und Collective Leadership

Abbildung 3.19: *Der Collective Leadership Compass von Petra Künkel diente als Anleitung für Multi-Stakeholder-Kollaborationsprozesse in der Entwicklung des Common Code of the Coffee Community. © Petra Künkel, www.collectiveleadership.com.*

Phase 1 *(Vorbereitung)* war die Gestaltung der Idee im Dialog, das Verständnis für Zusammenhänge und die Initiierung der Multi-Stakeholder-Initiative. In der 4C-Initiative wurde der Schwerpunkt auf den Aufbau vertrauensvoller Beziehungen gelegt, die bestehende und mögliche künftige Zusammenarbeit wurde geprüft und aus vergangenen positiven und negativen Erfahrungen gelernt. Mit dem Kompass für die Planung und das Prozessmanagement konnten die Akteure aus allen Bereichen im Dialog gemeinsam die Ursprungsidee, den Mainstream-Markt zu einer höheren Nachhaltigkeit zu steuern, verfolgen. Weil die Menschen sich wiederholt trafen, um spezifischen Themen in Bezug auf Kaffee und Nachhaltigkeit, aber auch zu ähnlichen Themen zusammenzuarbeiten, wurde die Idee, einen Mainstream-Standard zu entwickeln, Konsens. Trotz der Schwierigkeiten und des Fehlens einfacher Antworten fand die Initiative Unterstützung in vielen verschiedenen Ländern in Asien, Afrika und Lateinamerika. Man erkannte, dass es eine echte Chance gab, einen bleibenden Effekt gegen die Ungleichgewichte in der Kaffeeproduktion zu erreichen.

In **Phase 2** *(Aufbau des Kooperationssystems)* ging es darum, das Ziel neu zu gestalten, die Ressourcen zu klären, eine Struktur für die Initiative zu schaffen und einen Aktionsplan zu vereinbaren. Gleich nach dem Start der Initiative spürten die meisten Interessenvertreter, dass sie bereits ein integraler Bestandteil der Initiative waren. Die Auswahl dieser Gruppe beruhte auf der Idee eines guten Gleichgewichts zwischen »Interessierten« und »offiziellen Vertretern«. Die Ersteren waren wichtig, um den Prozess in Gang zu bringen, die Letzteren für die Legitimität des Prozesses entscheidend. Das Ergebnis war ein vereinbarter Umsetzungsplan, ein Budgetplan für künftige Finanzbeiträge der betroffenen Branche und eine Zuweisung von Rollen zwischen den Stakeholdern.

Phase 3 *(Durchführung)* konzentrierte sich auf die Entwicklung des Standards. Dafür war eine regelmäßige Verstärkung des Einflusses der Interessenvertretertreffen erforderlich, die nicht frei von Konflikten waren. Das Misstrauen verschwand nie ganz, doch alle Interessenvertreter lernten, an greifbaren Ergebnissen zu arbeiten.

Nach zwei Jahren war der Standard entwickelt, und die Initiative trat in **Phase 4** *(Zusammenarbeit auf die nächste Stufe bringen)* ein. 2006 verständigten sich die Interessenvertreter einstimmig darauf, eine gemeinnützige Organisation zu gründen, welche die zukünftige formale Struktur für die Initiative, eine globale Mitgliedsorganisation – die 4C-Vereinigung – sein sollte. Sie scheint sich als unterstützende Basis zur Umsetzung der Nachhaltigkeit in der Kaffeebranche und für die Teilnehmer der Kaffeeketten, von kleinen Kaffee-Landwirten bis zu großen Röst-Unternehmen sowie allen anderen, zu eignen.

3.16 WELTWEITE REGELN

3.16.1 Einführung: Das VN-System und danach

Ein Großteil der Arbeit des Club of Rome bezieht sich auf die globale Ebene. Viele der Ideen aus Teil 3 dieses Buches, erfordern direkt oder indirekt eine gewisse Koordination oder Regelung im globalen Maßstab.

In Kapitel 2.9 heißt es, dass die »Philosophie« des Nationalstaates, die sich während der *leeren Welt* entwickelte, weiterentwickelt werden muss, insbesondere durch weltweite Regeln. Auf Englisch spricht man von *Global Governance*. Das ist nicht neu. Als die Vereinten Nationen im Jahre 1945 gegründet wurden, wusste jeder, dass die Schrecken eines Weltkrieges in der Zukunft vermieden werden mussten und dass die Völker der Welt zusammenkommen müssen, um eine transnationale, eine globale Institution zu schaffen, die in bestimmten Fällen die Befugnisse von Nationalstaaten übernimmt. Unser Buch behandelt weder die Funktionsweise noch die Fehler des Systems der Vereinten Nationen. Aber wir hegen keinen Zweifel, dass die UN trotz all ihrer Unzulänglichkeiten ein *Muss* und ein Segen ist.

Was angestrebt werden muss, sind Ideen und Institutionen, die die globale Koordination von Politikern zur Verwirklichung der 17 Nachhaltigkeitsziele unterstützen. Für diese Optionen geht es auch um Regeln inner- und außerhalb des UN-Systems.

Zu Beginn würdigen wir zwei verschiedene Ansätze für die *Globale Governance* und die internationale Zusammenarbeit: zum einen den World Future Council (WFC), gegründet von Jakob von Uexküll, der 1980 als Gründer und Sponsor des Right Livelihood Awards bekannt wurde; zum anderen die Idee der *Großen Trans-*

formation von Paul Raskin und dem Global Transition Network.

Der WFC hat an einem Global-Policy-Aktionsplan (GPACT)[384] gearbeitet. Gerechtigkeit steht im Mittelpunkt von GPACT. Eine »Landkarte einer zukünftigen gerechten Welt« wurde konzipiert, basierend auf sieben Prinzipien (stenografisch verkürzt): Frieden, Nachhaltigkeit, Gerechtigkeit, Vorsorge, Teilhabe, Sicherheit, Nord-Süd-Ausgleich und Integration von Wirtschaft, Sozialem und Umwelt.

Die WFC-Broschüre zum GPACT fasst viele der besten Gesetzgebungen aus der ganzen Welt zusammen, wie zum Beispiel das ungarische Gesetz zur Gründung einer Ombudsperson für Grundrechte, das Ernährungssicherungsprogramm von Belo Horizonte (Brasilien) oder der One Planet MBA der Exeter University. Darüber hinaus spezifiziert das Programm Prinzipien für die *künftige, gerechte Gesetzgebung*, die sich klar an die Adresse der nationalen Gesetzgeber auf der ganzen Welt wendet.

Menschen und Verbände, die an einer globalen Governance arbeiten, sollten dazu beitragen, mehr Akzeptanz für die Philosophie von GPACT aufzubauen. Denn wenn diese Philosophien an Einfluss und Macht gewinnen, kann sich auch die Diskussion über die noch ehrgeizigere Aufgabe der *Global Governance für eine nachhaltige Welt* positiv entwickeln.

Eine verwandte und ebenso ehrgeizige Denkrichtung kommt von Paul Raskin, dessen Idee bereits in dem Übergangskapitel *Verknüpfen von Teil 1 und Teil 2* erwähnt wurde. Seine »Reise zum Erdland« konfrontiert

---

[384] World Future Council Foundation. 2014. Global Policy Action Plan. Incentives for a Sustainable Future. Braunschweig: Oeding. Für weitere Informationen siehe www.worldfuturecouncil.org oder schreiben Sie eine E-Mail an den Programmkoordinator, catherine.pearce@worldfuturecouncil.org.

den Leser mit den Herausforderungen des 21. Jahrhunderts, deren Lösungen von »Zombie-Ideologien und Institutionen des 20. Jahrhunderts blockiert sind: territorialer Chauvinismus, zügelloser Verbrauch und die Illusion des endlosen Wachstums«.[385]

Raskin zeigt drei große Entwicklungsszenarien auf: *Konventionelle Welt*, *Barbarisierung* und die *Große Transformation*, wobei jeder Entwicklungszweig zwei weitere Optionen eröffnet, wie in Abbildung 3.20 gezeigt.

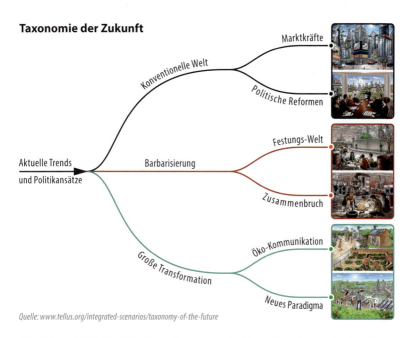

Quelle: www.tellus.org/integrated-scenarios/taxonomy-of-the-future

Abbildung 3.20: *Paul Raskins »Taxonomie der Zukunft« zeigt zwei wünschenswerte, zwei schlechte, aber vielleicht erträgliche und zwei schreckliche Optionen für die Zukunft.*[386]

---

385 Paul Raskin. 2016. Journey to Earthland. The Great Transition to Planetary Civilization. Boston: Tellus Institute. Zitat: S. 21.

386 Ebd.: 26. Das Bild in der Broschüre ist ohne Farben und hat den Großen Übergang oben und Barbarisierung ganz unten.

Offensichtlich sollte das Konzept der *Großen Transformation* auch breite Unterstützung erhalten. In seiner neuer Broschüre skizziert Raskin die furchtbaren Trends, die zur Barbarei oder zumindest sehr schlimmen Bedingungen führen, welche sich aus der Dominanz des Marktes ergeben. Aber er fährt fort, solche Trends mit den Optionen des *Großen Übergangs* (Great Transition) zu vergleichen und nennt neun Parameter: Bevölkerung, Weltbruttosozialprodukt, Arbeitszeit, Armut, Energie, Klima, Essen, Lebensräume und Süßwasserentnahmen. Für das Jahr 2100 zeigen alle neun Parameter, mit Ausnahme der Lebensräume, für die vom Markt dominierte Welt viel höhere Werte als für die *Große Übergangs-Welt*. In Bezug auf Nachhaltigkeit und Glück sind alle neun viel nachteiliger für die marktgetriebene als für die *Große Transformation*.

Dies führt zu der wachsenden Überzeugung, dass die Mechanismen der reinen Marktlenkung und schwachen Interventionen durch wohlmeinende, aber schwache »Reform«-Politiker veraltet sind. Die *Große Transformation* führt dagegen zur Planetenphase *einer Welt mit vielen Orten* unter dem »Governance-Prinzip eines zurückhaltenden Pluralismus«.[387] Nach diesem Grundsatz sollten verschwenderischer Konsum, internationaler Handel, wirtschaftlicher Umsatz und Bevölkerungsdichte zurückgehen, während Bildung, Freizeit, Spiritualität und soziale Gerechtigkeit immer stärker werden.

Die Reise nach *Erdland* ist ein Traum, sicherlich, aber ein notwendiger, wenn man ihn mit den Barbarei-Alternativen vergleicht.

3.16.2 Spezifische Aufgaben

Weltweite Regeln braucht man in den meisten Fällen für spezifische Aufgaben. Im Rahmen des UN-Systems gehören dazu Blauhelm-Interventionen zur Friedenserhaltung, die Regeln der WTO, Darlehen und Hilfsprogramme von UNDP und der Weltbank oder WHO-Kampagnen zur Bekämpfung von Infektionskrankheiten. Alle solche Maßnahmen sollten von den Nationalstaaten, der Zivilgesellschaft und der Wirtschaft breite Unterstützung erhalten.

Aber dann gibt es neue Herausforderungen, die in diesem Buch skizziert sind. In Kapitel 1.10 werden die 17 Nachhaltigkeitsentwicklungsziele genannt, und die Kapitel 1.5 und 3.7 sprechen über den Klimaschutz. In Kapitel 1.6.1 wurden »technologische Wild Cards« erwähnt, insbesondere die synthetische Biologie, das Geoengineering und die künstliche Intelligenz, welche die menschlichen Fähigkeiten möglicherweise übertreffen wird und die Kontrolle übernehmen könnte. Es erscheint daher absolut unvermeidlich, eine weltweit beauftragte Einrichtung oder ein Netzwerk für die Technologiebewertung einzurichten. Im Gegensatz zu modischen Überzeugungen der Innovationsanbieter ist dies nicht als Instrument zum Blockieren oder Bürokratisieren des technologischen Fortschritts gedacht, sondern vielmehr eine Frühwarnung, verbunden mit dem Angebot, den Fortschritt umzuleiten. Finanziell soll es riesige Fehlallokationen und nachfolgende Kapitalvernichtung vermeiden.

Im Rahmen einer weiteren Aufgabe, die bereits in Kapitel 3.12 angedeutet wurde, werden Mechanismen zur Balance zwischen öffentlichen und privaten Gütern entworfen und implementiert. Diese Balance ging in den 1980er und 1990er Jahren verloren, als die Märkte von

3.16 Weltweite Regeln

vielen gesetzlichen Beschränkungen befreit wurden und arrogant wurden, während das Recht im Wesentlichen national blieb – was zu einem massiven Ungleichgewicht zu Gunsten der Märkte und zu Ungunsten des Rechts führte.

»Märkte« sind zwei ganz verschiedene Dinge. Es gibt die Märkte für Waren und Dienstleistungen. Der Erfolg auf diesen Märkten ist vor allem durch Qualität und Preis bestimmt. Im Kern ist dies ein gutartiger Mechanismus, denn er führt zu einer stetigen Zunahme von Qualität und Erschwinglichkeit. Dies kann sich auch auf globaler Ebene abspielen, allerdings sollten vereinzelt Schutzrechte für ganz junge Industrien und für nationale Umweltmaßnahmen eingeräumt werden.

Etwas ganz anderes sind die Finanzmärkte. Diese sind extrem kraftvoll geworden und weisen zunehmend starke spekulative Merkmale auf. In Kapitel 1.1.2 zitierten wir Litaer u.a., dass 98 von 100 USD, die im Wesentlichen mit Lichtgeschwindigkeit um die Welt rasen, spekulativ sind. Die Dominanz der Finanzmärkte erpresst die Realwirtschaft sowie die Gesetzgeber aller Länder, alle Regelungen so anzupassen, dass die Kapitalrendite maximiert wird. Kein Wunder, dass dieser weltweite Trend oft zum Nachteil öffentlicher Güter wie Infrastrukturen ausfällt, für die der Staat verantwortlich wäre. Hier könnten weltweite Regeln die Balance zwischen öffentlichen und privaten Gütern wiederherstellen.

Auch die soziale Gerechtigkeit kann als öffentliches Gut gesehen werden und leidet ebenfalls. Wir beobachten im Prozess der globalisierten Kapitalmärkte, dass die Besteuerung auf das Kapital sinkt, während die indirekten Steuern wie die Mehrwertsteuer steigen, die vor allem arme Familien treffen. Hier sollten weltweite Regeln die Rolle der Steueroasen reduzieren und darauf abzielen, die Steuersätze für die Gewinne und die Kapital- und Finanzströme zu harmonisieren.

Das sind alles Einzelgedanken, die schon in anderen Kapiteln wie z.B. 3.11 geäußert wurden. Hier kommt es uns darauf an, die Notwendigkeit globaler Regelsetzung zu betonen, wenn man ernsthaft etwas für eine ökologisch und sozial nachhaltige Welt tun will. Dass die neumodischen National-Populisten dieses als Horror ansehen, ändert nichts an der Richtigkeit, nur an der Durchsetzbarkeit.

3.16.3 COHAB – Zusammenlebensmodell der Nationalstaaten

Wenden wir uns nun der konkreten Vorstellung vom »Zusammenleben« unter den etwa 200 Staaten der Welt zu. Gerhard Knies, ein Wissenschaftler aus Hamburg, einer der Initiatoren der Club of Rome »Desertec«-Idee[388] und nun Veranstalter des Viable World Design Network, hat den Vorschlag für eine schrittweise und operative Strategie eingebracht, die zu einer tragfähigen Welt führen soll.[389] Er schlägt eine Modifikation der Architektur der UNO vor, die zum Schutz und zur Weiterentwicklung der *globalen Gemeingüter* wie einem lebenswerten Klima und den anderen Umwelt- und Entwicklungszielen der Agenda 2030 verpflichtet werden soll.

In einer Zeit, in der eine Wählermehrheit in Großbritannien die EU als zu groß empfindet und diese Gemeinschaft verlassen will, um die nationalen Aufgaben wieder in die eigene Hand zu nehmen, könnte jede globale Idee für weltweite Regeln völlig utopisch klingen.

---

388 Mehr unter http://www.desertec.org.
389 Gerhard Knies. 2016. Model of a Viable World for 11 Billion Humans and Future Generations. [Typoskript].

3.16 Weltweite Regeln

Aber die globalen Probleme verschwinden ja nicht, nur weil einige Wähler sie nicht mögen. Supra-nationale Kooperation muss einfach stattfinden und das mit zunehmender Intensität und Umfang.

Knies nennt seine Idee das *Kohabitationsmodell für eine lebensfähige Welt*. »Kohabitation« bedeutet hier ein freiwilliges organisiertes Zusammenleben von Nationen und anderen geografischen Einheiten, anstatt sich gegenseitig zu bekämpfen oder zu ignorieren.

Eine *volle Welt* bringt Einschränkungen der Souveränität der Nationalstaaten mit sich. Die UNO umfasst fast 200 Nationalstaaten. Die innere Souveränität jedes Staates beschränkt die äußeren souveränen Rechte aller anderen Staaten. In der *vollen Welt* ist dies ein ernstes Problem geworden. Weiterhin ist die *innere* Souveränität eines Staates von den Fußabdrücken jedes einzelnen Menschen, ob einheimisch oder ausländisch, betroffen. Jedes Kilogramm CO_2, das von einem der 7,6 Milliarden Menschen auf dem Planeten emittiert wird, betrifft alle anderen auf der Erde, einschließlich zukünftige Generationen.

Kohabitation bedeutet, das Beste daraus zu machen und die Verbindung zu optimieren. Von der traditionellen Rivalität zwischen Nationen, sollte die Menschheit zu einer globalen, gemeinschaftlichen Denkweise finden. Wie kann das geschehen? Knies schlägt fünf aufeinanderfolgende Stufen vor:

Stufe 1: Intergovernmental Panel on Habitability of Planet Earth – IPHE

Ein erster Schritt kann die Umwandlung und Kompetenzerweiterung des Intergovernmental Panel on Climate Change (IPCC) in ein Intergovernmental Panel on the

Habitability of Earth[390] (IPHE) sein, um die Grundlage für einen globalen Vertrag zur Wiederherstellung und Aufrechterhaltung einer guten Bewohnbarkeit unseres Planeten zu schaffen. Der Beitritt zur IPHE wäre freiwillig, aber es können einige Anreize geschaffen werden, die den Beitritt belohnen.

Stufe 2: Nationale Ministerien für globale Kohabitation
Als zweiten Schritt schlägt Knies die Schaffung von nationalen Ministerien für globale Kohabitation in jedem Staat vor. Deren Aufgabe würde es sein, weltweit kritische Entwicklungen zu identifizieren und sie der nationalen Regierung zur Kenntnis zu bringen, damit diese an Lösungen arbeiten kann. Aufgabe müsste es auch sein, die nationale Politik so zu gestalten, dass die Probleme lösbarer werden.

Stufe 3: Internationale Konferenzen des Zusammenlebens – ähnlich den Klimakonferenzen
Die Kohabitationsminister einzelner Nationen beginnen zu erkunden, wie sie ihre Ideen, ihre Politik und ihre nationalen Fähigkeiten kombinieren können, um das Zusammenleben mit dem Ziel zu organisieren, eine lebensfähige Welt zu schaffen. Die Minister beschließen, allgemeine Konferenzen des Zusammenlebens zu einem breiten Spektrum von miteinander verbundenen Themen wie Klima, Wasser, Nahrung, Wohlstand, Bevölkerungswachstum und anderen Sorgen um die Bewohnbarkeit der Erde zu organisieren. Sie entwickeln Regeln und Ziele für das Zusammenleben und entwerfen eine Anziehungskraft auch für andere Nationen.

---

390 Gerhard Knies. 2017. Proposal to create an Intergovernmental Panel on Habitability of Earth for Humanity, IPHEH, www.ViableWorld.net. [Typoskript].

Stufe 4: Nationalstaaten mutieren von Konkurrenten zu Partnern
Die Nationen können beginnen, einen wachsenden Teil ihrer Militärausgaben auf Projekte zu verteilen, die ökologische Schäden reduzieren und die menschliche Entwicklung im In- und Ausland vorantreiben. Ihr Militär kann Schritt für Schritt durch Personal und Infrastrukturen für eine lebensfähige Welt ersetzt werden.

Stufe 5: Kohabitationsbasierte globale Governance
Die Kohabitation der Nationen verbessert die Fähigkeit der Menschheit, die alten und neuen globalen Probleme in organisierter konstruktiver Weise zu lösen. Immer mehr Nationen können sich einer solchen »Überlebens-Weltallianz« anschließen, die die Menschheit vor allem als eine Einheit und nicht als Gruppe von 200 unabhängigen oder rivalisierenden Nationen sieht. Sich nicht der Allianz anzuschließen, soll zur diplomatischen Peinlichkeit werden. Die Allianz würde sich verpflichten, eine lebensfähige Welt aufzubauen, den militärischen Sektor zu reduzieren und die gewonnene Kapazität für Programme für eine lebensfähige Menschheit auf diesem Planeten zu nutzen.

Das COHAB-Modell ist natürlich ein Traum. Ein Traum für eine globale politische Innovation. Es soll dazu dienen, eines Tages das System der Vereinten Nationen zu ersetzen und sie vielleicht in *Vereinte Menschheit* umzubenennen. Das Modell kann die UN-Sonderorganisationen beibehalten. Aber es müsste sie mit Sanktionsmechanismen gegen Nationen bewehren, die das globale Anliegen sabotieren. Dies ist die wesentliche Bedeutung der globalen Governance.

Das COHAB-Modell erfordert ganz bewusst keine globale *Regierung*. Nötig sind aber bestimmte Regeln und Kodizes des Zusammenlebens. Sie würden die UN-Charta unter den Bedingungen des Anthropozäns ersetzen. Demokratische Prozesse sollten gepflegt und gestärkt werden, auch durch ein Weltparlament,[391] dies aber unter dem Subsidiaritätsprinzip: Angelegenheiten, die die lokale Ebene betreffen, sollten dort organisiert und reguliert werden. Höhere Ebenen wie Provinzen, Länder und geografische Regionen sollten ihre demokratische Repräsentation haben. Aber globale Fragen sollten auf der Ebene der oben erwähnten Allianz entschieden werden, wobei natürlich die Bedürfnisse und Prioritäten der Menschen auf regionaler, nationaler oder niedrigerer Ebene beachtet werden müssen.

---

391 Jo Leinen, und Andreas Bummel. 2017. Das demokratische Weltparlament: Eine kosmopolitische Vision. Bonn: Dietz Verlag.

HANDELN AUF NATIONALER EBENE: CHINA UND BHUTAN

Nachhaltigkeitspolitik ist vor allem nationale Politik. Natürlich sind die Erfolgsgeschichten, die zu Beginn von Teil 3 erzählt wurden, subnational. Weitere Kapitel bieten Lösungen für die Geschäftswelt oder auf internationaler Ebene. In Bezug auf die nationale Ebene ist es unmöglich, fast 200 Länder der Welt zu beschreiben. Stattdessen skizzieren wir die Nachhaltigkeitspolitik zweier Länder, die als Extreme hinsichtlich der Bevölkerungsgröße und -dichte, der Industrialisierung und der Bedeutung für den Welthandel angesehen werden können: China, der Riese und Bhutan, der Zwerg. Beide haben in je spezifischer Weise bemerkenswerte Strategien zur Bewältigung der Aufgaben der nachhaltigen Entwicklung gezeigt. China hat sich für eine Strategie der raschen Industrialisierung und des Wirtschaftswachstums entschieden – und in letzter Zeit für die Ökologisierung seiner Wirtschaft. Bhutan hat eine radikale Umweltschutz-Agenda gewählt und das Glück der Menschen als wichtiger als den wirtschaftlichen Umsatz verkündet.

3.17.1 China und sein 13. »5-Jahres-Plan«

China erlebt tiefgreifende Veränderungen. Die Periode der Schwerindustrie, der billigen Massenfertigung und der aggressiven Exportpolitik geht zu Ende. Gleichzeitig plagt schwere Verschmutzung die Menschen in den Städten. Die Nachfrage nach qualitativ hochwertigem Essen übersteigt das Angebot. Die Erwartungen anhaltender zweistelliger Wachstumsraten sind unter den neuen Realitäten nicht realistisch. Das war in aller Kürze die Situation 2015, dem Jahr des Entwurfs für den 13. 5-Jahres-Plan.

5-Jahres-Pläne werden von der obersten Ebene des Staates und der Partei entworfen und beschlossen. Daraus resultieren Gesetze zur Verwirklichung des Rahmens. Seit 2006 heißen 5-Jahres-Pläne »Leitlinien«, um anzuzeigen, dass die Konkretisierung eher dezentral erfolgt und dass der Wille der Menschen sowie die Märkte die Entwicklung der 5 Jahre verändern können. Für eine internationale Leserschaft verwenden wir aber weiterhin den vertrauten Begriff von 5-Jahres-Plänen. Beginnend mit dem 11. 5-Jahres-Plan (von 2006 bis 2010) hatten die 5-Jahres-Pläne einen starken Schwerpunkt auf der lokalen Umweltverbesserung. Der 12. 5-Jahres-Plan, von 2011 bis 2015, fügte einen starken Anteil der Dekarbonisierung hinzu.

Der im Jahr 2015 verabschiedete 13. 5-Jahres-Plan hat das Bestreben verschärft, die Kohlenstoffabhängigkeit Chinas durch die Festlegung ehrgeiziger Ziele für erneuerbare Energien und eine weitere Verbesserung der Energieeffizienz zu verringern – im Einklang mit dem Engagement Chinas während des Pariser Klimaschutzabkommens von 2015. Auch die Ressourceneffizienz im Rahmen einer Kreislaufwirtschaft wird betont.

Darüber hinaus wurden mehrere regionale Strategien wie die Bedeutung der natürlichen Ökosysteme für die Weiterentwicklung der Region Peking-Tianjin-Hebei, des Yangtse-Deltas und des Zhujiang-Deltas aufgenommen. Nach dem umfangreichen UNEP-Programm »Green Economy« formuliert der 13. 5-Jahres-Plan das Konzept der »Öko-Zivilisation« in der Entwicklung von Industriegebieten und Stadtgemeinde-Clustern.

Für die Industrie stellt der Plan das Konzept der *grünen Industrie* (green manufacturing) vor, spezifiziert in dem 10-jährigen »*Manufacturing Action Guide*« von »*Made in China 2025*«.[392]

Die Vorstellung der Öko-Zivilisation schreibt keine verbindlichen Normen vor. Man soll zu Beginn den aktuellen Stand der Umwelt beurteilen und ökologische Grenzen (»Kontrolllinien«) wissenschaftlich und rational so gut wie möglich definieren. Darüber hinaus sollen Maßnahmen zur Wiederherstellung der ökologischen Qualität ergriffen werden. All dies muss mit den Anwohnern oder Landwirten besprochen werden und es soll ein angemessenes Training und Know-How angeboten werden.

Kontrolllinien sollten auf Distriktebene gezogen werden. Unter Berücksichtigung des Wirtschaftswachstums können die örtlichen Behörden den Verbrauch von unbebautem Land gegen durch Wiederherstellung zurückgewonnenes Grünland ausgleichen, wie künstliche Parks und wiedergewonnene oder aufgeforstete Landschaften.

Im Jahr 2015 hat China vier Städte ausgewählt, um »Natural Capital Balance Sheets«[393] als Testfälle zu etablieren. Dort wird das »System of Environmental-Economic Accounting 2012« von UNEP als Referenz angegeben, was genaue Daten erfordert. Diese Aufgabe erzwingt auch die Überwindung der traditionellen Barrieren der gemeinsame Nutzung von Daten zwischen den beteiligten Regierungsstellen. Mit anderen Worten: Das Programm der *Öko-Zivilisation* ist vom Ehrgeiz getragen, sich von Parolen zu quantitativen und messbaren Handlungen zu bewegen.

Die Landwirte erhalten ausdrückliche Vorteile, nämlich die Zuteilung von Grundstücken für den Besitz von

---

392 http://news.china.com/domestic/945/20150519/19710486.html.
393 http://www.gov.cn/zhengce/content/2015-11/17/content_10313.htm; Die vier Städte sind Hulun Buir in der inneren Mongolei, Huzhou in Zhejiang, Loudi in Huanan, Chishui in Gui Zhou, Yanan in Shaanxi.

Häusern zu nutzen und Land zu übertragen und zu handeln. Diese Option eröffnet einen schnellen Weg, um Wohlstand zu erlangen, was bei den Landwirten in der Vergangenheit nicht der Fall war.

Eine neue soziale Aufgabe ist das »Internet+«[394], das Direktverkäufe ermöglicht, wodurch die Einkommenschancen des traditionellen Handels verringert werden. Natürlich hat das Internet E-Commerce mit neuen Riesen wie Alibaba, Taobao, Jingdong und Alipay.com ermöglicht. Ihre B2B-, C2C- und E-Pay-Portale haben die Hersteller, Konsumenten und Banken direkt miteinander verbunden, sie haben aber eine steil ansteigende Nachfrage nach neuen Transport- und Logistikinfrastrukturen geschaffen – auf Kosten der verbleibenden Naturschätze.

China folgt nun der westlichen Tendenz, Lebensmittelketten unter Verwendung von Kühlung und Zentralisierung zu etablieren. Auch entstehen neue Möglichkeiten für die kommunale Landwirtschaft wie die Hochhaus- Landwirtschaft, die Hydroponik, die Aeroponik und die Gemeinde-unterstützte Landwirtschaft (CSA) in der Nähe der städtischen Verbraucher. Die Lebensmittelsicherheit hat im 13. 5-Jahres-Plan einen hohen Stellenwert. Im 12. 5-Jahres-Plan lag der Schwerpunkt auf der Verschärfung der Kontrolle und Überwachung, was zu einer großen Bürokratie führte, ohne dass sich für die Menschen viel verbesserte.

Im verarbeitenden Gewerbe ist China derzeit von großen Überkapazitäten in der Schwerindustrie und den Arbeitskosten, die sich denen der OECD-Länder nähern, beunruhigt. Die Antwort, die im 13. 5-Jahres-Plan gegeben wird, heißt »Made in China 2025«. Sie besteht

---

394 »Internet+« Ist ein chinesischer Begriff seit 2015 und kombiniert das Internet mit jedem traditionellen Geschäft, das es zu einem neuen Geschäftsmodell macht.

aus einer ehrgeizigen Transformation in Richtung Digitalisierung, wie dies derzeit in den USA, Japan und Deutschland stattfindet. Ein Wunschziel ist der laufende Echtzeit-Informationsfluss mit allen Beteiligten. Das chinesische Konzept legt auch großen Wert auf grünes Design mit hoher Ressourceneffizienz, Management der Produktlebenszyklen mit einem effizienten, sauberen, recycelbaren grünen Produktionssystem. Dies ist eine Antwort auf die Tatsache, dass Chinas Ballungsräume unter einer hohen Luftverschmutzung leiden. Aber auf der Zeitachse des Wohlstandswachstums scheint China den Wendepunkt der Verschmutzung früher zu erreichen als seinerzeit die westlichen Länder.[395]

Die chinesische Akademie der Wissenschaften hat eine Design Driven Innovation[396] begonnen, indem sie funktionale Instrumente und visuelle Symbole entwickelt, die die Umstellung auf die Ökoregion sowohl für die Landwirtschaft als auch für die Industrie darstellen. Solche Werkzeuge und Symbole sollen dazu beitragen, dass Manager und Kunden die Prozesse im Einklang mit den Anforderungen der *Öko-Zivilisation* neu gestalten. Das bedeutet einen ganzheitlichen und symbiotischen Ansatz und nicht eng definierte Standards.

Für die Landwirtschaft führt dieses Konzept zu einer größeren ökologischen Vielfalt, zu verminderten Chemikalieneinsätze und damit zu qualitativ hochwertigen Produkten im Gegensatz zum Prinzip der großen Monokulturen, die von großen Mengen an Agrochemikalien abhängig sind. All dies beinhaltet eine hohe Verantwortung für die Landwirte. Ein lokales Beispiel für symbiotisches Denken in der Landwirtschaft findet man

---

395 Chinese Ministry of Environment. http://www.ocn.com.cn/chanjing/201602/bndbu19094535.shtml.
396 http://zjnews.zjol.com.cn/system/2014/10/10/020294575.shtml.

bei Ying Xiang Wei Ye[397], eine Bauernkooperative, die sich in Cao Xian, Shandong, befindet, wo sich früher das Flussbett des Gelben Flusses befand. Um die Verwendung von Hormonen oder anderen Tierarzneimitteln zu eliminieren oder zu minimieren, kommt das verwendete Futter aus einem regelrechten Labyrinth von gut überwachten, gesunden Böden, mit lokalen Kräutern als Additiv zur Verbesserung des Tierimmunsystems. Die Frischmilchlieferung ist auf eine bestimmte Entfernung begrenzt, um die Qualität zu sichern. Bio-Bauernhöfe sind in China noch nicht sehr rentabel. Der beste Weg, diese Situation zu verbessern, ist für sie, Unterkunft, Freizeit, Essen und Tourismus in der Farm anzubieten. Landwirte können Partner anstelle von Mitarbeitern des Unternehmens werden. Sie können auch *Internet+* nutzen, um den Kunden näherzukommen und die Logistik zu optimieren.

Der 13. 5-Jahres-Plan hat einen starken Schwerpunkt auf Ressourceneffizienz, der weit über die Schließung von ineffizienten Unternehmen hinausgeht. Gunter Paulis *Blue Economy* (Kapitel 3.3) hat in China an Popularität gewonnen.[398] Auch *Faktor Fünf* (Kapitel 3.9)[399], *Cradle to Cradle*[400] und *Resource Productivity in 7 steps*[401] sind auf Chinesisch erhältlich und gewinnen zunehmend Aufmerksamkeit. Ebenso wurde das deutsche

---

397 »China Good Design«, Chap. 2.3 Yin Xiang Wei Ye: Immune Health exceeding Organic Cycle, Yi Heng Cheng, China Science and Technology Publishing House, in Vorbereitung.
398 Gunter Pauli. 2009. »Blue Economy, ein Bericht an den Club of Rome.« Übersetzt ins Chinesische von Yi Heng Cheng. Fudan University: Publishing House.
399 Ernst von Weizsäcker, Karlson Hargroves, et al. 2010. »Factor 5, ein Bericht an den Club of Rome.« Übersetzt ins Chinesische von Yi Heng Cheng. Shanghai: Century Publishing.
400 William Mc Donough, und Michael Braungart. 2010. »Cradle to Cradle.« Übersetzt ins Chinesische von 21 Century Agenda Management Company, Savage Culture Company Ltd.
401 Michael Lettenmeier, Holger Rohn, Christa Liedtke, und Friedrich Schmidt-Bleek. »Resource Productivity in 7 Steps.« Übersetzt ins Chinesische und veröffentlicht von CTCI Foundation.

Konzept der *Passivhäuser*, das bis zu 90% des Energieverbrauchs spart, zu einem Standard für chinesische Gebäude.[402] Der 13. 5-Jahres-Plan zielt auf viele weitere Passivhaus-Wohngebäude hin, so dass mehr Menschen in den Genuss von Häusern mit dramatisch reduzierten Heizkosten, frischer Wärmeaustausch-Belüftung und moderner LED-Beleuchtung kommen.

Eine andere Geschichte, auch aus *Blue Economy*, ist »Steinpapier«[403] aus Sand, Kalziumkarbonat und Kunststoffabfällen. Es reduziert den Wasser-, Holzfaser- und Chemikalienverbrauch radikal. Nach dem Gebrauch kann Steinpapier recycelt oder als Additiv in Stahlwerken, Glas- oder Zementkalzinierung verwendet werden. Wenn es in der Natur entsorgt wird, wird es keine sekundäre Verschmutzung erzeugen. Die Philosophie der Kaskade in der *Blue Economy* ähnelt tatsächlich BASFs Verbund-System der Kaskadierung von Chemikalien und Energie durch ein industrielles Konglomerat, in dem so weit wie möglich Abfällen aus einem Prozess als Rohstoff für den nächsten genutzt werden. Auch China profitierte davon beim Yangtse BASF Nanjing Chemical Industrial Park in Luhe Nanjing und dem Shanghai Caojing Chemical Industrial Park.

Synergien zwischen verschiedenen Prozessen können zum Merkmal der zukünftigen Industrieparks werden. Die industriellen CO_2-Emissionen könnten um bis zu 80% reduziert werden, während gleichzeitig die Luftverschmutzung durch Feinstaub, Schwefel- und Stickoxide sowie die Wasserverschmutzung stark reduziert würden. Lunan Chemical Enterprise in Teng Xian

---

402 Design Standards of Passive Low Energy Consuming Residential Buildings. 2016. http://news.ces.cn/jianzhu/jianzhuzhengce/2016/01/05/98843_1.shtml.
403 »China Good Design«, Chap. 2.3 Yin Xiang Wei Ye: Immune Health exceeding Organic Cycle, Yi Heng Cheng, China Science and Technology Publishing House, in Vorbereitung.

(Shangdong) ist das erste chemische Kohlekraftwerk, das eine Mehrfach-Injektionsvergasungstechnologie zur Kohleaufschlämmung verwendet. Seine chemischen Produkte sind Derivate erster und zweiter Ordnung aus Methanol und Ammoniak.

Abschließend lässt sich mit Recht sagen, dass Chinas 13. 5-Jahres-Plan weitgehend mit der Notwendigkeit einer weltweiten Ökologisierung der Wirtschaft übereinstimmt. China, der größte industrielle Hersteller der Welt und das Modell für viele Entwicklungsländer, scheint entschlossen, massiv zur Ökologisierung der Welt beizutragen.

3.17.2 Bhutan: Der Gross National Happiness Index

Bis in die 1970er Jahre war das dünn besiedelte Himalayaland Bhutan im Wesentlichen vom Rest der Welt abgeschottet. Der 4. König von Bhutan, Jigme Singye Wangchuck, hat Reformen eingeleitet und das Land für Besucher geöffnet. Während der Reformen, die ein modernisiertes Bildungssystem und eine modernisierte Wirtschaft beinhalten, erklärte der König, dass der Gross National Happiness Index wichtiger sei als das Bruttoinlandsprodukt, da dieses einen zu großen Schwerpunkt auf Mengenwachstum anstelle von Wohlergehen der Menschen, von Biodiversität, Armutsbekämpfung und Nachhaltigkeit lege.

Vor allem während der globalen Finanzkrise von 2008 gewann die Idee eines Glücksindex bei den Vereinten Nationen und in intellektuellen Kreisen weltweit viel Zustimmung. Mittlerweile wird regelmäßig ein World Happiness Report veröffentlicht.[404] Aber in Bhutan sind

---

404 John Helliwell, Richard Lay, und Jeffrey Sachs. 2016. World Happiness Report. New York:

es nicht nur Worte und Versprechen. Umweltschutz ist ein Verfassungsmandat. Mehr als 50% der Landfläche werden in Nationalparks, Naturschutzgebieten und biologischen Korridoren als geschützt bezeichnet. Das Land hat sich verpflichtet, CO_2-neutral zu bleiben und sicherzustellen, dass mindestens 60% seiner Landmasse durchgängig waldbedeckt bleiben. Die CO_2-Sequestrierung der Wälder ist um den Faktor zwei größer als die nationalen CO_2-Emissionen. Bhutan hat den Export von Holz verboten und hat sogar einen monatlichen Fußgängertag eingerichtet, der alle privaten Fahrzeuge von den Straßen verbannt.

Alle Bhutaner sind offiziell unter der Verfassung verpflichtet, die Umwelt zu schützen. Das Land leidet nicht unter den üblichen Spannungen zwischen wirtschaftlicher Entwicklung und Umweltschutz. Ein glückliches Merkmal ist eine »Run-of-the-River«-Wasserkraftentwicklung, welche die Erhaltung von Wassereinzugsgebieten im Naturwald erfordert. Die Wasserkraft befriedigt den nationalen Strombedarf und ermöglicht immer noch große Stromausfuhren in das benachbarte Indien und erzeugt eine beträchtliche Menge an Devisen. Bhutan hat auch einen »Low Impact-High Value«-Ansatz für den Tourismus entwickelt, der vor einigen der negativen, kulturell zerstörerischen Auswirkungen des Massentourismus schützt.

So gesehen sieht alles angenehm und nachhaltig aus. Aber in Wirklichkeit wollen die Menschen, besonders die junge Generation, auch die Vorteile und Annehmlichkeiten der modernen Lebensweise genießen. Die nationalen Wahlen im Jahr 2013 endeten mit einem Erdrutschsieg der Volksdemokratischen Partei, die von zwei Sitzen auf eine absolute Mehrheit von 32 Sitzen im Parlament aufstieg, während die frühere Regierungspartei (die sich viel auf »Glück und Frieden« konzentrierte) 30 Sitze von 45 verlor und nun nur noch 15 Sitze besetzt. Der neue Premierminister Therde Tobgay drückte vorsichtige Skepsis über die Glückslehre aus, wie er sie sieht.

Der junge König, Sohn des 4. Königs, Jigme Khesar Namgyel Wangchuck lässt jedoch keinen Zweifel daran, dass er am Vorrang des Glücks über den materialistischen Werten des BIPs festhält. Und die Leute verehren ihn.

BILDUNG FÜR EINE NACHHALTIGE ZIVILISATION

Unter führenden Pädagogen entwickelt sich ein breiter Konsens darüber, dass im globalen Bildungssystem radikale Veränderungen erforderlich sind, um den vielfältigen Bedürfnissen der Menschheit gerecht zu werden.[405] Obwohl die Bildung allein keine Nachhaltigkeit erreichen kann, ist sie doch eines der Schlüsselinstrumente. Bildungsziele erfordern eine grundlegende Veränderung vom Auswendiglernen und Begreifen zum Lernen, wie man denkt. Die eigentliche Aufgabe besteht darin, die Fähigkeit zur Problemlösung und zum kritischen, unabhängigen und originellen Denken zu entwickeln. Darüber hinaus reicht eine Bildung, die sich ausschließlich auf den Geist konzentriert, nicht aus.[406] Erforderlich ist eine Neuorientierung von Bildungsinhalten und eine Pädagogik, die sich von der bloßen Vermittlung von Wissen, das in der Vergangenheit gewonnen wurde, löst und vielmehr die Fähigkeiten der Menschen fördert, ihr Wissen, ihre Fähigkeiten und Persönlichkeitskapazitäten zu erweitern, damit sie sich in einer Zukunft, die man sich noch nicht klar vorstellen kann, kreativ anpassen können.

Wenn Bildung der Vertrag zwischen Gesellschaft und Zukunft ist, wird ein neuer Vertrag benötigt, ein Vertrag, der es Jugendlichen ermöglicht, das zu entwickeln, was der World Social Science Report (WSSR)[407] als *Zukunftsalphabetisierung* bezeichnet – die Fähigkeit, sich der Komplexität und Ungewissheit zu stellen und sich

---

405 Gurgulino de Souza, et al . »Reflections.«
406 Alberto Zucconi. 2015. »PersonCenteredEducation.« Cadmus 2, Nr. 5: 59-61.
407 ISSC und UNESCO. 2013. World Social Science Report 2013, Changing Global Environments. Paris: OECD Publishing und UNESCO Publishing.

dynamisch an jeder Zukunft zu beteiligen. Im Folgenden werden einige Aspekte erwähnt, die für ein künftiges Bildungssystem, das für die Unterstützung der nachhaltigen Entwicklung geeignet ist, essenziell erscheinen.

UNESCO: Bildung für eine nachhaltige Entwicklung

Nachdem die UN-Generalversammlung 2005-2014 als UN-Dekade of Education for Sustainable Development (UNDESD) ausrief, verfolgte die UNESCO als zuständige Institution das Ziel, die Grundsätze, Werte und Praktiken der nachhaltigen Entwicklung in alle Aspekte der Bildung zu integrieren. Diese pädagogische Anstrengung versuchte, Veränderungen des Verhaltens zwischen Jugendlichen und zukünftigen Generationen herbeizuführen, um eine umweltfreundliche, wirtschaftlich lebensfähige und sozial gerechte Zukunft zu schaffen. Nach der Vollendung des UNDESD im Jahr 2014 startete die UNESCO ein globales Aktionsprogramm (GAP), um weltweite Bemühungen um Bildung für nachhaltige Entwicklung und ihren Beitrag zu den Nachhaltigkeitszielen (SDGs) und der SDG4-Education 2030 Agenda zu leisten und zu sichern. Im vergangenen Juli trafen sich etwa 100 Teilnehmer der GAP Key Partners aus aller Welt auf der UNESCO in Paris für einen Monitoring-Report, dem im Jahr 2017 ein Halbzeitbericht und ein Abschlussbericht im Jahr 2019 folgen. Diese Berichte sind ein Ziel, eine bessere und nachhaltigere Zukunft für alle zu schaffen.

Zukünftige Bildung ist aktiv und kooperativ. Die Forschung bestätigt, dass der Lerneffekt bei passiven Methoden, wie beim Lesen oder Hören eines Vortrags am geringsten ist, maximal dagegen, wenn im Rahmen einer

Kooperation gelernt wird, wie etwa bei einer Diskussion, einem Gruppenprojekt oder einer kombinierten Studie. 800 Meta-Analysen, die 50.000 Studien von 80 Millionen Schülern zwischen 2009 und 2012 abdecken, zeigten, dass kooperatives Lernen und Peer-Tutoring positiv auf den Lernprozess der Schüler einwirken. Während die durchschnittliche Retentionsrate (Gedächtnisleistung) eines Schülers beim passiven Hören einer Klassenzimmervorlesung 5% beträgt, bringt das Üben eine 75%ige Retentionsrate. Sie liegt mit 90% am höchsten, wenn man jemand anderen lehrt. Die Rolle des Lehrers muss sich also von einem Dozenten zu einem Anführer entwickeln, von der Vermittlung von Informationen zur Erleichterung des Selbstlernens und Etablierung des Peer-Tutorings.

Zukünftige Bildung basiert auf Konnektivität. Weltweit ist das aufkommende Lernmodell das menschliche Netzwerk. Mit elektronischen Gadgets, die jeden Aspekt des Lebens und des Lernens durchdringen, gerät oft die Tatsache aus dem Blickfeld, dass Bildung im Wesentlichen ein organischer Austauschprozess ist, der zwischen einem Menschen und einem anderen stattfindet. Die Entwicklungen in der Internet- und Kommunikationstechnologie, die die Bildung durch Massive Open Online Courses (MOOCs) und Virtual Reality-Training revolutionieren, sind nur in dem Maße wertvoll und wirksam, wie sie Verbindungen zwischen Menschen fördern. Ebenso muss die Bildung das Interesse gewinnen, die Energie freisetzen und die Fähigkeiten jedes Schülers aktivieren, selbst zu lernen und anderen dabei zu helfen.

Eine Fallstudie aus Napa, Kalifornien

Die New Technology High School in Napa, Kalifornien, hat das kooperative Lernmodell verabschiedet, nachdem die Stadt Napa eine Gruppe von Unternehmen gebeten hatte, dabei zu helfen, das High-School-Curriculum neu zu gestalten, um die Schüler besser für den beruflichen Erfolg vorzubereiten. Basierend auf dem Feedback der Unternehmen, dass die Bildung im Wesentlichen zu sehr auf die individuelle Leistung und nicht auf die Kooperationsfähigkeit konzentriert war, hatte die Schule das pädagogische System neu gestaltet, um sich auf die Person zu konzentrieren, anstatt auf das Thema. Heute vermittelt sie nicht nur Lehrbuchwissen, sondern Lebenskompetenz, eine Kultur des Respekts, des Vertrauens und der Verantwortung. Die Schüler organisieren ihre eigenen Projekte und arbeiten in Gruppen ihrer Wahl. Sie sind in der Entscheidungsfindung in der Schule involviert. Das Curriculum ist projektbasiert und die Lehrer führen die Aktivitäten, statt Vorträge zu halten. Ein Kriterium, an dem sich die Lernenden ausrichten, ist die Arbeitsmoral. Die Schule bringt die Schüler dazu, sich gegenseitig zu helfen und die Vorteile zu erkennen, die sich ergeben, wenn Wettbewerb durch Zusammenarbeit ersetzt wird

Zukünftige Bildung ist wertorientiert. Werte repräsentieren die Weisheit aus Jahrhunderten. Sie sind nicht nur inspirierende Ideale, Werte sind eine Form des Wissens und eine mächtige Determinante der menschlichen Evolution. Sie sind psychologische Fähigkeiten mit großer praktischer Bedeutung. Bildung muss auf Werten gegründet werden, die Nachhaltigkeit und allgemeines Wohlbefinden für alle fördern. Der Umstieg auf nachhaltige Werte wäre ein Paradigmenwechsel in unserem Wertschöpfungssystem, das größtmögliches menschliches Wohlergehen anstelle von maximaler Produktion und Konsum setzt. Auf globaler Ebene kann man sich bewusst auf jene Werte konzentrieren, die wirklich universell sind, und auf die Achtung der kulturellen Unterschiede eingehen, während auf der grundlegendsten Basis die Bewegung der Nachhaltigkeit auf den lokalen Werten aufbauen kann.

Die künftige Ausbildung konzentriert sich mehr auf das Thema Nachhaltigkeit. Da die Wissenschaft der Nachhaltigkeit ein relativ neues Thema ist, kann ihre Bildung nicht auf jahrhundertelange Arbeit oder das kollektive Wissen vieler vergangener Generationen beruhen. Das Bewusstsein für die Dringlichkeit, eine nachhaltige Entwicklung zu erreichen, verbreitet sich. Aber nicht alle Antworten stehen zur Verfügung, es wurden auch nicht alle relevanten Fragen gestellt. Daher sind als Voraussetzung für die Bildung in der Nachhaltigkeit umfangreiche Forschungen in allen Zweigen der einzelnen Fachgebiete erforderlich, sowie die Bildung multidisziplinärer Teams, in denen alle Interessen und Standpunkte vertreten sind. Um diesen Forschungsergebnissen eine breite öffentliche Plattform zu sichern, müssen sie in die Diskussionen in den Klassenzimmern ebenso Eingang finden wie in die öffentlichen Debatten der politischen Funktionsträger unter Beteiligung der Bürger. Je umfassender und inklusiver die Bildung und die Beteiligung der Bürgerschaft ist, desto effektiver wird die Umsetzung sein.

Die künftige Bildung fördert eine integrierte Denkweise. Während des letzten 20. Jahrhunderts wurden einige der Einschränkungen des analytischen Denkens durch eine Verschiebung der Betonung auf das Systemdenken überwunden. Das Systemdenken konzentriert sich auf die

Vernetzung und Interdependenz von Phänomenen. Es erkennt die Komplexität an und strebt nach einer Konzeption des Ganzen. Aber es gibt auch im Systemdenken immer noch die Tendenz, die Wirklichkeit rein mechanistisch zu betrachten. Und so ist es nicht in der Lage, ihre organische Integralität zu erfassen. Die Einschränkungen des Systemdenkens erfordern eine Verschiebung von mechanistischen zu mehr organischen Konzeptionen der Realität. Unsere größten Erfindungen, Entdeckungen und kreative Akte entstehen, wenn scheinbare Widersprüche versöhnt werden. Das integrale Denken geht davon aus, dass es möglich ist die Komponentenelemente wahrzunehmen, zu organisieren, zu versöhnen und neu zu vermitteln, um so zu einem wahreren Verständnis der zugrunde liegenden Realität zu gelangen. Die Bildung muss den Studierenden eine solche integrierte Sichtweise vermitteln, unabhängig von ihren spezifischen Fachgebieten. Jede Disziplin muss lernen, sich im Lichte des gesellschaftlichen Ganzen zu untersuchen.

Die künftige Bildung fördert den Pluralismus inhaltlich. Eine Veränderung der Pädagogik muss durch eine Änderung der Inhalte abgestimmt werden. In diesem Zeitalter der Informationsüberlastung und des einfachen Zugangs zu Big Data sind die Auswahl der richtigen Inhalte und die Gestaltung des Lehrplans eine verantwortungsvolle Aufgabe. Die soziale Realität ist komplex und integriert und kann nicht durch eine einzige Theorie erklärt werden. Viele Universitäten befürworten eine bestimmte Schule des (ökonomischen) Denkens, anstatt die jungen Köpfe der ganzen Bandbreite widersprüchlicher oder komplementärer Perspektiven auszusetzen. Die Studierenden brauchen heute eine tolerante und weitgefasste Bildungsform, die Wissen sucht, das neugierig macht und nicht das Ungewohnte ausschließt oder ablehnt. Ein ermutigendes Zeichen ist die jüngste Bewegung von Ökonomen und Studenten der Volkswirtschaft in Europa, Nordamerika und anderen Regionen, die gegen das intellektuelle Sektierertum protestieren und eine Behandlung aller relevanter Ansichten und nicht nur die einer engen Orthodoxie fordern.[408] So wie die genetische Vielfalt für die menschliche Evolution entscheidend war, kann die kulturelle Vielfalt ein Katalysator für die soziale Evolution sein. Das finnische Bildungssystem bietet ein Beispiel für die Überwindung der Sektorisierung von Curricula, da es weniger Schwerpunkte auf Themen und mehr Schwerpunkte auf breitere Themen wie die Europäische Union oder Ökologie und das Weltall gibt. Im Unterricht werden Perspektiven aus vielen verschiedenen Disziplinen miteinander verknüpft und den Schülern eine breitere Perspektive vermittelt.

Diese Überlegungen über eine zukünftige Erziehung sind längst schon Praxis, so etwa bei der Waldorfpädagogik, bei den Club-of-Rome-Schulen und an einigen amerikanischen Universitäten.

Angeregt durch einen älteren Club-of-Rome-Bericht »No Limits to Learning« hat die Deutsche Gesellschaft des Club of Rome unter ihrem damaligen Generalsekretär Uwe Möller seit vielen Jahren ein Netzwerk von Club-of-Rome-Schulen, dem 15 Schulen angehören, gestartet.[409] Sie leiten Schülerinnen und Schüler dazu an, sich der Verantwortung als Weltbürger bewusst zu

---

[408] Siehe http://www.rethinkeconomics.org/; http://reteacheconomics.org/; http://www.isipe.net/; http://www.cemus.uu.se/; http://www.schumachercollege.org.uk/. Ein paar Initiativen, die ein Umdenken der ökonomischen Theorie erfordern.

[409] J.W. Botkin, Mahdi Elmandjra, und Mircea Malitza. 1979. No Limits to Learning. Bridging the Human Gap. Als Buch erhältlich bei Elsevier Science Direct, 2014 (deutsch): Club of Rome Schulen. Kontakt: Eiken Prinz, Rosenstr.2, 20095 Hamburg. Siehe auch: http://www.club-of-rome-schulen.org/.

werden. Der Unterricht ist hauptsächlich projektorientiert, wobei sich die Schüler in jahrgangsübergreifenden Gruppen auf ein Thema konzentrieren. Sie lernen dabei Fertigkeiten der fachübergreifenden Zusammenarbeit, der Selbstorganisation, des Bewusstseins über die eigene Rolle, Kenntnisse im Bereich Big Data sowie die Kooperation mit anderen Personen. Die Schüler werden auch animiert, sich in lokalen Initiativen zu engagieren, wo sie lernen, ihre Effektivität zu steigern und die Rolle als Weltbürger praktisch einzuüben.

In Kanada haben sich die Universitäten McGill und York mit der US-Universität von Vermont in einem Projekt »Erziehung für das Anthropozän« zusammengetan. Es ist ein M.A.-Programm, das die Studierenden zum Master- oder auch PhD-Abschluss bringt. Die beteiligten Fächer sind Governance, Recht, Ökonomie und Sozialwissenschaften. Hinzu kommen Systemwissenschaften und Modellbildung. Die Qualifikation für die Berufsbilder und Herausforderungen der *vollen Welt* ist hoch aktuell. Natürlich werden auch MOOC-Kurse angeboten, um eine doppelte Zahl von Studierenden (von 40 auf 80) und um Interessierte aus anderen Ländern zu erreichen – über Partneruniversitäten in Australien, China und Indien. Das Programm umfasst auch Ethik und Werte für die spätere Berufsarbeit in Leitungsfunktionen. Auch auf die Einbeziehung von natur- und ingenieurwissenschaftlichen Fähigkeiten wird Wert gelegt. Einer der Initiatoren ist Club-of-Rome-Mitglied Peter R. Brown, der sagt, dass heutige Bildung zur Nachhaltigkeit nicht vorstellbar ist ohne ein völlig neues Denken über die Rolle der Menschheit.[410]

Die Notwendigkeit einer nachhaltigen Entwicklungserziehung erfordert ein neues Paradigma. Die Ein-

---

[410] www.e4a-net.org.

führung von Nachhaltigkeit in das pädagogische Curriculum aller Ebenen ist notwendig, aber nicht ausreichend, um die gewünschte rasche, radikale Veränderung der Weltwirtschaft und des Lebensstils herbeizuführen. Es bedarf der Stärkung der nächsten Generation mit einer anderen Art von Bildung, die eine größere Anpassungsfähigkeit für einen raschen sozialen Wandel, ein starkes Gefühl sozialer Verantwortung, Innovation und kreativen Denkens vermittelt. Das künftige Bildungssystem ist gerade in den frühen Stadien eines revolutionären Übergangs, der immense Auswirkungen auf die Zukunft der globalen Gesellschaft haben wird. Es brechen die Grenzen des physischen Klassenzimmers, die Klostermauern des Universitätscampus, die willkürlichen und starren Noten, Kurse und einstündigen Vorlesungssegmente, die sozialen Barrieren der Klassenteilungen und die ökonomischen Barrieren!

FAZIT: EINLADUNG AN DIE LESERINNEN UND LESER

Wir als Autoren laden Leser/innen ein, uns auf einer spannenden Reise zu begleiten. Teil 3 dieses Buches ist voll von Beispielen, die zeigen, dass einige mutige Einzelpersonen, Firmen oder Staaten jetzt handeln und Elend, Frustration und Stagnation hinter sich lassen können. Teil 3 zeigt auch, dass politische Maßnahmen existieren oder denkbar sind, konstruktive Handlungen rentabel zu machen und sie in den Mainstream zu heben.

Unsere Einladung richtet sich an Leser in allen Ländern der Welt. Die Bedingungen sind sehr unterschiedlich. Aber die Welt hat Erfolgsgeschichten gesehen, die an den unwahrscheinlichsten Orten zutage treten.

Eine Bedingung sollte überall respektiert werden: die Denklinie von nicht-nachhaltigem Wachstum zu verlassen. Es wäre unfair gegenüber künftigen Generationen, es wäre besonders unfair gegenüber den Ärmsten auf dieser Welt, die Ausbeutung der Umwelt fortzusetzen, die Biodiversität zu zerstören und das Klima zu destabilisieren. Die Armen sind von der umliegenden lokalen Umgebung und einem vernünftig stabilen Klima abhängig.

Die aktuellen Trends auf der Erde sind nicht nachhaltig und die üblichen Antworten auf die Herausforderungen neigen dazu, auf einer Art Wirtschaftswachstum aufzubauen, das fest an einen zusätzlichen Ressourcenverbrauch gebunden ist. Kombiniert mit einer anhaltenden Bevölkerungszunahme macht dies die Trends noch weniger nachhaltig. Das unvermeidliche Ergebnis sind ökologische Zusammenbrüche, lokal sowie weltweit, die den Nachhaltigkeitsentwicklungszielen (SDG) 13,

14 und 15 weitgehend widersprechen. Es scheint unvermeidlich, eine neue Denkweise zu entwickeln und, wenn möglich, sich einer neuen Aufklärung zu unterziehen. Eines der Hauptmerkmale dieser Aufklärung ist das *Gleichgewicht*. Das Ziel ist eine ausgewogene Welt mit einer realistischen Harmonie zwischen den ökonomischen und den ökologischen SGDs.

Wir laden Ingenieure, Erfinder, Praktiker und Finanzinvestoren ein, an der Entkoppelung des wirtschaftlichen Erfolgs und der menschlichen Zufriedenheit vom Verbrauch natürlicher Ressourcen zu arbeiten. Dieses Programm beinhaltet die Wiederherstellung der verwendeten Ressourcen. Es umfasst auch die Wiederherstellung von abgetragenem Land, um die Bedingungen für die Tierwelt und für die fruchtbare Landwirtschaft zu verbessern.

Wir laden Familien vor allem in Ländern mit starker Bevölkerungszunahme ein, sich um eine Stabilisierung der Bevölkerung zu bemühen, und wir fordern die Staaten auf, die soziale Sicherheit für Familien unabhängig von der Zahl der Kinder zu etablieren und zu erhalten.

Wir laden die Akademiker unter unseren Lesern dazu ein, die mechanistische und materialistische Philosophie zu erneuern, die oft eine Fülle an Mathematik und eine Leere an Bedeutung aufweist. Wir ermutigen Staaten und private Sponsoren von akademischen Institutionen interdisziplinäre Forschung zu unterstützen.

Wir laden Geschäftsleute ein, das Gemeinwohl und die langfristige Perspektive im Gegensatz zu den vierteljährlichen Berichten über den oberflächlichen finanziellen Erfolg zu stellen. Aber das verlangt von den Finanzprofis, vom Schlaraffenland-Zug *abzusteigen* und geduldiger zu werden.

Wir laden die Wirtschaft ein, sich mit den politischen Entscheidungsträgern in Verbindung zu setzen, um den Rahmen für die Rentabilität zu ändern, so dass die Beiträge zum Gemeinwohl finanziell belohnt und nicht bestraft werden. Wir empfehlen Belohnungen (und Auszeichnungen) für beispielhaftes Verhalten.

Wir laden die politischen Entscheidungsträger ein, eine neue Steuerungsphilosophie einzuführen, welche die Beschäftigung von Arbeitskräften entlastet und den Verbrauch natürlicher Ressourcen belastet (unter Beachtung der Notwendigkeit, dass jeder einen erschwinglichen Zugang zu den notwendigen Ressourcen behält).

Wir laden die Regierungen ein, über die Grenzen hinweg zusammenzukommen und zusammen am gemeinsamen Wohlergehen zu arbeiten. Am besten im Geiste der »Kohabitation«.

Und nicht zuletzt laden wir Kritiker dazu ein, darauf hinzuweisen, was sie in Bezug auf die Tatsachen und Absichten dieses Berichts durch den Club of Rome als falsch oder fehlerhaft empfinden.

Wir haben hierfür die folgende E-Mail-Adresse eingerichtet: *comeonauthors@clubofrome.org*.

REGISTER

13. 5-Jahres-Plan (China)   232, 359, 360, 362, 364-366
2°C-Ziel   50, 261
3D-Drucker   102, 281
49ERS-Stiftung   109

Abfall   74, 219, 239, 269, 280
Abfallwirtschaft   213, 251
Abwasser   250
Adam-Smith-Institut   149
Adelaide   249, 250, 271
Admati, Anat   30, 289
Afghanistan   21, 25, 64, 95
Afrika   25, 68, 79, 87, 149, 238, 240, 241, 346
Agarwal, Anil   256
Agenda 2030   13, 17, 89, 90, 95, 98, 210, 338, 354
Agenda 21   91, 134
Agrochemie   82, 240
AI   170, 171
Airbnb   281, 284
Alibaba   362
Allmende   179
Amsterdam   107, 248
analytische Philosophie   165, 168, 185, 186
Andersson, Kevin   53
Anthropozän   48, 60, 127, 376
Apple   324
Arabischer Frühling   21, 339
Arbeitslosigkeit   17, 94, 141, 142, 210, 211, 219, 285, 302-304, 330
Arbeitsplätze   107, 108, 109, 118, 141, 146, 207, 208, 210, 211, 212, 220, 222, 223, 230, 232, 236, 239, 263, 267, 268
Arbeitsproduktivität   81, 141, 284, 304
Argentinien   21, 241
Aristoteles   128, 311
Arktis   56
Armstrong, Karen   130
Armut   12, 21, 23, 24, 72, 91, 94, 134, 141, 142, 204, 208, 240, 281, 302, 351
Artensterben   11, 20, 44
Asbury, Anna   187
Asien, asiatisch   69, 97, 169, 182, 346
Atomwaffensperrvertrag   65
Attac-Bewegung   310
Aufklärung   12, 18, 28, 34, 35, 36, 38, 121, 123, 128, 131, 149, 168, 177, 179, 180, 181, 184, 186, 187, 189, 190, 191, 298, 379
aufkommensneutral   200
Australien   66, 68, 241, 255, 273, 275, 276, 277, 278, 376
Autopoiesis   168
Averroës   128
Avicenna, Ibn Sina   127, 128
Bacon, Francis   179
Bahn   125
Balance   18, 88, 147, 150, 182, 185, 186, 188, 190, 202, 244, 298, 300, 352, 353, 361
Bangkok   247
Bank of England   253
Barclays Bank   253
Bartlett, Bruce   24

BASF 365
Bauer, Joachim 310
BECCS 52, 53, 262
Beddington Zero Energy 247
bedingungsloses Grundeinkommen 285
Behrens, William 34, 39
Bellagio-Gipfel 321
Belo Horizonte 349
Benes, Jaromir 291, 292
Benyus, Janine 200
Bertelsmann Stiftung 26
Beschleunigung 29, 48, 72, 112, 194
Bestäuber 62, 166, 167
Besteuerung 49, 177, 283, 284, 292, 293, 306, 353
Bevölkerung 21, 39, 48, 61, 68, 69, 70, 71, 72, 73, 74, 75, 182, 186, 243, 268, 303, 306, 351, 379
Bevölkerungswachstum 61, 69, 72, 194
Bhutan 192, 359, 366, 367
Bildung 24, 70, 73, 92, 104, 108, 109, 174, 175, 189, 212, 282, 295, 296, 316, 340, 351, 369, 370, 371, 372, 373, 374, 376, 377
Biodiversität 44, 77, 90, 91, 92, 105, 124, 177, 194, 204, 206, 222, 224, 235, 338, 366, 378
Biokapazität 68, 97, 328
Biomimicry 200
Biopolis 244
BIP 31, 32, 72, 115, 116, 117, 118, 121, 162, 194, 198, 260, 264, 300, 315, 319, 320, 328, 329, 331, 333, 334, 335, 336, 337
Bit-Steuer 283
Björkman, Tomas 174, 175

Blockchain 326, 327
Blue Economy 216, 217, 219, 220, 221, 223, 364, 365
Blue Planet Prize 20
Böden 11, 20, 41, 62, 64, 77, 91, 204, 235, 239, 243, 255, 262, 263, 329, 364
Bohr, Niels 164
Boston 74, 122, 190, 199, 350
Boulding, Kenneth 34, 113
Brasilien 21, 62, 278, 349
Bretton Woods 337
Brexit 22, 87, 298, 340
Brisbane 277
Brown, Peter G. 199, 204, 296, 376
Brundtland, Gro Harlem 20, 102, 279, 280
Brynjolfsson, Erik 142
Buc, Philippe 130
Buddhismus 185
Bürgerjury 341
Buffett, Warren 317
Burkina Faso 26
Bush, George W. 24, 57

Cao Xian, Shandong 364
Capra, Fritjof 168, 169, 185
Carpool 274
Cartwright, Mark 182
Cayman-Inseln 147
CBD 63
CCS 52, 53, 262
Centre for the study of existential risks (CSER) 58
Chacón, Susana 3, 13, 15
Chemie 60, 174, 194, 200, 203, 218, 291
Chemieindustrie 53, 308
Chevron 109
Chicago School of Economics 148

Chicago-Plan 290, 291, 292
China 27, 43, 54, 56, 57, 65, 72, 74, 75, 76, 135, 149, 192, 225, 226, 231, 232, 256, 257, 273, 281, 302, 324, 331, 359, 361, 362, 363, 364, 365, 366, 376
Christensen, Clayton 99, 100
Christentum 130, 169
Club-of-Rome-Schulen 375
CO_2-Budget 52, 255
CO_2-neutral 251, 262, 276, 367
CO_2-Steuern 52, 57, 230, 258
Cochabamba-Erklärung 132
COHAB 354, 357
Collective Leadership 342, 344, 345
Common Code of the Coffee Community 344, 345
Convention on Biological Diversity 63
COP3 219
COP21 49, 54
Cradle to Cradle 37, 364
CRISPR-Cas 9 29, 63, 159, 160
Crosb, Ned 341
Crowdfunding 324, 325, 326
Crutzen, Paul 46, 48
Csíkszentmihályi, Mihály 174

Dahlsten, Ulf 287
Daly, Herman 3, 14, 18, 34, 111, 154, 162
Dänemark 94, 225, 242
Darwin, Charles 155, 156, 159, 161
Decoupling 2 115, 306
de Grauwe, Paul 187
Deloitte 231, 296, 323
Demokratie 26, 28, 36, 100, 138, 190, 283, 293, 311, 341
Deregulierung 22, 30, 136, 152, 286

Descartes, René 179
Desertec 354
Deutschland 26, 78, 94, 155, 225, 259, 274, 312, 363
Development Alternatives 93, 203, 207, 209, 213, 215, 220
Diamandis, Peter 104, 106
Díez-Hochleitner, Ricardo 13
Digitalisierung 28, 101, 103, 104, 108, 109, 142, 280
Disruption 99, 101, 104, 233, 279, 280, 281
disruptiv 99, 172
Dissipation 103
dissipative Strukturen 113
Divestmentkampagne 252, 253
Dixson-Declève, Sandrine 16
DNA 159, 160, 171
Dobzhansky, Theodosius 156
Doha-Runde 83, 86
dominium terrae 129
Dornbirn 312, 313
Dow Jones 227

Echokammern 27, 283
EcoIslam 127, 132
Ecopolis 243, 244
EEG 225
Ehrlich, Paul 72
Eisler, Riane 188, 197, 303
Eiszeit 60, 65
Ekuador 244
Eldredge, Niles 158
Elefantenkurve 22, 23, 24
Ellen-MacArthur-Stiftung 266, 269
Emissionshandelssystem 258
Energieeffizienz 232, 254, 258, 265, 268, 271, 277, 324, 360

Energieproduktivität 306, 307
Energiewende 18, 280, 324
England 58, 149, 253
Entkopplung 115, 121
Entropie 113, 114
Entwaldung 41, 263
Entwicklungsländer 68, 83, 87, 91, 92, 94, 137, 210, 230, 231, 239, 256, 257, 282, 366
Erd-Charta 197
Erderwärmung 55, 134
Erdgipfel 56, 119, 134
Eritrea 21
Ernährungssicherheit 77, 92, 160, 217
Erneuerbare Energien 224
Ernst&Young (EY) 296
Erster Hauptsatz der Thermodynamik 110, 114
ETC-Gruppe 160
Ethereum 326, 327
EU-ETS 258
Eurobarometer 337
Europa 28, 33, 36, 84, 85, 87, 138, 149, 180, 247, 289, 298, 310, 375
Europäisches Forum Alpbach 181
Eurozone 25
existential risks 58, 171
exponentielle Technologie 103, 104, 106
Externalitäten 37, 112

Facebook 27, 315
Fahrerloses Auto 233
Faktor Fünf 271, 272, 306, 364
FAO 20, 203
Felber, Christian 14, 310, 311, 312
Fertilitätsraten 211

Finanzialisierung 24, 29, 31, 32, 296
Finanzkrise (2008) 30, 32, 88, 286, 289, 291, 299, 366
Finkbeiner, Felix 254
Fisher, Irving 156, 291
Fisher, Ronald 156
Flüchtlinge 12, 21
Franklin County 275
Freiburg 247
Frey, Carl Benedikt 107, 108, 273
Frieden 25, 90, 126, 197, 349, 368
Friedman, Milton 143, 144
Fukushima 225
Fukuyama, Francis 136, 339, 340
Fuller, Richard Buckminster 195

Galapagos-Inseln 155, 156
Galeano, Eduardo 86, 154
Gallup Healthways 196
Gandhi, Indira 91, 208
Gas 34, 42, 56, 227, 233, 253, 255, 272, 273
Gates, Bill und Melinda 317, 318
Gates-Stiftung 317, 318
GATT 83, 137, 151
Gehl, Jan 251
Geldschöpfung 286, 287, 290, 291
Gemeinwohlökonomie 310
Gene drives 63
General Motors 233
Genotyp 157
Genpool 157, 158
Geoengineering 59, 352
Geopolymer-Beton 277
Georgescu-Roegen, Nicholas 113
gestrandete Vermögenswerte 228, 253
Getreide 239, 241

385

Gewalt 130, 191
Gilding, Paul 227
Gini-Koeffizient 328
Giovannini, Enrico 13, 162, 335
Girardet, Herbie 3, 14, 75, 243
Giving Pledge 316
Global Alliance for Banking on Values 320
Global Footprint Network 95, 97, 114
Global Governance 192, 348, 349
Globalisierung 22, 137, 138, 151, 152, 153, 217, 310
Gould, Steven Jay 158
GPACT (Global Policy Action Plan) 349
GPI (Genuine Progress Indicator) 329, 330, 331, 332, 333, 334, 335, 336
Granoff, Jonathan 66
Great Transition Network 122
Green Belt Movement 254
green manufacturing 360
Greenpeace 85
Grenzen des Wachstums 11, 12, 34, 35, 39, 40, 43, 282
Griechenland 290, 341
Gross National Happiness Index 366
Großbritannien 23, 32, 135, 136, 144, 324
Große Transformation 99, 351
Grundwasser 41
Grüne Anleihen 324
Grünes Wachstum 116
Guardian 35, 49, 59, 60, 194, 285, 304

Habitat III 244
Haldane, J.B.S. 156, 157
Hamburg 189, 248, 354, 375
Hammarby, Sjöstad 247

Handel 24, 83, 84, 86, 88, 93, 146, 150, 151, 152, 154, 155, 177, 257, 258, 351
Hansen, James E. 20, 49, 258
Happy Planet Index 198
Harari, Yuval Noah 170, 171
Haugland, Björn 203
HDI 96, 97
Heidelberg 275
Heisenberg, Werner 164, 185
Hellwig, Martin 30, 289
Herbizide 78, 221
HFCs 55
Higgs-Boson 166
Higgs, Kerryn 3, 14, 84
Hinduismus 185
Holdren, John 72
Homo Deus 170
Honduras 21
Honigbiene 62, 166
Hopi 181, 182
Howes, Michael 119
Human Development Index 96, 97
Humanistic Management 197
Hume, David 149, 179
Hüther, Gerald 310
Hydroponik 362

I Ging 184
I=PAT-Gleichung 72
IAASTD 77, 80, 82, 235, 236
Ibn Rušd 128
Ide, T. Ranald 283
IEA 233, 273, 274
IFAD 78
IFEES 127, 132
IKT 101, 102, 107, 212, 279, 280, 282, 283, 284
Ilias 129

Impact investing   321, 323
ILO   210
INDCs   50
Index of Sustainable Economic Welfare   329
Indien   43, 53, 57, 65, 66, 70, 72, 74, 75, 207, 213, 214, 215, 256, 257, 273, 367, 376
Indigene   36, 79, 235, 236
Industrie   24, 85, 87, 103, 140, 146, 217, 219, 227, 282, 306, 308, 360, 363
Industrie 4.0   103, 282
Informations- und Kommunikationstechnologie   101
Infrastruktur   102, 108, 236, 248, 249, 256, 259, 260, 266, 324, 333
Intergovernmental Panel on Climate Change   355
International Resource Panel   78, 93, 115, 235, 236, 266, 306
Internet   27, 104, 105, 279, 281, 282, 325, 362, 364, 371
Investitionen   26, 33, 66, 80, 88, 202, 236, 248, 260, 287, 314, 315, 317, 321, 322, 324
IPCC   355
IRENA   232
Iroquois Valley Farms   242
IRP   236, 266
ISEW   329, 331
Islam   28, 127, 130, 169
Islamische Stiftung für Ökologie und Umweltwissenschaften   127
Italien   290
IVF   242
IWF   146, 153, 154, 230, 288, 291, 296, 297

Jackson, Tim   35, 115, 162, 330, 334
Jacobson, Mark Z.   229
Jakarta   248
Jevons, William Stanley   174
Jingdong   362
Judentum   129, 130, 131
Junk-DNA   159

Kaffeechemie   219, 220
Kahnemann, Daniel   174
Kairo-Aktionsplan   70
Kaldor, Mary   338, 339
Kalium   243
Kalter Krieg   12, 28, 64, 66, 134, 135, 137, 163
Kanada   15, 130, 263, 376
Kant, Immanuel   179, 315
Kapitalismus   21, 22, 100, 135, 137, 138, 140, 141, 142, 180, 197, 198, 202
Kernenergie   225, 228
Kernwaffenstaaten   66
Keynesianismus   144
khalifah   127
Khor, Martin   87
Kigali   55
King, Alexander   12, 133
Kipppunkte   41, 44, 50
Kleinbauern   78, 79, 203, 241, 318
Klimakonvention   49, 54, 56
Klima-Vertragsparteienkonferenz   219
Klimawandel   44, 45, 52, 54, 56, 60, 61, 64, 126, 141, 204, 224, 248, 252, 259, 299, 302, 329
Knies, Gerhard   3, 14, 354, 355, 356
Kohabitation   355, 356, 357, 380
Kohle   34, 52, 56, 57, 80, 226, 227, 231, 232, 233, 252, 253, 254, 255, 262
Kohn, Alfie   310

Kolkata 248
Kolonialismus 36, 79
Kommunismus 135, 136, 138, 140, 146
komperative Vorteile 148, 152, 153, 154
Komplementarität 164, 185, 186
Kompost 250
König von Bhutan 366
Kopenhagen 248, 251, 256
Korea 126, 136
Korten, David 131, 132
KPMG 296
Kreislaufwirtschaft 198, 200, 243, 267, 268, 269, 271, 280, 360
Kuba 238
Kubiszewski, Ida 3, 14, 328, 330, 334, 335, 336
Künkel, Petra 342, 344
Kulturrevolution 126
Kumhof 291, 292
künstliche Intelligenz 105, 352
Kurzweil 59, 104, 105

Landwirtschaft 18, 61, 62, 66, 78, 79, 80, 81, 108, 160, 166, 182, 203, 210, 213, 221, 235, 237, 238, 242, 244, 254, 262, 263, 271, 277, 305, 362, 363, 379
Lateinamerika 346
Laudato Sí 12, 18, 38, 124, 126, 130, 180, 186, 197
Lavoisier, Antoine de 179
leere Welt 18, 34, 35, 36, 64, 110, 111, 112, 113, 114, 117, 129, 177, 186, 289, 300, 333, 337, 348
Leibniz, Gottfried Wilhelm 179
Liberalisierung 22, 136, 147
Liebreich, Michael 226

Likhotal, Alexander 3, 13, 14
Litaer, Bernard 33, 353
Lochiel Park Solar 250
Locke, John 149, 163, 179
London 15, 34, 35, 42, 46, 62, 73, 74, 87, 92, 115, 142, 147, 156, 162, 181, 247, 248, 253, 272, 280, 291, 299
Lössplateau 281
Lovelock, James 20
Lovins, Amory 3, 13, 14, 20, 199, 224, 225, 252, 335
Lovins, Hunter L. 3, 14, 199
Luisi, Pier Luigi 168, 169

Maathai, Wangari 254
Machovina, Brian 81
Macron, Emmanuel 25
MAD 67
Madagaskar 95, 239
Made in China 2025 361, 362
Manila 248
Mao Tse-Tung 135
Marrakesch 54, 55
Marshall-Plan 53, 54, 136
Maryland 332
Masters, Jeff 56
Maturana, Humberto 168
Maxton, Graeme 3, 13, 14, 115, 140, 141, 302
McAfee, Andrew 142
McKinsey 72, 74, 233
Meadows, Dennis 34, 39, 196
Meadows, Donella 34, 39, 40, 196
mehrdimensionaler Armutsindex 24
Melbourne 24, 276, 296
Mendel, Gregor 157
Metalle 200, 245
Metcalfe'sche Gesetz 104

Mexiko 84, 324
Mexiko City 324
Microsoft 327
MINT 109
Molekularbiologie 166
Monbiot, George 49
Mont Pèlerin Society 143
Montesquieu, Charles de Secondat Baron de 179
MOOCs 371
Moore'sche Gesetz 103, 106
MPI 24
Müllverbrennung 268, 308
Murray, Sheila 13, 156, 249
Mutationen 157, 158
Mutter Erde 132

nachhaltige Entwicklung 68, 89, 96, 120, 121, 134, 175, 197, 247, 279, 280, 284, 309, 338, 359, 370, 373, 376
Nachhaltigkeit 13, 26, 33, 34, 74, 96, 97, 107, 109, 122, 147, 182, 192, 193, 199, 235, 245, 249, 265, 279, 286, 300, 311, 313, 319, 320, 329, 338, 345, 346, 347, 351, 366, 369, 372, 373, 376, 377, 380
nachhaltiges Investieren 324
Nachhaltigkeitsentwicklungsziele 89, 338, 352, 378
Nachkriegsökonomie 259, 279
Naher Osten 25, 63, 339
Nancy 247
Nanjing 365
Napa, Kalifornien 372
Narain, Sunita 256
Natural Capitalism 199
neoklassisch 112, 117, 174, 175
Neonicotinoide 62, 167
Nepal 70

New Economics Foundation 198
New South Wales 241
New York 20, 26, 61, 62, 69, 73, 74, 92, 142, 156, 200, 247, 311, 366
Newton, Isaac 163, 168, 179
Niederlande 94, 239
Nicaragua 237
Nigeria 21, 95
Nikomachische Ethik 311
Nildelta 248
Nobelpreis 143
Norwegen 94, 267
Novamont 221
Nowak, Martin 310
NPT 65, 66
nuklearer Winter 64, 66
Nullabfallstrategie 250

Obama, Barack 54, 56, 66, 86, 288
Obersteiner, Michael 93
OECD 22, 23, 25, 31, 116, 122, 145, 162, 286, 295, 296, 297, 308, 309, 324, 362, 369
öffentliche Beschaffung 260, 268, 312
öffentliche Güter 18, 84, 86, 88, 137, 138, 139, 155, 187, 352, 353
ökologischer Landbau 238
ökologischer Fußabdruck 11, 39, 68, 75, 95, 96, 119, 281, 331, 333
Ökumenischer Rat der Kirchen 126, 132
Ökosystemleistungen 114, 331, 336
Öl 34, 41, 42, 52, 56, 145, 221, 226, 227, 231, 233, 253, 255, 262, 263
OPEC 41, 308
OPHI 24
Osaka 247
Osborne, Michael 107, 108

389

Österreich 94, 312
Oxford Poverty and Human Development Initiative 24
Ozean 117
Ozonabbau 44

Pakistan 65, 66, 70
Papst Franziskus 12, 124, 180, 186, 196, 197
Parasiten 159
Pariser (Klima-)Abkommen 51-57, 89, 252, 255, 261, 262, 360
Partielle Wurzelzonentrocknung 277
Pascal, Blaise 179
Passivhaus 274, 275, 365
Patnaik, Prabhat 88
Pauli, Gunter 3, 14, 216, 217, 219, 364
Peccei, Aurelio 11, 12
Peccei, Roberto 3, 13, 14
Peking 360
Perez, Thomas 323
Perth 273
Phänotyp 157
Pharmaindustrie 59
Philanthropie 316, 321, 322
Philippinen 26
Phosphor 41, 45, 78, 269
Pickett, Kate 188, 189, 335
Piketty, Thomas 91, 92, 142, 319
Piller, C. 317
Pilze 219, 220, 221, 318
Pinochet, Augusto 136
Pixel Building 276
Pixelcrete 276
planetare Grenzen 17, 35, 44, 45, 114, 217
Planungszelle 341
Plastikabfall 326

Pluralismus 162, 351, 374
Polen 183, 184, 231, 267
Populismus 22, 25
Portland 247
postfaktisch 27
Preis für CO_2 258
Problematique 133, 134
PwC 296, 297

Quito 244

Ramphele, Mamphela 3, 14, 16
Randers, Jørgen 3, 13, 14, 34, 39, 115, 140, 141, 196, 282, 302
Rann, Mike 249
Raskin, Paul 122, 336, 349, 350, 351
Raumschiff Erde 34, 122, 195
Raworth, Kate 3, 14, 299, 300
Reagan, Ronald 24, 144
Rebound-Effekt 105, 115
Rechtsstaat 187
Reduktionismus 163, 166
regenerativ 192, 197, 198, 200, 201, 202, 203, 243, 245, 246, 247, 250, 251, 301
regenerative Stadt 243, 244, 246, 247, 250, 251
Regulierung 86, 181, 293, 323
Regulierte Defizit-Tropfbewässerung 277
Reinventing Fire 224, 272
Reinventing Prosperity 115, 140
Reptilien 46
Resolutique 133, 134
Ressourcenproduktivität 199, 266, 271, 306
Ricardo, David 13, 88, 151, 153, 154, 155

Rifkin, Jeremy 103, 282
Ringger, Reto 13
Rio de Janeiro 119, 134, 319
Ritter, Alfred 3, 14, 15, 237, 238
Ritter Sport 237, 238
Rockefeller Stiftung 321
Rockoff, Hugh 259
Rockström, Johan 35, 44, 142, 260, 261, 299
Rohstoffe 11, 40, 41, 110
Romm, Joe 55
Roosevelt, F.D. 32, 291
Rosas Xicota, Joan 3
Rotterdam, Erasmus von 179
Rousseau, Jean Jacques 179
Rozvany, George 296, 297

Sacks, Adam 204, 206
Sanders, Richard 289, 317
Sardinien 221
Savory, Allen 204, 205, 241
Scharmer, Otto 33
Schellnhuber, John 260
Schienenschnellverkehr 273
Schöpfung 124, 126
Schuldenkrise 145
Schumpeter, Joseph 100
Schweden 94, 263, 264, 308
Schweiz 94, 142
SDG (Sustainable Development Goals) 47, 61, 69, 89, 90, 92, 93, 94, 95, 98, 134, 211, 266, 299, 336, 338, 370, 378
Seba, Tony 232, 233
Seevögel 60
Seoul 126
Shanghai 247, 364, 365
Shareholder-Value 142
Silicon Valley 107, 233, 285, 304

Singularität 103, 105
Sinn, Hans Werner 137, 138, 169, 177, 186, 300, 320
Slat, Boyan 326
Sloterdijk, Peter 180
Smith, Adam 148, 149, 150, 151, 155, 179, 283
Social Responsible Investing 321
Solidarität 132, 311
Solomon, Susan 20
Somalia 21
Sonnenenergie 57, 110, 225, 226, 229
Souveränität 18, 176, 177, 355
Sowjetunion 135, 146, 238, 308
soziale Medien 27, 283, 339
sozioökonomische Ziele 47, 90, 92, 93, 96, 98, 160, 170
Sozialkapital 330, 337, 340
Spanien 267, 290, 312
Spekulation 17, 22, 30, 31, 32, 33, 158, 287, 288, 292, 305, 318, 353,
Spezialisierung 154
Spinoza, Baruch de 179
SRI 239, 321
Sri Lanka 26, 128
städtische Bevölkerung 75, 238
Stahel, Walter 269
Stakeholder 342, 343, 344, 345
Stanford 229, 232
Steffen, Will 44, 48, 206, 253
Steindl-Rast, David 169
Steueroase 30, 147, 284, 293, 294, 295, 296, 353
Stickstoff 45, 78, 243
Stockholm 16, 91, 247
Stockman, David 24, 25
Stuchtey, Martin 280

391

Süden   83, 87, 93, 184, 255, 290, 295
Südsudan   21
Sustainable Wellbeing Index   335
Sutton, Philip   247, 336
Suzhou, China   281
SWI   335
Synthetische Biologie   58
Syrien   28
Systemtheorie   168

TalentNomics   72
Taobao   362
Taoismus   185
TARA   208, 209, 212, 213, 214
Taylor, Frederick   168
Taxonomie der Zukunft   350
Technikfolgenabschätzung   59
Technology and Action for Rural Advancement   208
TEEB (The Economics of Ecosystems and Biodiversity)   80, 336
Teilhabe   201, 208, 212, 241, 349
Tellus Institute   122, 350
Tesla   233, 234, 271
Thatcher, Margaret   144
Tibi, Bassam   28
Tobgay, Thering   368
Tobin-Steuer   292
Togo   70
Tokio   219, 247
Toxische Chemikalien   78, 81, 200, 220
TPP (Transpacific Partnership)   86
Tracker, Carbon   228, 253
Tragekapazität   75
Transparenz   199, 292, 294, 311, 321
Treibhausgasemissionen   57, 78, 91, 92, 119, 120, 199, 236, 261, 263, 265, 273, 277

Trump, Donald   22, 54, 56, 57, 59, 85, 86, 87, 146, 227, 231, 340
Tschechische Republik   267
Tschernobyl   225
TTIP   85, 86
Türkei   26, 70
Turner, Adair   32, 287
Turner, Graham   35, 43, 102
Tyndall Center   53

Uber   102, 281, 284
Überfluss   104
Überkonsum   20, 93
UC Berkeley   229
Uexküll, Jakob von   348
Umwelt   17, 63, 72, 74, 83, 84, 85, 86, 87, 88, 102, 110, 112, 114, 115, 116, 125, 126, 131, 141, 155, 177, 207, 208, 214, 238, 240, 245, 279, 305, 315, 316, 318, 321, 328, 349, 354, 361, 367, 378
UN-CBD   63
UNCTAD   78
UNEP   20, 78, 80, 115, 121, 122, 207, 235, 236, 266, 306, 360, 361
UN-Ernährungs- und Landwirtschaftsorganisation   203
UN-Klimakonvention   49, 54, 56
UNESCO   369, 370
UNFPA   69
Ungarn   22
Unicorn   315
Unschärferelation   164, 185
Unsichtbare Hand   125, 148, 149, 150, 161
Unterdrückung   191
unwirtschaftliches Wachstum   114
Urbanisierung   61, 73, 75, 76, 243, 245, 246

Uruguay-Runde 83, 137
US 56, 83, 84, 85, 86, 87, 136, 145, 146, 153, 196, 272, 288, 291, 316, 323, 376
US Kongress 288
USA 23, 24, 28, 30, 31, 32, 54, 56, 57, 62, 65, 66, 83, 84, 85, 86, 87, 94, 107, 108, 135, 136, 144, 145, 146, 151, 152, 231, 241, 242, 247, 256, 258, 259, 272, 273, 275, 308, 316, 324, 331, 332, 333, 341, 363

Vancouver 126
Varela, Francisco 168
Venedig 248
Venezuela 21, 84
Vereinigtes Königreich 94
Vereinte Nationen 89
Verkehr 171, 251, 253, 271, 273
Vermont 332, 376
Verschmutzung 11, 37, 39, 40, 44, 75, 91, 141, 194, 301, 329, 359, 363
Viable World Design Network 354
Victor, Peter 3, 15, 115, 162
Vieh 79, 239, 241, 255
Vlavianos Arvanitis 14, 244
Vögel 46, 129
Völkertribunal 66
volle Welt 18, 34-39, 64, 70, 110-114, 121, 130, 170, 177, 180, 186, 289, 298, 299, 333, 337, 355, 376
Voltaire 179
von Hayek, Friedrich 143
Vorsorgeprinzip 85

Wackernagel, Mathis 3, 14, 15
Wagner, Andreas 159
Wälder 116, 141, 244, 367
Wall Street 296
Walras, Léon 174

Wartung 108, 113, 268
Wasserversorgung 235, 249
Watt, James 179
WBGU 99, 244, 245, 256, 257
Weber, Andreas 169
Weber, Johann Baptist 312
Weeramantry, Christopher Gregory 128
weiblich-männlich 182
Weiler, Raoul 82
Weltbank 77, 94, 153, 331, 336, 352
Weltbevölkerung 17, 22, 24, 36, 73, 97, 112, 119
Weltbiokapazität 68
Weltgipfel für die Informationsgesellschaft 279
Weltkrieg 135, 259, 333, 337
Weltmeere 325
Weltwirtschaftsforum 24, 107
westliche Werte 28
Wettbewerb 137, 148, 161, 372
WhatsApp 315
Wien 33, 310, 311, 312
Wikipedia 100
Wilber, Ken 190
Wilkinson, Richard G. 188, 189, 335
Wilson, E.O. 61, 62
Wirbeltiere 46, 47
Wirtschaftstheorie 113, 161, 173
Wissenschaft 41, 106, 127, 131, 160, 163, 164, 167, 169, 172, 174, 179, 180, 181, 185, 194, 216, 246, 261, 282, 373
Wirtschaftstheorie 113, 161, 173
Wissenschaftlicher Beirat für globale Umweltveränderungen 244
Wohlergehen 114, 117, 118, 131, 138, 195, 201, 329, 331, 332, 333, 334, 335, 336, 373, 380

World Future Council 348, 349
World Happiness Report 366
World3-Computermodell 41, 282
WSIS 279
WTO 83, 84, 85, 87, 88, 137, 151, 152, 153, 177, 305, 352
Würde 198, 208, 288
Wüstenausdehnung 82

Yale 28, 291
Yangtse-Delta 360
Yemen 21
Yin und Yang 182, 183, 184
Yunus, Muhammad 313

Zacharia, Fareed 22
Zentralbank(en) 30, 286, 288, 315
ZERI 219, 221, 222
Zero Emissions Research Initiative 219
Zhujiang-Delta 360
Zivilgesellschaft 207, 239, 338, 339, 340, 342, 352
Zuckerberg, Mark 280
Zukunftsalphabetisierung 369
Zweiter Hauptsatz Thermodynamik 114

Sollte diese Publikation Links auf Webseiten Dritter enthalten, so übernehmen wir für deren Inhalte keine Haftung, da wir uns diese nicht zu eigen machen, sondern lediglich auf deren Stand zum Zeitpunkt der Erstveröffentlichung verweisen.

Verlagsgruppe Random House FSC® N001967

2. Auflage 2019

Copyright © 2017 by Gütersloher Verlagshaus, Gütersloh
Copyright © dieser Ausgabe 2019 by PANTHEON Verlag
in der Verlagsgruppe Random House GmbH,
Neumarkter Straße 28, 81673 München
Umschlaggestaltung: Büro Jorge Schmidt, München
Umschlagmotiv: fotolia
Satz: Vornehm Mediengestaltung GmbH, München
Druck und Bindung: CPI books GmbH, Leck
Printed in Germany
ISBN 978-3-570-55410-4

www.pantheon-verlag.de

Ein Leben für Gerechtigkeit und Frieden

In diesem Buch wirft Jean Ziegler einen sehr persönlichen Blick auf die Kämpfe, die er zeit seines Lebens ausgetragen hat. Er berichtet von seiner stets vehementen Kritik an den Machenschaften des globalisierten Finanzkapitals und an den imperialen Strategien der Großmächte und erzählt von seinem Engagement für die Wahrung der Menschenrechte. Den Siegen im Kleinen stehen immer wieder Niederlagen im Großen gegenüber – für Jean Ziegler kein Grund zur Resignation: »Was mich angeht, so werde ich den Kampf fortsetzen. Und ich werde nicht aufgeben.«

Das Buch ist 2017 unter dem Titel »Der schmale Grat der Hoffnung« im C. Bertelsmann Verlag erschienen. Es ist ein leidenschaftliches Plädoyer für Gerechtigkeit, mehr noch: eine Botschaft der Hoffnung.

www.pantheon-verlag.de

Faszinierend und unterhaltsam: der Weg in die moderne Überflussgesellschaft

Was wir konsumieren, ist zu einem bestimmenden Aspekt des modernen Lebens geworden. Wir definieren uns über unseren Besitz. Aber wie kam es überhaupt dazu, dass wir heute so viel besitzen? Wie hat das den Lauf der Geschichte verändert und welche Folgen hat der immer üppigere Lebensstil für unsere Erde? Frank Trentmann, Historiker am Londoner Birkbeck College, erzählt erstmals die faszinierende Geschichte des Konsums, vom China der Ming-Zeit, der italienischen Renaissance und dem British Empire bis in die Gegenwart. Ein einzigartiges Panorama, das Maßstäbe setzt – in der Forschung und den politischen und wirtschaftlichen Debatten unserer Zeit.

www.pantheon-verlag.de

Das große Debattenbuch zu einem der brennendsten Themen unserer Zeit

Dass die Ungleichheit in unserer Gesellschaft ständig wächst, ist das Ergebnis einer seit Jahren fehlgeleiteten Politik – das weist Wirtschaftsnobelpreisträger Joseph Stiglitz in diesem Buch anhand vieler Beispiele nach. Er zeigt, wo falsche Entscheidungen getroffen wurden und welche Risiken die wachsende Ungleichheit birgt. Und er sagt, was wir, jene 99 Prozent der Bevölkerung, denen die zunehmende Spaltung der Gesellschaft in Reich und Arm schadet, gegen diese Entwicklung tun können. Das vorliegende Buch versammelt die einflussreichsten Texte von Joseph Stiglitz aus den letzten Jahren. Wer über die wachsende Ungleichheit in unserer Gesellschaft mitdiskutieren will, wird an »Reich und Arm« nicht vorbeikommen.

www.pantheon-verlag.de